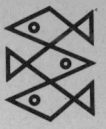

W0072995

Über dieses Buch

In diesem Sammelband berichten in Deutschland lebende Juden über ihre Erfahrungen in der Bundesrepublik. Etwa 30 000 Juden – das sind weniger als 5 Prozent der Juden, die vor dem Zweiten Weltkrieg in Deutschland gelebt haben – leben in unserem Land. Unter allen Minderheiten sind sie mit Abstand die kleinste, gleichzeitig aber auch die problematischste. Politisch, wirtschaftlich und kulturell spielen sie bei uns so gut wie keine Rolle, und dennoch sind Juden, trotz ihrer Unauffälligkeit, für die Bundesrepublik der späten 70er Jahre ein Problem. Es gibt wieder so etwas wie eine »Judenfrage«, ein Wiederaufleben des Antisemitismus ist unübersehbar, unüberhörbar die rechtsradikale Agitation gegen »die Juden«.
Wie reagieren die Juden in dieser Situation? Zwei Tendenzen sind zu beobachten: Entweder sie isolieren sich immer mehr, ziehen sich freiwillig in »Ghettos« zurück, verkehren nur untereinander, oder sie treten »deutscher« als die Deutschen auf, versuchen, ihre Dazugehörigkeit demonstrativ zu beweisen. Die bewußte Isolation vermag aber genausowenig wie die politische Überkompensation dem Antisemitismus seine Grundlage zu entziehen: Nicht, was der Jude tut oder unterläßt, stört den Antisemiten, sondern die Tatsache, daß es den Juden überhaupt gibt. So stellt sich die Frage, ob es richtig war, daß sich Juden nach dem Genozid wieder in Deutschland niedergelassen haben.
Dies ist eine der Fragen, die die Autoren des Bandes beantworten. Wenn darüber hinaus die Erfahrungen mit einem »jüdischen Leben« im heutigen Deutschland geschildert werden, so sind diese Schilderungen zwangsläufig mehr als ein Randproblem einer beliebigen Minderheit in der Bevölkerung. Denn das »jüdische Leben« ist so untrennbar mit der politischen Vergangenheit und Gegenwart bei uns verbunden, daß die Berichte dieses Bandes ein Spiegelbild der politischen und gesellschaftlichen Bedingungen in der Bundesrepublik zeigen. Und so wird mit diesem Buch auch zugleich ein Stück Geschichte der Bundesrepublik geschrieben.

Die Herausgeber

Henryk M. Broder, geboren 1946 in Katowice/Polen, seit 1958 in Köln, arbeitet als freier Autor für Zeitungen, Zeitschriften, Radio und Fernsehen; Buchveröffentlichungen, u. a. »Die Schere im Kopf – über Zensur und Selbstzensur« (Hrsg.), »Linke Tabus«, »Deutschland erwacht – Die neuen Nazis – Aktionen und Provokationen«.
Michel R. Lang, 1940 als Sohn deutscher Emigranten in Frankreich geboren. Seit 1962 in Deutschland als Auslandskorrespondent, Rundfunkautor und Übersetzer tätig.

Fremd im eigenen Land
Juden in der Bundesrepublik

Herausgegeben von
Henryk M. Broder / Michel R. Lang

Mit einem Vorwort
von Bernt Engelmann

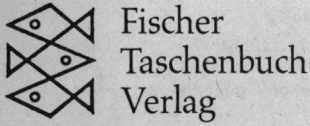 Fischer
Taschenbuch
Verlag

Lektorat: Ingeborg Mues

Originalausgabe
Fischer Taschenbuch Verlag
November 1979
Umschlagentwurf: Jan Buchholz / Reni Hinsch
Fischer Taschenbuch Verlag GmbH, Frankfurt am Main
© 1979 Fischer Taschenbuch Verlag GmbH, Frankfurt am Main
Gesamtherstellung: Hanseatische Druckanstalt GmbH, Hamburg
980-ISBN-3-596-23801-3

Fremd im eigenen Land

Juden in der Bundesrepublik

Inhalt

Henryk M. Broder, Michel R. Lang

Vorneweg

Die Idee zu diesem Buch entstand Anfang des Jahres 1978, kurz
nachdem Werner Nachmann, der Vorsitzende des Direktoriums
des Zentralrates der Juden in Deutschland, eine Ehrenerklärung
für den damaligen Ministerpräsidenten von Baden-Württemberg,
Hans Karl Filbinger, abgegeben hatte. Diese Ehrenerklärung an
einen Mann, den Rolf Hochhuth mit gerichtlichem Segen einen
»furchtbaren Juristen« nennen darf, wurde in weiten Teilen der
deutschen Öffentlichkeit als eine Stellungnahme verstanden, die
im Namen aller in Deutschland lebenden Juden abgegeben wurde;
Werner Nachmann hatte ja nicht seine private Meinung geäußert,
er war in seiner Eigenschaft als Sprecher des Zentralrates in der
Sache Filbinger aktiv geworden, und dies zu einem Zeitpunkt, da
kaum noch jemand in der Öffentlichkeit seine Stimme für den
ehemaligen NS-Marinerichter zu erheben für geraten hielt.
Damals fragten wir uns: Wie repräsentativ sind die Äußerungen
des Zentralrates? Für wen spricht dieses Gremium eigentlich –
außer für sich selbst? Wie kommt es, daß der Zentralrat so etwas
wie eine Monopolstellung als »jüdische Stimme« innehat? Warum
konnte die Pro-Filbinger-Erklärung von Werner Nachmann nicht
in der »Allgemeinen jüdischen Wochenzeitung« diskutiert werden, die über den Vorgang und die Aufregung darüber kein Wort
verloren hatte? Gibt es über das Leben der Juden in der Bundesrepublik nicht mehr zu sagen als das, was der Zentralrat ex officio
verlautbart? Bei Gesprächen mit jüdischen Freunden wurde uns
klar, daß sich im Grunde niemand durch den Zentralrat vertreten
fühlt. Und unsere nichtjüdischen Freunde pflegen schon mal,
wenn die Rede auf den Zentralrat kommt, von den »Berufsjuden«
zu sprechen, die zu bestimmten Anlässen wie der Woche der
Brüderlichkeit oder dem Jahrestag des November-Pogroms auftreten, ihre Pflichtübungen leisten, aber nichts darüber sagen, was die
Juden, die in Deutschland leben, wirklich denken und fühlen, was
ihnen zu schaffen macht, womit sie fertig werden – und manchmal
eben auch nicht.
Genau darum geht es in diesem Buch.
Bei der Auswahl der Autoren und Beiträge hatten wir vor allem

eins im Sinn: möglichst viele verschiedene Stimmen zu bekommen, »linke« und »rechte«, junge und alte, professionelle Schreiber und solche, die nicht mit der Feder in der Hand herumlaufen. Es kam uns nicht auf eine »Linie« an, sondern auf Vielfalt, nicht auf Ausgleich, sondern auf Kontroverse. Mit dieser Grundregel hatten wir bei einigen potentiellen Mitarbeitern gewisse Probleme: »rechte« Autoren erklärten sich nur unter der Bedingung zur Mitarbeit bereit, daß keine »linken«, namentlich der X und der Y, mitmachen würden; Autoren, die in einem »linken« Ruf stehen, erhoben dieselbe Forderung, nur natürlich in der umgekehrten Richtung. Wir haben von keiner Seite einen solchen »Radikalenerlaß« akzeptiert und auf die Mitarbeit aller, die solche Ausschlußwünsche äußerten, verzichtet. Obwohl es sich eigentlich von allein versteht, wollen wir es doch ausdrücklich sagen: Wir stimmen nicht mit allen Beiträgen überein, bei einigen haben wir uns eine ausdrückliche Distanzierung geradezu verkniffen.

Auch deswegen glauben wir, daß wir eine gute Mischung gefunden haben. Wir hoffen auf Zustimmung und rechnen fest mit Widerspruch.

Köln/Berlin, im Mai 1979

Bernt Engelmann

Vorwort

JUDEN IN DEUTSCHLAND – das ist für die meisten Bundesbürger
unter 40 Jahren ein nur noch historisches Thema. Seine Bezüge
zur Gegenwart liegen teils außerhalb Deutschlands, vornehmlich
in Israel, teils beschränken sie sich auf spärliche Informationen
über das Vorhandensein einer winzigen religiösen Minderheit von
höchstens lokaler und dann mitunter negativer Bedeutung.
Für die Älteren hierzulande war das Thema ein Dritteljahrhundert
lang ein Tabu, an das niemand zu rühren wagte. Wenn man sich
ihm notgedrungen gelegentlich nähern mußte – etwa während der
von Politikern, Kirchenbehörden und Lehrkörpern alljährlich wie
eine Pflichtübung abgeleisteten »Woche der Brüderlichkeit« –, so
geschah dies auf meist recht betuliche, seltsam realitätsferne
Weise und häufig mit jenem weinerlichen Unterton, der an Hin-
terbliebene erinnert, denen gerade eröffnet worden ist, daß es von
dem lieben Dahingeschiedenen nichts zu erben gibt. Niemand
vermag sich zu erklären, wie der einst üppige Reichtum abhanden-
gekommen sein mag, wo er verblieben sein könnte, ja, ob es ihn
überhaupt je gegeben hat.
Erst eine amerikanische Fernsehserie recht trivialer Machart – hier
die finsteren Schurken, dort die unschuldigen Opfer und die tapfe-
ren Helden – bewirkte im Winter 1978/79 in den Sendebereichen
der ARD und dann auch des österreichischen Fernsehens eine sehr
rege öffentliche Diskussion dessen, was die meisten der rund 85
Millionen deutschsprachigen Mitteleuropäer bis dahin nicht (oder
doch nicht ganz genau) gewußt, vielleicht auch nur verdrängt,
jedenfalls für nicht erörterungswürdig oder -fähig gehalten hatten: die nahezu restlose Vernichtung der Juden in Deutschland
(und in den von der deutschen Wehrmacht eroberten Ländern
Europas) in den glücklich vergessenen frühen vierziger Jahren
dieses Jahrhunderts.
Aber die späte, erst von der »Holocaust«-Ausstrahlung plötzlich
angefachte öffentliche Diskussion kann, so meine ich, dem tatsächlichen Geschehen nicht annähernd gerecht werden, schon gar
nicht die nötigen Schlußfolgerungen für Gegenwart und Zukunft
ermöglichen. Denn ein Großteil der Diskussion ging und geht

noch immer, mangels vollständiger und exakter Information, von irrigen Annahmen und gänzlich falschen Voraussetzungen aus.

Gewiß, aufmerksamen Fernsehzuschauern muß klar geworden sein, daß Juden wie die dargestellten Angehörigen der Familie Weiß ganz wie Deutsche aussahen, auch so sprachen und sich wie Deutsche gefühlt haben; daß es sich also anscheinend bei ihnen damals nicht um eine ähnliche Gruppe gehandelt haben kann, wie sie heute etwa die Türken in Deutschland darstellen, abgesehen davon, daß es auch hinsichtlich Wohlstand und Bildung Unterschiede zu den heutigen türkischen und sonstigen Minderheiten gegeben haben muß.

Aber haben die Zuschauer auch merken können, daß sich die allermeisten Juden in Deutschland nicht nur *als Deutsche fühlten*, sondern daß sie Deutsche *waren*? Wurde ihnen umgekehrt deutlich, daß keineswegs alle Juden in Deutschland zum wohlhabenden, akademisch gebildeten Mittelstand oder gar zur reichen Oberschicht gehörten?

Es gab im Deutschen Reich, ehe die Nazis an die Macht kamen, jüdische Industriearbeiter (wie den Maschinenschlosser Biermann an der Hamburger Deutschen Werft, der, Jude und Kommunist, in Auschwitz ermordet wurde und der Vater des Liedersängers Wolf Biermann war); es gab zahlreiche jüdische Handwerker und auch – so in Hessen, Württemberg und im Kölner Vorgebirge – jüdische Kleinbauern; es gab, neben jüdischen Bankiers, auch zahlreiche jüdische Angestellte und kleine Beamte; es gab jüdische Offiziere – sogar einen kaiserlichen General der Kavallerie, Walter v. Mossner, zwar getauft und geadelt, aber nach den Maßstäben der Nazis ein »Volljude« –, aber es gab auch jüdische Versicherungsvertreter, Zigarrenhändler, Lokomotivführer – wie den Vater des sozialdemokratischen Theoretikers Eduard Bernstein –, Hausierer, Gastwirte oder Naturwissenschaftler (darunter etliche Nobelpreisträger). Ebenso selbstverständlich gab es auch jüdische Geldschrankknacker – wie die Gebrüder Sass –, Trickbetrüger und Taschendiebe.

Kurz, das Wesentliche an den deutschen Juden, richtiger: den jüdischen Deutschen war, daß sie sich auf keine nennenswerte Weise von der übrigen Bevölkerung Deutschlands unterschieden, ausgenommen – sofern sie noch daran festhielten – durch ihr religiöses Bekenntnis und durch eine etwas andere Sozialstruktur, bei der das mittelständische, in Handel und Gewerbe sowie in den freien Berufen tätige bourgeoise Element etwas stärker vertreten war als bei anderen religiösen Gruppen. Entsprechend lag beispielsweise die Gewaltkriminalität der jüdischen Deutschen weit unter dem Durchschnitt der Gesamtbevölkerung.

Bei näherem Zusehen erweisen sich jedoch auch diese kleinen Abweichungen von der statistischen Norm als eine keiner umständlichen Deutung bedürfende Selbstverständlichkeit: Die jüdischen Deutschen hatten nämlich seit eh und je einen hauptsächlich bürgerlichen Bestandteil der Gesamtbevölkerung gebildet – soweit nicht religiöse Intoleranz oder Konkurrenzneid sie daran gehindert hatte.

Lange vor Beginn der Entstehung einer deutschen Sprache, einer deutschen Kultur oder gar des geographisch-politischen Begriffs »Deutschland« waren Juden in den germanischen Provinzen heimisch und bildeten dort einen festen, oftmals vorherrschenden Bestandteil der Bürgerschaft römischer Städte an Rhein und Mosel, Main und Donau. Dabei mag es dahingestellt bleiben, wie viele dieser in Germanien lebenden Juden auf Vorfahren zurückblicken konnten, die aus Palästina stammten.

Das älteste Dokument, das das Vorhandensein einer größeren Anzahl fest ansässiger jüdischer Bürger in den Mauern einer später deutschen Stadt belegt, ist ein Edikt Kaiser Konstantins vom 11. Dezember 321, die städtischen Ehrenämter der Juden von Köln betreffend. Im Verlauf des ersten nachchristlichen Jahrtausends, das die große Völkerwanderung, den Untergang Westroms, die Bildung germanischer Staaten, die Entstehung des Heiligen Römischen Reiches deutscher Nation und die allmähliche Kolonisierung Nord- und Mitteldeutschlands brachte, wurden die Juden ein wesentliches Element städtischen Lebens in Mitteleuropa. Als waffenfähige, zu Grunderwerb berechtigte Freie nahmen sie an allen kommunalen Angelegenheiten mit den gleichen Rechten und Pflichten teil wie die christlichen Bürger, mit denen sie – mancherlei Versuchen der Konzile zum Trotz, solche vom Standpunkt der Kirche aus bedenklichen Kontakte zu verhindern – in gutnachbarlichen, oftmals freundschaftlichen Beziehungen standen, von gemeinsamen geschäftlichen Unternehmungen ganz zu schweigen.

Juden waren unter den Pionieren der ersten deutschen Siedlungen an Elbe und Saale. Auch an der Erhebung von Worms zugunsten Heinrichs IV., dem ersten selbständigen Eingreifen einer deutschen Stadt in die politischen Geschicke der Nation, hatten die Wormser Juden wesentlichen Anteil. So kommt es, daß der Vertrag, der 1074 zwischen dem Kaiser und der Stadt geschlossen wurde, mit den Worten beginnt: »Den Juden und den übrigen Bürgern von Worms . . .«

Jüdische und christliche Bürger verteidigten gemeinsam ihre Heimatstädte gegen Angreifer, feierten zusammen Siege oder betrauerten Niederlagen, spielten miteinander Schach oder sangen zur Laute dieselben Lieder, zechten gemeinsam oder hielten ritterliche Turniere ab, nahmen es auch in der »Minne« nicht gar so genau mit dem Glaubensunterschied und mußten erst durch kirchliche Verbote daran gehindert werden, gemeinsam die Badehäuser zu benutzen.

Schließlich gehörten die jüdischen Bürger der Rhein-, Main- und Donaustädte zu denjenigen Bewohnern des sich gerade erst bildenden Deutschland, die sich am frühesten an deutscher Dichtung beteiligten, wobei sie die hebräischen Lettern ihrer religiösen Schriften verwendeten, so wie die Christen das gemeinsame Deutsch nicht in germanischen Runen, sondern mit den lateinischen Buchstaben schrieben, die ihre Kirchenväter benutzt hatten.

Es ist kein Zufall, daß die bei weitem älteste und einzige in mittelhochdeutscher Sprache überlieferte Fassung des Gudrun-Epos, die erst im 20. Jahrhundert entdeckt wurde und sich in der Universitätsbibliothek von Cambridge befindet, in vokalisierter hebräischer Schrift aufgezeichnet ist; daß sich germanische Sagen und uralte deutsche Volksmärchen, ja sogar ein Ritterroman in Versen, das sogenannte Bovo-Buch, im Jiddischen bis in unsere Tage erhalten haben. Und die berühmte Manessische Liederhandschrift hat uns das Bild sowie einige Beispiele der Kunst des jüdischen Minnesängers aus Franken, des Herrn Süßkind von Trimberg, überliefert. Schließlich sei daran erinnert, daß das älteste bekannte Rathaus von Köln, der mächtigsten Stadtgemeinde des Reichs im frühen Mittelalter, *»inter Judeos«* stand, mitten zwischen den Häusern der jüdischen Bürger und neben ihrem Bad.

Das zweite Jahrtausend christlich-jüdischen Zusammenlebens in Deutschland war im ganzen entschieden weniger harmonisch und friedlich als das erste. Die wachsende weltliche Macht der Kirche, aber auch feudalistische Ausbeutung, religiöser Fanatismus und finsterster Aberglaube waren die wesentlichen Faktoren, die die Epoche vom Beginn der Kreuzzüge bis zur Französischen Revolution für die deutschen Juden verhängnisvoll machten. Aber sie waren wahrlich nicht die einzigen, die Verfolgungen zu erdulden hatten! Betrachtet man ihr Schicksal nicht isoliert, sondern im Zusammenhang mit der gesamten Entwicklung und der Lage anderer, der Willkürherrschaft des mittelalterlichen, dann des feudalabsolutistischen Establishments ausgelieferter Gruppen, so waren die deutschen Juden weder die am meisten noch gar die am grausamsten verfolgten Opfer. Sie waren vielmehr die Leidensgenossen der meisten anderen Deutschen, und sie unterschieden sich von den übrigen Unterdrückten, Ausgebeuteten und blutig Verfolgten allein durch ihr religiöses Bekenntnis.

Die grausamen Gemetzel im Gefolge meist vergeblicher Bekehrungsversuche, zunächst durch die immer neuen Scharen von Kreuzfahrern, die von Frankreich her nach Deutschland einfielen, bewirkten eine starke Abwanderung, mitunter eine Massenflucht, nach Osten, vor allem nach Polen, dessen Herrscher die deutschen Juden – ebenso wie andere Flüchtlinge aus Deutschland – mit offenen Armen aufnahmen, denn sie brauchten gewerbetreibende Bürger für ihre neuen Städte.

Bei den in Deutschland verbliebenen Juden führten die ihnen auferlegten Berufs- und Niederlassungsbeschränkungen zur Entstehung von Gettos, deren Bewohner auf Handel und Geldverleih als die beinahe einzigen ihnen noch verbliebenen Erwerbsmöglichkeiten angewiesen waren. Natürlich gab es weiterhin jüdische Ärzte und Gelehrte, Geistliche und Gemeindebeamte, Handwerker und Hausangestellte, aber da sich deren Wirken vornehmlich auf das Getto beschränkte, während sich die wirtschaftlichen Beziehungen zur christlichen Umwelt auf Handel und Geldgeschäfte konzentrierten, entstand neben dem religiösen Gegensatz nun auch ein ökonomisches Spannungsverhältnis.

Es wäre indessen verfehlt, in alledem eine außergewöhnliche Sonderstellung der Juden zu vermuten. Genau genommen lebten nämlich die christlichen Kleinbürger, zumindest anfangs, ebenfalls in »Gettos«, standen in ihren Städtchen unter ständiger strenger Aufsicht kirchlicher wie weltlicher Obrigkeiten, waren allen möglichen Wohn- und Arbeitsbeschränkungen, Ausgehverboten, Kleidervorschriften und Zunftordnungen unterworfen und hatten viele willkürlich festgesetzte Abgaben, Gebühren, Wegegelder und Zölle zu entrichten. Kurz, die Masse der Christen in Deutschland war während des ausgehenden Mittelalters kaum weniger ausgebeutet und entrechtet als die Juden, und was blutige Verfolgungen anbetraf, so erlitten zahlreiche religiöse Minderheiten, dazu Hunderttausende von unschuldigen, der »Hexerei« verdächtigten Männern, Frauen und Kindern, ein genauso grausames Schicksal wie die Juden.

Am Rande sei vermerkt, daß diese blutigen Verfolgungen sich nicht auf Deutschland beschränkten; es gab sie überall in Europa, und wiederum trafen sie auch in anderen Ländern nicht allein die

Juden, sondern alle von den jeweils Herrschenden als »Ketzer«, »Ungläubige« oder »Aufrührer« angesehene Gruppen, wodurch es häufig zur Massenflucht in angrenzende Länder kam. In einer wichtigen Hinsicht aber nahmen die deutschen Juden tatsächlich eine Sonderstellung ein: Sie blieben auch in der Fremde der Sprache, Sitte und Kultur ihrer Heimat unwandelbar treu.

Während etwa die zwei- bis dreihunderttausend Hugenotten, die im 17. Jahrhundert aus Frankreich in protestantische Länder, zumal nach Brandenburg-Preußen, flüchteten, binnen weniger Generationen Deutsche (oder Holländer usw.) wurden, hielten die aus Deutschland von der Zeit der Kreuzzüge an nach Osteuropa, vor allem nach Polen, emigrierten Juden mit ungeheuerer Zähigkeit fest an ihrem mittelhochdeutschen Dialekt, dem mit nur wenigen hebräischen und slawischen Brocken untermischten Jiddisch, ebenso an der bürgerlichen Tracht der Epoche ihrer Vertreibung, dem langen Rock und dem Pelzhut, erst recht an den Namen der Orte, aus denen sie vertrieben worden waren. Sie nannten sich Wormser, Oppenheimer, Speyer (oder Spier, Spiro, Schapiro), Frankfurter, Regensburger, Hildesheimer, Treves (oder Dreifuß, was beides »Trier« bedeutet), Luxemburg, Liechtenstein, Bacharach, Merseburger oder Fulda.

Vom 19. Jahrhundert an, als in zahlreichen Gegenden Ost- und Südosteuropas ein Ringen der unterschiedlichen Kulturen und Nationalitäten um Vorherrschaft begann, verteidigten die Nachkommen der seit rund einem halben Jahrtausend aus ihrer alten Heimat verjagten deutschen Juden, gleich ob in Czernowitz, Budapest, Prag oder Wilna, mit allem Nachdruck ihr Deutschtum, gründeten deutsche Schulen, Theater, Lesegesellschaften, Schillervereine, Bibliotheken und Buchhandlungen. Und selbst in den USA, wohin im 19. und frühen 20. Jahrhundert die vom zaristischen Rußland hart bedrückten Juden Polens, der Ukraine und anderer Aufnahmeländer des Mittelalters zu Hunderttausenden auswanderten, bekannten sie sich noch im Ersten Weltkrieg nachdrücklich zu ihrem Deutschtum.

Erst recht als Deutsche, als Einheimische, fühlten und bekannten sich diejenigen Juden, die in Deutschland geblieben waren. Ihre Vorfahren hatten seit der Zeit der Kreuzzüge allen, oft sehr grausamen Bekehrungsversuchen der Christen widerstanden. Erst im Zuge der Aufklärung und im Gefolge der Französischen Revolution öffneten sich ihnen die Tore der Gettos. Von den Befreiungskriegen an, an denen eine überraschend große Anzahl von jüdischen Bürgersöhnen als Freiwillige teilnahmen, forderten die deutschen Juden immer dringlicher und mit wachsendem Erfolg ihr Recht auf vollständige Gleichstellung mit den Christen und unbeschränkte Beteiligung am öffentlichen Leben ihrer Heimat. Dafür waren sie ihrerseits bereit, ihre in Jahrhunderten der Isolierung entwickelten Besonderheiten abzulegen.

Je größer die religiöse Toleranz ihrer Mitbürger und der deutschen Behörden wurde, desto mehr ließ auch das starre Festhalten der deutschen Juden an ihren religiösen Gebräuchen nach. Das 19. Jahrhundert war für sie die Epoche der Abkehr von der Orthodoxie, von den strengen Gebets-, Speise-, Sabbat- und sonstigen Vorschriften. Schon bei Beginn der Befreiungskriege verkündete der Oberrabbiner der Provinz Schlesien, Karfunkel, die jüdischen Soldaten könnten auf alle vorgeschriebenen Gebete verzichten, da Gott den »Dienst fürs Vaterland als Gebet annehmen« werde.

Zigtausende deutsche Juden gingen noch einen Schritt weiter und nahmen nun auch Abschied von der Synagoge, traten aus der jüdischen Gemeinde aus, ließen sich taufen oder verzichteten auf jegliches religiöse Bekenntnis. Dies geschah keineswegs nur, um damit das – wie Heinrich Heine es spöttisch genannt hat – »Entreebillet« in die gute Gesellschaft zu erwerben, sondern vor allem, um so auch den allerletzten Unterschied zwischen jüdischen und christlichen Deutschen zu beseitigen.

Der Erste Weltkrieg war die letzte Feuerprobe, die die Heimattreue und Vaterlandsliebe der deutschen Juden zu bestehen hatten: Rund 100 000 von ihnen standen 1914/18 im Feld, davon rund 80 000 an der Front; etwa 12 000 fielen auf den Schlachtfeldern, fast 35 000 erhielten Auszeichnungen. Das entsprach haargenau, bis auf die Stelle hinter dem Komma, ihrem prozentualen Anteil an der Gesamtbevölkerung des Deutschen Reichs und deren Opfern. Und damit war, so durften die deutschen Juden annehmen, der letzte Beweis dafür erbracht, daß sie uneingeschränkt zur deutschen Nation gehörten. Doch das war, wie sich schon wenige Jahre später zeigte, ein schrecklicher Irrtum.

1933 fiel Deutschland, was die Behandlung seiner jüdischen Bürger betraf, zurück ins Mittelalter, nur wurden die neuen, von Jahr zu Jahr verschärften Maßnahmen gegen die Juden im Deutschen Reich nicht mehr, wie einst, religiös begründet, vielmehr von nun an »rassisch« und politisch. Die deutschen Juden sollten den »nordisch-germanischen« Deutschen »artfremd« sein, zudem »rassisch minderwertig« und zugleich für die Deutschen äußerst gefährlich, da sie sich, teils als »internationale jüdische Hochfinanz«, teils als Drahtzieher des »Weltbolschewismus«, zur Vernichtung, mindestens aber Versklavung des deutschen Volkes verschworen hätten. Mit dieser absurden Begründung hatten die Nazis »der jüdischen Rasse« den Kampf angesagt. Da es indessen keinerlei wissenschaftlich feststellbare Rassemerkmale gab, durch die sich die Juden Deutschlands von den übrigen Deutschen unterschieden, auch alle anthropologischen Messungen – von denen Rudolf Virchows über diejenigen Fishbergs bis zu den angestrengten Bemühungen der NS-Rasseforscher – in dieser Hinsicht keine für die Nazis brauchbaren Ergebnisse erbrachten, mußten sich die neuen Machthaber etwas anderes einfallen lassen.

Weil sie beweisen wollten, daß alle Menschen jüdischen Glaubens einer gemeinsamen Rasse angehörten, anderseits sich keinerlei Verwandtschaft der europäischen Juden mit anderen, etwa denen des Jemen oder Bucharas oder Indiens, nachweisen ließ und ihre einzige Gemeinsamkeit die mosaische Religion war, erklärten die Nazis, daß man allein von der Konfession der Eltern und Großeltern eines deutschen Bürgers auf dessen »Rasse« schließen könne.

Gleichzeitig predigten die weltanschaulichen Referenten der Nazipartei und ihrer Gliederungen, daß *nicht* die Religion oder der Stand oder die Bildung, sondern allein »das Blut« den Wert oder Unwert eines Menschen bestimme, und die Koryphäen der Wissenschaft in Deutschland, soweit sie »arisch« waren, schwiegen zu diesen grotesken Widersprüchen oder halfen gar mit, diese verschwafelten »Rasse«theorien der Hitlerpartei zu verbreiten.

»Arisch« oder »nichtarisch« – das war während der zwölf finstersten Jahre der neueren deutschen Geschichte die Frage, die zunächst über die wirtschaftliche und soziale, schließlich sogar über die physische Existenz eines Menschen entschied. Und die Antwort darauf lieferten irrwitzigerweise die Taufscheine, gemeinhin die der vier Großelternteile, in zweifelhaften oder besonders »wichtigen« Fällen diejenigen aller Vorfahren bis zurück zum Jahre 1800.

Für die rund eine halbe Million Deutschen jüdischen Glaubens des Jahres 1933, darüber hinaus für fast ebensoviele nunmehr als »Volljuden« geltende Deutsche christlichen Bekenntnisses oder ohne Religionszugehörigkeit sowie für mindestens eine weitere Million »nichtarischer Mischlinge« unterschiedlichen Grades und für eine Vielzahl von »jüdisch Versippten« begann eine Zeit zunehmender Diskriminierung und dann, was die als »Volljuden« angesehenen Personen betraf, immer grausamerer Verfolgung, die mit organisiertem Massenmord und fast vollständiger Vernichtung des deutschen Judentums endete. Aber – und dies wird allzu häufig vergessen – es waren wiederum keineswegs allein die jüdischen Deutschen, die dem Naziterror zum Opfer fielen!

Die ersten und für mehrere Jahre auch die schwersten Verfolgungen hatten die politisch aktiven Männer und Frauen der deutschen Linken zu erleiden. Kommunisten, Sozialdemokraten, Gewerkschafter, Pazifisten, aufrechte Republikaner aus den bürgerlichen Parteien – das waren die ersten Opfer der braunen Schlägertrupps; sie wurden verschleppt, gefoltert, in Keller und leere Fabriken eingesperrt, grausam mißhandelt und zu Hunderten »auf der Flucht erschossen«. Gewiß waren darunter von Anfang an auch »Nichtarier«, zumeist Intellektuelle, die als politische Gegner jüdischer Abstammung doppelt zu leiden hatten, sowie einzelne, politisch nicht hervorgetretene Juden, die als Konkurrenten oder Gläubiger einzelnen Naziführern mißliebig gewesen waren. Aber die eigentliche Judenverfolgung begann erst, nachdem alle linken Organisationen, Parteien, Gewerkschaften und Widerstandsgruppen zerschlagen, alle führenden Männer und Frauen der deutschen Arbeiterbewegung verhaftet, ermordet oder zur Flucht ins Exil gezwungen worden waren.

Erst nachdem der einst so starken deutschen Linken endgültig das Rückgrat gebrochen war und die Nazis dadurch auch die liberale, christliche und gemäßigt konservative Opposition vollends eingeschüchtert hatten, konnte die braune Führung zum Angriff auf Deutschlands Nachbarländer übergehen und zugleich die von Anfang an geplante Vernichtung der deutschen (und dann auch aller anderen europäischen) Juden beginnen. Den Auftakt dazu bildete das von der Naziführung detailliert vorbereitete und von oben angeordnete, euphemistisch »Reichskristallnacht« genannte größte und blutigste Judenpogrom der neueren Geschichte. Es fand statt am Abend des 9. November 1938, ein halbes Jahr nach der Annexion Österreichs und im Anschluß an die Besetzung der sudetendeutschen Gebiete der Tschechoslowakei.

Wer dieses Pogrom selbst miterlebt hat, der weiß, daß der im gesamten Herrschaftsgebiet der Nazis gleichzeitig (»schlagartig«) durchgeführte Überfall auf wehrlose Familien, begleitet von Plünderungen, Morden, Massenverhaftungen und Mißhandlungen sowie der Zerstörung aller Synagogen, von der großen Mehrheit der Deutschen keineswegs gebilligt, sondern als schändliches Verbrechen empfunden wurde. Daß die Menschen in Deutschland es nicht mehr wagen konnten, ihren Abscheu öffentlich zu bekennen oder gar dem Terror entgegenzutreten, verstärkte noch das Gefühl der Schande und ließ viele Antinazis vollends resignieren. Schon damals setzte dann bei der notgedrungen »schweigenden Mehrheit« der Deutschen jener – offenbar der Selbsterhaltung dienende – Abwehrmechanismus ein, der mit der Erinnerung an die Leiden der jüdischen Nachbarn auch das eigene Versagen in die Vergessenheit zu verdrängen suchte.

Auf die Schrecken der »Reichskristallnacht«, in der Deutschlands Synagogen niederbrannten, folgten bald die vielen schrecklichen Nächte des Zweiten Weltkriegs, in denen erst einzelne Häuser, schließlich die meisten großen Städte des Reichs in Schutt und Asche sanken. Der Slogan der Nazis, »Die Juden sind unser Unglück«, erhielt damals für nicht wenige Deutsche plötzlich einen neuen Sinn, nämlich den einer auf sehr makabre Weise in Erfüllung gegangenen Prophezeiung: Die judenfeindliche Politik der Nazis schien nicht nur die von ihnen geplante Vernichtung der Juden, sondern auch die durchaus nicht beabsichtigte Zerstörung Deutschlands und dessen Untergang eingeleitet, womöglich bewirkt zu haben.

In den ersten Jahren nach der totalen Niederlage und bedingungslosen Kapitulation hatten die meisten Deutschen, was ihre jüdischen Landsleute betraf, ein außerordentlich schlechtes Gewissen, aber auch allen anderen Naziopfern, selbst Kommunisten, gegenüber, waren die Schuldgefühle deutlich erkennbar. Zur Scham kam die Angst, auch und gerade der an den Verbrechen nicht unmittelbar Beteiligten, vor der Rache der Überlebenden, die dann zur allgemeinen Erleichterung gar nicht stattfand. Die wenigen Juden, die der Vernichtung entgangen waren, hatten in ihrer großen Mehrzahl nur den einen Wunsch: das Land der Mörder ihrer Angehörigen und Freunde so rasch wie möglich zu verlassen.

Die kleine Anzahl derjenigen Überlebenden des Holocaust, die – aus welchen Gründen auch immer – in Deutschland blieben oder aus Israel wieder hierher zurückkehrten, stammte überwiegend aus Osteuropa, und obwohl zu ihnen dann auch ein paar Tausend jüdische Rückwanderer kamen – meist ältere Leute, deren Heimweh größer war als ihr Widerwillen gegen ihre einstigen Verfolger –, blieb das ostjüdische Element fortan vorherrschend. Die jüdische Gemeinschaft im Westteil Deutschlands, ohnehin zusammengeschrumpft auf knapp sechs Prozent ihrer Kopfzahl vor 1933, war nun in ihrer Struktur völlig verändert. Teils war sie überaltert, weil ein Großteil des Nachwuchses, spätestens nach beendeter Ausbildung, nach Israel auswanderte, teils fehlte nun die meist akademisch gebildete, kulturschaffende deutsch-jüdische Oberschicht. Die einstige vollständige Zusammengehörigkeit mit der Volks- und Schicksalsgemeinschaft der Deutschen war einem Sonderstatus gewichen, nämlich dem von privilegierten Gästen, deren Loyalität mindestens zur Hälfte einem anderen Staat, Israel, gehörte. Das drückte sich auch aus in Doppel-, ja nicht selten dreifacher Staatsangehörigkeit vieler in der Bundesrepublik lebender Juden, und nur am Rande sei vermerkt, daß sich auch eine relativ große Anzahl entwurzelter, wenn nicht zur Unterwelt zu rechnender Elemente einfand, die die Schuldgefühle der deutschen Behörden und die sich für sie daraus ergebenden Freiräume und Privilegien ohne nennenswerte Skrupel ausnutzte.

Umgekehrt wandten sich nicht wenige derjenigen, die unter den Nazis als »Volljuden« gegolten und gelitten hatten, von den neuen jüdischen Gemeinden ab, weil sie in deren Struktur und Ritus etwas ihnen Fremdes erblickten, zudem für sich selbst weder Privilegien wünschten noch eine Loyalitätsspaltung vorzunehmen vermochten.

Die im Zuge des Kalten Krieges durchgeführte westdeutsche Restauration, die Rückkehr Zigtausender mehr oder weniger belasteter Mitglieder der einstigen Nazipartei in den Staatsdienst und in leitende Positionen der Wirtschaft, der Presse und anderer wichtiger Einrichtungen und die äußerst milde, falls überhaupt stattfindende Strafverfolgung der meisten für die Verbrechen der Nazis Verantwortlichen wurde von der jüdischen Gemeinschaft in der Bundesrepublik zunächst mit Besorgnis verfolgt. Es gab zahlreiche Proteste, doch die gleichzeitige, für Israel sehr vorteilhafte Entwicklung der Beziehungen zwischen beiden Staaten wog das Unbehagen an der Renazifizierung weitgehend auf. Gefördert wurde dieser Prozeß eines Interessenausgleichs durch die antizionistische, ja, in der Stalin-Ära wiederholt deutlich judenfeindliche, später jedenfalls gegen Israel gerichtete Politik der Sowjetunion und der meisten Staaten des Warschauer Pakts auf der einen Seite und durch den vehementen, undifferenzierten Antikommunismus, der in der Bundesrepublik unter Adenauer zur Staatsdoktrin erhoben wurde, auf der anderen.

Die große Mehrheit der jüdischen Deutschen war vor 1933 – und dies seit eh und je – antisozialistisch, erst recht antikommunistisch eingestellt gewesen. Dies entsprach ihrer weitgehenden Zugehörigkeit zum bürgerlichen Mittelstand. Auch die Tatsache, daß unter den großen Theoretikern und führenden Politikern der deutschen Arbeiterbewegung nicht wenige jüdischer Abstammung waren, änderte nichts an der bürgerlich-liberalen bis konservativen Grundhaltung der großen Mehrheit der Juden in Deutschland. Wahrscheinlich wären in den Jahren der Weimarer Republik viele von ihnen bereit gewesen, den Parteien der Rechten, anstatt denen der Mitte oder der gemäßigten Linken, ihre Stimme zu geben, hätte sie die antisemitische Hetze der Deutschnationalen nicht abgestoßen.

In der Bundesrepublik gab es ein solches Hindernis nicht. Im Gegenteil, nicht nur die traditionell von Judenfeindlichkeit freien Sozialdemokraten, sondern auch die Parteipolitiker der Rechten, darunter selbst ehemalige Nazis, die zumal in der CDU/CSU und bis Ende der sechziger Jahre auch in der FDP ihre neue politische Heimat gefunden hatten, wetteiferten geradezu darin, sich bei der winzigen jüdischen Minderheit anzubiedern, freundschaftliche, auf jegliche Kritik verzichtende Beziehungen zu Israel zu propagieren und salbungsvoll an das »schicksalhafte Verhängnis« zu erinnern, dem die meisten jüdischen Deutschen zum Opfer gefallen waren – so, als wäre der Nazismus ein unvorhersehbares Naturereignis gewesen; als hätte sich die Vernichtung der Juden ohne Beteiligung staatlicher Behörden und ohne nennenswerte Mitwirkung von Angehörigen des deutschen Volkes vollzogen.

Die große Mehrheit der Deutschen war nur allzu gern bereit, nicht über die wirklichen Ursachen, Versäumnisse und absichtlichen Weichenstellungen nachzudenken, die zur Errichtung der nazistischen Gewaltherrschaft, zu den bis dahin unvorstellbaren Verbrechen und schließlich zur größten Katastrophe der deutschen Geschichte geführt hatten. Infolgedessen unterblieb in der Bundesrepublik eine von der ganzen Bevölkerung anzustrebende und daher von der politischen Führung konsequent durchzuführende Reinigung des öffentlichen Lebens.

Im Gegenteil: In der Ära Adenauer wurden zahlreiche für die Verbrechen der Nazis Mitverantwortliche in hohe Staatsämter berufen, so – um nur wenige Beispiele zu nennen – Hans Maria Globke, einst im Reichsinnenministerium zuständig für die diskriminierende »Arier-« und »Blutschutz«-Gesetzgebung, der dann als Adenauers Staatssekretär im Bundeskanzleramt ein Jahrzehnt lang die Personalpolitik der Bundesrepublik und manches andere maßgebend beeinflußte; oder der an den Judenmassakern in Polen als Führer einer Spezialeinheit beteiligte Professor Theodor Oberländer, von 1953 bis 1960 Adenauers Bundesminister für Angelegenheiten der Vertriebenen, Flüchtlinge und Kriegsgeschädigten; oder Friedrich-Karl Vialon, während des Krieges beim »Generalkommissar für das Ostland« zuständig für die ökonomisch optimale Verwertung jüdischer Sklavenarbeiter und auch noch ihrer Leichen, von 1950 an hoher Beamter in Bonn, Ministerialdirektor im Kanzleramt, dann bis 1966 Staatssekretär im Bundesfinanzministerium, seitdem Honorarprofessor in Saarbrücken.

Die Aufzählung ließe sich beliebig fortsetzen, doch sei nur noch ein weiterer Fall genannt, der des Ministerialrats Dr. Eberhard Taubert. Er war einer der engsten Mitarbeiter des Nazi-Propagandaministers Goebbels, in dessen Ministerium zunächst zuständig für »Gegnerbekämpfung« und »Aktivpropaganda gegen die Juden«, dann Leiter des Generalreferats »Ostraum«, auch Beisitzender Richter beim 1. Senat des berüchtigten »Volksgerichtshofs«, vor allem aber betraut mit der propagandistischen Vorbereitung der Judenausrottung und verantwortlich für einige abendfüllende Filme, in denen Juden als gefährliches, daher zu vertilgendes Ungeziefer dargestellt wurden. Bis 1950 lebte Dr. Taubert versteckt, kehrte dann aus dem Iran zurück in die Bundesrepublik und wurde dort Berater des Bundesverteidigungsministers Franz Josef Strauß in Fragen der psychologischen Kriegführung. Immerhin mußte er, als seine Vergangenheit öffentlich bekannt wurde, offiziell »kaltgestellt« werden, aber noch in den Wahlkämpfen der Jahre 1969/1972 spielte dieser Dr. Taubert eine nicht unwesentliche Rolle hinter den Kulissen als heimlicher Wahlhelfer seines langjährigen Förderers Strauß, wobei angemerkt sei, daß die »Frankfurter Rundschau« am 13. September 1969 berichtete, der CSU-Chef Strauß habe in einer Wahlrede erklärt: »*Ein Volk, das diese wirtschaftlichen Leistungen vollbracht hat, hat ein Recht darauf, von Auschwitz nichts mehr hören zu wollen!*« In den folgenden Wochen, Monaten und Jahren wartete man vergeblich auf eine Erklärung des CSU-Vorsitzenden, daß er diese Ungeheuerlichkeit nicht wirklich gesagt, anders gemeint oder wenigstens inzwischen bedauert habe und zurückzunehmen bereit sei. Erst in jüngster Zeit, nachdem der für die Richtigkeit der Wiedergabe des Zitats bürgende FR-Herausgeber Karl Gerold längst verstorben ist, scheint sich Franz Josef Strauß von der ihm fast zehn Jahre lang unbeanstandet zugeschriebenen Äußerung distanzieren zu wollen.

Doch, wie dem auch sei, jedenfalls genießt der CSU-Parteichef und nunmehrige bayerische Ministerpräsident, der in der Nazizeit als »weltanschaulicher Referent« im Münchner NSKK-Sturm 23/M 86, später als »Offizier für wehrgeistige Führung«, einer jener zigtausend propagandistischen Wegbereiter der Nazi-Verbrechen war, heute bei einem beträchtlichen Teil der in der Bundesrepublik lebenden Angehörigen jüdischer Gemeinden und ehedem »rassisch« Verfolgten ein erstaunlich hohes Ansehen. Das mag mit seinem entschiedenen Antisozialismus zusammenhängen, der auch die Grundeinstellung zahlreicher Juden ist (und, allen Behauptungen der Nazis zum Trotz, seit eh und je war). Noch wichtiger scheint jedoch für viele Juden zu sein, daß Strauß als ein verläßlicher Freund Israels gilt. Als Bundesverteidigungsminister unter Adenauer hat er zur militärischen Stärkung des ersten jüdischen Staats der Neuzeit wesentlich beigetragen.

Als mindestens ebenso verläßlicher, enger und treuer Freund Israels gilt auch der Inhaber des größten bundesdeutschen Pressekonzerns, Axel Springer. Er zählt »*die Aussöhnung zwischen Juden und Deutschen*« zu einer der vier »Grundfesten« seiner Verlagspolitik, ohne daß er oder auch seine jüdisch-deutschen Freunde zu merken scheinen, wie sehr mit dieser Formulierung nazistischer Ungeist am Leben gehalten und weiter propagiert wird. Schließlich waren es die Nazis, die den jüdischen Deutschen ihr Deutschtum absprachen und sie für »artfremd« erklärten. »Juden und Deutsche« miteinander versöhnen zu wollen – und nicht, wie es richtig heißen müßte, Christen und Juden oder jüdische und nichtjüdische Deutsche oder, falls dies gemeint sein sollte, die Bürger Israels und die der Bundesrepublik –, setzt voraus, daß die deutschen Juden keine Deutschen sind, eine These, die aufzustellen und zur Grundlage einer in Massenmord endenden Verfolgung zu machen dem verbrecherischen Naziregime vorbehalten war.

Vielen heutigen Mitgliedern jüdischer Gemeinden in der Bundesrepublik scheint es indessen gar nichts auszumachen, daß der so israelfreundliche Zeitungsverleger Springer die Juden hierzulande prinzipiell für Fremde hält. Es stört sie anscheinend auch nicht, daß sich dieser Herr Springer für sein Renommierblatt »Die Welt« als politischen Karikaturisten ausgerechnet jenen Hicks gewählt hat, der in derselben perfiden Manier, in der er heute Araber, Hippies, Studenten oder einzelne Mißliebige wie Heinrich Böll oder Sebastian Haffner karikiert, während der Nazizeit das Leid der Verfolgten und Vertriebenen verhöhnte.

Ja, viele jüdische Bürger hierzulande finden nicht einmal etwas Schlimmes daran, wenn auf der Titelseite eines im Hause Springer erscheinenden Boulevardblattes die erneut auf eine verfemte Minderheit bezogene Schlagzeile »*Ausmerzen!*« erscheint; wenn die Kommentatoren der Springer-Blätter einen neuen Kreuzzug gen Osten predigen und dabei – wie es Hans Dieter Müller in seiner gründlichen Analyse der Konzernpolitik des Hauses Springer formuliert hat – »versuchen, die Machtverschiebung in Europa als Folge des Kommunismus, nicht als Folge des explosiven deutschen Nationalismus zu interpretieren«. Selbst die nach der »Holocaust«-Ausstrahlung von den Springer-Zeitungen versuchte Relativierung des Massenmords, seine Aufrechnung gegen spätere Leiden der deutschen Vertriebenen und der Hinweis auf angeblich durchaus vergleichbare Verbrechen in der Sowjetunion wird von vielen Angehörigen jüdischer Gemeinden in der Bundesrepublik widerspruchslos hingenommen.

Als gefährlich, als ihre Gegner sehen sie nur die von der Springer-Presse verteufelten Linken an, wobei sie alle Gruppen in einen Topf werfen. Wer am kapitalistischen Gesellschaftssystem (das den Nazismus hervorgebracht hat) herumnörgelt, wer für die Blitzsiege und Eroberungen Israels nicht die rechte Begeisterung aufgebracht hat, ja, heute sogar hie und da für diskriminierte Araber und für Zugeständnisse an die Palästinenser eintritt, gilt als – mindestens potentieller – Judenfeind.

Daß sich unter diesen »gefährlichen Linken« und ihren intellektuellen Sympathisanten auch – gar nicht wenige – Leute befinden, die von jüdischen Eltern oder Großeltern abstammen und daher von den Nazis wie Juden verfolgt worden sind (oder worden wären, hätten sie damals schon gelebt), macht in den Augen vieler bundesdeutscher Synagogengemeindemitglieder die Sache nur noch schlimmer. Denn dies könnte mißverstanden und der Gesamtheit der deutschen Juden angelastet werden.

Kurz, die heute in der Bundesrepublik lebenden Juden haben sich hier gut eingelebt, auch wenn einige von ihnen immer noch so tun, als säßen sie auf gepackten Koffern. Sie sind, wie seit eh und je, nicht anders als ihre nichtjüdischen Landsleute, nicht klüger, nicht besser, nicht weniger borniert, von einigen löblichen, den anderen Juden höchst suspekten Ausnahmen abgesehen. Quantitativ spielen sie kaum noch eine Rolle; von den jüdischen Familien, die vor 1933 im Deutschen Reich gelebt haben, sind nur etwa fünf Prozent aus den Lagern oder aus dem Exil zurückgekehrt. Die aus Osteuropa seit 1945 Zugewanderten, soweit sie in der Bundesrepublik endgültig seßhaft geworden sind, haben sich weitgehend assimiliert und bilden heute den wesentlichen Teil der wenigen, meist sehr kleinen Gemeinden, die insgesamt – einschließlich der einst allein mehr als 160 000 Mitglieder zählenden Gemeinde Berlins – rund dreißigtausend Personen umfassen. Eine etwa ebenso große Anzahl von Deutschen, die nach den Maßstäben der Nazis als Juden gelten müßten, lebt außerhalb der jüdischen Religionsgemeinschaft und setzt die 1933 jäh unterbrochene Tradition der emanzipatorischen Totalverschmelzung fort, weniger wegen besonderer Begeisterung für die neue, bundesrepublikanische Form des Deutschtums, vielmehr weil es für sie keine Alternative gibt.

Alles in allem machen diejenigen Bundesbürger, die sich bei sehr weitherziger Auslegung des Begriffs als »jüdisch« bezeichnen lassen, etwa 0,1 Prozent der Gesamtbevölkerung aus. Sie stellen also nur einen winzigen Dorn im Fleische derer da, die sich noch vor dreieinhalb Jahrzehnten stolz »Arier« nennen und, entsprechend den Anleitungen durch »Aktivpropagandisten«, »weltanschauliche Referenten« und andere Scharfmacher, alles übrige »artfremde Ungeziefer« verachten und zertreten durften. Heute sind sie für ihre Umwelt kein Problem mehr, abgesehen von gewissen Schuldkomplexen, wie sie bei Nichtjuden, wenn sie Juden begegnen, hin und wieder auftreten.

Für die nichtjüdische Umwelt unproblematisch geworden zu sein, bedeutet indessen nicht, daß die jüdischen Deutschen selbst keine ernsthaften Probleme mit ihrer Umgebung hätten; dieses Buch zeugt davon. Schon immer waren die Opfer ein wenig sensibler und bei weitem nicht so vergeßlich wie ihre Peiniger.

Heinz Abosch

Wer sich erinnert, kann nicht ruhig sein

Heinz Abosch, geboren 1918 in Magdeburg, 1933 Emigration nach Frankreich, seit 1956 in der Bundesrepublik. Publizist. Buchveröffentlichungen u.a.: »Antisemitismus in Rußland«, »Trotzki und der Bolschewismus«.

Der einstmals rassisch Verfolgte, Gedemütigte, Verstoßene, gleich einem Freiwild Gehetzte kann nicht vergessen, was ihm angetan ward. Zeit seines Lebens trägt er die Narben der ihm geschlagenen Wunden. Die Zeit der Verfolgung, da man ihn jagte, als habe er ein Schwerstverbrechen begangen, während er nichts anderes getan hatte, als zu leben, weil man sein simples Leben selbst ihm als Verbrechen anlastete – diese Zeit hat sich in seine Seele gesenkt, und es ist unmöglich, sie zu verscheuchen. Man kann sie verdrängen, man kann sie vergessen wollen. Doch wird es nicht gelingen, diese Zeit wird stets gegenwärtig bleiben. Und besser, als sich um das ohnehin nutz- und sinnlose Verdrängen zu bemühen, ist es, sich zu diesem Erbe der Vergangenheit zu bekennen, das ein Bestandteil des eigenen Ich geworden ist. Allein dieses Bekenntnis verleiht der eigenen Existenz ihre Wahrheit, Verdrängen dagegen ist nur um den Preis von Lügen möglich und gebiert wiederum Lüge. Der einstmals Verfolgte kann nicht anders, als sich der Zeit seiner tiefsten Schmach zu erinnern, die gleichbedeutend ist mit der tiefsten Schmach der Menschheit überhaupt. Mehr noch: er darf nicht anders handeln, will er sich selbst und anderen gegenüber wahr sein, will er das bekunden, was er ist, ohne Abstriche am Entscheidenden vorzunehmen. Gebieterisch verlangt es auch das Bemühen, die Wiederkehr des Unheils zu verhindern. Und was anders könnte es verhindern als die Erinnerung? Der ehemals rassisch Verfolgte, der eine Welt von Feinden und nur spärliche Hilfe erfahren hat, als sein Leben von bloßem Zufall abhing, von der Unachtsamkeit eines Polizisten oder der Denunziation eines Passanten, ist ein Mahner, ein Unruhiger, ein Unbehauster. Das Geschehene ist ihm eingebrannt wie die Nummern auf den Armen der KZ-Gefangenen. Er kann nicht, vom Vergangenen abgewandt, ruhig in der Gegenwart leben und vertrauensvoll in die Zukunft blicken. Ein gewisses Gefühl elementarer Geborgenheit, das jedem Menschen seit seiner Kindheit eignet, ist für immer verloren, da er *sans phrase* erfuhr, daß »der Mensch des Menschen Wolf« ist. Er kann nicht anders, als sich zum Gefühl der Ungeborgenheit, das seinem Wesen entspricht, zu bekennen. Die Erinnerung schuldet er sich wie den Gemordeten, die seine Nächsten waren und deren Verlust eine Leere um ihn schafft, die vielleicht mehr als alles die Vergangenheit vergegenwärtigt und von den Mitmenschen isoliert. Schließlich ist er einer Geisteshaltung verbunden, die in Deutschland stets wirksam war, auch wenn sie sich nicht durchzusetzen vermochte. Die Rede ist vom demokratischen Humanismus, der 1933 vernichtet wurde, nachdem er vergeblich versucht hatte, Deutschland umzugestalten. Auch wenn man, wie ich selber, kein überschwenglich Hoffender ist und sich Skepsis bewahrt, wird man nicht behaupten können, daß Hitler ein ewiges Urteil gesprochen habe und die Chance des Humanismus in Deutschland für immer verspielt sei. Der Einsatz geht weiter, und niemand vermöchte zu sagen, wie die nächste Runde ausgehen wird. Daraus ergibt sich eine gewisse geistige Gemeinschaft, während Worte wie Heimat oder Vaterland hohl klingen. Hier scheint mir das persönliche Schicksal unserer Epoche durchaus adäquat zu sein; es entspricht ihr besser als die engstirnigen Geborgenheitsillusionen der Heimatverbundenen. Die Menschheit wird nur dann überleben können, wenn sie sich des Spuks der Nationalismen entledigt. Ohne die Möglichkeiten zu verschönern, halte ich es für richtig, die Aktion politischer Aufklärung fortzusetzen, an der ich schon im Exil teilgenommen habe. Das schafft gewiß keine Geborgenheit, aber anderswo könnte ich kaum mehr finden, vielleicht noch weniger.

Wo bleibt das Judentum? Der Verfasser hat weder ein religiöses noch ein nationales Bekenntnis, er ist kein Gläubiger und kein Zionist. Was ihn prägt, ist das Experiment der Verfolgung, die Treue zu den Opfern, ist der Versuch, analoge Verbrechen zu verhindern. Hier ist es notwendig, gegen einen Mythos Stellung zu nehmen: es besteht kein einheitliches Judentum. In sozialer, philosophischer und politischer Hinsicht war und ist es vielgestaltig, aber eine humane Komponente ist ihm eigen. Die deutschen Juden haben hervorragende Pioniere des Humanismus hervorgebracht, als solche zogen sie den Haß der Feinde der Aufklärung auf sich. Schon Ende des letzten Jahrhunderts gab der angesehene Historiker Treitschke, unter großem Beifall, die Losung aus: »Die

Juden sind unser Unglück.« Die Ansätze des Kaiserreichs wurden im Dritten Reich mit Konsequenz bis ans blutige Ende geführt. Niemand, der sich dem Humanismus verpflichtet fühlt, wird die Leistung der Heine und Börne, der Marx und Lassalle, der Freud und Einstein gering veranschlagen. Nach Jahrzehnten der Dummheit und Bosheit genießen ihre Ideen endlich Hausrecht; das demokratische Deutschland kann nicht anders, als sich zu ihnen zu bekennen, weil es in jenen deutschen Juden, mit Recht, seine eigenen Denker ehrt. Ich wüßte keine sinnvollere Lehre aus dem deutschen Desaster zu ziehen als die Verpflichtung gegenüber diesem großartigen Vermächtnis. Der ehemals Verfemte wird sich mit Eifer für Aufklärung und Toleranz einsetzen, aber ohne Illusion. Ganz besonders hellhörig wird er alle Symptome rassistischer Barbarei wahrnehmen. Bagatellisieren ist seine Sache nicht, er wird alle Symptome sehr ernstnehmen. Und wenn auch er, gemäß einer gängigen Formel, der Ansicht ist, in dem bisher besten demokratischen Staat zu leben, den es in Deutschland je gab, so wird er doch die allzu üppig ins Kraut schießende Bagatellisierung anstößig finden, die aus unsäglichen Verbrechen eine Art Kavaliersdelikt macht, die den Kreis der Verantwortlichen ungebührlich so eng gezogen hat, daß das Massenphänomen des Rassenhasses und Völkermordes zu einer Sache sehr weniger zusammenschrumpfte, während doch in Wirklichkeit sehr viele darin impliziert waren.

Vielleicht sind wir, nach unsäglichen Verfehlungen, ein Stück vorangekommen. Dennoch können wir nicht beruhigt sagen, alles sei gelöst; die Aufgabe ist bestenfalls in Angriff genommen, sie ist permanenter Art und wird uns noch lange beschäftigen. Für viele Deutsche ist die Aussöhnung mit den Juden ein formeller Akt, der kaum Konkretes in sich schließt. Die Begegnung mit realen Juden findet nur in Ausnahmefällen statt, die Radikalität des nationalsozialistischen Vernichtungsprogramms bewahrt davor. Es ist leicht, Toleranz zu bekunden, wenn nur eine verschwindend kleine jüdische Minderheit vorhanden ist und die praktische Probe der Toleranz weitgehend fehlt. Auch ist es mitunter leichter, Israel Sympathie zu manifestieren als dem konkreten Juden im eigenen Land. Gleichwohl begrüße ich die Haltung der Bundesrepublik gegenüber Israel, denn auch sie gebietet Gedenken an die Vergangenheit. Dem Staat beizustehen, der durch die Verfolgung entstand, ist eine moralische Pflicht für jeden, der die Vergangenheit ernst nimmt und sie nicht als eine Bagatellsache behandelt. Die Bundesrepublik verhält sich hierbei unvergleichlich ehrenhafter als die

DDR, die, ihre antifaschistische Propaganda Lügen strafend, mit den Feinden Israels – d.h. mit den Feinden der Opfer des Faschismus – verschworen ist. Aber Israel ist nicht das gesamte Judentum. Darauf muß hingewiesen werden – auch Israel gegenüber, das einen unhaltbaren totalen Vertretungsanspruch geltend macht. Israel repräsentiert nur einen Teil der Juden, während die Mehrzahl in anderen Ländern lebt und sich mit deren Nationalität identifiziert. Im Zeichen der »Wiedergutmachung« ist gewiß viel Gutes vollbracht worden, obwohl man den Namen selbst für beschönigend, folglich verfehlt halten muß: denn das Geschehene läßt sich leider nicht »wiedergutmachen«. Bestenfalls kann man etwas Gutes tun, doch Morde lassen sich nicht postum rückgängig machen. Unerträglich ist es, wenn die »Wiedergutmachung« oder der Israel-Kult dazu dient, sich eine weiße Weste und den Geschäften der Gegenaufklärung ein moralisches Alibi zu verschaffen.

Weil es überhaupt nicht »den Juden«, sondern mannigfache national, sozial und ideologisch differenzierte Typen und Gruppen gibt, scheint es mir noch immer notwendig, das Thema zu entmystifizieren. Gerade weil es in Deutschland so wenige reale Juden gibt, gerinnen sie so leicht zum Abstraktum – was sie bereits in der NS-Propaganda waren. Der Jude muß entmystifiziert werden, da es ihn weder als Rasse noch als Träger spezifischer Eigenschaften gibt: der als besondere Kategorie Gekennzeichnete ist ein Produkt antisemitischer Gesinnung, entsprechend der These Sartres, daß »der Antisemit den Juden schafft«. Es gibt nicht »den Juden«, wohl aber Gläubige und Ungläubige, Zionisten und Assimilanten, Konservative und Revolutionäre, Kaufleute und Intellektuelle. Sie trennt so viel voneinander, daß es kaum angeht, sie als Einheit zu betrachten. Vielleicht begegnen sie sich nur in der Forderung nach Toleranz, der Duldung von Minderheiten und abweichenden Meinungen. Das Bild eines einheitlichen Judentums ist eine antisemitische Erfindung, der nichts Wirkliches entspricht. Aufklärung darüber ist noch immer geboten, erst dann würde »die Judenfrage« ihre einschüchternde Aura, die stets manipulatorischen Zwecken dient, verlieren und zum Problem gesellschaftlicher Humanisierung werden. Letztlich wird sie zum Problem der Gestaltung und Sicherung der Demokratie, für jeden einzelnen kulminiert sie in der Frage: Wie tolerant verhalte ich mich anderen gegenüber? Wie achte ich deren Würde? Der Jude ist je nachdem ein Deutscher, ein Italiener, ein Grieche, ein Armer, ein Abhängiger, ein Hilfloser – und er kann natürlich auch ein Jude sein!

Wir leben im demokratischsten deutschen Staat, mit den zivilsten

Sitten und der bisher größten Toleranz. Antisemitismus gehört endlich nicht mehr zum guten Ton, wie es so lange üblich war; er ist verpönt, modisch ist eher Philosemitismus. Die Wandlungen sind gewiß erfreulich, auch wenn sie allzu spät kamen und nach so unsäglichen Verbrechen. Dennoch bleibt Störendes. Hitler, der Autobahnerbauer, wiegt im Geiste vieler noch immer schwerer als der Erbauer von Todeslagern. Der Nazismus gilt als eine Art Betriebsunfall der deutschen Geschichte, während die Tendenzen, die logisch ins Dritte Reich führten, allzu häufig verdeckt oder beschönigt werden. Daß Hitler auf den Sprossen der Gegenaufklärung, die Deutschland beherrschte, an die Macht gelangte, wird oft genug verdrängt. Auf solcher Geschichtsfälschung gründen auch heute machtvolle Strömungen, die dem Geist der Toleranz bestenfalls Lippendienste erweisen, aber durchaus nicht willens sind, die Unmündigkeit der Menschen zu reduzieren. Darauf ist es zurückzuführen, daß so viele Würdenträger des Dritten Reichs, oberflächlich demokratisiert und christianisiert, in neuer Gewandung rasch wieder Anerkennung fanden; daß die Prozesse der NS-Verbrechen, mit ihren endlosen Verschleppungen und ungewöhnlich milden Verurteilungen, ein eigentlicher Skandal geworden sind; daß die Bundesrepublik sich so schwer tat, die Amnestie für Komplizen des Völkermords endgültig zu beseitigen. Weshalb von 84 000 Strafverfahren 74 000 eingestellt wurden und es ganze 6400 Verurteilungen gab, bleibt ein beunruhigendes Rätsel.

In weiten Kreisen gilt Hitlers Krieg als Sache des Vaterlands, nicht als verbrecherischer Akt eines verbrecherischen Regimes. Die Auseinandersetzung mit dem Nationalsozialismus verengt sich auf die Abstempelung von Sündenböcken, die Irrtümer einzelner, die Greuel der SS. Die Schuld der Wehrmacht wird geleugnet, die Verantwortung der Kirchen, die die Diktatur absegneten, verschleiert. Ein Bundestagsabgeordneter, der, ein Tabu brechend, die wahre Funktion der Wehrmacht beim Namen nannte, wurde rasch zum Dementi gezwungen. So gerät die »Bewältigung der Vergangenheit« zur Karikatur; ihres eigentlichen Sinnes beraubt, dient sie der Verdrängung. Auf Sündenböcke fixiert, soll die Auseinandersetzung mit der Vergangenheit gerade vermieden werden. So gewahrt man bestenfalls die Spitzen des Eisbergs, während die breiten Fundamente im Dunkel des Verschweigens verschwinden. Soll man sich da wundern, daß die Jugend über das Dritte Reich unvollständig informiert ist? Unzweideutig verweist dies auf das Fehlverhalten der Verantwortlichen; häufig genug haben sie Ausflüchte gebraucht, um der Wahrheit zu entgehen. Man erinnert sich der gängigen, gleichsam offiziellen Floskel, daß die Verbrechen »im Namen Deutschlands« geschahen. Wie nett sich das anhört, da man von »Verbrechen der Deutschen« zu sprechen sich erspart. Aber ist es etwas anderes, als sich an der Wahrheit mit sprachlichen Tricks vorbeizumogeln? Böse Geschichtsklitterung, die als »Vergangenheitsbewältigung« ausgegeben wird, während sie doch deren Gegenteil darstellt.

Wenn einiger Anlaß besteht, über die Evolution der letzten drei Jahrzehnte zufrieden zu sein, so habe ich doch auch Grund, mich zu beunruhigen. Die Auseinandersetzung mit der Vergangenheit hat bestenfalls in Ansätzen begonnen; höchste Zeit ist es, das Mogeln, Rechtfertigen und Beschönigen zu beenden. Hitler war kein Betriebsunfall, und die Greuel vollbrachten nicht anonyme Kräfte »im Namen Deutschlands«. 1933 triumphierte die totale Gegenaufklärung, nachdem sie bis dahin stets den entscheidenden Einfluß ausgeübt hatte. Es war der Sieg dessen, was Nietzsche die »Exstirpation des deutschen Geistes zugunsten der deutschen Macht« genannt hatte. Die Feststellung war hellsichtig, obwohl Nietzsche selber der von ihm diagnostizierten Abdankung des Geistes Vorschub leistete. Auschwitz wurde faktisch schon in den Tagen des Kaiserreichs entworfen von den Propheten der arischen Rasse und der imperialistischen Machtentfaltung; antisemitische Hofprediger und Professoren, die »die Welt am deutschen Wesen genesen« lassen wollten, waren die Vorläufer Hitlers und Himmlers. Die Nazis wandten nur praktisch an, was ihnen theoretisch überliefert wurde, dabei zeigten sie freilich eine Konsequenz, die womöglich die Theoretiker der Vorkriegszeit überrascht hätte. Nichts ist dringlicher als die Konfrontation mit der deutschen Geschichte, so wie sie wirklich war, ohne Abstriche und ohne Schminke. Solange dies nicht geschehen ist, besteht kein Grund zur Beruhigung. Die massive Fehlleistung, welche die von Mitscherlich analysierte »Unfähigkeit zu trauern« bedingt, ist weit gewichtiger als die Aktion nazistischer Gruppen, deren fanatische Offenherzigkeit ihre Wirkung eher einschränkt. Ohne sie verharmlosen zu wollen, glaube ich doch, daß gegenwärtig eine laue Verurteilung des Naziregimes in ihrer Konsequenz fast schwerwiegender ist als dessen offene Verherrlichung.

Immer wieder ist der Druck des Auslands erforderlich, um das an sich Selbstverständliche zu leisten. Derart muß man sich fragen, ob nicht ein guter Teil erfolgter Demokratisierung dem strengen Blick der westlichen Verbündeten zu danken ist, ob man es nicht ohne diese Aufsicht viel weniger weit gebracht hätte. Die Bundesrepublik hat sich besser und bequemer entwickeln können als ihre unglückliche Vorgängerin, die Weimarer Republik. Das Grundgesetz hat sich durch die Begünstigung stabiler Verhältnisse durchaus bewährt, in einigen Bestimmungen (z.B. die Abschaffung der Todesstrafe) war es der durchschnittlichen Volksmeinung weit voraus. Aber alle Bedingungen waren günstiger als in den zwanziger Jahren. Es gab keine große Wirtschaftskrise, vor allem hat die Niederlage von 1945 Deutschland so reduziert, daß an keine beherrschende Rolle in der Weltpolitik mehr zu denken ist. Der Nationalismus hat seinen Nimbus verloren, die Abhängigkeit vom Ausland wird anerkannt, während in der Weimarer Republik der Haß gegen die diversen »Erbfeinde« alle vernünftigen Lösungen blockierte. Dennoch muß man nach dem Wert solchen Wohlverhaltens fragen, das unaufhörlich auf die westlichen Schutzmächte fixiert bleibt. Demokratie ist nur dann authentisch, wenn sie der Überzeugung der Bürger entspricht, nicht einem Kalkül außenpolitischer Nützlichkeit. Ich glaube, daß man sich realistisch verhält, wenn man von den vielen Demokraten, die wir heute haben, einen beträchtlichen Teil als sehr formale Demokraten einstuft, die mehr objektivem Zwang gehorchen als subjektiver Überzeugung. Echte Demokraten, die nicht nur Lippenbekenntnisse von sich geben, sondern es ihrem Denken nach wirklich sind, gibt es gewiß noch zu wenige. Die Aufgabe, demokratische Ideen einzuüben, besteht nach wie vor und muß in allen Bereichen der Erziehung wie der öffentlichen Institutionen als aktuell begriffen werden. Auch drei Jahrzehnte nach der Gründung der Bundesrepublik ist die Demokratie eine zarte Pflanze, die sorgfältiger Pflege bedarf. Allzu beruhigende Formeln in der Art wie »Wir haben es geschafft« sind schädlich, weil sie als gelöst hinstellen, was täglich zu lösen, aufzubauen, zu vollenden ist. Die Bundesrepublik gehört zu den freiesten Staaten der Welt, doch wird hierzulande Demokratie mehr mit dem reibungslosen Funktionieren der Institutionen gleichgesetzt als mit der tätigen Anteilnahme der Bürger. Ordnungsgeist ist noch immer stärker als kritische Wachsamkeit. Doch so droht die Demokratie zu einer Apparatur zu entarten, die zwar funktioniert, aber demokratisch nur der äußeren Hülle nach ist. Das politische Erbe Deutschlands macht sich auch in der Gegenwart drückend bemerkbar.

Bei allem Elend, das die Verfolgung brachte, bin ich der Erfahrung der Emigration dankbar. Ich lernte Frankreich in sehr schwerer Zeit kennen, die Emigranten wurden nicht mit offenen Armen empfangen. Es gab Arbeitslosigkeit, und man betrachtete die Ankömmlinge mit Mißtrauen. Deren Weg war notwendig steinig. Außerdem funktionierte die französische Demokratie selbst nicht makellos, Regierungskrisen folgten aufeinander. Was sich von Deutschland unterschied, war indes deutlich genug: die demokratischen Traditionen verhinderten den Durchbruch einer faschistischen Bewegung. Ich konstatierte ein weitverbreitetes kritisches Bewußtsein, das sich so vorteilhaft vom deutschen Untertanengeist unterschied. Der Vertreter der Autorität in Frankreich ist keine Respektsperson, sondern begegnet Mißtrauen, kritischer Wachheit. Der Staat ist kein Götze, ein amtlicher Stempel keine Heiligkeit; der Staat ersetzt nicht den Bürger, dieser bekundet jenem gegenüber ständig seine Kraft. Natürlich bewirkt das selbst eine unstabile Lage, kleine Krisenzustände, doch die große Krise findet im allgemeinen nicht statt. Der hilfesuchende Emigrant fand schließlich stets Hilfe, nicht allein bei Privatpersonen, auch in den Ämtern gegen den Willen der Regierung. Solch ein kritischer Geist, solche Gewohnheit, den Autoritäten nicht blind zu folgen, macht einen totalitären Zusammenschluß, die Bildung eines Blockes hinter einem »Führer«, unmöglich. Das Pétain-Regime war eine Zeitlang recht populär, aber selbst seine Anhänger halfen Verfolgten. Der tätigen Hilfe französischer Bürger verdanke ich die Rettung meines Lebens – und Hilfe hieß, das eigene Leben riskieren. Ein Priester gab mir den Rat, falsche Papiere zu beschaffen, als ich selbst daran noch nicht gedacht hatte. Er war sehr gebildet, durchaus kein Aufsässiger, und die Kirche war damals ein Grundpfeiler der Pétain-Diktatur. Ihn bewegte ganz einfach die demokratische Tradition seines Landes: Unrecht zu bekämpfen, auch wenn es sich mit der Maske der Legalität schmückt.

Bis heute ist Frankreich schwerer zu regieren als Deutschland. Ich weiß nicht, ob dies unbedingt zuungunsten der Franzosen und zugunsten der Deutschen spricht. Ist Unruhe nicht eher ein Zeichen wachsam funktionierender Demokratie, während eine zu große Ruhe deren mangelnde Vitalität bezeugt? So meine ich denn, daß von den Völkern alter demokratischer Tradition noch viel zu lernen bleibt. Womöglich ist Unruhe die erste Pflicht des demokratischen Bürgers. Damit einer geht die Fähigkeit, sich zu erinnern. Aber wer sich der deutschen Geschichte erinnert, kann nicht ruhig sein. Er wird in höchstem Maße voller Unruhe sein.

Reiner Bernstein

Mein Name regt die Phantasie meiner Umwelt an

Reiner Bernstein, Jahrgang 1939; Studium der Publizistik, Politologie und Geschichte an der FU Berlin; Veröffentlichungen zu Themen Israels und der deutsch-israelischen Beziehungen; Vorstandsmitglied des »Deutsch-Israelischen Arbeitskreises für Frieden im Nahen Osten«.

Am Anfang standen, zu Beginn der fünfziger Jahre, die für Angehörige meiner Generation typischen Fragen an die Älteren nach ihrer Haltung während der Zeit des Nationalsozialismus. In der Schule spielte die »Aufarbeitung der Vergangenheit« – unserer Altersklasse gemäß – noch keine Rolle, wenn man davon absieht, daß wir die politischen Konsequenzen spürten: die deutsche Teilung. In der zum Moralisieren neigenden Argumentation dürfte ich mich von meinen Altersgenossen, soweit sie an der Politik schon Interesse zeigten, wenig unterschieden haben, vielleicht jedoch in dem bohrenden Drängen nach Antworten. Ich entsinne mich, daß es Krach gab, auch und nicht zuletzt im eigenen Elternhaus. Beide Seiten suchten nach Erklärungen und Entschuldigungen. Wurde da auf die Vormacht oder das Übergewicht der Juden in bestimmten Wirtschaftsbereichen wie den Banken und in den freien Berufen, unter Rechtsanwälten, Ärzten und Journalisten, vor 1933 hingewiesen, reagierte ich prompt mit pauschalen Antworten, die von der Unterdrückung der Juden in der abendländischen Geschichte und von den Mängeln der bürgerlichen Emanzipation seit dem Beginn des 19. Jahrhunderts sprachen.
Ich mag damals 13 oder 14 Jahre alt gewesen sein, und entsprechend dürftig mag meine Argumentation ausgefallen sein, die sich mehr durch Pathos und den Zeigefinger als durch gesicherte historische Kenntnisse auszeichnete. Jedenfalls begleitet mich die sogenannte Judenfrage seit jener Zeit. Während meine Klassenkameraden auf der Straße Fußball spielten und aus Nachbars Garten das Obst von den Bäumen holten, las ich alles, was an Broschüren und Büchern zum Thema aufzutreiben war. Die nächste, nunmehr bewußte Zäsur, die über den eigenen Weg entschied, erfolgte auf

der Universität, die Beschäftigung mit der Geschichte der Juden in Mitteleuropa seit der Neuzeit. Sinnfällig wurde für mich das jüdische Schicksal unter den Nazis in der Person meines Lehrers Adolf Leschnitzer, der zwischen New York und Berlin hin- und herpendelte, dort deutsche Literatur, hier jüdische Geschichte unterrichtete. Die Existenz des Staates Israel habe ich ziemlich spät entdeckt. Erst Mitte der sechziger Jahre kam sie in mein Blickfeld. Ich entsinne mich, daß ich 1963 zwischen zwei Vorlesungen eine Postkarte an die Deutsch-Israelische Studiengruppe an der Freien Universität schrieb, in der ich mich erbot, in ihrem Rahmen meinen persönlichen Beitrag zur Versöhnung zwischen Deutschen und Juden leisten zu wollen. Abgeschickt habe ich sie nicht, der Text erschien mir letztlich zu geschwollen.

Seither stehe ich unter dem Eindruck eines Syndroms. Während ich einerseits ständig auf der Lauer nach gedankenlosen, unterschwelligen und offenen Formen des antijüdischen Vorurteils und des Antisemitismus liege, lasse ich mir andererseits nicht das Recht nehmen, genauso meine Anmerkungen zu Vorgängen in der israelischen Politik zu formulieren, wie ich die politische und gesellschaftliche Szene in der Bundesrepublik kritisch verfolge.

Ich bin nicht in der Lage zu begreifen, warum ich verpflichtet sein soll, doppelte Bewertungsmaßstäbe anzulegen, nicht trotz der deutschen Schuld an den Juden, sondern weil diese Schuld nicht durch Schweigen abgetragen werden kann. Politisch falsches Handeln wird von mir über denselben Kamm geschoren, hüben wie drüben. Vielleicht mache ich einen Fehler, wenn ich glaube, daß ein Volk, dem in der eigenen Geschichte so elend mitgespielt worden ist, ein besonderes Gespür für das Leid anderer entwickeln müßte. In der Gegenrede muß ich mir dafür den Vorwurf gefallen lassen, ich sei einer säkularisierten Form des religiösen Auserwähltheitsmythos erlegen. Doch sollten wir, um den Theologen Friedrich-Wilhelm Marquardt zu zitieren, »nicht Juden, nicht Israelis idealisieren und dazu beitragen, zur Abwechslung einmal am jüdischen – statt am deutschen – Wesen die Welt genesen zu lassen«.

Mein Familienname regt die Phantasie meiner Umwelt an, zumal, wenn sie von meinen Interessen erfahren. Angehörige der Altersklasse ab etwa 55 Jahre, so scheint es, stehen mir gegenüber unter einem fast neurotischen Zwang, mich ihres Widerstands im »Dritten Reich« zu versichern. Einer hat es auf zwölf gegen ihn gefällte Kriegsgerichtsurteile gebracht, weil er als Soldat zwischen Italien und Polen Juden geholfen habe. Manchmal überwältigt mich dann eine selbstquälerische Lust, Leute dieser Sorte zur Exposition ihrer Haltung gegenüber heute in Deutschland lebenden Juden zu treiben. Die Ergebnisse enttäuschen meine negativen Erwartungen selten.

Andere – Landsleute meiner Generation, die schon vor dem Botschafteraustausch 1965 für die deutsch-israelischen Beziehungen eingetreten sind, als dies beileibe politisch noch nicht populär war – mögen mich selbst für neurotisch halten. Sie haben längst vor der Politik Israels seit 1967 kapituliert und sich andere Betätigungsfelder ausgesucht. »Hast du denn immer noch nicht genug?«

Für dritte – die heute die einschlägige Diskussion in Kreisen der Öffentlichkeit bestimmen – gehöre ich entweder zur *quantité negligeable* oder zu den Feinden Israels, wie eine große israelische Abendzeitung im November 1976 in ihrer Schlagzeile zu verkünden wußte. Den vierten schließlich – den dogmatischen Linken – muß ich als unbelehrbarer Rechter gelten, denn ich würde mich krampfhaft bemühen, trotz Menachem Begin weiterhin nach liberalen Spurenelementen und ihren Trägern im Zionismus Ausschau zu halten.

Aus den persönlichen Erlebnissen ziehe ich Schlüsse. Einer ist, daß ich mich sträube, verdeckte Anfragen nach meinem Geburtszusammenhang zu beantworten. Ich bekenne mich da zu Sartre: Angehöriger einer sozialen Minderheit ist derjenige, der von seinen Mitmenschen als solcher erkannt wird. Dabei kümmere ich mich wenig um die bittere israelische und jüdische Kontroverse, die so alt ist wie der persische Hofschreiber Esra, der Erfinder der Frage »Wer ist Jude?«.

Die andere Schlußfolgerung ist für mich politisch bedeutsam. Meine These ist die, daß es hierzulande niemanden gibt, der nicht zum Thema »Judentum« etwas beizutragen hat. Welche Tönungen das Bild auch immer konturieren – im Gespräch schwingen urteilsbehaftete Assoziationen mit. Die Unbefangenheit ist dahin. Das läßt sich nicht nur auf den millionenfachen Mord an den Juden zurückführen, denn wäre es nur dies, so wäre schlecht erklärlich, warum auch die Jungen darauf insistieren, daß sie damit nichts zu tun haben. Rommels Sieg bei el-Alamein ist im Zweifel auch der ihre. Bei der äußersten Linken verbirgt sich in Sachen Israel die Unsicherheit, wie halt' ich's mit den Juden, hinter einer neuen Befreiungstheologie, die den einzelnen seiner Persönlichkeit beraubt und die Völker in gerechte und ungerechte einteilt. Wer hat nicht an Diskussionen teilgenommen, an deren Ende das Fazit stand: Macht nichts, der Jude wird verbrannt?

Das zu schnellem Urteil neigende Unvermögen zur Sicherung geschichtlichen Verständnisses hat eine Tradition, die das Jahr 1945 überlebt hat. Die neu entstehenden jüdischen Gemeinden klagten alsbald über den grassierenden Antisemitismus. Eine Meinungsumfrage des Allensbacher Instituts für Demoskopie aus dem Jahr 1948 stufte die Antwort einer 30- bis 35jährigen Näherin aus Nordbaden in die Kategorie »tolerant« ein: »Die Juden, die hier waren, waren feine, gute Menschen. Natürlich gibt es da auch Gauner; deswegen mag ich die eingewanderten Juden aus Galizien und Polen nicht.« Mag man auch der Mitte der 70er Jahre unter Leitung von Alphons Silbermann durchgeführten Erhebung methodische Schwächen ankreiden – die Grundaussage bleibt gültig: In der Bundesrepublik gibt es ein erhebliches antijüdisches Potential. Der Unterschied zu »damals« liegt darin, daß es politisch-relevant nicht mobilisierbar ist.

Konrad Adenauer war sich bewußt, daß die von ihm gewünschte Einbettung der Bundesrepublik in den Westen ohne ein Zugehen auf die jüdischen Überlebenden der Konzentrationslager nicht denkbar war. Am Vorabend seines 90. Geburtstags spitzte der damals schon aus dem Amt Geschiedene das politische Problem auf den Satz zu, er habe die Versöhnung mit den Juden nicht nur wegen des ihnen zugefügten Unrechts gesucht, sondern weil das »Weltjudentum« eine Macht darstelle. Der ehemalige amerikanische Hochkommissar in Deutschland, John McCloy, soll nach einem Bericht einer israelischen Tageszeitung in einem BBC-Interview die damalige Bundesregierung aufgefordert haben, sie möge für die Entfernung ehemaliger Nazis aus hohen öffentlichen Ämtern sorgen. Adenauer soll darauf geantwortet haben, McCloy möge seinen Präsidenten fragen, mit welchen Beamten er eigentlich den westdeutschen Teilstaat wiederaufbauen solle.

Dieses Zwielicht ist für die Geschichte der Bundesrepublik auf diesem Feld charakteristisch. Globke und Vialon markierten nur die Spitze des Eisbergs. 1978 mußten ein Landesjustizminister und der Ministerpräsident eines Bundeslandes zurücktreten. Die Drangsalierung von Zeugen im Düsseldorfer Majdanek-Prozeß reiht sich in diese Kette unwürdig ein.

Wiederum erscheint es nicht als Widerspruch, wenn die bürgerliche Historiographie und Publizistik zur selben Zeit der fünfziger und sechziger Jahre einem Israel-Klischee verhaftet war, das die in Deutschland diskreditierten Sehnsüchte von der Volksgemeinschaft und den »preußischen Tugenden« aufnahm und auf den Judenstaat projizierte. Die Ideologie vom »neuen Kraftmenschen« in Israel, der den Antisemitismus »schlagend« widerlege, gab diesem Bild die satten Farben. Prominente Autoren denunzierten die Assimilation seit dem Beginn des 19. Jahrhunderts als großen Sündenfall des modernen Judentums, als Verlust der »jüdischen Substanz«, der »völkischen Eigenart«, schließlich als »jüdischen Selbstverrat«. »Unleugbar ist die Tatsache«, heißt es in einem Buch über die deutsche liberale Bewegung in der Habsburger Monarchie, »daß der Assimilationsjude als ›Ferment der Dekomposition‹ gewirkt hat, daß das intellektuelle Proletariat des Judentums sich großenteils aus Assimilationsjuden rekrutierte, die ein zersetzendes Element der abendländischen Kultur bildeten« – 90 Jahre nach dem Antisemitismusstreit zwischen Treitschke und Mommsen! Daß in diesem Geschichtsbild der Nationalsozialismus als unerklärbare, dämonische Naturkatastrophe interpretiert wird, als »Wahnidee in den Gehirnen einiger weniger« mit »zum diabolischen verfluchten Genius«, kann kaum mehr verwundern.

Dementsprechend war das Bemühen um ein fundiertes Verständnis des Zionismus sowie der Geschichte und Gegenwart des Staates Israel selten anzutreffen. Während an der Vertreibung der Deutschen aus Ostpreußen, Pommern, Schlesien und dem Sudetengau weithin keine Zweifel erlaubt waren, habe die Mehrheit der Palästinenser – so lief die Argumentation – 1948 das Land freiwillig verlassen. Hier ging (und geht) es um die Verteidigung von Rechtspositionen gegenüber dem »Kommunismus«, dort um den »Sieg der Qualität über die Quantität« (Zitate nach H.-J. Bieber). Wie redlich erscheint doch vor diesem Hintergrund eine vor wenigen Jahren seitens der deutschen Landsmannschaften gestartete Initiative, vor den Vereinten Nationen auf die Anerkennung der Parallelität der Forderungen von deutschen und palästinensischen Flüchtlingen zu pochen!

Man möchte meinen, daß den Israelis vor solcher deutschen Gefolgschaft angst und bange geworden wäre. Doch weit gefehlt. Die offiziellen Repräsentanten, aber auch weite Kreise der Öffentlichkeit schienen geradezu eine besondere Vorliebe für sie entwickeln zu wollen. Der »Jerusalem Post« schien es jedenfalls angebracht, im Juni 1973 »nicht wenige« ihrer Landsleute vor der Auffassung zu warnen, »daß Israel besser dran war mit einer Ex-Nazi- oder zumindest einer ›angebräunten‹ Führung in Deutschland, der immer daran gelegen sein würde, sich von den Flecken zu reinigen«.

Doch die israelische Auslandspropaganda tut auch heute ihr Bestes, das Lob des Kibbuz gehört zu ihren beliebtesten Topoi. Da fallen die Argumente, wie sie gerade kommen. Die einen laufen auf die Sehnsucht nach der heilen Welt, nach Idealismus, Gemeinsinn und formierter Gesellschaft hinaus, die anderen operieren mit der »sozialistischen Lebensform«. Eher unfreiwillig steht am Ende das Bekenntnis, daß die israelische Spielart des Sozialismus eine historisch untrennbare Ehe mit dem jüdischen Nationalismus, dem Zionismus, eingegangen ist, daß ihr also die internationalistische Komponente fehlt. Die Entscheidung zwischen Marx und Bibel, so Schimon Peres, ist der israelischen Sozialdemokratie immer leichtgefallen.

Ein Umschlagen dieses Israel-Bilds in der Bundesrepublik mußte kommen, und es kam – nach 1967. Es ist hier nicht der Ort, erneut die Ursachen und das daraus erwachsende neue Verständnis nachzuzeichnen. Es waren konsequente Protagonisten diplomatischer Beziehungen zwischen beiden Ländern, die sich dagegen zu wehren begannen, daß unter Hinweis auf die Geschichte der Deutschen mit den Juden die Öffentlichkeit in der Bundesrepublik für die israelische Politik im Nahostkonflikt in Anspruch genommen wird. Diese Forderung wurde in Jerusalem um so lauter, desto schwieriger sich die Unterstützung politisch legitimieren ließ. Besonders im Hinblick auf die immer hartnäckigere Weigerung Israels, selbst im Falle einer umfassenden Friedensregelung bestimmte Gebiete zu räumen, stellte sich die Frage der Solidarität neu. Die einstige Hoffnung auf das »sozialistische Experiment Israel« als bewußte Abkehr von Faschismus gebärenden kapitalistischen Wirtschafts- und Gesellschaftsstrukturen in Europa kippte um und führte bis zur radikalen Ablehnung des israelischen Staates als »Vorposten des US-Imperialismus« und schließlich zum Vorwurf, der Zionismus sei eine Form des Rassismus. Es soll nicht unerwähnt bleiben, daß israelische Politiker den Vorwürfen fleißig Nahrung boten.

Inzwischen hat die Kritik längst die politische Mitte erreicht. Selbst Konservative sehen sich inmitten eines Konflikts zwischen dem Interesse an der militärischen Sicherheit Europas an seiner Südflanke und dem aktiven politischen Einsatz für Israel, zumal da auch die Entfremdung zwischen Washington und Jerusalem den Rahmen atmosphärischer Eintrübung verlassen hat und ins Grundsätzliche strebt. Andere Faktoren spielen hinein: In einer von Konjunktureinbrüchen und massiver Arbeitslosigkeit bestimmten Zeit spielt das gute Verhältnis zur arabischen Welt zwecks störungsfreiem Erdölimport und Ausweitung von Verkaufsmärkten eine wesentliche Rolle. Die Absatzbewegung ist in vollem Gange. Welche Interessen sind da legitim und welche nicht?

Die Versäumnisse in früheren Jahren schlagen heute voll durch. Einschätzungen und Urteile orientierten sich vielfach nicht an Faktoren und Fakten in der israelischen Politik, sondern an den eigenen Leitbildern, sagten also mehr über ihren Träger aus als über den Gegenstand der Würdigung. Da ist einer »Freundschaft zu Israel« das Wort geredet worden, die sich gegenüber innenpolitischen Entwicklungen im Lande blind anstellte und tiefgreifende soziale Spannungen nicht wahrhaben wollte. Noch heute gilt das Engagement ausschließlich den jüdischen Israelis, bestenfalls auch den »politisch guten« arabischen Staatsbürgern, obwohl ihrer immer weniger werden. Wer macht sich schon die Mühe, über den Zusammenhang zwischen den Formen und Inhalten des Zusammenlebens beider Bevölkerungsteile als Testfall der Regelung des Nahostkonflikts nachzudenken?

In Israel stehen sich zwei soziale Systeme gegenüber, ein jüdisches und ein arabisches. Ihre gegensätzliche Entwicklung ist auf die jahrzehntelangen Auseinandersetzungen zurückzuführen, die sich in einer Grundhaltung der gegenseitigen Abstoßung manifestieren. Die Betonung liegt auf »gegenseitig«. Die Angehörigen beider Bevölkerungsteile haben ihre bitteren Erfahrungen miteinander, und wer der stärkere in diesem Kampf geblieben ist, hat die Geschichte erwiesen. Landenteignungen, »Einzäunungsaktionen« von Weidegebieten der Beduinen im Negev, Sicherheitsverwahrung ohne Prozeß und berufliche Zugangsbeschränkungen sprechen eine deutliche Sprache. »Selbst wenn die Greuelgeschichten der Beduinen zu fünfzig Prozent übertrieben oder erfunden sind, so sind sie immer noch erschütternd«, schrieb die Tageszeitung »Haaretz« am 5. Juni 1978. Eine kritische Presse freilich, selbst Urteile des Obersten Gerichts zugunsten der Rechte arabischer Bürger sind dort stumpfe Instrumente, wo das Zauberwort von der Sicherheit des Staates die Politik entmachtet.

Von den arabischen Staatsbürgern wird man auch in Zukunft nicht erwarten können, daß sie mit Inbrunst den Text der Nationalhymne singen: »Solange im Herzen darinnen / ein jüdisches Fühlen noch taut. / Solang' gen Südost zu den Zinnen / nach Zion ein Auge noch schaut. / Solang' lebt die Hoffnung auf Erden, / die uns 2000 Jahre verband, / daß ein frei' Volk wir wieder werden / in Zions, Jerusalems Land.« Die Tradition der Juden und die Erfahrung der Diaspora sind nicht die ihren. Resigniert hat der langjährige Berater israelischer Ministerpräsidenten für arabische Angelegenheiten, Schmuel Toledano, in einem Interview am 28. Januar 1977 erklärt:

»Die Wirtschaft wird von Juden kontrolliert, Juden leiten die Banken, Gesellschaften, die Politik, die Histadrut – alle Macht liegt in ihrer Hand. Es gibt keinen Grund für die Befürchtung, daß sich die Araber in unser demokratisches Leben integrieren. Wenn wir das Pfund (israelische Währung) abwerten und Beihilfen beschneiden, haben die Araber kein Recht und keine Möglichkeit, etwas dagegen zu sagen, obwohl all diese Dinge eine halbe Million Bürger betreffen. Die Araber sind in keinem Forum gerecht vertreten, dessen Entscheidungen sich auf sie auswirken. Ich spreche nicht von der Einbeziehung in Schlüsselpositionen. Ich spreche von der Ernennung eines Arabers als Direktor einer Verwaltungsabteilung. Was läuft also falsch? Wovor hat man Angst?
Frage: Nur Direktor einer Abteilung? Werden sie nie volle Gleichheit in den Rechten und Pflichten durch eine Integration erreichen, die man ihnen von oben gibt?
Toledano: Richtig. Soweit sich sehen läßt, werden sie nie in die jüdische Gesellschaft in einem Maße integriert werden, wie Schwarze in die amerikanische Gesellschaft integriert sind. Der gegenwärtige Zustand, bei dem sie weder volle Rechte noch volle Pflichten haben, ist das notwendige Übel . . .«

Wenn diese Aussage Toledanos zutrifft, lauten die Fragen: Welche Bedingungen müssen geschaffen werden, um »das notwendige Übel« zu beseitigen? Läßt sich der systemimmanente Sprengstoff entschärfen, wenn nicht nur die Palästinenser in den besetzten Gebieten, sondern auch diejenigen in Israel das Recht auf politische Selbstbestimmung erhalten? Welche Konsequenzen zieht eine solche Entscheidung für die territoriale Integrität Israels in den Grenzen *vor* 1967 nach sich? – Heute wählen zwei Drittel der israelischen Araber kommunistisch, nicht weil sie Kommunisten sind, sondern weil »Rakach« die einzige nicht zionistische, das heißt auf die Bewahrung des jüdischen Charakters Israels nicht drängende Partei ist. Sie sehen für sich keine Alternative. Doch der Radikalisierungsprozeß geht weiter: Die sezessionistischen Stimmen mehren sich.
Der zweite Themenkomplex bezieht die besetzten Gebiete mit ein und all die Hoffnungen, die sich an die Initiative des ägyptischen Präsidenten Sadat vom November 1977 knüpften. Seither sind wir in der Bundesrepublik einer von Tagesaktualität zu Tagesaktualität hüpfenden Einschätzung der Friedensaussichten in der Region erlegen. Das Stimmungsbarometer schwankt zwischen Jubel und

Resignation. Die Unsicherheit des Urteils berührt um so merkwürdiger, als die Zeit seit dem 6-Tage-Krieg hätte ausreichen müssen, um die Hauptdeterminanten künftiger vertraglicher Vereinbarungen erkennen zu können. Ließ sich die arabische Seite bis dahin von einer Haltung des Alles oder Nichts leiten, die in den Beschlüssen der Gipfelkonferenz von Khartum im August 1967 ihren letzten Niederschlag fand, so ist die *israelische* Politik mittlerweile immer stärker in eine Position der Negation abgerutscht: kein Rückzug auf die Grenzen von 1967, kein palästinensischer Staat, keine Verhandlungen mit der PLO.

Für alle drei Weigerungen gibt es gewiß gute Gründe. Sie könnten vor allem auf strategischen und Sicherheitserwägungen basieren, und über ihre Stichhaltigkeit zu befinden, steht dem Laien nicht zu. Wenn diese Aspekte, so möchte man meinen, ihre entsprechende Berücksichtigung gefunden haben, müßte der Weg zum Frieden frei sein. Was einem interessierten Zeitgenossen nun aber auffällt, ist zweierlei: daß – wie der israelische Historiker Schlomo Naaman vor Jahren erklärt hat – sich die israelische Politik zur Absicherung ihrer Positionen zum einen geschichtlicher Begründungszusammenhänge (Rückgriff auf die Bibel) bedient, soweit sie ihren Zielen dienlich sind, daß sie zum anderen strategische und geopolitische Argumente ins Feld führt, wenn diese wirkungsvoller erscheinen. »Jeder sprach im Namen des Friedens. Unser Verlangen nach Frieden wurde zu einem Axiom, für das der Beweis nicht mehr erbracht werden müsse«, klagte ein anderer israelischer Politologe, und wies auf die »fast vollständige Zerstörung des israelischen Friedenskonzepts« hin.

Im Blick auf die fragwürdige Gleichung »Aufrechterhaltung der Herrschaft über die besetzten Gebiete = Sicherheit« schrieb der Militärkorrespondent von »Haaretz« zwei Tage nach dem »Schwarzen Schabbat« (am 11. März 1978 überfiel ein Terrorkommando von el-Fatah auf der Straße von Haifa nach Tel Aviv einen Autobus, wobei 37 Personen getötet wurden), man dürfe aus dem Mordanschlag nicht den Fehlschluß ziehen, daß Israel sicherer und der Friede greifbarer sei, wenn man die besetzten Gebiete besiedele:

»Wir konnten unsere Sicherheitsprobleme nicht zufriedenstellend lösen, als Judäa und Samaria und Gasa in jordanischer bzw. ägyptischer Hand waren, und wir haben das auch nicht geschafft, als diese Gebiete voll in unserer Gewalt waren.«

In der Tat erscheint Außenstehenden wenig einleuchtend, welche schwerwiegende Bedrohung das schwächste Glied in der arabi-

schen Kette – die Palästinenser auf der Westbank – für Israel
darstellen könnte, doch braucht man nicht lange nach den Motiven
für die Ablehnung des Rückzugs aus der Westbank zu suchen.

»Judäa, Samaria und Gasa sind Teil des geschichtlichen Erbes Israels. Auch
unter dem Gesichtspunkt des internationalen Rechts hat Israel den Besitz-
titel auf diese Gebiete. Die Eroberung des westlichen Landes Israel durch
das Königreich Transjordanien 1948 war ein Aggressionsakt und eine
illegale Invasion in Territorien, auf die es keinen Anspruch hat. Die
Annexion dieses Territoriums durch Jordanien hatte, hat und kann niemals
rechtliche Gültigkeit haben. Das Königreich Jordanien hat dort keine
Rechte. Die Eroberung des Territoriums 1967 durch Israel war ein klassi-
sches Beispiel der Selbstverteidigung. Unter diesem Aspekt hat es allein
›bevorzugte Eigentumsrechte‹. Dieses Recht stützt sich außerdem auf den
Status des Volkes Israel im Land Israel, dem internationale Anerkennung
durch das Mandat des Völkerbunds zuteil wurde . . .
Wir müssen mit der Verwendung der Bezeichnung ›Westbank‹ Schluß
machen. Diese Territorien haben Namen, und nur diese Namen dürfen
verwendet werden: ›Judäa und Samaria‹. Dieser Gebrauch muß sowohl
gegenüber Nicht-Israelis im Ausland wie in Israel selbst strikt eingehalten
werden. Der Begriff ›Annexion‹, wie er auf die Idee des Anschlusses dieser
Territorien an den Staat Israel Anwendung findet, muß verschwinden.
Man kann nur Land annektieren, das einem anderen gehört. Die Verwendung des Begriffs ›Annexion‹ bestärkt nur falsche und verlogene Forderungen der Araber und ihrer Freunde bezüglich eines arabischen Eigentums
am Land Israel und kann sogar so erscheinen, als ob die jordanische
Eroberung legitimiert würde.«

Diese Sätze stammen aus der Erklärung, die der Berater des Ministerpräsidenten für Informationen in Übersee am 23. September
1977 abgegeben hat. »Gusch Emunim« kann danach nicht länger
als wilde Siedlerbewegung am politischen Rand bezeichnet werden, sondern repräsentiert einen gewichtigen Trend im heutigen
Zionismus. Ein prominentes Mitglied der »Cherut«-Partei Begins
hat hinzugefügt, der Rückzug aus »Judäa und Samaria« sei der
Anfang vom Ende des Anspruchs des jüdischen Volkes auf Palästina.
Vor diesem Hintergrund entpuppen sich Autonomiepläne für die
besetzten Gebiete als Ablenkungsmanöver, ganz abgesehen davon, daß sie den Zionismus auf den Kopf stellen würden: Der
Zionismus ist schließlich nicht mit dem Ziel angetreten, die Juden
erneut zur Minderheit zu machen. Solche »Schutzverträge« hat
schon der Gründer der revisionistischen Bewegung, Zeev Jabo-
tinsky, der der »Cherut« die politischen Inspirationen lieferte, auf
dem Zionistenkongreß 1931 abgelehnt: » . . . auch dort, wo zwei
ehrliche Kulturvölker sich in voller Gleichheit gegenüberstehen,

ist es doch die Wahrheit, daß die Mehrheit dem Staat seinen nationalen Charakter gibt . . .« Auf derselben Veranstaltung bezichtigte der Delegierte der »Arbeiterpartei im Land Israel«, der nachmalige Ministerpräsident David Ben Gurion, diejenigen der »Hottentottenmoral«, »die dem anderen verbieten, was man sich selbst gestattet. So wie wir die Herrschaft der Araber über uns ablehnen, so negieren wir unsere Herrschaft über die Araber.«

Ich höre den Einwand von der Geschichtsklitterung: Die Araber, die Israel jahrelang die Anerkennung versagt haben, spart er aus der Kritik aus. An dieser Stelle: ja, aber ich füge hinzu, daß ich illusionslos bin: Wenn sie könnten, wie sie wollten, würden sie Israel von der Landkarte fegen. (»Um Gottes willen, dann müßten wir ja eventuell einige hunderttausend Juden in unserem Land aufnehmen!«) Doch es liegt an Israel, seinen Beitrag zum Abbau dieses Aggressionsstaus zu leisten. Im übrigen kann der mögliche Einwand nicht das Recht der Beschäftigung mit der israelischen Teilhabe am Nahostkonflikt verkürzen. Die Debatte über Krieg und Frieden, die seit Jahren in Israel selbst in aller Breite geführt wird, hat mit dem geschichtlichen Hintergrund der Beziehungen zwischen dem deutschen Volk in der Bundesrepublik und dem jüdischen Volk in Israel wenig zu tun.

Die israelischen Regierungen haben jahrelang auf den Faktor »Zeit« gesetzt. Einmal war es die Hoffnung, die Welt werde sich an den Status quo gewöhnen und die Politik der vollendeten Tatsachen eines Tages akzeptieren, das andere Mal wurden Berechnungen angestellt, wann die arabischen Ölquellen versiegen würden, die es dem Gegner ermöglichen, märchenhafte Summen in seine Propaganda zu investieren und den Westen politisch zu erpressen. All diese Hoffnungen sind heute zerstoben. Die israelische Politik hat es geradezu genial verstanden, sich von den Trends in der internationalen Entwicklung abzukoppeln.

Vor Jahren bin ich Zeuge einer Auseinandersetzung geworden: Ein junger Mann, der einem Auditorium Gutmeinender einen Film über die infrastrukturelle Unterentwicklung des arabischen Sektors in Israel vorführte, sah sich lautstarker Kritik ausgesetzt und verteidigte sich mit seiner »Liebe zu Israel« (er sagte es sogar Hebräisch). Die Zuhörer lachten ihm höhnisch ins Gesicht, und ich bekenne, meine Reaktion ist ähnlich ausgefallen. Inzwischen ist mir das Lachen vergangen.

Léon E. Bieber

Ich bin Bestandteil deutscher Wirklichkeit

Léon E. Bieber, geboren 1943 in La Paz (Bolivien); Studium der Sozialwissenschaften erst an der »Hebräischen Universität Jerusalem«, später an der »Freien Universität Berlin«; von 1970 bis 1978 am »Lateinamerika Institut« der Freien Universität Berlin. Lebt z.Z. in Ecuador.

Im Sommer 1964 kam ich nach Deutschland und habe in den darauffolgenden 14 Jahren in West-Berlin gelebt. Ein Vierteljahrhundert, bevor ich nach Berlin kam, wanderten aus dieser Stadt wegen der damaligen Judenverfolgung in Deutschland meine Eltern nach Bolivien aus. Dort kam ich 1943 zur Welt. Im Elternhaus lernte ich die deutsche Sprache und wurde in den 50er Jahren, nachdem mein Vater einen entsprechenden Antrag bei der deutschen Botschaft in Bolivien gestellt hatte, Staatsbürger der Bundesrepublik Deutschland.

Abgesehen von den Eltern und dem flüchtigen Kontakt mit älteren deutschen Familien, die manchmal zu Besuch kamen, hatte ich bis zu meiner Ankunft in West-Berlin zu Deutschen keine Beziehungen.

Bis zu diesem Zeitpunkt wußte ich über Deutsche und ihre Geschichte nur Oberflächliches. Eine Reihe nordamerikanischer Kriegsfilme, zufällige Gespräche der Eltern über diesen oder jenen Nazi-Deutschen, der in Bolivien lebte, die Literatur über Naziverbrechen, die Ende der 50er und Anfang der 60er Jahre im Zusammenhang mit dem Eichmann-Prozeß erschien, erweckten in mir Gruseln und Unbehagen, die – wie bei vielen Menschen jüdischer Abstammung – wahrscheinlich in starkes Ressentiment oder gar heftige feindliche Gesinnung allem Deutschen gegenüber umgeschlagen wären, wenn ich nicht von meinen Eltern stets Positives über Deutsche und Deutschland gehört hätte. Trotz der Tatsache, daß die Mutter meines Vaters sowie die gesamte Familie einer Schwester meiner Mutter in Vernichtungslagern der Nazis umkamen, und trotz der Tatsache, daß der Aufstieg Hitlers zur Macht das Schicksal meiner Eltern entscheidend prägte, haben sie sich –

von sporadischen Äußerungen abgesehen – weder mit mir noch untereinander über Nazi-Deutschland unterhalten. Über Deutsches wurde zu Hause jedoch gesprochen, wenn es um Erziehungsfragen oder um die Vermittlung von Normen und Werten ging. Pünktlichkeit, Sauberkeit, Gehorsam, Einhalten von Ordnung, Arbeitseifer, Leistungsprinzip u. ä. stellten meine Eltern ausdrücklich als deutsche Tugenden dar und achteten darauf, daß ich sie mir zu eigen machte. Im Zusammenhang mit ihrer Betonung, daß sie Deutsche wären, ließen sie es auch nicht an diskriminierenden Äußerungen – wie ich sie später in Deutschland noch oft hören sollte – gegenüber anderen Menschengruppen fehlen. Meine Mutter apostrophierte bolivianische Indios des öfteren völlig unbewußt als »Wilde«, und mein Vater verbot mir, mit Kindern aus osteuropäischen jüdischen Elternhäusern zu verkehren, da sie keine Erziehung hätten. Er ging nicht einmal zu den höchsten jüdischen Feiertagen in eine Synagoge und verkehrte auch nicht in der jüdischen Gemeinde in La Paz. Ihn stieß die große Zahl jiddisch sprechender Menschen, die hier wie dort anzutreffen waren, ab. Demgegenüber frequentierte er gerne zum Skat einen deutschen Verein, in dem Juden und Christen Mitglieder waren, und nahm uns zu Empfängen mit, die für deutsche Bürger in der bundesrepublikanischen Botschaft gegeben wurden. In unserer Wohnung habe ich niemals ein religiöses jüdisches Symbol gesehen. Gleich am Eingang hing jedoch ein gerahmtes Dokument, das bekundete, daß unsere Wohnung unter dem Schutz der Bundesrepublik Deutschland stand. Mit besonderer Vorliebe kauften meine Eltern in Geschäften christlicher und jüdischer Emigranten aus Deutschland ein und priesen die wertvolle Qualität deutscher Produkte.

Die betont positive Einstellung meiner Eltern Deutschem gegenüber erweckte bei mir keine ähnlich befürwortende Haltung. Sie ließ in mir eine diffuse, ambivalente Haltung Deutschem gegenüber entstehen. Alles Deutsche identifizierte ich ohne näheres Reflektieren einerseits mit ungeheuren Greueltaten, vor allem jüdischen Menschen gegenüber, andererseits mit jenen Tugenden, die meine Eltern so betont priesen. Letzteres um so mehr, als gerade Ende der 50er bis Anfang der 60er Jahre die beachtlichen ökonomischen Leistungen der BRD in der Welt bekannt wurden.

Mit dieser verschwommenen, wirren Einstellung kam ich Mitte 1964 nach West-Berlin.

In West-Berlin studierte ich zunächst Politische Wissenschaften und war danach sieben Jahre lang Dozent am Lateinamerika-Institut der Freien Universität Berlin. Demzufolge habe ich persönlichen Kontakt fast ausschließlich zu Studenten, ehemaligen Hochschulabsolventen, Dozenten und Verwaltungspersonal der Universität gehabt. Aus diesen Kontakten entwickelten sich viele nähere Bekanntschaften, und es entstanden eine Reihe enger freundschaftlicher Beziehungen, die zum Teil schon über ein Jahrzehnt alt sind. Wenn auch einige der besten Freunde, die ich in Berlin kennenlernte, Lateinamerikaner sind, so überwiegen doch bei weitem die Bekanntschaften und Freundschaften mit deutschen Kommilitonen bzw. Arbeitskollegen.

Der Kontakt, den ich zu Deutschen gewonnen habe, umfaßt Menschen unterschiedlichster Weltauffassung.

In den ersten beiden Jahren meines Aufenthalts in West-Berlin lernte ich eine Reihe von Studenten und einige Dozenten kennen, von denen die überwiegende Mehrheit liberale Ansichten vertrat, während einige wenige konservative bzw. sozialistische Weltanschauungen hatten. Soweit ich mich entsinnen kann, wußten meine Bekannten, daß ich jüdischer Abstammung bin und daß ich vor meiner Ankunft in West-Berlin drei Jahre lang in Israel gelebt hatte. Einige wenige zeigten daraufhin reges Interesse, sich mit mir über Judentum, über das deutsch-jüdische Verhältnis und/oder über den Staat Israel zu unterhalten. Wenn ich heute an diese Gespräche zurückdenke, so fällt mir vor allem ihre Oberflächlichkeit auf, die einerseits aus einer idealistischen Betrachtungsweise und zum anderen aus den flüchtigen Kenntnissen herrührte, die meine Kommilitonen und ich damals über Judentum, Zionismus oder das Wesen des deutschen Faschismus hatten. Die Naivität und Freimütigkeit, mit der wir uns unterhielten, trug jedoch wesentlich zur stärkeren gegenseitigen Annäherung bei. Freundschaften, die ich noch heute zu Deutschen habe, sind zum Teil damals, u. a. im Verlauf dieser Gespräche, entstanden.

Die Unruhen an der Freien Universität Berlin, die in der zweiten Hälfte der 60er Jahre begannen, haben für meine Beziehungen zu Deutschen und damit auch für mein Verhältnis zur Bundesrepublik Deutschland eine entscheidende Rolle gespielt.

Damals gewannen immer breitere Teile der Westberliner Studentenschaft, vor allem Hörer sozialwissenschaftlicher Fächer, eine zunehmend kritische Haltung gegenüber der Darstellung gesellschaftlicher Zusammenhänge durch Hochschullehrer. Insbesondere wurde der Idealisierung bundesrepublikanischer Verhältnisse und der westlichen Industriegesellschaften durch Professoren immer stärkeres Mißtrauen entgegengebracht. Immer lauter wurde das Verlangen von Studenten nach kritischer Reflexion über gesellschaftliche Verhältnisse und Geschehnisse der Vergangenheit und Gegenwart.

In dieser Atmosphäre studentischen Unbehagens entstanden neue Diskussionszirkel, an denen sich immer mehr Kommilitonen und einige Dozenten beteiligten. Es kam zur Bildung der ersten »Roten Zellen« an verschiedenen Instituten, bis sich in relativ kurzer Zeit jene Bewegung herauskristallisierte, die unter den Bezeichnungen »Neue Linke« bzw. »Außerparlamentarische Opposition« so oft für Schlagzeilen in der Presse sorgte. Die kritische Haltung und das soziale Engagement, die von den Studenten ausgingen, trugen zur Verbesserung zwischenmenschlicher Beziehungen an der Universität entscheidend bei und ermöglichten binnen kurzer Zeit die Erweiterung und Vertiefung von Kontakten.

Vor diesem Hintergrund machte auch ich viele neue Bekanntschaften und gewann neue deutsche Freunde. Unter und mit ihnen habe ich mich immer wohl gefühlt. Über ein Jahrzehnt lang habe ich mit deutschen Freunden und Bekannten nächtelang in einigen der vielen Berliner Kneipen in Charlottenburg und Wilmersdorf gesessen, Feste gefeiert, mich politisch engagiert, Sport getrieben, unzählige Filme in den kleinen, gemütlichen Studentenkinos gesehen, Sommerreisen durch Europa gemacht und viele Orte der Bundesrepublik besucht. In den Diskussionen mit deutschen Freunden und Bekannten über Gesellschaftsprobleme und -zusammenhänge sowie durch das gemeinsame gesellschaftliche Engagement habe ich Neues und äußerst Wertvolles gelernt. Grundlegende Überzeugungen und Anschauungen, die ich heute habe, verdanke ich zu einem erheblichen Teil jenen jungen, deutschen Menschen, die ich in den vergangenen zwölf Jahren kennenlernte.

Die Erkenntnisse, die ich mir mit Deutschen zusammen in Hörsälen der Freien Universität Berlin und vor allem in Privatwohnungen, wo kleine Arbeitsgruppen über Jahre hinweg regelmäßig zusammentrafen, aneignete, zerstörten das diffuse, ambivalente Verhältnis, das ich zu Deutschem hatte, als ich nach West-Berlin kam. Unter Deutschen in dieser Stadt lernte ich nicht nur, daß konkrete, mehr oder minder deutlich nachvollziehbare gesellschaftliche Verhältnisse und nicht das »Deutsche« an und für sich die Grundlage zur Erklärung von Erscheinungen wie Faschismus und Antisemitismus oder für die Herausbildung bestimmter menschlicher Eigenschaften wie Pünktlichkeit, Ordnung usw. bilden. Ich erlebte darüber hinaus zugleich, wie Deutsche – an eine lange Tradition deutscher Geschichte anknüpfend – sich für die Schaffung menschenwürdiger Verhältnisse engagierten, und ich zögerte nicht, mit ihnen gemeinsam zu handeln. Mit ihnen zusammen wurde ich Bestandteil deutscher Wirklichkeit.

Ebenso wie meine ersten deutschen Bekannten wissen auch all meine Freunde und viele nähere Bekannte, zu denen ich erst später Kontakt bekam, daß ich jüdischer Abstammung bin. Während meines gesamten Berliner Aufenthalts habe ich immer neue Menschen kennengelernt, die ein mehr oder minder ausgeprägtes Interesse hatten, mit mir über Judentum zu sprechen, und ich habe sogar Freunde, die ausdrücklich den Wunsch äußerten, meine Eltern – die 1964 von Bolivien nach West-Berlin zurückkamen – kennenzulernen, da, wie sie mir mitteilten, sie niemals Kontakt zu einer jüdischen Familie gehabt hätten. Viele Freunde, die ich im Laufe der Jahre meinen Eltern vorstellte, besuchen sie noch heute regelmäßig.

Die religiöse, ethnische oder soziale Herkunft einer Person spielt indessen bei den Menschen, die ich in Deutschland kennenlernte, wenn überhaupt, dann bestenfalls eine marginale Rolle. Die überwiegende Mehrheit von ihnen hat jede religiöse Überzeugung verloren. Soweit jemand eine hat, respektiert er die Weltanschauung und die Meinungen anderer.

Im Laufe der Jahre stellte ich allerdings fest, daß das äußerst kritische Verhältnis vieler meiner Freunde und Bekannten dem eigenen Elternhaus gegenüber die offensichtliche Ursache dafür ist, daß sie nur selten über Fragen sprechen, die in irgendeiner Weise familiäre Beziehungen berühren.

An den Universitäten wurde Ende der 60er Jahre auch eine Veränderung der Inhalte von Lehre und Forschung eingeleitet. Die dialektische Methode, der historische Materialismus sowie die Lektüre jener Analysen über die bürgerliche Gesellschaft, die Vertreter der »Frankfurter Schule« vor allem in den 20er und 30er Jahren verfaßt hatten, fanden Eingang in die Hochschulen. Für alle diejenigen, die wie ich – und es waren Tausende – an der philosophischen oder sozialwissenschaftlichen Fakultät West-Berlins diese geistige Auseinandersetzung zwischen etwa 1967 und 1970 miterlebten, eröffnete sich ein völlig neues Verständnis von Phänomenen wie Faschismus oder Antisemitismus. Über diese wie über andere Fragen diskutierten wir nicht mehr mit derselben Unkenntnis und Naivität wie einige Jahre zuvor. Wir hatten begriffen, daß gesellschaftliche Erscheinungsformen nicht Geschichtszufälle oder, wie es uns Geschichtsbücher, die wir für Prüfungen pauken mußten, und mehr als ein Dozent klarzumachen versuchten, das Ergebnis des Auftauchens einzelner Personen oder bestimmter Ideen sind, sondern nur schlüssig aus jeweils konkreten historischen Bedingungen erklärt werden können. Es wurde uns klar, daß Formen modernen Antisemitismus und gesellschaftlicher Barbarei, wie sie der deutsche Faschismus hervorbrachte, in letzter Konsequenz den tiefen Widersprüchen der kapitalistischen Gesellschaftsordnung entstammen.

Damals begann ich – nicht zuletzt infolge des Nahost-Krieges von 1967 –, mich kritisch mit dem Staat Israel und dem Zionismus auseinanderzusetzen. Durch das Wissen über die gesellschaftlichen Wurzeln von Antisemitismus und Faschismus einerseits, durch die Auseinandersetzungen mit Befreiungsbewegungen in der »Dritten Welt« sowie durch Erkenntnisse aus Schriften Abraham Leons und die Diskussion über die Schriften sozialistisch orientierter jüdischer und arabischer Israelis (die gerade damals zum ersten Mal in die deutsche Sprache übersetzt wurden) über den Zionismus und die Geschichte Palästinas andererseits, wurde ich – wie fast alle meine deutschen Freunde und Bekannten – Antizionist und Gegner der herrschenden Kreise Israels. Von da an galt unsere Solidarität dem Kampf der Palästinenser und jener Juden und Araber, die in Israel gemeinsam gegen die zionistischen Grundlagen ihres Staates kämpften.

Der Antizionismus und die Kritik an der Politik des Staates Israel, die in West-Berlin und der Bundesrepublik binnen weniger Jahre Gemeingut nicht nur linksextremer Gruppen, sondern auch von weitaus gemäßigteren Gesellschaftskreisen geworden sind, haben niemals eine Entfremdung oder Abkühlung meines Verhältnisses zu deutschen Freunden und Bekannten zur Folge gehabt. Vor nicht langer Zeit habe ich einen Freund in Hannover besucht, den ich Jahre zuvor in West-Berlin gerade durch Diskussionen über Zionismus und Israel näher kennenlernte. Wir haben äußerst angenehme Stunden verbracht, in denen wir vor allem über gemeinsame Aktivitäten Anfang der 70er Jahre und gemeinsame deutsche und israelische Freunde sprachen. Er ist nicht der einzige Deutsche aus einem christlichen Elternhaus, zu dem ich, u. a. durch kritische Auseinandersetzungen mit Faschismus, Judentum und Zionismus, seit Jahren Kontakt habe.

Meine kritische Einstellung dem Zionismus und der Politik des Staates Israel gegenüber entfremdete mich indessen vollends der

Jüdischen Gemeinde in West-Berlin und sämtlichen jüdischen Organisationen in der Bundesrepublik Deutschland.

Ich habe im Grunde genommen zu keinem Zeitpunkt in einer jüdischen Gemeinde Deutschlands verkehrt. Soweit ich mich erinnern kann, war ich einmal im Gebäude der Berliner jüdischen Gemeinde, weil ich mir die dortige Bilderausstellung über die antijüdischen Ausschreitungen vom 9. und 10. November 1938 anschauen wollte. Später habe ich zweimal die Bibliothek der Gemeinde aufgesucht.

Bis Ende der 60er Jahre hatte ich der jüdischen Gemeinde Berlins gegenüber eine völlig indifferente Haltung. Die Tatsache, daß meine Eltern mich als Mitglied der Gemeinde eintragen ließen, hatte ich nicht einmal voll zur Kenntnis genommen. Im übrigen war die Angelegenheit für mich auch kein besonderes Problem.

Erst als nach 1967 jene Gemeinde, allen voran ihr Vorsitzender, mit breiter Publizität immer vehementer für den Zionismus eintrat, die israelische Politik bedingungslos unterstützte und darüber hinaus die sozialkritisch engagierte Studentenschaft wegen ihrer Kritik am Zionismus und am Staate Israel zu beleidigen und diffamieren begann, entwickelte ich eine feindselige Haltung dieser Körperschaft gegenüber. Damals erfuhr ich von Mitgliedern des »Sozialistischen Deutschen Studentenbundes«, daß sich die Gemeinde geweigert hatte, eine Bittschrift an den Regierenden Bürgermeister der Stadt zu richten, um die Aufführung eines Films, der afrikanische Neger als Untermenschen darstellte, in West-Berlin zu unterbinden. Von jungen deutschen Juden, die eine kritische Distanz zur Politik der Gemeinde entwickelten, hörte ich, daß jeder Ansatz, die bornierte Haltung der Gemeinde linken und fortschrittlichen Kräften gegenüber zu hinterfragen, vom Vorsitzenden mit despotischen Mitteln unterdrückt wurde.

Mir wurde klar, daß die Jüdische Gemeinde Berlins und andere jüdische Vereine in der Bundesrepublik, einschließlich des »Zentralrats der Juden Deutschlands«, zwar laut aufschreien, wenn an irgendeine Straßenwand ein Hakenkreuz geschmiert wird, daß sie aber genüßlich in jener Gesellschaftsordnung existieren, aus der heraus antisemitischer Haß immer wieder emporkommt, und daß sie darüber hinaus bisweilen mit äußerst reaktionären Kräften paktieren, soweit diese nicht den Antisemitismus zum Programmpunkt erhoben haben.

Längst bevor der Vorsitzende des erwähnten Rates im Jahre 1978 vor Hans Filbinger einen tiefen Kotau machte, hatte ich dem

Vorsitzenden der Jüdischen Gemeinde West-Berlins ein Schreiben geschickt, mit der Bitte, mich aus der Liste der Mitglieder dieses Vereins zu streichen.

Mein gesellschaftlicher Umgang in einem Milieu weltoffener und kritisch engagierter junger deutscher Menschen hat bei mir keineswegs die Illusion geweckt, daß die Bundesrepublik Deutschland ein Land ist, in dem, nach den Geschehnissen von 1933 bis 1945, Faschismus und heftige antisemitische Ausschreitungen endgültig der Vergangenheit angehören (eine Formel, die ich übrigens in den ersten Jahren meines Berliner Aufenthalts oft hörte). Ich habe mich niemals darüber hinweggetäuscht, daß die überwiegende Mehrheit der bundesrepublikanischen und Westberliner Bevölkerung keineswegs die gleichen Auffassungen hat wie die meisten meiner Freunde und Bekannten. Ich weiß, daß die überwältigende Mehrheit dieser Bevölkerung einer sozialistischen Gesellschaftsordnung ablehnend gegenübersteht und daß nicht wenige Bürger eine ausgeprägt feindselige Haltung gegenüber linken Gruppen haben. Ebenso wurde ich Zeuge des wachsenden Einflusses, den rechtsradikale Tendenzen in den letzten Jahren gewonnen haben.

Mit meinen deutschen Freunden und Bekannten teile ich nicht nur die Überzeugung, daß ein enger Zusammenhang zwischen dem Erstarken des Rechtsradikalismus und den wachsenden wirtschaftlichen Problemen in der Bundesrepublik seit der zweiten Hälfte der 60er Jahre besteht. Wie viele von ihnen bin ich darüber hinaus der Überzeugung, daß verschärfte ökonomische Probleme die Ausbreitung neofaschistischer sowie offen faschistischer Tendenzen begünstigen werden und daß im Verlauf dieser Entwicklung latente antisemitische Ressentiments offen zum Ausbruch kommen werden.

Diese Erkenntnisse und Einschätzungen über den Rechtsradikalismus in der Bundesrepublik und in West-Berlin ändern nichts an der Tatsache, daß ich mich der Westberliner und bundesrepublikanischen Wirklichkeit zugehörig fühle. Dieses Zugehörigkeitsgefühl ist indessen ein anderes als das, was beispielsweise ein Ernst Toller oder ein Kurt Tucholsky zu Deutschland hatte. Ihr Heimatgefühl und ihre Liebe zu Deutschland sind mir allein schon deshalb fremd, weil ich meine Kindheit und einen Teil meiner Jugend nicht in Deutschland verlebt habe. Zudem sind heute, infolge der Nazi-Zeit und der daraus entstandenen Teilung Deutschlands, Formen der Vaterlandsliebe zu Deutschland, wie sie bis in die 30er Jahre u. a. von Menschen wie Toller oder Tucholsky zum Ausdruck gebracht wurden, m. E. gar nicht mehr möglich. Wenn ich sage, daß ich durch mein Leben in West-Berlin ein Zugehörigkeitsgefühl zu dieser Stadt, zur Bundesrepublik und zu deutschen Menschen entwickelt habe, dann verstehe ich darunter verschiedene Dinge. Ich meine z. B. meine weltanschauliche und gefühlsmäßige Verbundenheit zu der im letzten Jahrzehnt in West-Berlin und der Bundesrepublik immer größer gewordenen Gruppe sozial engagierter Menschen, die gegen jede Form des Obskurantismus und für eine menschenwürdige Gesellschaftsordnung kämpfen. Ich meine meine Betroffenheit über das Geschehen in West-Berlin oder der Bundesrepublik sowie meine Sorge hinsichtlich des Wohlergehens meiner vielen deutschen Freunde und Bekannten. Ich meine zugleich die engen Bindungen an meine Familienangehörigen, die alle Deutsche sind. Meine Frau, die ich in dem Milieu kennengelernt habe, von dem hier so oft die Rede war, entstammt einer katholischen Familie aus dem Ruhrgebiet. Durch ihre sechs Geschwister, die fast alle verheiratet sind und Kinder haben, habe ich zum ersten Mal in meinem Leben einen größeren Kreis von Verwandten, zu denen ich in kurzer Zeit ein äußerst herzliches Verhältnis entwickelte.

Dieses Zugehörigkeitsgefühl ist im Verlauf der 14 Jahre gewachsen, die ich in West-Berlin gelebt habe. Es zeigt nicht nur Möglichkeiten von gesellschaftlicher Integration für Menschen jüdischer Abstammung in Deutschland. Es ist auch – sicherlich zum starken Bedauern verbohrter nationalistischer deutscher und jüdischer Kreise – beredtes Zeugnis, daß in einem Milieu, das keinen Atavismus und keine kleinkarierten Vorurteile kennt, das deutsch-jüdische Verhältnis nicht diskutiert, sondern praktisch gelöst wird.

Erik Blumenfeld

34 Jahre danach

Erik Blumenfeld, geboren 1915 in Hamburg. 1939 bis 1941 Wehr-dienst. 1942 bis 1945 KZ Auschwitz und Buchenwald. CDU-MdB.

Mai 1945: Flucht aus dem Konzentrationslager. Noch einmal davongekommen. Das Gespenst der SS ist zwar nicht mehr evident, aber die Jahre der Unfreiheit, der Schikanen und der Angst lassen sich nicht von heute auf morgen auslöschen. Allmählich beginnt das Aufatmen. Die Angst verschwindet. Ein Gelöbnis bleibt: Nie wieder darf sich eine Epoche wie zwischen 1933 und 1945 in Deutschland wiederholen!

Inzwischen sind 34 Jahre vergangen. Die politische Landschaft hat sich verändert. Es erscheint zwar kein »Stürmer« unseligen Angedenkens mehr, aber es geschehen Dinge, von denen wir im Mai 1945 nach der Beseitigung des NS-Regimes nicht geträumt haben.

Da erscheinen in Zeitungen Inserate mit folgendem Text: »Bald ist es soweit! Die neue Partei wird gegründet. Sie soll NSPD, Nationalsozialistische Partei Deutschlands heißen.«

Da werden Schallplatten angepriesen mit Hitler- und Göbbels-Reden ohne den erforderlichen anti-nazistischen Kommentar. Da gibt es eine »Nationalzeitung«, die ihren Lesern klarzumachen versucht, daß das Hitler-Regime gar nicht »so schlimm« war. Da wird die Vergasung der Juden durch die Nazis als die größte Lüge des Jahrhunderts bezeichnet.

Jedes Hakenkreuz, auf einen Grabstein oder eine Hauswand geschmiert, reißt alte Wunden auf. Nicht nur bei den Verfolgten des Nazi-Regimes, sondern bei der überwiegenden Mehrheit aller Deutschen.

»Es ist nicht so, daß wir die letzten von gestern sind«, sagte ein Redner auf einem Faschistentreffen in Hamburg. »Schauen Sie sich doch um! Das sind junge Menschen.«

Daß sich Jugendliche in wachsender Zahl von rechtsextremen Verbänden angezogen fühlen, beunruhigt mich in hohem Maße, insbesondere wenn wir hören, daß es als Reaktion auf die radikale

Linke mit ihren lautstarken Demonstrationen und tumultuarischen Aufmärschen erfolgt. Wiederholt sich die Agonie der Weimarer Zeit? Verschärft sich, wie Radio Moskau behauptet, die neonazistische Gefahr am Rhein, was eine ernste Gefahr nicht nur für die demokratische Entwicklung in der Bundesrepublik heraufbeschwöre, sondern auch für die friedliche Entwicklung in Europa?

Der Kölner Publizist Ginzel hat in einer Sendung des Deutschlandfunks die Aktivitäten und die Ideologie der Neo-Nazis untersucht. Er hat festgestellt, daß die rechtsradikale »Nationaldemokratische Partei« einen unaufhaltsamen Mitgliederschwund aufweist: Von etwa 30 000 vor einigen Jahren auf knapp 9000. Dagegen verzeichnen die neo-nazistischen Gruppen einen vergleichsweise erheblichen Zulauf.

Ihre Vorbilder sind nicht die alten Nazis. Ihre Vorbilder stammen aus dem linken Terrorismus und heißen Baader, Meinhof, Ensslin. Sie verehren den PLO-Führer Arafat und den Terroristen mit dem Decknamen Carlos. Inzwischen ist bekannt geworden, daß deutsche Nazis Kontakte zu extremen Palästinenser-Gruppen unterhalten. Der Judenhaß ist für radikale Araber Anlaß genug, um Neo-Nazis in Trainingslagern bei Beirut zu Terroristen auszubilden.

Gefährlicher Nährboden für neo-nazistische Umtriebe sind hierzulande ganz fraglos die Publikationen, die dem Mitbürger fast an jedem Zeitschriftenstand und in vielen Buchhandlungen angeboten werden. Das fängt – wie schon erwähnt – bei der »Nationalzeitung« an und hört bei Schallplatten mit Hitler- und Göbbels-Reden auf. Sie sind ebenso jugendgefährdend wie die Broschüren mit Anleitungen für Terroranschläge oder zum Basteln von Molotow-Cocktails.

Daß die zuständige Bundesprüfstelle 1978 23 NS-Propagandawerke, darunter 13 Langspielplatten, auf den INDEX gesetzt hat, ist sicher ein erfreuliches Zeichen, aber schließlich doch nur ein Tropfen auf den heißen Stein.

Jeder demokratisch denkende Deutsche empfindet es als unerträglich, daß die »Nationalzeitung«, die schon mit ihren Schlagzeilen daran erinnert, daß sie der Zeit bis 1933 und 1945 nachtrauert, ihr Gift versprühen darf. Man konnte der Berliner Parlamentarierin Lieselotte Berger nur zustimmen, als sie im Bundestag die Frage stellte, wie eine solche Zeitung auf die Überlebenden und Hinterbliebenen jener 6 Millionen von Deutschen gemordeter Juden wirken muß. Sie frage sich, und werde diese Frage auch an die

Bundesregierung richten, ob der Schutz des Artikels 5 (Pressefreiheit) tatsächlich Ausführungen wie die Überschrift »Schmidt's Lügen im KZ Auschwitz – Das Märchen von vier Millionen Vergasten« gestatte. Sie vertrete die Auffassung, daß solche Presseprodukte nicht erscheinen dürften. Ich füge hinzu, daß die Mehrheit aller Deutschen so denkt.

Die Frage, warum sich wieder mehr Jugendliche unter die Rechtsextremisten mischen, hat deutsche Historiker veranlaßt, sich mit dem Geschichtsunterricht in den deutschen Schulen zu beschäftigen. Sie kamen zu dem Ergebnis, daß das Judentum zwar bei der Behandlung der alten Geschichte und in Verbindung mit dem Nationalsozialismus erwähnt wird, daß jedoch die Zwischenzeit »ein Bild der Wirrnis« bietet. Die Geschichte der Juden kommt splitterhaft und meist aus der Sicht distanziert Betrachtender, manchmal auch veritabler Antisemiten in den Schulbüchern vor.

Welcher Nachholbedarf besteht, wieviel echtes Informationsbedürfnis unter den jungen Deutschen über die Hitler-Zeit und die nationalsozialistischen Verbrechen lebendig ist, zeigt die Betroffenheit, das Erschrecken angesichts der Holocaust-Fernsehserie. Eltern wie Lehrer haben einen gefahrvollen Leer-Raum in den letzten 25 Jahren entstehen lassen bei den Kindern bis hin zu der Generation der heute 40jährigen. Deshalb hat auch die DIG (Deutsch-Israelische Gesellschaft) die Regierungen in Bonn und Jerusalem aufgerufen, unverzüglich eine deutsch-israelische Schulbuch-Konferenz einzuberufen, Maßnahmen zu treffen und Beschlüsse zu fassen, um das Defizit in den Schulbüchern zu beheben.

Jüdische Mitbürger sind für die große Mehrzahl der Deutschen der unbekannte Nachbar. Weniger als 30 000 Juden leben heute in der Bundesrepublik. Vor 1933 waren es über 600 000. Damit stellen unsere jüdischen Mitbürger die kleinste Gruppe der Minderheiten in unserem Lande. Sind die Juden in Deutschland trotzdem ein Problem? Bei Abwägung aller sich stellender Fragen ist meine Antwort: Nein. Freilich stellen sich für die in Deutschland lebenden Juden, Überlebende der Naziverbrechensherrschaft wie Zurückgekehrte aus der Emigration, eigene, im letzten Jahrzehnt zunehmende Probleme. Jüdische Gemeinden, in Vorkriegszeiten blühende kulturelle Versammlungsorte, sind heute nur noch in wenigen Städten vorhanden. In Politik, Wirtschaft, Gewerkschaften, Kunst und Literatur sind Juden die Ausnahme. Wo sie sich hervorgetan haben, taten sie dies nicht unter jüdischen Vorzeichen. Die »Wiedergutmachung«, das große deutschjüdische Versöhnungswerk von Adenauer und Ben Gurion, ist praktisch abgeschlossen. Aber die Abwicklung und Sonderfälle werden immer bürokratischer und kühler gehandhabt. Die politische Führung in der Bundesrepublik spricht von den Beziehungen zu Israel und den Juden als ganz normalen, wie sie zu irgendeinem anderen Staat in der Welt bestehen, und nur bei besonderen Feierstunden wird das Spezielle der deutsch-jüdischen Beziehungen beschworen und gewürdigt.

Als ob jeder Deutsche, der kein unverbesserlicher Neo-Nazi oder Antisemit ist, nicht zutiefst empfindet, welche dauernde geschichtliche Verantwortung wir alle mittragen müssen für die Verbrechen der NS-Zeit, im deutschen Namen begangen. Das Verhältnis der Bundesdeutschen zu Israel als dem »Staat der Juden« durchläuft Belastungen, die vor wenigen Jahren noch unvorstellbar waren angesichts der Israel-Begeisterung in Deutschland nach dem 6-Tage- und Yom-Kippur-Krieg.

In diesen Jahren gab es auch ein demonstratives Wohlverhalten den Juden gegenüber, was zur Rehabilitierung Deutschlands und zu seiner vollen Aufnahme in die Völkerfamilie der demokratischen Staaten Erhebliches beigetragen hat.

Die Juden in Deutschland registrieren all dieses, isolieren sich mehr und mehr. Ihre Probleme werden nicht erleichtert dadurch, daß die israelischen Bürger in Tel Aviv, Haifa oder Jerusalem ihnen häufig vorhalten, Israel wieder verlassen zu haben oder dort nicht leben zu wollen. Also doch ein Problem »Juden in Deutschland«? Nein, sondern ein Phänomen besonderer Art, das Phänomen, daß Antisemitismus seine ekelerregenden Züge wieder zeigt – ohne Juden, ein Novum in der europäischen und deutschen Geschichte.

Junge Menschen in Deutschland, die viel unbefangener als die Kriegsgeneration die Überwindung dieses Tatbestandes vollziehen können, werden durch intensivere Beschäftigung mit der Ganzheit der jüdisch-deutschen Geschichte in den vergangenen Jahrhunderten, auf Reisen nach Israel und durch bewußtes Aufspüren ihrer jüdischen Mitbürger im eigenen Land zu verhindern wissen, daß »Juden in Deutschland« jemals wieder zu einem Problem werden.

Eva Bornemann

Die Antwort ist Integration

Eva Bornemann, geboren 1912 in London, Tochter von Dr. Emil
Geisel und Dr. Judith Geisel. Vater Chemiker und Patentanwalt,
Mutter promovierte Germanistin an der damaligen Friedrich-
Wilhelm-Universität, Berlin. 1931 Abitur in Berlin, dann Stu-
dium der Publizistik und der neueren Sprachen (Englisch und
Deutsch) in Berlin. 1933 Abbruch des Studiums, Emigration nach
England. 1943 Heirat in Ottawa, Kanada, mit Ernest Borneman.
Ab 1962 wieder in Deutschland und Österreich tätig. Jetziger
Wohnort: Scharten in Oberösterreich. Ein Sohn, Stephen, 1947 in
Ottawa, Kanada, geboren.

Eigentlich bin ich ein Niemand. Oder bin ich etwa ein Jemand?
Eins der WHO'S WHO-Unternehmen, Hauptgeschäftsstelle in
der Schweiz, Geschäftsführer ein Herr Levi, hat mich aufgeführt
und mir ein großartiges Diplom zugedacht, auf dem mein Name in
eingestanzten Goldlettern prangt. Ich bin also ein Jemand in
Österreich, und weil ich das bin, erhalte ich von Zeit zu Zeit
Werbedrucksachen, zum Beispiel für teures Weihnachtsgebäck.
Dies Diplom hängt nun, eingerahmt, auf dem Klo. Seit neun
Jahren wohne ich im Oberösterreichischen, was mich hierher verschlagen hat, stünde auf einem anderen, hier nicht hingehörigen
Blatt. Oberösterreich ist eigentlich das klassische Land des Antisemitismus, und wenn ich unsere Katze zum Tierarzt in Leonding
bei Linz bringe, gehe ich wohl auf den Spuren jenes Kindes Adolf
Hitler, das einmal in Leonding zur Schule gegangen sein soll. Und
doch haben wir in Österreich zu diesem Zeitpunkt jedenfalls den
einzig jüdischen Bundeskanzler außerhalb des Staates Israel, »ein
sehr ein gescheiter Mann«, wie ihn der verstorbene Robert Neu-
mann in seinem Buch »Deutschland, Deine Österreicher« einmal
apostrophierte. Das KZ Mauthausen ist nicht weit weg, auch nach
Braunau führt nur ein kurzer Weg. Gerettet wurde ich durch den
Zufall einer englischen Geburt. Wie soll ich meine Gefühle beschreiben, wenn ich an derartigen Denkmälern vorbeikomme?
Nein, ich isoliere mich nicht, es gibt auch kein Ghetto, es wäre für

mich unsinnig, sollte ich mir, wenn auch nur geistig, eines schaffen. Ein »jüdisches Leben« im heutigen Österreich wäre, sofern es mich betrifft, eine Absurdität. Der Rache-Engel Simon Wiesenthal kommt mir manchmal vor wie ein Abgesandter von einem anderen Stern.

Was Hilde Domin in den »Frankfurter Heften« im Oktober 1978 geschrieben hat, könnte auch von mir geschrieben worden sein. Ich habe weder resigniert, mein sanguines Temperament ließe dies nicht zu, noch habe ich mich abgekapselt. Ich »fühle mich« weder als jüdischer, noch als deutscher, noch als englischer, noch als österreichischer Mensch, es ist also für mich keine Alternative.

Meine jüdische Herkunft hat nur insofern einen Einfluß auf meine Beziehung zur Umwelt, als ich von Zeit zu Zeit daran erinnert werde; ich gebe zu, daß sich neuerdings diese Momente häufen.

Ich entsinne mich an einen Vorfall, es war im Jahre 1954, als ich noch in England wohnte, anläßlich der Berlinale, wo ich von einem bekannten Musikfilmregisseur innerhalb der ersten fünf Minuten unseres Zusammenseins – wir kannten uns zuvor nicht – folgende Information zur Person erhielt: »Sie müssen wissen, gnädige Frau, daß ich eigentlich der uneheliche Sohn eines jüdischen Großindustriellen bin.« Ich konnte darauf nichts sagen. Tableau.

Daß meine Gefühle zwie-, ja drei- und vierspältig sind, versteht sich von selbst, denn ich bin und war nie ein Mensch der Alternative schwarzweiß. Die Grautöne überwiegen derart, daß ich längst keine Konturen mehr wahrnehmen kann. Meine Umwelt zu Hause besteht aus ein paar oberösterreichischen Landwirten, kleinen Beamten und deren Ehefrauen; ich bin Mitglied der SPÖ (Sozialistische Partei Österreichs) und nehme an deren Versammlungen teil, manchmal auch als Protokollführerin. Damit erschöpft sich die Umwelt.

Beruflich ist es anders. Ich bin literarische Übersetzerin aus Leidenschaft und aus dem Englischen und Amerikanischen. Seit sechzehn Jahren redigiere ich unsere kleine Monatszeitschrift »Der Übersetzer«, die vom Verband deutschsprachiger Übersetzer e. V. und der Bundessparte Übersetzer des VS in der IG Druck und Papier herausgegeben wird und die sich vehement für die beruflichen Belange dieser literarischen Zunft einsetzt. Wir sind gewerkschaftlich organisiert. Ich komme also mehrmals im Jahr mit meinen Kollegen zusammen, in deutschen Städten wie Berlin, Hamburg, München, Stuttgart, Frankfurt. »Die große, weite Welt« ist immer in Reichweite, ich brauche nur zwölf Kilometer zur nächsten Bahnstation zu fahren und mich in einen der internationalen Züge zu setzen. Auch der Orient-Expreß hält in Wels, unserem nächsten größeren Bahnhof.

Ich weiß nicht, ob meine direkte Umwelt, also die oberösterreichische, wahrnimmt, daß ich jüdisch bin; ich unterhalte mich mit den paar Menschen, die ich zu Hause treffe, also mit Handwerkern, Bauern, Postbeamten und so weiter nicht darüber, sie wüßten auch wenig damit anzufangen.

Meine Berufskollegen jedoch, deren Hauptanliegen das geschriebene Wort sein sollte, reagieren manchmal merkwürdig und treten dabei ins Fettnäpfchen.

Nach einem sehr ermüdenden Übersetzersymposium zum Beispiel wurden einige Teilnehmer in einem Sonderbus zur Bahnstation gebracht. Es war draußen sehr kalt, der Fahrer hatte inzwischen die Heißluftheizung angeschaltet, und als wir endlich vollzählig im Bus saßen, war es unerträglich heiß geworden. Eine Kollegin, wohlmeinend, versteht sich, hatte ihre Stimme erhoben und dem Fahrer zugerufen: »Bitte, stellen Sie doch die Heizung ab, hier hinten werden wir ja vergast!« In das betretene Schweigen fiel von einem anderen Insassen, sicherlich ebenfalls wohlmeinend, die deutlich vernehmbare Bemerkung: »Die beiden jüdischen Damen hinter mir hätten das bestimmt nicht gern!« Ich muß fair sein: Diese Bemerkung stammte nicht von einem literarischen Übersetzer, sondern von einem mitgebrachten Gast.

Solche gewiß unfreiwilligen Bemerkungen bleiben als Stachel im Gedächtnis, versteht sich. Aber der Groll ist längst verraucht.

Ich entsinne mich, daß ich 1947 zum ersten Mal wieder nach vielen Jahren des Exils nach Deutschland kam, und zwar aufgrund einer Einladung der UNESCO. Wir waren in Baden-Baden. Aus irgendeinem Grunde war der Wagen, den man uns zur Verfügung gestellt hatte, gerade nicht verfügbar. Ich mußte also in eine sehr volle Straßenbahn steigen, die mich zu unserem Hotel brachte. Ich kam zum ersten Mal wieder in Tuchfühlung – im wahrsten Sinne des Wortes – mit der Bevölkerung, und ich erlitt einen ausgesprochenen Anfall von Klaustrophobie . . . ich dachte, nichts wie raus hier. Und dann war der Moment vorüber und ich besah mir die Mitfahrenden: Alte, ältere, jüngere Gesichter, ein zusammengewürfeltes Menschenbild. Ich reagierte erleichtert.

Nahm meine Umwelt *mich* wahr? Ich glaube nicht, denn im Jahre 1947 waren die Menschen allzusehr mit ihren eigenen Problemen beschäftigt.

Es gibt auch jetzt keine Augenblicke mehr, da ich mir wünsche, anderswo zu leben. Das liegt wohl daran, daß ich in allzu vielen

Ländern gelebt habe. Mit siebenundsechzig Jahren will man endlich »sei Rua« haben und bleiben, wo man gerade ist. Und wo ich gerade bin, ist es sehr schön, ja fast paradiesisch.

In Israel möchte ich nicht leben, obwohl ich es nicht kenne. Dazu bin ich allzusehr der deutschen Sprache verbunden und verpflichtet. Aber mein Judesein enthält keinerlei religiöse Verpflichtung. Trotzdem wurde ich während des Zweiten Weltkrieges, in Kanada, in der Provinz Ontario, wo es damals keine zivile Trauung gab, jüdisch getraut. Die Standesbeamtin im Rathaus von Ottawa, die meinem zukünftigen Mann und mir das eröffnet hatte und unsere Bestürzung bemerkte, schlug vor, wir sollten doch, da wir ja beide von deutschen Eltern abstammten, uns evangelisch trauen lassen: Ottawa hätte eine florierende, deutsch-lutherische Gemeinde. Aber das wollte ich nicht. Warum, kann ich heute nicht mehr sagen.

Soziale Bedeutung: siehe oben. Als freiberuflich tätige Autorin, die in ihrem stillen Kämmerlein, von Fremd- und Deutschsprachenlexika umgeben, arbeitet, habe ich nur mit Lektoren und Verlegern und manchmal auch mit Redakteuren zu tun. Und das meist nur brieflich. Die Menschen, die bei uns und mit uns verkehren, sind so motiviert und konditioniert, daß meine Zugehörigkeit zur »jüdischen Schicksalsgemeinschaft« (Bruno Kreisky, österreichischer Bundeskanzler) überhaupt nicht ins Spiel kommt.

Moralische Bedeutung: Nur insofern, als ich mich immer und ewig gegen jede Manifestation des Antisemitismus wehren werde. Wenn ich, was selten genug vorkommt, einmal so etwas bemerke, schlägt mir das Herz bis an den Hals und ich glaube, momentan die Besinnung zu verlieren. Es wird mir buchstäblich schwarz vor den Augen. Und je nach dem Sprecher schweige ich entweder, weil ich es für sinnlos halte, mit ihm oder ihr zu argumentieren, oder aber ich äußere mich dazu. Gewiß, das Schweigen ist auch eine Abwehr, denn es isoliert mich von dieser Manifestation, es deckt mich, es macht mich gefeit. Ist es Feigheit? Ich hoffe, glaube nicht.

Ich bin ein Mensch, der impulsiv ausspricht, was er denkt, und der sich keine Gedanken darüber macht, in welchem Raum – Deutschland oder sonstwo – es gesagt wird. Ich entsinne mich an ein Gespräch mit einer deutschen Familie, die ich 1961 in Italien während eines Ferienaufenthaltes am Gardasee kennengelernt hatte; wir sind heute noch befreundet. Damals hatte gerade der Eichmannprozeß stattgefunden, und meine Freunde wollten wissen, wie ich dazu stünde. Ich überlegte mir meine Antwort. Dann sagte ich: »Man sollte ihn laufen lassen, aber nur unter zwei Bedingungen: Er darf sein Gesicht nicht verändern lassen, er darf keinen anderen Namen annehmen.« Es folgte betretenes Schweigen. Aber ich glaube, meine Freunde haben diese Antwort ebenfalls nicht vergessen.

Die sogenannte »NS-Nostalgie« scheint mir wenigstens zur Hälfte ein Modetrend zu sein, der früher oder später ausklingt. Ich erinnere mich an den Film »Les Cousins« von Claude Chabrol, der in den fünfziger Jahren in die Kinos kam. Dort wurde ich das erstemal mit einem Vorläufer der viel später um sich greifenden NS-Nostalgie konfrontiert: Wagnerklänge, Naziritual, Nazisymbole, Nazi-Uniformen. Damals konnte ich natürlich nicht ahnen, daß später, viel später Filme wie der von Joachim Fest oder »Der Nachtportier« oder das Syberberg-Epos produziert und gezeigt würden. Die andere Hälfte, die Zunahme neonazistischer Ausschreitungen, begreife ich einfach nicht. »Die Sechsmillionenlüge« und wie die Schriften zur Etablierung einer »jüdischen Legende« alle heißen, könnten genausogut auf chinesisch gedacht oder geschrieben sein, womit ich nichts gegen China gesagt haben will: Nur eben, daß Chinesisch nicht zu meinen Fremdsprachen gehört. Angesichts dieser, vielleicht in der Presse ein wenig hochgespielten, Ausschreitungen muß ich leider passen. Außer meinen Eltern, denen es gelang, kurz vor Kriegsausbruch Deutschland zu verlassen, habe ich sämtliche Verwandten – nahe und entfernte – in den Vernichtungslagern verloren. Sechs Millionen Selbstmörder sind schwer vorstellbar.

An meiner eigenen Person, ich sehe wohl nicht so aus, wie sich der Durchschnittsdeutsche eine jüdische Frau vorstellt, habe ich seit 1933 keinen aggressiven Antisemitismus gespürt. Der unterschwellige Antisemitismus manifestiert sich ja auf differenziertere Art und Weise, und in einem Lande wie Österreich, wo man allgemein höflicher ist und bessere Umgangsformen hat, ist er, wenigstens bei der Jugend, nicht wahrnehmbar. Aber vielleicht täusche ich mich da, weil ich in den falschen Kreisen verkehre. In der Welt der Literatur wird man manchmal von der rauhen Wirklichkeit verschont.

Ja, ich halte es für richtig, daß Juden sich wieder in Deutschland niederlassen. Ich glaube, vielleicht etwas naiv, daß ihr lebendes Beispiel jungen Menschen zeigen könnte, was ihre Eltern und Großeltern verbrochen hatten. Ich glaube, daß man nur durch ein lebendes Beispiel dem Antisemitismus, sei er nun aggressiv oder unterschwellig, wirksam begegnen kann. Die Geschichte der Judenverfolgung hat das zwar nicht bestätigt, aber das Prinzip Hoffnung sollte am Leben erhalten bleiben.

Ihre letzte Frage: Sie sprechen von der Assimilation der Juden. Ich möchte es lieber in die »Assimilation der Menschen« umtaufen. Ja, sie ist im Rahmen einer westlichen oder sozialistisch orientierten Gesellschaft möglich und nicht nur denkbar. Die Antwort ist Integration.

Der jüdische Geist soll nicht verkümmern oder »assimiliert« werden. Es wäre schade, denn Literatur, Künste, Wissenschaften – ja die ganze Welt wäre um vieles ärmer. Hier in Österreich ist er jedenfalls noch vereinzelt zu spüren, und nicht nur in der ein wenig überkompensierenden Liebe zu Kishon.

Kollaborateure, das heißt Juden, die sich bei ehemaligen Nazis anbiedern, sind mir so wesensfremd, daß ich mich dazu, auch nicht in großen Zügen, geschweige denn im Detail, äußern kann. Die Frankfurter Szene kenne ich nur vom Hörensagen, obwohl ich acht Jahre in dieser Stadt gewohnt habe. Daß das Nachtleben, die Striptease-Bars, die Pelzhändler und die Grundstücksspekulanten dort ein geeignetes Pflaster gefunden haben, wundert mich nicht. Nicht umsonst nennt man Frankfurt das deutsche Chikago. Wie weit jüdische Menschen an diesen Phänomenen beteiligt sind, weiß ich nicht. Ihnen alles Gesetzwidrige, Schmierige, Ausbeuterische und Betrügerische in die Schuhe schieben zu wollen, scheint mir ungerecht, ja unfair. Betrüger hat es immer gegeben, überall, und wenn jüdische Betrüger hier konzentriert auftreten, sollten wir uns die Frage stellen: Was hat sie zu Betrügern gemacht?

Noch eine wahre Begebenheit: Der einzige Bruder meiner Mutter, Werner, ging als knapp Zwanzigjähriger aus Deutschland weg und siedelte sich zu Beginn des Jahrhunderts nach einem abenteuerlichen Leben in Australien an. Aus verschiedenen und heute nicht mehr festzustellenden Gründen fing er ein neues Leben an, und zwar unter dem Namen Warren Winford. Er heiratete eine Australierin und hatte fünf Kinder. Der Älteste, Reginald, besuchte uns vor einigen Jahren hier in Österreich mit seiner Frau. Beide waren mehrfache Großeltern. Es war ihre erste Europareise. Kurz vor ihrem Abschied nahm mich mein Vetter in der Küche beiseite und stellte mir folgende Frage: »Weißt du, was der richtige Name meines Vaters war?« Reginald wußte nur, daß Winford ein angenommener Name war. In Wirklichkeit hieß sein Vater Werner Salomon.

Mauthausen, 30. Jahrestag der Allgemeinen Erklärung der Menschenrechte am 10. Dezember 1978, dem »Tag der Menschenrechte«. Wir sind von »amnesty international«, Veranstaltern der
Feier, eingeladen. Die kleine, schäbige Barockkirche auf dem Hü-
gel ist überfüllt. Es wird unter Leitung des Linzer Weihbischofs
Wagner eine moderne Messe im Angedenken der in Mauthausen
damals zu Tode gekommenen und heute noch in der ganzen Welt
Gemarterten, Gequälten, Gefolterten zelebriert. Es spielt und
singt die Popgruppe »Eela Craig«. Das hat wohl die vielen Jugendlichen zum Kirchgang bewegt. Der Synthesizer heult auf – eigent-
lich ein Instrument des Teufels, denke ich, das in einer Kirche
nichts zu suchen hat.
Dann ein Schweigemarsch hinauf zum ehemaligen KZ, einen
Kilometer über eine vereiste Straße. In der Gedenkhalle von
Mauthausen, einem offenen, zugigen Schuppen, drängen sich die
Menschen. Überall Gedenktafeln, Fahnen. Kalter Steinboden.
Wir stellen uns in der hintersten Reihe auf. Die Redner können
wir nicht sehen. Es sprechen der Landesobmann Ratzenböck, der
Justizminister Broda, der österreichische Bundespräsident Kirch-
schläger. Dazwischen Gedichte und kurze Prosa, deklamiert von
Taussig, einem Burgtheaterschauspieler, der sich für »amnesty
international« engagiert hat – Verse und Prosa ehemaliger KZ-
Häftlinge. Nachher verläuft sich die Menge. Wir gehen nach
vorn. Drei Reihen Stühle, jetzt leer, wohl für die Honoratioren
und Diplomaten. Mauthausen ist von den Amerikanern befreit
worden. Die Russen waren in einem Sonderbus angereist gekommen und durften oder wollten sich nicht unter das Volk
mischen.
Mauthausen ist so unheimlich, so entpersonalisiert, daß ich nichts
empfinde. Meine Füße sind kalt, ich bin froh, den Weg hinunter
und in die kleine Stadt an der Donau zu Fuß laufen zu können.
Artikel 2 der Menschenrechtserklärung: »Jeder Mensch hat Anspruch auf die in dieser Erklärung verkündeten Rechte und Freiheiten ohne irgendeine Unterscheidung, wie etwa nach Rasse,
Farbe, Geschlecht, Sprache, Religion, politischer oder sonstiger
Überzeugung, nationaler oder sozialer Herkunft, nach Eigentum,
Geburt oder sonstigen Umständen . . .«
Artikel 30: »Keine Bestimmung der vorliegenden Erklärung darf
so ausgelegt werden, daß sich daraus für einen Staat, eine Gruppe
oder eine Person irgendein Recht ergibt, eine Tätigkeit auszuüben

oder eine Handlung zu setzen, *welche auf die Vernichtung der in dieser Erklärung angeführten Rechte und Freiheiten abzielt.*« (Hervorhebung stammt von mir.)

1962 schrieb der englische Lyriker D. J. Enright ein Gedicht. Ich habe es für einen zweisprachigen Lyrikband übersetzt und zitiere die Anfangszeilen:

UNTERRICHT FÜR ENTWICKLUNGSLÄNDER

In Frankreich wird die Artischockenernte verbrannt,
    um die Preise hochzuhalten.
Wie dereinst Juden eingeäschert wurden,
    um ihren Preis hochzuhalten.
(Heut ist ein durchschnittlicher Jude
    etwas mehr wert als vor dem Kriege.)
Wie ›Oh Welt! Oh Leben! Oh Zeit!‹ Dichter entwertet,
    um den Preis der Dichtkunst hochzuhalten.
(Jedoch nicht wirksam genug, nicht
    genügend wirksam.)

Gilt das noch, nach siebzehn Jahren? Ich muß gestehen, ich frage mich manchmal.

Leon Brandt

Ein anormales Miteinander, ein Zustand ohne Zukunft

*Leon Brandt, geboren 1926 in Berlin. 1940 bis 1945 Ghetto Izbica –
Flucht – Illegalität; 1949 bis 1957 Israel – Armee – Jugendarbeit –
Journalist – Instrukteur für das Siedlungswesen; 1957 bis 1958
USA und Rückkehr nach Berlin; 1960 bis 1967 Leiter des Jüdi-
schen Gemeindehauses in Berlin; seit 1967 TV-Redakteur und
Journalist.*

FREMD IM EIGENEN LAND? Das Land, dessen Bürger ich bin – dessen
Sprache mein Eigen ist – dessen Kultur die meine ich nenne und
dessen Freiheit ich heute atmen darf, kann mir nicht fremd, aber
auch nicht gleichgültig sein. Doch ergibt sich unter diesem Aspekt
auch jene fatale Leidenschaft, die eben Leiden schafft – sowohl von
Radikalinskis wie von Galinskis . . .
Aus meiner Liebe zur deutschen Heimat, muß ich verkraften, daß
an den Spitzen von Parteien, Staat und Gesellschaft noch immer
ehemalige Nazis zu finden sind – doch muß ich nicht hinnehmen,
daß die Glaubwürdigkeit meines Judentums in Deutschland mit
dem »Kniefall« vor jenen Ex-Nazis schwindet, und die Trauer um
ihre Opfer zur puren Heuchelei wird.
Markantes Beispiel dafür: die Auseinandersetzung um den baden-
württembergischen Ministerpräsidenten Hans Filbinger. Sein
Ausspruch – »Was gestern Recht war, kann heute kein Unrecht
sein . . .« müßte jedem Juden an die Nieren gehen und ihn bis ins
Mark treffen – denn *damals* war auch die »Endlösung der Judenfrage« ein (ungeschriebenes) Gesetz, das man, so aufgefaßt, auch
heute als »rechtmäßig« deklarieren könnte . . . Doch der Vorsitzende des Direktoriums des Zentralrates der Juden in Deutschland,
Werner Nachmann, stellte diesem gerichtsbescheinigten furchtbaren NS-Juristen Filbinger einen makabren »Persilschein« aus.
Filbinger mußte schließlich gehen – sein »Mentor« Nachmann
wurde stellvertretender Vorsitzender des Jüdischen Weltkongres-
ses . . . Gewiß sollten deutsche Juden deutsche Vergangenheit mit
aufarbeiten – doch kann es nicht ihre Sache sein, diese Geschichte
(mit) zu bewältigen.

So muß sich denn auch ein ehemaliger Nazi wie Prof. Karl Carstens wie koscher-beleckt vorkommen, wenn ihm von der obersten Repräsentanz der »Juden in Deutschland« nach »altem jüdischen Brauch, ein herzliches Masal tow« zuteil wird – und sein Gewissen damit unbelastet vom Geschehen gebettet ist. Nach Regeln der Demokratie zum Bundespräsidenten erkoren, gehört auch ihm meine Loyalität als Jude – doch keine »Masal tow« als jüdischer Beifall meines Gewissens wie meiner Gefühle!

Da werden zum 40. Jahrestag der sogenannten »Reichskristallnacht« Trauer, Schmerz und Emotion mobilisiert. In Berlin gedenken 5000 Menschen der Opfer jener NS-Terrornacht mit einem Schweigemarsch durch die Stadt. Doch einer der höchsten Vertreter der jüdischen Gemeinde Berlins und des Zentralrats der Juden in Deutschland – der TV-Spielmacher Hans Rosenthal – zieht partout am 9. November 1979 seine Dalli-Dalli-Späßchen im ZDF ab. Nein, die Fremde beginnt nicht im eigenen Land, sondern unter eigenen Menschen.

Wir – die Juden, haben sie doch gewählt, heißt es immer wieder. Doch in Berlin – der größten jüdischen Gemeinde Deutschlands – gibt es seit 10 Jahren keine Wahlen mehr. Künftig werden selbst Synagogen-Vorstände nicht mehr gewählt, sondern für ihr Amt bestimmt – und irreführend ist auch der Titel »Präsident« oder »Vorsitzende« der jüdischen Gemeinde. Nein – das ist nicht die demokratische Gesellschaftsordnung, die ich meine. So ist und bleibt mir die eigene Meschpoche eben fremd wie vielen anderen Juden in Deutschland.

Was bist du und wohin gehst du als Jude in Deutschland? Früher oder später stellt sich diese Frage für jeden Juden in mehrfacher Beziehung. 34 Jahre nach der größten Katastrophe des europäischen Judentums, haben Juden auf dem Boden Deutschlands noch keinesfalls einen festen wie sicheren Halt gefunden. Die Jüdischen Gemeinden haben den Übergang vom Provisorium einer »Liquidations-Institution« zur permanenten Integrierungs-Einrichtung im politischen wie gesellschaftlichen Sinne nicht geschafft (oder nicht gewollt?) – hin- und hergerissen zwischen dem nationalen Bekenntnis zu Deutschland oder (und) Israel, finden sie allein in der Religionszugehörigkeit ihre Identität. – Die Vergangenheit läßt im Verhältnis zwischen Juden und Deutschen keine Unbefangenheit zu. Es ist eine Existenz ständiger Emotionen und Assoziationen und wer als Jude aus dieser Spannung zu flüchten versucht, begibt sich in Pseudo-Romantik wie Deutsche allzuoft in Philosemitismus verfallen. Es ist ein anormales Miteinander – doch gibt es für die Kriegs- und Ghetto-Generation der NS-Zeit keine Mittel-werte. Mit diesen Realitäten muß man als Deutscher mit Juden leben, wie eben auch Juden mit Nazis leben.

Juden in Deutschland 1979? Schon diese Bezeichnung ist in ihrem Wert irreführend wie relativ. Was noch bis Mitte der fünfziger Jahre seine gerechtfertigte Bedeutung hatte, ist längst kein Motiv mehr. Aus entwurzelten »Displaced Persons« der Nachkriegszeit oder zwangsausgebürgerten Rückkehrern, sind deutsche Juden geworden. So gesehen, müßte auch das oberste Gremium als Dachverband der jüdischen Gemeinden – der »Zentralrat der Juden in Deutschland« – vielmehr ein Bundesverband deutscher Juden sein. Offensichtlich hat sich die »Koffer-Existenz« auch hier fest etabliert und vermag sich nicht mit dem Gedanken vertraut zu machen, daß deutsche Juden zu einem festen Begriff geworden und keine Gast-Komponente als »Juden in Deutschland« (wie irgendwer) mehr sind.

Die jüdischen Gemeinden Deutschlands haben im Verlauf ihrer Existenz von drei Jahrzehnten nichts oder wenig dazu beigetragen, den Juden hier jenes politische wie gesellschaftliche Gefühl zu vermitteln, das staatsbürgerliche Identifizierung ermöglicht und der Beständigkeit des jüdischen Lebens in Deutschland auch die erforderliche Sicherheit verleiht. Selbstherrlich von Greisen-Gremien geführt, haben die jüdischen Gemeinden es unterlassen, einen Nachwuchs für ihre Institutionen heranzuziehen, der die Aufgaben übernehmen und Zukunftsperspektiven entwickeln kann.

Seit neun Jahren gibt es wieder jüdische Sportvereine in Deutschland. Mit 5300 Mitgliedern hat die größte jüdische Gemeinde in Berlin auch den größten jüdischen Sportverein »TuS Makkabi« – doch keinen eigenen Sportplatz. Verschlossen für die heranwachsende neue Generation und ihre Zukunft in Deutschland, hat die jüdische Gemeinde einen in ihrem Besitz befindlichen Sportplatz voreilig verkauft . . .

Das Problem der jüdischen Jugend rückt immer gravierender in den Vordergrund der Existenzfrage schlechthin. So schreibt auch die »Allgemeine« als angebliches Sprachrohr der Juden in Deutschland (29. 9. 78): »Bei einer nicht unbeträchtlichen Zahl von jüdischen Jugendlichen treten Identifikationsprobleme auf, die in der bis heute nicht allgemein geklärten Position der jüdischen Gemeinden in Deutschland begründet ist . . . Jüdische Jugendliche wissen nicht so recht, ob sie sich zu ihrer Kindheits- und Jugendumgebung als Heimat bekennen sollen – dürfen – müssen, oder ob sie hier nur vorübergehend verweilen. Der ungelöste Konflikt der Elterngeneration vererbt sich weiter . . .«

Fehlt es schon an einem klaren Bekenntnis zu Deutschland – so haben Juden schon allein Schwierigkeiten, sich mit ihren offiziellen Vertretern zu identifizieren. Allerdings sind nicht alle Juden Mitglieder einer jüdischen Gemeinde – doch werden sie instinktiv und zu Unrecht in alles mit einbezogen und damit identifiziert, was Vertreter solcher Institutionen von sich geben, und an ihrem Verhalten gemessen. Die jüdischen Gemeinden haben das Statut einer Kultuseinrichtung – doch verstehen sie sich auch als Polit-Element, und daraus ergibt sich dann eben auch vieles, was nicht Aufgabe einer jüdischen Gemeinde ist und nicht im Sinne eines Juden in Deutschland resp. deutschen Juden sein kann – oder sein darf.

Natürlich soll und muß man sich (auch) als jüdischer Bürger dieses Staates an seiner demokratischen Gestaltung beteiligen und dabei sein kritisches Verhalten zum Verlauf der Entwicklung bewahren. Doch sind politische Parteien das entsprechende Forum für dieses Engagement – wo Juden allerdings kaum zu finden sind. Warum wohl? Daß die Juden hier abseits stehen und sich abwartend verhalten, ist die Folge eines unnatürlichen Zustandes zwischen Juden und Deutschen und des Zwiespaltes innerhalb des Judentums in Deutschland. Wer das Recht, Kritik an einer Gesellschaft zu üben, für sich in Anspruch nimmt, kann sich von der Kritik dieser Gesellschaft, auf sich bezogen, nicht ausschließen. Doch hier verhält es sich leider anders. Kein Deutscher kann am Wesen der jüdischen Gemeinschaft (oder eines Juden) Kritik üben, ohne in den Verruf des »Antisemiten« zu geraten – und wer setzt sich dann schon einem solchen Risiko aus. Aber auch innerhalb der jüdischen Gemeinschaft ist Selbstkritik nicht gefragt. Kritik wird hier eher als ketzerisches Verhalten und nicht als Spielregel einer demokratischen Gesellschaftsform aufgefaßt. So stehen fast alle intellektuellen Juden ihren Gemeinden fremd gegenüber und gehören ihnen oft gar nicht an. Kaum anders ist das Verhältnis der Jugend zu den Gemeinden. Sie vermag die Verkrustung nicht aufzubrechen und findet keine Motivation für ein Engagement im Gemeindewesen Deutschlands. Der größte Teil steht deshalb außerhalb. Auf die Dauer muß dieser Zustand die Gemeinden auszehren und Juden dem »eigenen Land« gegenüber noch mehr entfremden.

In Deutschland ist das fragwürdige Phänomen zu beobachten, daß sich im Laufe der Nachkriegszeit die sogenannten »Berufsjuden«

an den Spitzen jüdischer Gremien etabliert haben. Sie besitzen die fast krankhafte Mentalität eines Funktionärstyps, der seine Position zur eigenen Existenzbasis ausbaute und diese mit allen Mitteln seiner Macht auf Lebenszeit verteidigt. In Personalunion häuft er die wichtigsten Ämter und macht sich »unentbehrlich«. Selbstherrlich regieren die »Berufsjuden« wie kleine Fürsten und werden dabei vom Desinteresse der Gemeindemitglieder wie vom Schuldkomplex der Behörden gegenüber Juden getragen. Die jüdischen Gemeinden sind »Körperschaften des öffentlichen Rechts« – doch versagt wohl das Rechtsempfinden gegenüber der Öffentlichkeit allzuoft.

Einst hatten Deutschlands Juden ihre eigene politische Welt und konnten sich in einem Dutzend Organisationen von links bis rechts artikulieren. Die jüdische Gemeinde war allein Träger der religiösen wie sozialen Belange. Dagegen gibt es heute keine politische Pluralität mehr im deutschen Judentum. Ob man Deutscher jüdischer Nationalität oder Jude deutscher Nationalität ist – ist keine Frage mehr. Sie beschäftigt auch niemanden, zumal es gegenüber der Außenwelt bequemer ist, sich als »Jude in Deutschland« zu verstehen. Es ist noch immer keine Selbstverständlichkeit, sich als deutscher Jude zu einem Land zu bekennen und für einen Staat einzutreten, dessen Boden vom Blut dieser Generation durchtränkt ist und in dem man der Vergangenheit eben nicht entkommt.

Als Jude ist man hellhörig – ja sogar überempfindlich in Deutschland. Diese (verständliche) Sensibilität schlägt immer wieder durch und wird zur Belastung im engeren Bereich zwischenmenschlicher Beziehungen. Ein Trauma, das kein Jude bewältigen kann und kein Deutscher zu verstehen vermag, erstickt jede Unbefangenheit schon im Keim der Annäherung. Da genügt schon eine gewisse Tonlage oder ein bestimmtes Verhalten gegenüber Juden, um Erinnerungen zu wecken, Gefühle zu verletzen und Spannungen auszulösen. Hierauf reagieren Juden so allergisch, wie sich ihre Umwelt (oft genug) ihnen gegenüber unkontrolliert verhält.

Deutsche tun sich schwer mit »ihren« paar Juden – allerdings ist der Umgang mit ihnen nicht unproblematisch. Belastend ist auch die Tatsache, daß Toleranz ohnehin nie die Stärke deutscher Stämme war. Man empfindet es als lästig, sich auf die Gefühle seines Mitmenschen einzustellen, wo es sich doch ohne solche »Umstände« leichter leben läßt . . . Doch haben Juden den Zustand ihrer Empfindlichkeit nicht verschuldet, und ein Gefühl der

Geborgenheit wird ihnen auch nicht gerade vermittelt: Rechtsradikale Umtriebe und antisemitische Auswüchse lassen sich leider nicht mit lässiger Handbewegung abtun – wo die Entwicklung immerhin längst eine steigende Tendenz aufweist. Immer wieder begegnet man Aussprüchen wie »jüdische Geschäfte« – »jüdische Hast« – »typisch jüdisch« u. a. Nein, es ist nicht beleidigend – nur wird man bedenklich dabei. Antisemitismus ist keine Frage einer Dimension in Deutschland. Das Übel liegt in der Tatsache, daß ein Antisemitismus auch ohne Juden noch möglich ist.

Gewiß wäre es zuviel verlangt, sich in die Gefühle eines Juden zu versetzen, der mit seinem NS-Trauma durch die Welt geht und seinen Angst-Komplex nicht abzulegen vermag. Ein unangebrachtes Wort kann Vertrauen vernichten, das man sich in Deutschland über Jahre hinweg mühsam aufgebaut hat. Sichtbar ist ohnehin nur die Oberfläche menschlicher Gesinnung dort, wo sie sich verbalisiert. Ein altes jiddisches Sprichwort besagt, daß man diese Gesinnung an drei Dingen erkennen kann: B'Kiso (beim Geld), b'Koso (beim Suff'), b'Kaso (beim Zorn). Auf deutsch formuliert: Die Wahrheit liegt im Geist des Weines . . . Zu viele antisemitische Entgleisungen werden als alkoholbedingt entschuldigt. Doch so einfach, wie man es sich oft damit macht, läßt sich der Fall nicht abtun. Unter Alkoholeinfluß lockert das Herz die Zunge . . .

Ich habe in Deutschland keine Gegenliebe als Jude erwartet, aber Toleranz erhofft. Der Philosemitismus als Ausdruck deutscher Schuldkomplexe ist mir zuwider, weil er mir den Status des »Besonderen« aufzwingt, weil er meine Freiheit einengt, mich als Gleicher unter Gleichen zu fühlen, und weil er mein Denken stets vom widerlichen Ausspruch beeinflussen läßt, daß man den Deutschen »zu Füßen oder am Hals hat . . .« Gewiß läßt sich dieses Verhalten nicht verallgemeinern – doch es ist ein Klischee, von dem man nur schwer loskommt. Dann gibt es auch noch die vielen anderen, die das deutsche Gewissen stets mit »gutgemeinten« Ratschlägen zu verdrängen versuchen: »Aber – Sie müssen doch nach so langer Zeit Ihre Vergangenheit vergessen können – Sie machen sich doch dabei selbst kaputt, wenn Sie immer daran denken!« Sie sehen die Vergangenheit als einen technischen Vorgang, der sich per Knopfdruck abschalten läßt. Wer sich dieser bequemen Einrichtung nicht zu bedienen vermag, wird schnell zum Außenseiter der Gesellschaft und zur Belastung seiner Umgebung. Verständnis dafür, daß man mit der Vergangenheit leben und arbeiten muß, sucht man in Deutschland vergeblich. Was man dagegen immer wieder und überall findet, sind die »alten Kameraden« am Biertisch, die in ihren Kriegserinnerungen schwelgen und ausschweifen – was für »Kerle« sie doch waren . . . Der Zorn über die Bombardierung Dresdens hat ihren Haß konserviert, während sie keine Rührung beim Gedanken erkennen lassen, daß deutsche Bomber über Warschau auch keine Bonbons abgeworfen haben. Ein Jude hat es mit seinen Gefühlen unter Deutschen schwerer . . .

Erlebnisse, Erkenntnisse und Erfahrungen eines Juden unter Juden in Deutschland – eines deutschen Juden in seiner Heimat. Keiner hatte mich zur Rückkehr gezwungen, niemand hatte mich gerufen, und keiner hatte sich um meine Heimkehr bemüht. Unter welchen Verhältnissen auch immer: Ich habe aus meiner Existenz in Deutschland niemandem einen Vorwurf zu machen – ich kann jedoch manche an ihre Verantwortung erinnern.

Wer heute die Bestattung eines Juden in Deutschland erlebt, der vermag vieles besser zu verstehen, was einen Juden mit Schmerz erfüllen muß, und warum er nichts vergessen kann: Sie sterben einsam und verlassen diese Welt so allein, wie sie leben mußten. Holocaust begleitet noch lange jeden Juden bis ins Grab . . .

Juden in Deutschland – das ist ein Zustand ohne Zukunft. Daraus ergibt sich allerdings auch die logische Frage, warum man denn als Jude in Deutschland lebt? Es ist unsere Heimat gewesen, geblieben oder geworden – und auch eine »fremde« Heimat ist Heimat, wie eine unglückliche Liebe dennoch irgendwo Liebe bleibt . . .

Artur Brauner

Es war nicht richtig, daß Juden
wieder in Deutschland seßhaft geworden sind

Artur Brauner, geboren 1918 in Lodz, Film- und Fernseh-Produzent, Präsident der Janusz-Korczak-Loge.

Jude oder Deutscher? Die Klärung dieser Frage ist nicht mehr so komplex wie vor Hitler. Es gibt keine inneren Konflikte mehr, wenn dieses Thema diskutiert wird.
Nach dem größten Verbrechen am lebenden Wesen in der Geschichte der Menschheit, fühl' ich mich vor allem als Jude, zumindest solange ich in der Bundesrepublik lebe . . . ein anderes Empfinden wäre für mich persönlich unvorstellbar.
Die Tatsache, daß die Juden endlich ein eigenes Land besitzen, wo sie Zuflucht finden können, wenn eine Gefahr aufkommt – womit das Bitten und Betteln um Visa eliminiert wurde – führte zu einem wichtigen Aspekt: Das »Vaterland«, ein völlig neuer Begriff für das Judentum, steht im Zentrum des Denkens und Handelns des größten Teils der jüdischen Bevölkerung in der BRD. Man sitzt zwar nicht mehr auf den Koffern, aber vor allem in der letzten Zeit sieht man mit gemischten Gefühlen das Treiben der neuen Nazis, die Vorfälle in den Schulen, hört die KZ-Witze und fühlt, daß man für sich und die Kinder glücklich sein soll, eine eigene Heimat, wie sie *alle* Völker aufweisen, zu besitzen. Ob Rundfunk, Zeitungen oder Fernsehen, mich interessieren als erstes alle Geschehnisse in und um Israel. Und sofern Diskussionen um die Politik Israels entbrennen, so vertrete ich natürlich einen stärkeren pro-israelischen Standpunkt als neutrale Personen, für die das Problem Israel im wesentlichen mit dem Wunschgedanken, »sollen die Israelis doch nicht so stur sein und endlich Frieden schließen« – oder ähnlich –, verbunden ist. Verständlicherweise aus Bequemlichkeitsgründen bzw. aus Angst, daß das Öl oder Benzin bei Unruhen oder neuem Kriegsausbruch knapp und teuer werden könnte. Während bei uns tief im Herzen die Angst sitzt, ob Israel noch lange imstande sein wird, einer solchen Übermacht an Feinden erfolgreich entgegenzutreten.
Feinden, die gestützt auf Hunderte von Dollar-Milliarden *alles*

und *alle* kaufen können und somit einen politischen und wirtschaftlichen Druck ausüben können, kann sich kein Land widersetzen. Mit größter Bestürzung lese und höre ich beinahe täglich, wie sich das Öl zum stärksten Machtinstrument entwickelt. Und denke dabei an Persien, das zur großen Gefahr für Israel zu werden scheint. Meine Reaktionen und Gefühle sind hierbei nur von diesem Gedanken beherrscht. Ich reagier' natürlich komplett anders als deutsche Industrielle, denen es um ihre Interessen bzw. Belange geht. In diesem Fall fahre ich, wie viele andere Juden, wahrscheinlich auf einer anderen »Schiene«.

Natürlich nimmt die Umwelt wahr, daß ich Jude bin. Im Gegensatz zu den früheren Zeiten, wo es viele jüdische Personen oder Persönlichkeiten gab, die nicht unbedingt ihre Zugehörigkeit zum Judentum zugegeben haben – es gibt wahrscheinlich auch noch in der Gegenwart solche Fälle – bin ich, egal in welcher Umgebung und unter welchen Konstellationen, immer Angehöriger des jüdischen Volkes geblieben.

Die Reaktionen der nichtjüdischen Umwelt darauf sind ganz verschiedener Natur:

Auf dem geschäftlichen Sektor – nach meiner jahrelangen Erfahrung – gibt es keine Probleme. Es werden Geschäfte und Transaktionen gern mit mir abgeschlossen – dies gilt für Koproduzenten, Verleiher, Weltvertriebsgesellschaften, Banken etc.

Die Kommunikation mit der nichtjüdischen Welt auf der gesellschaftlichen Ebene kann als vorbildlich angesehen werden. *Wir* laden ein und *werden* noch öfter eingeladen. Ein größerer Kreis höflicher, kultivierter und sympathischer Personen gehört zu unserer Gesellschaftssphäre. Und dieser Personenkreis wäre noch viel größer, wenn der Zeitmangel kein Handikap bei der Pflege des Freundeskreises wäre.

Mit Sicherheit kann gesagt werden, daß zu unserem Kreis keine einzige nazistisch belastete Person gehört. Zu 90 Prozent sind es Jahrgänge, die bei Kriegsende noch Kinder oder noch gar nicht geboren waren.

Natürlich entsteht hin und wieder bei mir der Gedanke, wie sich wohl diese freundlichen Menschen benehmen würden, wenn ein neuer Hitler zur Macht käme. Wer von denen wird ein *Mensch* bleiben? Und wer würde unter Umständen »wegsehen«, um nicht mitanzusehen, wie man den ehemals »geliebten A.B.« abholt . . . oder sogar dabei helfen!

Diese Gedanken kann und werde ich nie ganz verjagen können – nach dem, was vor nunmehr 40 Jahren geschah. Die Situation unter den Juden und Nichtjuden seinerzeit war ja viel inniger als heutzutage.

Der Wunsch, aus politischen Gründen woanders zu leben, kam noch nie richtig auf.

Wenn düstere Nachrichten über Friedhofsschändungen verbreitet werden oder Auftritte gegen Juden stattfinden, so ist meine persönliche Reaktion eher auf Kampf eingestellt als auf Resignation oder Emigration. Wobei nicht vergessen werden darf, daß jederzeit eine Ausreise in ein anderes Land möglich ist. Behutsam werden alle extremistischen Vorfälle registriert, aber ohne Angst . . .

Entsprechend unserer Tradition besteht unsere Zugehörigkeit zum jüdischen Volk unwiderruflich. Als Jude geboren, habe ich die Verpflichtung, alle mit dem jüdischen Dasein verbundenen Pflichten zu erfüllen. Dies gilt sowohl für die soziale, moralische als auch religiöse Ebene. Ich versuche z.B. als Jude, soweit möglich, in vielen Fällen human bzw. humaner zu agieren als ein Nichtjude. Ich werde nie einen Kellner beschimpfen oder die Putzfrau verletzen, indem ich sie im Befehlston zur Arbeit antreibe. Ich denke natürlich daran, daß schlechte aber auch gute Taten *eines* Juden erfahrungsgemäß auf das gesamte jüdische Volk abfärben. Es gibt aber Momente, in denen in Anbetracht der grausamen Vergangenheit ein Ausbruch erfolgt. Ich erinnere mich an die folgende Episode:

Es liegt lange Zeit zurück. Man schrieb das Jahr 1946 oder 1947. Auf dem Bahnhof Zoo, vor der Abfahrt eines Zuges nach dem Westen, verabschiedete ich zwei gleichaltrige Freunde, die nach Israel auswanderten. Der Bahnhof war voll mit Familienangehörigen. Omas, Opas, Tanten, Mütter, Väter, Kinder. Großes Wirrwarr, Küsse, Abschiedsworte, Umarmungen. Freudiges Lachen und hin und wieder eine Träne . . . Ich stand da mit meinen Freunden, von denen der jüngere hemmungslos zu schluchzen begann.

Und aus dem anderen brach es heraus: »Unsere Mütter und Väter haben sie umgebracht. Vielleicht sind die Mörder sogar hier anwesend. Unsere Brüder und Schwestern – wo sind ihre Gebeine? Ihre Knochen als Seife bei den Deutschen? Oder sind deren Haare für das Innere der Couchen verarbeitet?« »Wo bleibt die Gerechtigkeit?« fragte der Ältere. »Wozu sind wir auf dieser verdammten Welt am Leben geblieben? Um dies mitanzusehen, wissend, daß von unseren Familien niemand am Leben geblieben ist!?« In diesem Moment, in dem ich mich ebenfalls der Tränen nicht erwehren konnte, sagte ich zu ihnen: »Es muß irgendeine Strafe für die begangenen, grausamen Verbrechen geben. Die Mörder werden voll für ihre Bestialitäten büßen. Und wenn ich mit einem KZ-Mörder konfrontiert werden sollte – ich würde ihn persönlich umbringen.« Dieser Überzeugung war ich damals.

Heute bin ich, wie viele andere, eines Besseren belehrt worden. Es steht eindeutig fest, daß – abgesehen von wenigen Ausnahmen – das gesamte Volk inklusive der deutschen Justiz die Prozesse gegen die Kriegsverbrecher ablehnt. Und wenn der Gedanke, daß das Ausland die Art und Intensität der Suche nach den Mördern registriert, nicht präsent wäre, so sähe es noch negativer aus. Das deutsche Volk hat sich von den Kriegsverbrechern nicht distanziert . . . Ich kenne nicht einen Fall, wo in einem Betrieb der eine oder andere Mitarbeiter, der erfahren hat, daß sein Kollege, der Vorgesetzte ein SS-Mann oder Gestapomörder war, die Konsequenzen gezogen hätte, und zwar mit der Erklärung, daß er mit einem Mörder nicht zusammenarbeiten könne. Dieser Tatbestand gab und gibt mir sehr viel zu denken.

Die »Nazinostalgie« nehme ich nicht zu dramatisch, andererseits muß man sehr wachsam sein. Ein Vorfall, den ich persönlich vor einigen Monaten erlebte:

In einem Berliner Hotel – einem jüdischen Herrn gehörend – suchte ich einen westdeutschen Partner, mit dem ich verabredet war. Auf dem Wege zum Restaurant stieß ich mit einer »Dame« zusammen, die auf ihrem großzügigen Dekolletee ein Hakenkreuz mit Brillanten dekorativ zur Schau stellte. Ich dachte tatsächlich, daß ich einen Alptraum hätte. Im gleichen Augenblick kam der von mir gesuchte Bekannte und sah meinen bestürzten Blick. Als ich zu erzählen begann und den Grund nannte, ließ er mich nicht die »Dame« einholen. Es würde zu einem Skandal kommen, meinte er, und die Presse würde diesen Vorfall nur sinnlos aufbauschen. Trotzdem versuchte ich, sie ausfindig zu machen – leider vergeblich. Sie war verschwunden.

Circa zwei Stunden später war ich mit einem anderen Kontrahenten in einer folkloristischen Nachtbar verabredet. Im Gespräch versunken merkte ich den Einzug zweier Personen nicht: eines älteren Herrn um die 50 und seiner Begleiterin, einer großzügig aufgedonnerten, etwa 25 Jahre alten Person, die am Hals ein großes Hakenkreuz trug.

Das Blut begann in mir zu wallen. Ich verlangte von ihr, sofort das Hakenkreuz zu entfernen. Oder sie möge sofort das Lokal verlassen. Der Begleiter, der sich als »alter Sozialdemokrat« ausgab, versuchte, die Angelegenheit zu bagatellisieren. Ich gab nicht

nach. Worauf er ebenfalls seine »Hakenkreuzbegleiterin« auffor-
derte, das Hakenkreuz zu entfernen. Sie lehnte ab mit der Begründung: »Mein Freund ist 31 Jahre alt, ein überzeugter Nazi. Von
ihm bekam ich das Hakenkreuz als Geschenk. Und ich denke nicht
daran, das Hakenkreuzhalsband zu verstecken.« Hier endete
meine Geduld. Mit dem Ruf »Verlaß sofort diesen Raum, du
zickige Nazisse« ging ich auf sie los: »Aber sofort.« Sie erschrak
und verschwand. Berlin 1978.

Ich persönlich habe von Deutschen keinen *direkten* Antisemitismus verspürt. Natürlich bin ich sensibel genug, um zu wissen, was
oft hinter meinem Rücken gelästert wird. Indirekt . . . Wichtig ist
jedoch festzustellen, daß meine vier Kinder während ihrer Schulzeit in Berlin keine Bemerkungen zu hören bekamen, daß sie
jüdischer Herkunft seien. Es entstanden ihnen keine Nachteile aus
der Zugehörigkeit zum jüdischen Volk. Die Freundschaften mit
nichtjüdischen Klassenkameraden oder -kameradinnen sind absolut normal.

Allerdings wurde nach der Ausstrahlung der »Holocaust«-Serie
ein Phänomen sichtbar, das in seiner Konsequenz absolut unvor-
hersehbar war: Die Gefühle des Mitempfindens, des Mitleidens
mit der Familie Weiss wurden bei einem großen Teil der Schüler
stark angesprochen. Circa 80 Prozent von ihnen haben »Holocaust« gesehen und über jenes Schicksal positiv diskutiert. Das
Eigenartige passierte jedoch bei einem winzigen Teil der Mitschüler. Sie gebärdeten sich plötzlich antisemitisch und sprachen zu der
Freundin meiner Tochter Alice Worte, die vorher in dieser demokratisch geführten französischen Schule absolut unmöglich waren: Schade, daß sie nicht bei Hitler gelebt habe, sie wäre dann
schon sicherlich vergast. Und das ist nicht der einzige Fall. Damit
sind plötzlich Ansätze für eine neue Dimension gesetzt worden,
die in den letzten 30 Jahren in den Schulen, in denen meine Kinder
lernten, nie existiert hat. Zum ersten Mal werden meine Kinder –
13 und 15 Jahre alt – unruhig und unsicher. Sie haben sogar ihren
Davidstern versteckt – aus Angst. Dieser Vorgang gibt mir Anlaß,
viele bisher fest gefaßte Gedanken und Entscheidungen zu über-
prüfen.

Die Frage stellt sich, ob es richtig war, daß sich Juden nach dem
Krieg in Deutschland niedergelassen haben. Man kann damit argumentieren, daß Goebbels Deutschland für »judenrein« erklärt
hat, und schon aus diesem Grunde war und ist es geradezu notwendig, das Gegenteil zu beweisen. Man kann sich einbilden, daß
die heranwachsende Jugend – vom Blickpunkt der Jahre 1946 bis

1956, die für das Verbleiben von ca. 30 000 Juden in Deutschland maßgebend waren – als Alibi benutzt werden konnte, indem ein neues Deutschland auf demokratischer Basis die Nazis ablösen sollte und somit der Gedanke gepflegt werden konnte, wir werden es mit sauberen Deutschen zu tun haben, die mit den Massenmorden nichts gemeinsam hatten – mit denen wollen wir ein neues Leben aufbauen. Ebenfalls begründet ist die Überlegung, wonach die aus den KZ-Lagern und Ghettos, aber auch aus der Sowjetunion und Polen verschlagenen Opfer nur die jüdische, russische oder polnische Sprache beherrschten und somit Angst hatten, in englisch, französisch und spanisch sprechende Länder zu emigrieren.

Mit der jüdischen Sprache, die bekanntlich dem Deutschen verwandt ist, war es viel leichter, sich in den Nachkriegsjahren zu behaupten. Trotzdem besteht ein Gefühl des Unbehagens, wenn diese Frage zur Diskussion gestellt wird. Eine ehrliche Würdigung dieses Komplexes muß eine unmißverständliche Antwort ergeben: Sowohl Deutschland als auch Polen hätte von keinem Juden nach dem Krieg als Wohnort gewählt werden dürfen. Ein Meer von Blut steht dazwischen.

Die Todesschreie der ermordeten Kinder, das hilflose Beten der alten Frauen und Männer stellen eine Barriere dar, die nicht zu überwinden ist. In diesem Falle verlagert sich das schlechte Gewissen auf die Opfer. Die Täter gehen ihrer Arbeit nach, als ob nichts passiert wäre, genießen das Leben und kennen keine Skrupel oder Gewissensbisse. Nein, es war nicht richtig, daß nach Hitler Juden wieder in Deutschland seßhaft geworden sind.

»Holocaust« hat nicht nur bei den Deutschen eine »Bresche« geschlagen. Auch die jüdischen Jugendlichen stellen plötzlich Fragen an ihre Eltern, wieso und warum sie nach all dem, was ihnen zugestoßen war, noch hier in Deutschland ihre Zelte aufschlagen konnten. Eine Antwort der Eltern bleibt aus und wird so lange ausbleiben, bis der Nachweis erbracht werden kann, daß sie richtig gehandelt haben. Hierfür muß sich allerdings das entsprechende politische Klima wesentlich zum Positiven ändern, um somit die seinerzeit gehegte Hoffnung erfüllt zu sehen.

Henryk M. Broder

Warum ich lieber kein Jude wäre;
und wenn schon unbedingt –
dann lieber nicht in Deutschland

Henryk M. Broder, Jahrgang 1946, lebt und arbeitet als freier
Autor in Köln.

»Im folgenden Jahr mußten die Juden in Bonn wie im ganzen Reich alle
Geschäfte und Fabriken aufgeben. Das Problem, womit sie nach Verbrauch
ihres Vermögens den Lebensunterhalt bestreiten sollten, ist bekanntlich
vom NS-Staat durch die Deportation in die Vernichtungslager gelöst
worden.« – Aus einem Artikel zur »Reichskristallnacht« im Informations-
dienst der Stadt Bonn.
»Das ist wie mit den Ratten, man muß ihre Nester kennen, um sie
auszurotten.« – Der Vorsitzende der Polizeigewerkschaft, Helmut Schirr-
macher, über die Terroristenbekämpfung in einem Interview mit der
BILD-Zeitung.
»Viele Juden mußten in den dreißiger und vierziger Jahren dieses Jahrhunderts ihr Leben lassen. Andere zog es hinaus in fremde Länder, wo es einige
zu großem Ansehen brachten.« – Die Odenwälder Heimatzeitung in einem
Artikel zur »Reichskristallnacht«.
»Wir lassen das Russell-Tribunal zu. Ich fürchte, daß eine nachwachsende
Generation einmal sagen wird: Warum haben wir diese rote Mischpoke
nicht rausgejagt? – Die rote Mischpoke müßten wir eigentlich zum Teufel
jagen.« – Der niedersächsische Landtagspräsident Heinz Müller (CDU).
Aus dem Duden, 17. neu bearbeitete und erweiterte Auflage, 1973, Seite
483: »Nazi (Kurzw.) m; verächtlich für: Nationalsozialist. Nazismus m;
verächtlich für Nationalsozialismus. Nazistisch: verächtlich für nationalsozialistisch.«

Als ich eingeschult werden sollte, es war 1953, ging meine Mutter
zum Direktor der Wilhelm-Pieck-Schule in Kattowitz, wo wir
damals wohnten, um mich anzumelden. Meine Schwester, neun
Jahre älter als ich, besuchte ebenfalls diese Schule. Ich kann mich
noch gut daran erinnern, daß meine Mutter völlig verstört wieder
nach Hause kam und erzählte, der Direktor habe ihr gesagt, es
wären schon genug Judenkinder auf der Schule, sie sollte mich
doch gefälligst woanders unterbringen. Mein Vater, er war Vorsitzender irgendeiner Handwerkergenossenschaft, schlug daraufhin
Krach. So kam ich doch noch auf die Schule, in die mich meine
Mutter einschreiben wollte.

Wir verbrachten die Sommerferien in einer gemieteten Wohnung in Zoppot. An einem Abend, ich muß damals acht oder neun Jahre alt gewesen sein, klingelte es an der Tür. Draußen standen zwei Männer und fragten: »Wohnen hier irgendwelche Juden im Haus?« Der Ton, in dem sie diese Frage stellten, und die Haltung, die sie dabei einnahmen, wirkten nicht so, als wollten sie mit uns Matzenbrei essen. Meine Mutter sagte: »Nein, natürlich nicht!« und machte die Tür schnell wieder zu. Viel später erzählte sie mir, dieses Ereignis sei der letzte Anstoß gewesen, aus Polen wegzugehen. Im April 1957 verließen meine Eltern mit ihren beiden Kindern, meiner Schwester und mir, die Volksrepublik Polen. Meine Schwester, damals eine große Zionistin, ging nach Israel. Inzwischen lebt sie in Paris. Meine Eltern und ich blieben ein Jahr in Wien, Anfang 1958 zogen wir nach Köln, ich kam auf ein Gymnasium, machte acht Jahre später das Abitur und wurde das, was man einen freien Autor nennt.

Ich glaube, daß es meinen Eltern nicht leichtgefallen ist, sich auf deutschem Boden niederzulassen. Als der Krieg ausbrach, gingen meine Eltern von Kattowitz, das bis 1918 zu Deutschland gehört hatte, nach Krakau, weil sie dachten, die Deutschen holen sich Kattowitz wieder, aber bis nach Krakau kommen sie nicht. Als die Nazis dann doch Krakau besetzten, kamen meine Eltern zuerst ins Ghetto, danach wurden sie drei Jahre lang von einem KZ zum anderen gekarrt. Der größte Teil beider Familien wurde deportiert und ermordet, meine Schwester überlebte bei einer katholischen Familie im Versteck.

Der Entschluß, trotz alledem nach Deutschland zu gehen, dürfte zwei Gründe gehabt haben: erstens den ungebrochenen polnischen Antisemitismus (es hat in Polen noch nach dem Krieg Pogrome gegeben – gegen Juden, die den Nazis entkommen waren) und zweitens die Möglichkeit mit Hilfe der sogenannten Wiedergutmachung vor allem den Kindern ein Leben »im freien Westen« zu ermöglichen; dies, obwohl meine Eltern keine ausgesprochenen Antikommunisten waren. Außerdem war mein Vater, wie so viele Ostjuden, ein Deutschen-Narr. In einem Alter, in dem ich mich noch mit klopfendem Herzen in Filme ab 18 mogelte, war er schon aus seinem galizischen Stedtl nach Berlin abgehauen. Berlin blieb für ihn zeitlebens ein Begriff für Größe, Offenheit, Liberalität. Allen Ernstes behauptete er, die Berliner seien keine Nazis gewesen. Er schätzte die Zuverlässigkeit der Deutschen, die Sorgfalt, mit der sie arbeiten, ihre Genauigkeit und Gründlichkeit, ohne zu begreifen, daß diese Tugenden auch bei der Endlösung der

Judenfrage organisatorisch optimal eingesetzt wurden. Da meine Eltern belegen konnten, daß sie aus dem deutschen Sprach- und Kulturkreis stammten, wurden wir ohne Schwierigkeiten eingebürgert. Ich kann mich nicht mal mehr an den Tag erinnern, an dem wir deutsche Pässe bekamen, dafür weiß ich ganz genau, wo ich die Urkunde abgelegt habe, die uns bescheinigt, daß wir keine polnischen Staatsbürger mehr sind. Wenn ich heute nach Holland fahre oder aus Dänemark wieder einreise, kommt es mir vor, als würden die Beamten, die mich kontrollieren, bei der Paßlektüre ein wenig stutzen – sicher bilde ich mir das nur ein –, ich jedenfalls habe mich noch nicht daran gewöhnt, mit einem Dokument herumzufahren, in dem unterhalb meines Namens steht: »Der Inhaber dieses Passes ist Deutscher.« – Ich bin ein Bürger der Bundesrepublik Deutschland, ein originaler Deutscher bin ich dadurch und damit sicher nicht.

Es gibt Juden, Paßdeutsche wie ich, die ihren Identitätskonflikt in der Weise lösen, daß sie bei jeder möglichen und unmöglichen Gelegenheit verkünden, daß sie stolz darauf sind, Juden zu sein. Ich halte das für dummes Gerede von Leuten, die sonst nichts haben, worauf sie stolz sein können. Stolz sein kann man nur auf etwas, wofür man etwas kann. Für mein Judesein kann ich genauso viel wie für meine Augenfarbe oder Schuhgröße. Und wenn ich es mir genau überlege: mir wär's lieber, ich wär kein Jude. Jedesmal, wenn ich durch eine Landschaft fahre, die so aussieht, als sei sie jenen, die in ihr wohnen, auf Maß zugeschnitten, wünsche ich mir, ich käme von dort und würde da leben; ich hätt' einen Bauernhof, sagen wir in der Provinz Drente im Nordosten Hollands, würde jeden Tag bei Sonnenaufgang vors Tor treten und gucken, ob noch alle Morgen da sind und auch sonst nichts fehlt. Gelegentliche Überschwemmungen würde ich in Kauf nehmen, ebenso wie die EG-Milchpreisregelung. Es muß natürlich nicht Drente und es muß auch kein Bauernhof sein, es ginge mir nur darum, die eigene Herkunft mit etwas Konkretem verbinden zu können, auf das man sich beziehen kann, ohne daß es einem schlecht wird dabei.

Kattowitz (oder Katowice), meine Geburtsstadt, liegt keine 200 Kilometer von Auschwitz entfernt. Als ich geboren wurde, 1946, lag der Geruch von Zyklon B noch in der Luft. Ich muß diesen Geruch zusammen mit der Muttermilch aufgenommen haben, ich rieche ihn immer noch. Über nichts wurde bei uns zu Hause von den Eltern so viel gesprochen wie über die Zeit der Verfolgung: wie meine Mutter in einer Mülltonne eine Aussiedlung überstand, wie sich ein junger Jude, der keine Familie hatte, freiwillig anstelle meines Vaters meldete, als der deportiert werden sollte; wie meine Mutter im Steinbruch arbeiten mußte, wie mein Vater im KZ an Typhus erkrankte, wie ein KZ-Kommandant die Häftlinge von seinen Hunden zerfleischen ließ – furchtbare Geschichten aus einer unvorstellbaren Welt, wo alle Alpträume auf einmal Wirklichkeit wurden.

Es dauerte lange, bis ich begriff, daß meine Eltern die KZ-Zeit nur physisch, wenn auch knapp, überstanden hatten, daß sie psychisch zerstört, seelisch endgelöst waren, daß sie diese Geschichten immer wieder erzählen mußten, weil sie sonst selbst mit der Zeit nicht geglaubt hätten, was sie erlebt und überlebt hatten. Diese Geschichten müssen einen sehr starken Eindruck auf mich gemacht haben, obwohl ich sie nicht hören wollte, obwohl ich oft rausging, wenn meine Eltern wieder damit anfingen. Heute weiß ich, daß sie für meine Entwicklung entscheidend gewesen sind, daß dies der jüdische Teil meiner Existenz ist, etwas, das ich nicht in der Hand habe, das mich beherrscht, wie *es* will. Wie gesagt, ich bin nicht stolz darauf, es ist mir sogar lästig, ich würde es gern ablegen, wenn ich könnte. Und manchmal denke ich: würde ich nicht in Deutschland leben, könnte ich es vielleicht ablegen. Nur in Deutschland kann ich es mit Sicherheit nicht. Wenn ich auf einem Bahnsteig stehe und eine Durchsage höre, daß ein Zug »planmäßig« einfährt oder abfährt, dann assoziiere ich automatisch, daß auch die Züge in die KZs planmäßig gefahren sind. Wenn ich höre, daß der Moderator einer Fernsehsendung sagt: »Willi Peter Stoll, der im Rahmen seiner Festnahme erschossen wurde . . .«, dann weiß ich, wie der Mann in anderen Zeiten Meldungen über Menschen, die »auf der Flucht« erschossen wurden, formuliert hätte. Ich weiß, daß mir mit Sicherheit auch ungerechte Reaktionen unterlaufen, daß ich »typisch deutsch« denke und auch sage bei Erfahrungen, die ich wahrscheinlich auch woanders machen würde: Wenn ich z. B. in einem Supermarkt eine Gurke kaufen will, drei Gurken im Angebot 1,15 DM kosten und die Verkäuferin darauf besteht, daß ich entweder drei nehme oder keine; oder wenn ich auf einen leeren Parkplatz fahre, meinen Wagen irgendwo abstelle und dann von dem Wärter angeschnauzt werde, weil ich nicht auf den Platz gefahren bin, den er mir zugewiesen hat. Ich weiß natürlich, daß der Inhalt seines Lebens darin besteht, anderen Plätze zuzuweisen. Aber ich muß daran denken, daß er mit derselben dumpfen Sturheit, mit demselben Ordnungssinn auch an der Auschwitz-Rampe dafür gesorgt hätte, daß jeder den ihm zugewiesenen Platz bekommt bzw. nicht wieder verläßt.

Daß ich so etwas denke, kommt nicht vom Judesein schlechthin, es kommt von *meinem* Judesein. Ich kenne viele Juden, die in Deutschland leben, sich hier sauwohl fühlen, ihren Geschäften nachgehen, für die PLO demonstrieren oder Franz Josef Strauß als Pressesprecher dienen, der ja mit seinem Satz: »Ein Volk, das diese wirtschaftlichen Leistungen vollbracht hat, hat ein Recht darauf, von Auschwitz nichts mehr hören zu wollen« im Jahre 1969 einen Wendepunkt in der Nachkriegsgeschichte markiert hat.*Und ich kenne viele Nichtjuden, Deutsche von Haus und Geburt, die genauso denken und fühlen wie ich, die bei denselben Erfahrungen dasselbe Würgen packt. Ich habe es oft erlebt, daß ich über solche Dinge mit Nichtjuden viel besser und offener reden kann als mit Juden, bei denen sofort ein Verdrängungsmechanismus einsetzt, weil allein schon die Tatsache, daß sie nicht mehr mit einem gelben Stern auf der Brust herumlaufen müssen, von ihnen als ein Beweis für die Normalisierung ihres Lebens genommen wird.

Menschen, die Auschwitz überlebt haben, kann man eine solche Haltung wahrscheinlich nicht mal verübeln, nur sehe ich für mich keinen Anlaß, sie für mich zu übernehmen. Es sind nicht die »großen Probleme«, die mir klarmachen, in welchem Land ich lebe – wie stark die NPD ist, wieviel Auflage die Nationalzeitung hat, wie groß der Anteil der alten Nazis in Führungspositionen ist –, sondern ganz banale Nachrichten, die nichts mit Juden, mit dem deutsch-jüdischen Verhältnis und auf den ersten Blick auch nichts mit dem NS-Geist zu tun haben. Ich will mit ein paar Beispielen aus den letzten zwei, drei Jahren illustrieren, was ich meine:

■ Eine Hausfrau aus Fulda wurde zu eineinhalb Jahren ohne Bewährung, in der Berufung zu einem Jahr mit Bewährung verurteilt, weil sie einen Meineid geschworen haben soll. Elf (11) Zeugen bestätigten ihre Aussage, dagegen stand die Aussage eines (1) Polizisten. Das Gericht schenkte dem Polizisten mehr Glauben als den elf Zeugen, die es allesamt als »geistig schwerfällige Personen« abqualifizierte.

■ Um Platz für Demonstranten zu schaffen, mit deren Festnahme

*Dieses Strauß-Zitat stand am 13. September 1969 in der Frankfurter Rundschau in einem Leitartikel von Karl Gerold. Bis Ende 1978 blieb dieses Zitat von Strauß unbeanstandet. Erst seit Ende 1978 pflegt F. J. Strauß bei Journalisten und Redaktionen, die dieses Zitat weiter zitieren, anzufragen, woher sie es haben und ob sie es belegen können – was freilich schwer möglich ist, da Karl Gerold, der es als erster veröffentlicht hat, seit ein paar Jahren tot ist.

bei erwarteten Aktionen gegen den Bau einer »Entsorgungsanlage« in Gorleben gerechnet wird, ließ die niedersächsische Landesregierung vorsorglich 100 Inhaftierte aus der Strafanstalt Celle in andere, bereits überfüllte Anstalten verlegen. Der Staatssekretär im niedersächsischen Justizministerium erklärte gegenüber der Presse, für ihn sei es eine Selbstverständlichkeit gewesen, rechtzeitig dafür zu sorgen, daß diejenigen, die bei künftigen Demonstrationen in Untersuchungshaft genommen werden müßten, »anständig untergebracht werden können«, denn: »Wir wollen die Gefangenen nicht draußen im Regen stehen lassen.«

■ In Bremen stellte ein Polizeirevier elfjährigen Jungen »Kinderpolizeiausweise« aus. Daraufhin fingen die kleinen Hilfssheriffs an, bei Klassenkameraden für Ordnung zu sorgen und vermeintliche Fahrraddiebe zu jagen: »Halt, stehen bleiben, Kinderpolizei!«

■ In Hannover sprengte ein Polizeikommando während einer Terroristenfahndung eine Wohnungstür, warf Tränengasbomben durch die Oberlichter der Fenster und forderte danach die Mieter auf, mit erhobenen Armen das Haus zu verlassen. Es dauerte 12 Stunden, bis die Festgenommenen nach Feststellung ihrer Identität aus dem polizeilichen Gewahrsam entlassen wurden. 24 Stunden dauerte es, bis sich die Behörden über die Zuständigkeit für Auskünfte an die Presse verständigt hatten. Das hannoversche Polizeipräsidium verwies an die Bundesanwaltschaft, die Bundesanwaltschaft an das Innenministerium in Hannover, das Ministerium an das Bundeskriminalamt und das Bundeskriminalamt wieder an das hannoversche Polizeipräsidium. Dort bestätigte der Einsatzleiter, ein Kriminaloberrat, die zwei Festgenommenen hätten sich anstandslos identifizieren lassen. Auf die Frage, warum sie dann 12 Stunden festgehalten wurden, verweigerte er die Antwort: Er sei nur zuständig für Fragen, die mit »wie« anfangen; Fragen, die mit »warum« anfangen, seien an die Bundesanwaltschaft zu richten.

■ Der niedersächsische Innenminister Egbert Möcklinghoff (CDU) erklärte in einer Ansprache, Willy Brandts Appell »Mehr Demokratie wagen« sei eines der »gefährlichsten Worte der Nachkriegszeit«, Demokratie »an sich« sei schon ein Wagnis.

■ In Heidelberg pflegt die Polizei Nichtseßhafte aufzugreifen, sie aus der Stadt zu fahren und in der freien Natur auszusetzen. Die Maßnahme heißt »Verbringungsverwahrung«. Ein Polizeisprecher meinte dazu, ein »längerer Spaziergang« sei ein angemesseneres Mittel als das Mitnehmen auf das Revier.

■ Ein Ausbilder einer Panzerpionier-Kompanie der Bundeswehr äußerte während des Dienstes gegenüber jungen Soldaten, das wichtigste Werkzeug der Pioniere sei »die Kombizange, die wir brauchen, um den toten Russen die Goldzähne herauszubrechen«. Es sollte auch nur auf den Körper und nicht auf den Kopf der Feinde geschossen werden, um so die Goldzähne zu schonen.

■ Während der Fahndung nach den Schleyer-Mördern waren die Sicherheitsorgane vom Verhalten der Bevölkerung überrascht. Der damalige Innenminister von Niedersachsen, Groß, sagte: »Die Bereitschaft, der Polizei zu helfen, ist in dieser Form noch nie dagewesen.« Im NRW-Innenministerium hieß es: »Die Bevölkerung macht die Fahndung zu ihrer eigenen Sache.« Vor allem die »Kooperationsbereitschaft« der Autofahrer erstaunte die Polizei, Zehntausende ließen sich »ohne Widerspruch und mit viel Verständnis« kontrollieren.

■ In Butzbach stürzte sich ein Beamter der Strafanstalt in einer Kneipe auf einen anderen Gast, rief »Du Terrorist, du kommst sofort in den Knast!«, packte den Mann am Kragen, schleppte ihn nach draußen und steckte ihn in den Kofferraum seines Mercedes. Dann fuhr er zur Strafanstalt, wo er seine Fracht abgeben wollte. Nachdem die Beamten dort die Annahme verweigerten, fuhr er zurück in die Altstadt, wo er seinen Gefangenen in einer Kneipe vorführte.

■ Nach der Beerdigung von Ensslin, Baader und Raspe in Stuttgart wurden die Namen von 1200 Teilnehmern der Trauerfeier von der Polizei festgehalten. Nach Angaben der Polizei wurden dabei »wertvolle Erkenntnisse« gesammelt. Über weitere flankierende Maßnahmen der Polizei berichteten drei Kasseler Rechtsanwälte in einer Zuschrift an die FR: »In die Menschenmenge fährt mehrmals hintereinander ein Kfz, ohne daß einer der zahlreichen Polizisten in der Nähe einschreitet. Der Fahrer des Wagens ist – wie sich später herausstellt – ein Polizist in Zivil. Motorisierte Polizisten fahren von hinten in den Zug. Diese Provokationen dauern so lange, bis sich die bedrohten Menschen wehren. Das ist das Signal für die Polizeibeamten zum Losschlagen . . . Demonstranten werden zu Boden geworfen, mit Fußtritten traktiert – unter den Anfeuerungsrufen der Passanten.«

■ 700 Bürger der Stadt Speyer wurden vom rheinland-pfälzischen Verfassungsschutz überprüft. Sie hatten eine Resolution unterschrieben, mit der die Einstellung einer DKP-Lehrerin in den Staatsdienst gefordert worden war, das Kultusministerium hatte die Liste an den Verfassungsschutz weitergeleitet.

■ In Duisburg beendete die Polizei eine private Party nach Beschwerden von Nachbarn wegen ruhestörenden Lärms, indem 42 mit Schlagstöcken und Maschinenpistolen bewaffnete Beamte die Jugendlichen aus dem Haus trieben, sie dabei an den Haaren rissen, schlugen, Treppen hinunterstießen und auch die chemische Keule einsetzten.

■ In Wahmbeck an der Weser drangen um sechs Uhr morgens zwei Polizeibeamte in ein Haus ein, um eine 16jährige Schulschwänzerin unter Zwangsanwendung zur Berufsschule zu bringen. Da sich den beiden Beamten die 62jährige Mutter des Mädchens in den Weg stellte, wobei sie mit dem Stock ihres gelähmten Mannes auf die Polizisten eingeschlagen haben soll, griffen die Ordnungshüter »in Notwehr bzw. Nothilfe« zur chemischen Keule. Anderthalb Stunden später war die Frau tot. Die Göttinger Staatsanwaltschaft stellte ein Ermittlungsverfahren gegen die Beamten mit der Begründung ein, der Tod der Frau sei nicht aufgrund der Tränengaswirkung eingetreten, sondern weil sie schwer herzkrank war und sich über den Polizeieinsatz erregt hatte. Es könne sein, räumte die Staatsanwaltschaft ein, daß die Beamten »eventuell etwas barsch oder unwirsch geworden sind«, aber ihr Verhalten war »grundsätzlich legal« und bewegte sich »im Rahmen der gebotenen Verhältnismäßigkeit«. Der Polizeieinsatz war von dem zuständigen Ordnungsamt angeordnet worden, nachdem die Schülerin an vier Tagen nicht in der Schule erschienen war.

■ In Regensburg wurden zwei Studenten wegen Nötigung und Hausfriedensbruchs zu je 450,– DM Geldstrafe verurteilt. Sie hatten auf einem Schulhof ein Happening veranstaltet, mit dem sie die Anwerbungsaktionen des bayerischen Verfassungsschutzes karikieren wollten: Ausgestattet mit Pappabzeichen, Schlapphüten und Mikrofonattrappen fragten sie Schüler aus, die sofort bereitwillig Auskunft über »terroristische« Schülersprecher und »linke« GEW-Lehrer gaben. Die Staatsanwaltschaft wertete dies als »Amtsanmaßung«, außerdem machte sie den beiden Studenten zum Vorwurf, sie hätten den Verfassungsschutz »in Mißkredit« gebracht und einen Studiendirektor mit Gewalt zur Seite gedrängt. Eine Woche nach diesem Urteil wurde von einem Gymnasium in Bottrop bekannt, daß ein Schüler der Anstalt, nebenbei auch Vorsitzender der örtlichen CDU-nahen Schülerunion, seine Lehrer und Mitschüler bespitzelt und die schriftlichen Aufzeichnungen gegen Bezahlung einem Mann übergeben hatte, der sich ihm als Mitarbeiter des Bundesamtes für Verfassungsschutz vorgestellt hatte.

■ In einem Lebensmittelkaufhaus in Verden an der Aller wurde an einem Sonntag der Ernstfall geprobt. An der Übung nahmen Bundeswehroffiziere, Verwaltungsbeamte, Politiker und das Personal der Firma teil. Ein Sprecher des Landwirtschaftsministeriums äußerte sich über den Ablauf der Übung mit großer Begeisterung: »Das ging ruck-zuck, die Verkäuferinnen verstanden sofort, wie die Marken von den Lebensmittelkarten abzuschneiden sind . . . Eine Schwierigkeit bestand darin, die Verpackungen zu wechseln, wenn z. B. Zucker in Ein-Kilo-Tüten bereitlag aber nur ein halbes Kilo Zucker aufgerufen war. Eine andere Schwierigkeit, die durchgespielt wurde, ergab sich durch Stromausfall, so daß die Registrierkassen nicht mehr bedient werden konnten, sondern die Zahlen mit der Hand notiert werden mußten.« Die Verkäuferinnen, die für ihre Sonntagsarbeit vom Ministerium bezahlt wurden, seien »mit erstaunlichem Ernst bei der Sache gewesen«.

■ Im Zusammenhang mit den Feiern zum 40. Jahrestag der Reichskristallnacht« wurde bekannt, daß in der niedersächsischen Stadt Hameln Adolf Hitler immer noch als Ehrenbürger geführt wird. Die SPD-Fraktion forderte die Streichung dieser Ehrenbürgerwürde. Der Verwaltungsausschuß lehnte die SPD-Forderung mit der Begründung ab, das Ehrenbürgerrecht könne entsprechend der geltenden Gemeindeordnung nur mit Genehmigung der obersten Aufsichtsbehörde wegen unwürdigen Verhaltens entzogen werden. Dies sei jedoch ein Verwaltungsakt, der erst durch Zustellung einer entsprechenden Verfügung wirksam werde und im Verwaltungsstreitverfahren anfechtbar sei. Die Zustellung könne aber nicht mehr erfolgen, da der Adressat verstorben sei. – Mit dieser Erklärung war der Fall für den Rat der Stadt wie auch für die Mehrheit der SPD-Fraktion erledigt.

Diese Auswahl ist willkürlich, natürlich, aber sie ist nicht atypisch. Es sind keine Fauxpas, um die es geht, sondern praktische Belege für ein Bewußtsein, das man deswegen nicht als faschistisch oder nazistisch bezeichnen sollte, weil dieses Adjektiv dem Gegenstand nicht gerecht wird, ihn einengt und mit einem Hautgout umgibt, von dem sich jeder leicht distanzieren kann. Es sind Geschichten, die es überall auf der Welt geben mag, aber nirgendwo in einer solchen Häufung und in einer solchen Reinkultur wie in Deutschland: Es ist der korrekte deutsche Formalismus, der sich da austobt, der auch einen Völkermord ganz korrekt mit dem Erlaß der Nürnberger *Gesetze* einleitete; es ist die Lust des deutschen Bürgers, der nie ein »citoyen« gewesen ist, an der selbstverordneten

Unterwerfung, an der Denunziation und am Blockwartspiel; es ist
der menschenverachtende Übermut des deutschen Bürokraten,
der auch über Leichen geht, wenn er dies mit einer Dienstvor-
schrift rechtfertigen kann; es ist die ungebrochene deutsche Vorstellung, daß die Bürger dem Staat Loyalität und Dankbarkeit
schulden, anstatt daß der Staat ein Dienstleistungsbetrieb für die
Bürger ist, der beliebig in Anspruch genommen werden kann; es
ist der deutsche Drang zum Säubern, Eliminieren und Ausmerzen,
das Bemühen den gesellschaftlichen Konsensus darüber, was geht
und was nicht, so klein wie möglich zu halten und alle Abweichler
abzustoßen, weil sie die Harmonie stören; es ist die deutsche
Arroganz, die nicht einmal von einem Hauch an taktischer Rücksichtnahme im Zaum gehalten wird: Wenn das ZDF z.B. in Den
Haag die Herausgabe der Liste mit den 140 Niederländern verlangt
(wozu eigentlich?), die Herrn Kohl mit ihren frechen Fragen so
übel zugespielt haben, oder wenn der niedersächsische Landtagspräsident ankündigt, die CDU werde mit einer Aufzeichnung
dieser Sendung über die Dörfer ziehen, um zu zeigen, wie Kohl in
Den Haag für das Vaterland eingetreten sei, oder wenn ein Leser-
briefschreiber meint: »Wie jedes kleinere Volk gegenüber einem
größeren Nachbarn, so haben auch die Holländer uns gegenüber
mit Unterlegenheitskomplexen zu tun . . .«
Ich kann das Gerede von dem »anderen Deutschland«, das in der
Nacht vom 8. zum 9. Mai 1945 aus den Ruinen der Nazi-Herr-
schaft entstanden sein soll, nicht mehr hören. Das andere Deutschland kann es sich nicht leisten, die Universität in Oldenburg nach
Karl von Ossietzky, die in Düsseldorf nach Heinrich Heine zu
benennen; Agnes-Miegel – und Hermann-Burte-Schulen kann es
sich dagegen sehr wohl leisten. Das andere Deutschland hat es
nicht für nötig gehalten, Zigeuner, Homosexuelle und Kommunisten, die in KZ's gewesen sind, zu entschädigen. Das andere
Deutschland findet es angemessen und mit dem Grundgesetz ver-
einbar, daß die ehemaligen Angehörigen der faschistischen Legion
Condor bei ihrer Rentenversorgung gegenüber den republikanischen Spanienkämpfern bevorrechtigt werden. Das andere
Deutschland nimmt es hin, daß ein amtierender Regierungspräsident sich weigert, einen 1944 von den Nazis hingerichteten 16jäh-
rigen Jungen zu rehabilitieren, und er zur Begründung seiner
Weigerung die Aussagen jener Gestapo-Leute anführt, die den
Jungen damals an den Galgen gebracht haben.
Es gibt kein anderes Deutschland! Es ist immer noch dasselbe
Deutschland, das die ganze Welt am deutschen Wesen genesen

lassen wollte und das aus Mangel an Möglichkeiten, sich auswärts zu betätigen, mit zunehmender Intensität die innere Kolonisation betreibt – was natürlich nicht bedeutet, daß es die innere Kolonisation sein ließe, wenn es sich wieder auswärts bewähren könnte. Es ist immer noch dasselbe Deutschland, das mit Hingabe »die verfolgende Unschuld« (Karl Kraus) spielt und mit dieser Tradition auch unter dem Firmenmantel eines demokratischen Systems fortfährt, das ihm auf dem Verordnungswege verpaßt wurde. Es gibt kein anderes Deutschland, es gibt nur die anderen Deutschen, es hat sie immer gegeben, viele Menschen, die unter den Verhältnissen leiden, sich wie blöde abstrampeln – und nichts erreichen. Und ich weiß, was dem eigentlichen Deutschland die anderen Deutschen wert sind, wie es sich um sie bemüht, welches Andenken es ihnen erhält. Ich habe vor kurzem einen deutschen Emigranten in Amsterdam getroffen, der 1937 Deutschland verlassen hat, obwohl er eigentlich gar nicht mußte. Er ist kein Jude, war kein Kommunist, nicht mal besonders politisch engagiert, hatte außerdem eine gute Position an einem Rundfunksender, die er mit einem Minimum an Anpassung hätte halten können. Er ging weg aus Deutschland, weil er nicht im NS-Staat leben wollte. Während der deutschen Okkupation in Holland hat er in seiner Zwei-Zimmer-Wohnung zehn Menschen versteckt, ihnen das Leben gerettet. In Holland hat er einen guten Namen, in Israel wurde er im Yad Vashem Institut geehrt. Im anderen Deutschland ist noch niemand auf die Idee gekommen, sich um ihn zu kümmern, mal zu fragen, ob er mit seinem bescheidenen Einkommen auskommt – nichts. Es gab und es gibt viele solcher Menschen, auf die das andere Deutschland stolz sein müßte, da aber keine amtliche Stelle zu ihrer Registrierung eingerichtet wurde, fühlt sich niemand für sie zuständig. Dafür klappt der Versand von Renten an alte Nazis, die in Südamerika leben, hervorragend.

Als *Jude* bräuchte mich das alles nicht aufzuregen, als *Jude* bin ich nicht betroffen, hat niemand was gegen mich. Wenn DIE WELT des philosemitischen Herrn Springer über mich herzieht, dann schreibt sie: »Henric M. Broder, ein in linksaußen Position operierender Autor einschlägiger Linksaußen-Blätter . . .«, wenn der RHEINISCHE MERKUR mich denunzieren will, dann schreibt er: »Henryk M. Broder, linksgewirkter WDR-Autor, besser noch bekannt als Star-Kolumnist bei linksaußen angesiedelten Hochglanz-Busenblättern . . .« Ich zögere dann immer einen Augenblick, obwohl es mich in den Fingern juckt, zu antworten, frage Friedhelm, Hanno und Uwe, ob ich es tun soll, lasse es sein, weil sie

»tu es nicht« sagen. Was sollte ich auch antworten, wie sollte ich auf diesen Kommiß-Ton (»operierender Autor«), auf dieses verklemmte Sack-Hüpfen (»Hochglanz-Busenblätter«) antworten? Etwa mit dem Hinweis, daß zu diesen »linksaußen angesiedelten« Blättern auch der PLAYBOY gehört, daß ich zahllose Geschichten über korrupte Linke geschrieben habe? Soll ich mich der WELT und dem RHEINISCHEN MERKUR gegenüber als Nichtlinker erklären? Kein anständiger Nichtjude würde auf den Vorwurf, er sei einer, mit einer Richtigstellung reagieren. Ich reagiere also nicht und merke mir, wie wenig in diesem Land der Vernichter und Wegdenker dazu gehört, als »Linker« bezeichnet zu werden – ein kluges Wort und schon ist man Kommunist –, wobei die Bundesrepublik vermutlich das einzige demokratische Land der Welt ist, wo man das Etikett »links« im diffamierenden Sinne einsetzt, eine Unmöglichkeit in Frankreich, Italien, Holland, England, selbst in Amerika. DIE WELT hat es als anstößig empfunden, das »ausgerechnet Henric M. Broder« im WDR eine Sendung über rechtsextreme Verlage machen durfte. Der STÜRMER und der VÖLKISCHE BEOBACHTER hatten es seinerzeit für anstößig empfunden, daß ausgerechnet Juden sich gegen den Antisemitismus zur Wehr setzten. Ich weiß, daß jene, die mich heute als »Linken« angreifen, mich auch als »Juden« attackieren würden, wenn es *darauf* ankäme, weil es dieselben Naturen mit denselben Bedürfnissen sind, sie haben nur ihre Negativziele ausgewechselt. Vorerst hab ich es aber mit der Absurdität zu tun, daß es nicht Antisemiten sind, mit denen ich Probleme habe, sondern erklärte Judenfreunde auf der einen und professionelle Juden auf der anderen Seite.

Während der 22 Jahre, die ich mittlerweile in der Bundesrepublik lebe, bin ich nur zweimal Objekt einer offenen antisemitischen Attacke geworden. Das erste Mal gleich zu Beginn meines Hierseins, gewissermaßen zur Einstimmung, das zweite Mal vor etwas mehr als einem Jahr. Ich war gerade ein paar Tage auf der Schule, einem furchtbaren mathematisch-naturwissenschaftlichen Gymnasium, da kam ein Mitschüler auf mich zu, er war wie ich etwa elf Jahre alt, und sagte in einem ganz ruhigen Ton: »Dich haben sie vergessen zu vergasen.« Er hatte vermutlich im Klassenbuch nachgesehen, dort in der Spalte »Konfession« den Eintrag »mosaisch« gefunden, zu Hause nachgefragt, was das bedeutet, und war dann entsprechend belehrt worden. Die zweite Attacke, zwanzig Jahre später, fand auf einem anderen Niveau statt. In einer Wochenzeitung, die nicht für ihre journalistische Qualität, sondern als ein offiziöses Sprachrohr bekannt ist, wurde ich mit dieser Formulierung vorgestellt: » . . . der in Deutschland lebende Journalist Henryk M. Broder«. Dies war ein subtiler, aber deutlicher Hinweis auf meine auswärtige Herkunft, meine eingeschränkte Dazugehörigkeit zum deutschen Volksganzen. Der Satz stand nicht in der Deutschen National-Zeitung, er erschien am 6.1.78 in der Allgemeinen Wochenzeitung der Juden in Deutschland, geschrieben hatte ihn nicht irgendein neonazistischer Schmierfink, sondern Heinz Galinski, Mitherausgeber der »Allgemeinen« und seit jeher Vorsitzender der jüdischen Gemeinde in Westberlin. In einem längeren Artikel mit der Überschrift »Verleumdungen eines trojanischen Esels« war Galinski über mich hergefallen, weil ich bei der jüdischen Gemeinde in Zürich einen Vortrag über neonazistische Umtriebe in der Bundesrepublik gehalten und dabei auch ein paar kritische Sätze über das deutsch-jüdische Verhältnis und das Gehabe einiger jüdischer Repräsentanten gesagt hatte. Nun war Heinz Galinski nicht selbst bei dem Vortrag dabei gewesen. Seine Empörung stützte sich auf einen Bericht, der *über* meinen Vortrag in der Baseler Jüdischen Rundschau erschienen war. Daß die Jüdische Rundschau meinen Vortrag positiv besprochen hatte, fand Galinski genauso empörend wie den Vortrag selbst, von dem er als wörtliches Zitat nur den Schlußsatz erwähnte: »Die Deutschen haben die Juden bekommen, die sie verdienen.« Dies könne, befand Galinski, nicht anders »als eine üble Diffamierung der jüdischen Gemeinschaft in der Bundesrepublik Deutschland« bezeichnet werden, wobei »auch Worte wie Verleumdung und Verunglimpfung nicht zu hart wären, um das zu charakterisieren, was Broder über uns gesagt hat«. Im Grunde wußte Galinski gar nicht, was ich »über uns« gesagt hatte, weil er meinen Vortrag nur aus der Besprechung kannte und seine Galle auf ein paar Zitate, wie eben den Schlußsatz, angewiesen war. Aber auch das bißchen, was er ahnen konnte, genügte dem ersten Juden Westberlins, um weitreichende Spekulationen über meine Motive anzustellen: »Möglicherweise stört ihn unsere geistige Unbestechlichkeit. Er stört sich offenbar daran, daß wir uns durch nichts . . . den Blick für Proportionen trüben lassen, daß wir auf dem linken Auge so wenig blind sind wie auf dem rechten, daß wir die Bundesrepublik Deutschland vor verzerrenden Darstellungen der in ihr herrschenden Verhältnisse in Schutz genommen haben . . ., die von Kräften, die mit den Belangen und Anliegen der jüdischen Gemeinschaft nichts gemein haben, mit dem Ziel verbreitet werden, die parlamentarische Demokratie überall in Europa zu schwächen und ihre Anhänger zu verunsichern.« – So schaffte es Galinski mit der ihm eigenen Grandezza, mich ins Abseits zu eliminieren und sich selbst dabei wohlgefällig auf die demokratische Schulter zu klopfen. Es fehlte eigentlich nur noch die Bemerkung, daß der jüdische Bolschewik Broder eine Gefahr für das christliche Abendland bedeutet. Ich schrieb eine Entgegnung an Galinksi, die ich an die »Allgemeine« schickte, weil ich annahm, daß sie so fair sein und auch dem Angegriffenen eine Gelegenheit, sich zu äußern, geben würde. Meine Stellungnahme wurde nie in der »Allgemeinen« abgedruckt, ich bekam sie nicht einmal zurück, ein paar Wochen später erschien sie im berliner extra dienst, wo sie natürlich nicht die Leser der »Allgemeinen« erreichte, aber immerhin . . .

Mit welcher Sensibilität die offiziellen Vertreter der in Deutschland lebenden Juden zu reagieren vermögen, je nachdem ob sie selbst betroffen sind oder nicht, konnte ich als Nachwehe meiner Zürich-Reise gleich noch einmal erleben. Bundesgrenzschutz-Beamte auf dem Köln-Bonner Flughafen hatten versucht, vor meinem Abflug das Vortragsmanuskript zu fotokopieren. Ich berichtete darüber in der FR, es kam zu mehreren Parlamentarischen Anfragen über den Vorfall, ein paar Journalisten und Abgeordnete gingen der Sache nach; nach und nach wurden die verschiedenen Maßnahmen, die der BGS am Rande der Legalität betrieben hatte, publik, schließlich trat der schon seit der Wanzen-Affäre angeschlagene Innenminister Maihofer zurück. Gleich nach dem Vorfall auf dem Flughafen schrieb ich dem Vorsitzenden des Direktoriums des Zentralrates der Juden in Deutschland, Werner Nachmann, einen Brief, in dem ich ihn fragte, ob das besondere Interesse des Grenzschutzes an einem Manuskript über NS-Umtriebe es nicht verdienen würde, daß sich der Zentralrat mit der Sache beschäftigt. Das war am 21.12.77. Mehr als zwei Monate später, am 28.2.78, wurde ich zum zweiten Mal brieflich bei Werner Nachmann vorstellig: »Ich habe bis heute von Ihnen keine Antwort, nicht einmal eine Eingangsbestätigung erhalten. Bitte, seien Sie so freundlich, mir mitzuteilen, ob Sie meine Post bekommen haben und ob Sie in der Sache aktiv werden wollen.« Mit Datum vom 10.3.78 antwortete der Vorsitzende des Direktoriums: »Ihr Schreiben vom 21. Dezember habe ich genauso erhalten wie Ihr Schreiben vom 28. Februar. Ihren Unterlagen, die Sie mir zusandten, habe ich entnommen, daß Sie sich direkt beim Bundesinnenminister über den in Ihrem Schreiben geschilderten Vorfall beschwert haben, und habe dies zur Kenntnis genommen.« Das war's, aber das konnte doch nicht alles gewesen sein.

Am 23.3.78 schrieb ich einen dritten Brief an Werner Nachmann: »Nachdem Sie fast drei Monate gebraucht haben, um eine sechszeilige Mitteilung an mich zu formulieren, möchte ich Sie noch einmal darum bitten, mir zu erklären, ob Sie, d.h. der Zentralrat, wegen der Grenzkontrolle, die sich auf ein Vortragsmanuskript über NS-Umtriebe in der Bundesrepublik bezog, etwas unternehmen wollen oder nicht. Falls Sie dies nicht vorhaben, wäre ich Ihnen für eine ausdrückliche Bestätigung sehr dankbar, daß dies kein Vorfall war, der auch den Zentralrat etwas angeht. Vielleicht finden Sie zwischen zwei Bundeswehr-Reserveübungen etwas Zeit, um mir zu antworten. Es wäre schön, wenn ich nicht wieder drei Monate auf ein Wort von Ihnen warten müßte.«

Diesmal antwortete Werner Nachmann beinah umgehend. Mit Schreiben vom 30.3.78 teilte er mir mit: »Aufgrund des Tons Ihres Schreibens vom 23. März muß ich Sie bitten, mit dem Generalsekretariat des Zentralrates direkt zu korrespondieren und nicht mehr mit mir.«

Werner Nachmann, der *meine* Erwähnung *seiner* Reserveoffizier-Karriere offenbar als schlechten Ton empfand, demonstrierte nur ein paar Wochen nach unserer kleinen Korrespondenz, in welchem Falle und zu wessen Nutzen er einzuschreiten bereit war, ohne sich am Ton zu stören. Im Mai 78 bescheinigte er dem laut Hochhuth »furchtbaren Juristen« Filbinger in einer öffentlichen Erklärung, er sei ein anständiger Mensch und habe viel für den Wiederaufbau der jüdischen Gemeinden getan. DIE WELT jubelte: »Sprecher der Juden würdigt Filbingers politische Arbeit.« In der Tat: Die Deutschen *haben* die Juden bekommen, die sie brauchen und verdienen. Zu welchen Geschmacklosigkeiten ein Jude imstande ist, um seiner nicht-jüdischen Umwelt seine Servilität zu beweisen, die sie von ihm gar nicht erwartet, hat auch der Berliner Quiz- und Show-Master Hans Rosenthal gezeigt. Er mochte es sich nicht verkneifen, am Abend des 9. November, dem Jahrestag der »Reichskristallnacht«, das Ratespiel Dalli-Dalli im ZDF zu leiten. Auf eine Protestresolution einiger jüdischer Jugendlicher, die ich mitunterzeichnet habe, teilte mir Rosenthal brieflich mit, er fühle sich zu Unrecht angegriffen, denn: »Ich selbst habe vor Monaten darum gebeten, den Dalli-Dalli-Termin vom 9. November zu verschieben. Abgesehen davon, daß ich in der Sendung auf den 9. November hingewiesen habe und das Programm inhaltlich geändert habe, scheint auch niemand gewußt zu haben, daß ein Moderator, noch dazu ein freier Mitarbeiter, keine Möglichkeit hat, Termine zu ändern, man kann nur bitten.«

Was wäre denn passiert, wenn Hans Rosenthal nicht um eine Terminverlegung gebeten, sondern ruhig, aber entschieden gesagt hätte: »Nein, am 9. November nicht.« Nichts wäre passiert, außer daß er bei vielen anständigen Menschen in einem Maße an Ansehen gewonnen hätte, wie er das mit seinen Sendungen im Laufe der nächsten 20 Jahre kaum schaffen dürfte. – Natürlich kann ein »freier Mitarbeiter« keine Termine ändern, aber er kann sagen, daß er einen bestimmten Termin unter keinen Umständen wahrnehmen will. Zumal wenn der »freie Mitarbeiter« Abteilungsleiter beim RIAS, Teilhaber an der Westberliner Spielbank und noch mit anderen Einnahmen so ausgestattet ist, daß er ökonomisch auf seine »freie Mitarbeit« beim ZDF nicht angewiesen ist. Es ist eben eine Frage der Moral, ob einer das Gedenken an die Opfer des Pogroms für wichtiger hält oder den Terminplan der ZDF-Unterhaltungsredaktion, den er nicht durcheinanderbringen möchte.

Am 30. November 1978 gab die Repräsentantenversammlung der Jüdischen Gemeinde zu Berlin, das Gemeindeparlament, eine Art Ehrenerklärung für ihren Vorsitzenden, Hans Rosenthal, ab. Die Repräsentantenversammlung, hieß es da, sehe keinen Grund, Rosenthals Verhalten zu beanstanden, da er bereits im Oktober 1977 versucht habe, »die Ausstrahlung der Sendung an einem anderen Tage zu erreichen«. Auch das Direktorium des Zentralrates sei über den Termin der Sendung unterrichtet gewesen, habe aber »seinerseits keine Schritte unternommen, um diese Sendung auf einen anderen Zeitpunkt zu verlegen«. Dabei habe Hans Rosenthal dem Vorsitzenden des Zentralrates »über den vorgesehenen Termin Mitteilung gemacht«. Konsequenz des Entlastungspapiers: »Daher konnte Hans Rosenthal in der zur Entscheidung stehenden Frage zwischen Ausübung oder Nichtausübung seines Berufes gar nicht anders entscheiden, als die Sendung durchzuführen.« – So sah also die speziell jüdische Ausgabe eines Befehlsnotstandes aus – Ausübung oder Nichtausübung des Berufes! –, dem sich Hans Rosenthal nicht entziehen konnte. Weil das Direktorium nichts unternommen hat, hat Hans Rosenthal auch nichts unternommen. Es lohnt sich noch ein Blick auf die Sprache dieser Erklärung: »Mitteilung gemacht . . .«, »Schritte unternommen . . .«, »in der zur Entscheidung stehenden Frage . . .«, »die Sendung durchzuführen . . .«; so tönt es aus dem Feldtornister der Gemeinderepräsentanten, die nicht mal mehr merken, wie sie schon mit der Wortwahl jene Rechtfertigungsideologie übernehmen, mit der sich lange vor ihnen Millionen von Deutschen aus ihrer persönlichen Verantwortung fürs Weggucken, Überhören und Mitlaufen herausgeredet haben. Zumindest auf der Ebene der Heuchelei findet die deutsch-jüdische Symbiose wieder statt.

Es ist über die offiziellen Vertreter der in Deutschland lebenden Juden schon viel gesagt und geschrieben worden. Da gibt es einen »Zentralrat«, der Zentralrat hat ein »Direktorium«, das Direktorium hat einen »Vorsitzenden«, das ist der Herr Werner Nachmann in Karlsruhe. Dann hat der Zentralrat auch noch ein »Sekretariat«, diesem Sekretariat steht oder sitzt ein »Generalsekretär« vor, das ist der Herr Alexander Ginsburg in Düsseldorf. Eine besondere Rolle spielt noch der Vorsitzende der größten jüdischen Gemeinde, das ist der Herr Heinz Galinski in West-Berlin. Die besondere Rolle kommt daher, daß Herr Galinski sich für den eigentlichen Sprecher der Juden hält und die Herren Ginsburg und Nachmann für völlig inkompetent, was freilich auf Gegenseitigkeit beruht. Die Frage z. B., wer den allwöchentlichen Aufmacher auf Seite 1 der »Allgemeinen« (Herausgeber: Heinz Galinski und Alexander Ginsburg bzw. umgekehrt) schreibt und wessen Name wie groß ausgedruckt wird, macht einen großen Teil der programmatischen Auseinandersetzungen aus. Das ganze ist ein Schwank ohne jüdischen Humor, eine Zwergenoper in Cinemascope. Die Herren sind so sehr mit dem Austragen ihrer Interna und mit der Kontaktpflege zu ihren deutschen Gönnern beschäftigt, daß sie es entweder nicht bemerken oder tunlichst übersehen, daß deutsche Dienststellen seit Jahren wieder eine »Judenpolitik« treiben, und das mit einer Gründlichkeit, die sich schon beim Vollzug der Nürnberger Gesetze bewährt hat. Wurden etwa bis Mitte der 60er Jahre jüdische Flüchtlinge und Heimatvertriebene aus Osteuropa mit offenen Armen aufgenommen, so hat heute ein jüdischer Spätaussiedler kaum noch eine Chance, als Heimatvertriebener anerkannt zu werden. Mehr noch: Die zuständigen Ämter machen sich mit einem bemerkenswerten Eifer an das Studium alter Akten und kommen dabei – jeder Fleiß hat seinen Preis – zu ganz neuen Schlüssen.

Mit Schreiben vom 2. Februar 1979 teilte der Oberstadtdirektor der Stadt Mönchengladbach dem Juden Max B. mit, »die Entscheidung des ehemaligen Kreises Grevenbroich« (dessen Rechtsnachfolger die Stadt Mönchengladbach ist) vom 25. Oktober 1961, mit der Max B. die Vertriebeneneigenschaft zugesprochen wurde, werde widerrufen, der Vertriebenenausweis A eingezogen. Das heißt: Nachdem B. *achtzehn* Jahre lang als Vertriebener anerkannt war, hielt es das Vertriebenenamt für angebracht, den Fall wieder aufzunehmen und neu zu entscheiden. In der Begründung des Bescheids hieß es, »die Prüfung Ihres Aktenvorganges aus dem Jahre 1961« habe ergeben, »daß es sowohl bei ihrer Mutter als auch bei Ihren Pflegeeltern an einem Bekenntnis zum deutschen Volkstum im Sinne von § 6 BVFG mangelt und Sie nicht als deutscher Volkszugehöriger anzusehen sind«. Bei der ersten Entscheidung im Jahre 1961 sei »der Sachverhalt unter die gesetzlichen Anspruchsvoraussetzungen unrichtig subsumiert« worden.

Der Fall von Max B. ist keine Ausnahme, es gibt Hunderte, wahrscheinlich sogar Tausende solcher Fälle. In einer »Stellungnahme zur Behandlung jüdischer Aussiedler und Flüchtlinge in der Bundesrepublik« vom Juli 1977 spricht der »Verband jüdischer Heimatvertriebener« von einer »Ermittlungshysterie«, die »fatale Assoziationen an die Jahre 33 bis 45« weckt.

Wenn man mal unterstellt, daß es keine ausdrückliche Weisung der Bundesregierung bzw. der Länderregierungen gibt, jüdische Antragsteller zu diskriminieren, dann müssen die Maßnahmen und Äußerungen der nachgeordneten Ämter auf die Initiative und Eigenart der dortigen Beamten zurückzuführen sein. In einem Bescheid des Flüchtlingsdienstes der Stadt Offenbach vom November 1976 steht der horrende Satz über die Zustände im KZ Plaszow: »Es kam sehr häufig vor, daß Lagerinsassen mit oder ohne Grund erschossen worden sind.« Die amtlichen Heimatauskunftsstellen, die Auskünfte über die Volkszugehörigkeit von Antragstellern geben, stellen sich auf den Standpunkt, daß Juden keine Deutschen sein können. Dies wird z. B. so begründet: Da ein aus Rumänien stammender Jude an einer im Jahre 1940 (!) durchgeführten Umsiedlung der deutschen Bevölkerung »nicht teilgenommen hat«, könne er nicht als deutscher Volkszugehöriger angesehen werden. Oder: Aus der Tatsache, daß ein Antragsteller in einer Straße wohnte, die überwiegend von Juden bewohnt war, wurde geschlossen, daß der Antragsteller sich zum jüdischen Volke bekannte und deshalb kein Volksdeutscher gewesen sein konnte. Ein arischer Zeuge wurde in einem Gutachten einer Heimatauskunftsstelle deshalb als unglaubwürdig bezeichnet, weil er mit einer Jüdin verheiratet war. Bei den Ermittlungen gegen Personen, die Vertriebenenausweise »erschlichen« haben sollen, wurden betagte Flüchtlinge wie Schwerverbrecher erkennungsdienstlich behandelt, d. h. es wurden Fingerabdrücke genommen und Polizeifotos gemacht. In einem Fall zumindest führten die Ermittlungen der Ermittler zum Tod des Betroffenen. An einem Apriltag des Jahres 1976 drangen mehrere Kriminalbeamte in die Wohnung eines Juden in Frankfurt ein und erklärten, sie suchten »Beweise«, ohne zu sagen wofür und in welcher Sache. Der schwerkranke 68jährige Mann bekam einen Herzanfall und starb noch in Anwesenheit der Besucher. Im Mitteilungsblatt der jüdischen Heimatvertriebenen konnte man dann in einer Todesanzeige lesen: »Wir alle sind tief erschüttert über die tragischen Begleitumstände des unerwarteten Todes . . .« Fünf Monate nach dem unerwarteten Tod bekam die Witwe ein Schreiben von der Staatsanwaltschaft, in dem festgestellt wurde, welcher Tatverdacht zu den »tragischen Begleitumständen« geführt hatte: » . . . bestätige ich Ihnen hiermit, daß das gegen Ihren verstorbenen Mann gerichtete Ermittlungsverfahren keinen hinreichenden Tatverdacht darauf erbracht hat, daß sich Ihr verstorbener Ehemann . . . im Zusammenhang mit der Beantragung der Vertriebenenausweise für Sie und Ihren verstorbenen Ehemann strafbar gemacht haben könnte . . .« Es kommt auch vor, daß ein Staatsanwalt einer Heimatauskunftsstelle sagt, welche Auskunft er von ihr haben möchte. So bittet ein Ludwigshafener Staatsanwalt in seinem Schreiben an die Heimatauskunftsstelle Polen II vom November 1975 um ein Gutachten, in dem »mit an Sicherheit grenzender Wahrscheinlichkeit nachzuweisen ist, daß der Beschuldigte kein deutscher Volkszugehöriger im Sinne des § 6 BVFG ist«.

Bei der Auswahl ihrer Methoden, der Beschaffung von Gutachten und der Hinzuziehung von Zeugen werden die deutschen Ermittler weder von humanen Skrupeln noch von rechtsstaatlichen Bedenken gebremst. Der Zweck – zu verhindern, daß zu viele Juden als deutsche Volkszugehörige anerkannt werden – heiligt alle Mittel. Um nachzuprüfen, ob das aus Riga stammende jüdische Antragstellerehepaar Y. sich vor dem Kriege zum deutschen Volkstum bekannt hat, fragte die Regierung von Unterfranken bei einem ebenfalls aus Riga stammenden arischen Heimatvertriebenen an. Und der teilte mit Schreiben vom 17.1.1978 der Regierung von Unterfranken folgendes mit: »Seit dem Jahre 1934 wurde die deutsche Bevölkerung des Baltikums in eigener Initiative organisatorisch erfaßt, dieses geschah in Form von ›Nachbarschaften‹, welche von freiwilligen Landsleuten betreut wurden, z. B. betreute meine Frau die deutschen Familien der Häuser Gertrudstraße 56 bis 73 als ›Nachbarschaftsführerin‹, ich fungierte als ›Blockleiter‹ und mir unterstanden 6 Nachbarschaften. Ich selbst unterstand wiederum einem Bezirksleiter der deutschbaltischen Volksgemeinschaft. Die Arbeit war ehrenamtlich und wurde aus nationalem Volksbewußtsein geleistet . . .

Salomon Y. und seine Frau waren nicht in der ›Nachbarschaft‹ erfaßt, weil sie sich nicht dazu bekannten . . . Juden, auch Halbjuden, Letten und Russen wurden in deutschen Vereinen nicht aufgenommen. Bei den Deutschbalten war es ein ›gesellschaftliches Vergehen‹, mit Juden zu verkehren. Im gewerblichen und geschäftlichen Leben konnte man ohne Juden nicht auskommen, man kannte da aber genau die Grenzen. Wenn eine Frau oder ein Mann eine Mischehe eingegangen war, so schieden sie ganz automatisch aus der deutsch-baltischen Volksgemeinschaft aus. Die strenge Einstellung des deutschen Volkstumsbewußtseins im Ausland basierte auf der Gesunderhaltung des Volkskörpers gegenüber den anderen Nationalitätengruppen und hatte keinerlei ›nazistische‹ Tendenz. – Ich möchte Ihnen raten, Herrn Salomon Y. folgende Fangfragen zu stellen: 1. Warum hat er seinem Sohn einen typisch jüdischen Vornamen ›Josef‹ gegeben, obwohl damals die Tendenz bestand, deutsche Vornamen zu geben. 2. Hat Y. noch das hebräische oder mosaische Glaubensbekenntnis, er hätte sich doch zu einer christlichen Konfession umtaufen lassen können, das wurde in Lettland nach 35/36 des öfteren praktiziert . . .«
Aufgrund *dieser* Stellungnahme wurde den Eheleuten Y. die Anerkennung als deutsche Volkzugehörige und Heimatvertriebene verweigert. – Vielleicht haben die Juden, die sich wie blöde darum anstellen, als Deutsche anerkannt zu werden, nichts Besseres verdient, weil sie von der deutschen Herrenmenschen-Art immer noch nicht die Nase voll haben, weil sie offenbar noch nicht genug gequält und gedemütigt worden sind. Die Frage ist trotzdem, warum für jüdische Vertriebene andere, strengere, Regeln bei der Feststellung des Bekenntnisses zum deutschen Volkstum gelten sollen als für die Spätaussiedler aus Polen und der Sowjetunion, die nach ihrer Ankunft in der Bundesrepublik erstmal ihre Namen germanisieren und deutsch lernen und an deren Zugehörigkeit zum deutschen Sprach- und Kulturkreis nicht gezweifelt wird. Das Unterscheidungsmerkmal ist eben »Jude oder Nichtjude«, und wenn von amtlicher deutscher Seite zunehmend die Ansicht vertreten und praktiziert wird, daß ein Jude nicht Deutscher sein kann, dann mag das ja richtig sein, nur hätte diese Klarstellung schon früher erfolgen müssen, spätestens 1945, nachdem die in dieser Beziehung sehr eindeutigen Nürnberger Gesetze ihre Gültigkeit verloren. Damals war freilich jeder Jude, der sich wieder auf deutschem Boden niederließ, eine willkommene Alibi-Figur. Juden in Deutschland – das war der leibhaftige Beweis für die Rückkehr zur Normalität, so konnte der ganzen Welt der gewandelte

Zeitgeist demonstriert werden. Dies war, ebenso wie die sogenannte Wiedergutmachung, der Preis für die Aufnahme Deutschlands in die Völkerfamilie, die mit den Nazi-Deutschen nichts zu
tun haben wollte. Inzwischen hat die Bundesrepublik – die Nachkriegszeit ist vorbei, wir sind wieder wer – solche Goodwill-Gesten
nicht mehr nötig. Sie hat auch, mit 30 000 Juden unter sechzig
Millionen Ariern = 0,05 Prozent der Population, jenen Grad an
Judendichte erreicht, welcher die Wiederanwendung judenpolitischer Maßnahmen rechtfertigt. Die Sache spielt sich in aller Offenheit ab, aber sie scheint niemanden zu berühren. Hat man was
davon gehört, daß eine Feierstunde zur Woche der Brüderlichkeit
deswegen abgesagt wurde? Hat der Zentralrat der Juden in
Deutschland, der die sozialen Interessen der Juden in Deutschland
zu vertreten vorgibt, mit Macht auf den Tisch geschlagen und »So
geht es nicht!« gerufen? Wer von den christlich-jüdischen Feiertagsschwätzern hat mal statt zur »Toleranz« zu einem Go-in bei
einer Behörde aufgerufen?
Was in diesem Land, das mit Schwung zu sich selbst findet,
passiert, ist schlimm. Daß es so ungehindert passieren kann, daß
niemand den Bürokraten, die auch Pogrome und Aussiedlungen
organisieren würden, wenn man sie damit beauftragte, in den Arm
fällt, ist gespenstisch und es macht klar, daß sich nichts im öffentlichen Klima und im Bewußtsein seiner Vollstrecker geändert
hat.

»Was damals Recht war, kann heute nicht Unrecht sein.« Hans-Karl
Filbinger.
Zwei Juden in einem KZ. Sagt der eine zum anderen: »Moishe, frag doch
mal den SS-Mann dort, was die mit uns vorhaben.« Darauf Moishe: »Hör
auf, Shlomo, nur nicht provozieren, die Deutschen könnten böse
werden.«
»Selbstverständlich werden wir auch in Zukunft alles tun, das Ansehen der
deutschen Demokratie im Ausland zu fördern . . . Ich sehe meine Aufgabe
darin, das richtige Bild Deutschlands, seiner Bürger und Parteien immer
dann vorzustellen, wenn Tendenzen auftreten, den ›bösen Deutschen‹ an
die Wand zu malen.« Werner Nachmann, Vorsitzender des Direktoriums
des Zentralrates der Juden in Deutschland.

Emil Carlebach

Die Grenze verläuft nicht zwischen Juden und Nichtjuden . . .

Emil Carlebach, Jahrgang 1914. 1934 bis 1945 im Gefängnis und KZ (Dachau und Buchenwald); 1945 Mitbegründer der »Frankfurter Rundschau«. Präsidiumsmitglied VVN-Bund der Antifaschisten; Mitglied des Bundesvorstands der Deutschen Journalisten Union in der IG Druck und Papier.

Jude in Deutschland.
Jude in Deutschland?
Jude – wer ist Jude? Wer bestimmt, ob ich Jude bin oder nicht?
Deutschland – was ist das? Ein Territorium? Ein Volk? Ein Staat?
Auf alle diese Fragen gibt es Antworten. Nicht eine Antwort, sondern viele. Das wird wahrscheinlich auch dieses Buch beweisen. Versuche ich also, meine Antwort zu geben. Meine ganz persönliche Antwort, die niemand sonst bindet.
»Schutzhaftjude 4186 meldet sich gehorsamst zur Stelle«; mit dieser Formel, die ich unzählige Male herunterrasseln mußte, dokumentierte sich »1000 Jahre« lang im KZ Buchenwald, daß ich Jude sei. Richtiger, daß die SS-Kumpane des heutigen Bundestagsabgeordneten Wissebach und des heutigen Bundesrichters Weber-Lortsch mich als Juden ansahen. Und wenn sie gerade schlecht bei Laune waren, dann bekam ich einen Tritt und hatte zu korrigieren: »Saujud' 4186 meldet sich gehorsamst zur Stelle . . .«
Bin ich nun deshalb, weil mich Kerle aus der kriminellen Vereinigung – SS genannt – so behandelten, etwas anderes als andere Menschen? Wenn ich die Herren Wissebach oder Weber-Lortsch heute fragte, würden sie mir gewiß versichern, daß sie mich genauso schätzen wie jeden »Arier«. So ändern sich die Zeiten . . .
Also wieso »bin ich Jude«? Vor ca. 1500 Jahren sollen Vorfahren von mir im Vorderen Orient gelebt haben – wer aber kann für seine Vorfahren das Gegenteil beweisen? Soweit zurück reichte nicht einmal der Ariernachweis, den Herr Globke verlangte, als er noch mit Wissebach, Weber-Lortsch und anderen heutigen Bun-

desdemokraten bei denen stand, die die »Endlösung der Judenfrage« betrieben.

Prüfen wir weiter: Vor ca. 64 Jahren schnitt man mir ein Stück-
chen Haut vom Leibe. Bin ich deshalb Jude? Ich hatte – ganze acht
Tage alt – darüber nicht mitzuentscheiden. Und überdies weiß
man, daß es Millionen Menschen gibt, denen dieselbe Operation
zugefügt wurde, aus Gründen der Hygiene oder weil sie Moslems
sind – sie alle sind dennoch keineswegs Juden.

Vor ca. 58 Jahren steckten mich meine Eltern in eine religiöse,
jüdische Schule, wo man uns Buben mit Pentateuch und Talmud
vollpaukte; aber ich versichere an Eides Statt, daß ich schon damals
wenig überzeugt von diesen Dingen war. Und überdies: im Anschluß an dieses Institut der Frommen besuchte ich bis zum Abitur
eine andere Schule, die als Gegengabe für ihre Haltung unter der
Weimarer Republik bereits 1934 die Erlaubnis bekam, sich – als
erste Schule in Deutschland – »Adolf-Hitler-Oberrealschule« zu
nennen. Bin ich deshalb etwa »Arier« oder gar Nazi?

Wie ist es aber nun heute? Fühle ich mich fremd, ausgestoßen,
andersartig, da die Wissebach, Weber-Lortsch, Kiesinger, Filbinger immer noch eine Rolle spielen »in Deutschland«? Habe ich zu
einem mehr oder weniger zionistischen »Volkstum« gefunden?

Bleiben wir bei dem Ausdruck »in Deutschland«. Was meint er?
Das Stück Erde, Land, Fluß, Berg kann doch wohl kaum gemeint
sein: Selbst »Blut und Boden« bezog ja die lebenden Menschen mit
ein.

Also die Menschen? Sind »Deutsche« etwas anderes als »Juden«?
Dann wären wir wieder beim »Arier«-Begriff der Herren Hitler,
Himmler, Globke?

Nun, auch dazu hat mir das Leben einiges beigebracht:

Am 4. April 1945 wurde schriftlich Anweisung gegeben, mich zu
erhängen. Die Anweisung gab SS-Hauptscharführer Hofschulte,
Rapportführer des KZ Buchenwald, ein »Arier«. Daß ich noch
lebe, verdanke ich einem anderen »Arier«; der Steinmetz Jakob
Kindinger aus Bensheim an der Bergstraße versteckte mich unter
dem Fußboden seiner Baracke und riskierte sein Leben für mich.
Für ihn war ich nicht »Jude«, sondern Kamerad und Genosse.
Feind war für ihn der »Deutsche« in der schwarzen Verbrecher-
Uniform.

Ein anderes, ein schreckliches Erlebnis: Am 3. Mai 1939 starb
unter den Schüssen der SS im Steinbruch zu Buchenwald mein
bester Freund, der vorbildlichste Mensch und Kamerad, den ich je
traf, Rudi Arndt, ein »Jude«, auf Anweisung des »deutschen« SS-

Hauptscharführers Blanck. Aber denunziert bei Blanck hatten ihn die »Juden« Willi Gross und Walter Rosenbaum; Rudi Arndt habe kommunistische Zellen im KZ gebildet, hatten sie dem Mörder berichtet.

Man sage nicht, das seien Vorgänge im KZ und darum außerhalb normalen menschlichen Verhaltens. Ich kann auch mit anderem dienen:

Da ist der Jude Ballin (Generaldirektor der Hapag), der sich 1918 eine Kugel durch den Kopf schoß, aus Verzweiflung darüber, daß Hindenburg und der Antisemit Ludendorff den Krieg nicht gewonnen hatten.

Da sind die jüdischen Bankdirektoren, die 1920 bereit waren, den Putsch der Kapp und Ludendorff gegen die Weimarer Republik zu finanzieren: die Herren Dr. Moser (Disconto-Gesellschaft), Dr. Jeidels (Berliner Handelsgesellschaft), Direktor Nathan (Dresdner Bank), Direktor Goldschmidt (Nationalbank). Nachzulesen in den »Dokumenten zur deutschen Geschichte«, herausgegeben vom Röderberg-Verlag in Frankfurt/Main.

Da ist der »Reichsbund jüdischer Frontsoldaten«, der am 6. Mai 1933 an Hitler schrieb: »Am allerwenigsten hat die eingesessene deutsche Judenheit ein Interesse daran, solche Personen zu schützen, die nicht fest in deutscher Heimaterde wurzeln.« Und entsprechend präsentierte sich der »Centralverein deutscher Staatsbürger jüdischen Glaubens« als Vertretung der »bodenständigen« deutschen Juden gegenüber den »Ostjuden«. Denn »Ostjuden« waren Habenichtse, »Schnorrer«, die ein schlechtes Licht auf »uns« warfen. »Wir« aber waren Rechtsanwälte, Bankiers, Doktoren. Daß diese »Ostjuden« nur das nackte Leben hatten retten können vor den Pogromen der Weißgardisten in Rußland und Polen, das scherte den »Centralverein deutscher Staatsjuden bürgerlichen Glaubens« (so nannte sie Carl von Ossietzky in der »Weltbühne«) wenig.

Und das Gegenstück: Am 2. Mai 1933 stürmte die SA die Gewerkschaftshäuser, jagte die Arbeitervertreter hinaus, raubte das Gewerkschaftseigentum. Am Nachmittag desselben 2. Mai – ich habe es miterlebt – stürmte in Braunhemd, Koppel und Schulterriemen der »Brith Trumpeldor«, die rechtsradikale zionistische Jugendorganisation, in meiner Heimatstadt Frankfurt das jüdische Jugendheim in der Eschersheimer Landstraße und prügelte alle anderen jüdischen Jugendorganisationen hinaus. Sie waren der Meinung, »jetzt sind wir Faschisten dran«.

So habe ich schon in der Jugend den Schluß ziehen müssen: nicht zwischen Juden und Nichtjuden läuft die Grenze, sondern zwischen Besitzern und Habenichtsen, zwischen Faschisten und Nichtfaschisten.

So verwundert es mich denn auch nicht, daß ein Mann, der unter Goebbels die antisemitische Auslandspropaganda des »Reichsrundfunks« koordinierte, er heißt Kurt-Georg Kiesinger, heute in christlich-jüdischer Verbrüderung macht. Oder daß Herr Nachmann von der Nachfolgeorganisation jenes unseligen »Centralvereins« sich überschlägt, um einem Herrn Filbinger einen Persilschein auszustellen. Oder daß Herr Adenauer bereit war, dem Staat Israel viel Geld zu zahlen (nicht aus der eigenen Tasche allerdings), und die Regierung in Tel Aviv ihrerseits bereit war, den Namen Globke im Eichmann-Prozeß nicht erwähnen zu lassen.

Sie sind sich alle treu geblieben, nicht als »Juden« oder als »Deutsche«, sondern als Vertreter derselben Klasse. Ob exekutierte junge Soldaten oder vergaste Frauen und Kinder – sie bringen viel Verständnis füreinander auf . . .

Und wie steht es nun mit mir? Ich lebe ja in diesem Land. Und ich bleibe in diesem Land und will hier bleiben. Denn für mich besteht das deutsche Volk nicht aus Globkes und Kiesingers und Filbingers und Wissebachs. Und ich empöre mich gegen jeden, der da behauptet, Antisemitismus sei »schon immer eine deutsche Eigenschaft« gewesen. Umgekehrt wird ein Schuh draus: Judenhetze haben seit Jahrhunderten die Herrschenden getrieben; um von eigenen Verbrechen abzulenken, um rauben und plündern zu können.

Jahrhunderte hat es in Deutschland keine Pogrome gegeben – bis gewisse Herrschaften die Lust ankam, zu »arisieren«. Und nicht die Metallarbeiter, Straßenbahnschaffner oder Landarbeiter eigneten sich das geraubte Vermögen der Juden an, sondern die »besseren Herrschaften« aus Industrie- und Bankwelt. In dem SS-Bericht über den 20. Juli 1944 heißt es im Hinblick auf deren Einstellung:

»Die deutsche Wirtschaft hat im allgemeinen ohne Hemmung die durch Hitler hervorgerufene Produktionssteigerung und die hohen Gewinne begrüßt. Der Nutzen durch die Wegnahme der jüdischen Vermögen war erheblich« (zitiert bei M. Boveri, »Der Verrat im 20. Jahrhundert«, Bd. 2, Seite 19).

»Die Wirtschaft«, war das das Volk? Ist das das Volk? Ich habe es erlebt 1933 und in all den Jahren darauf, in und außerhalb der Konzentrationslager: von meinen Kameraden und Genossen in der deutschen Arbeiterbewegung hat mich keiner im Stich gelassen. Vielmals haben andere ihren Kopf hingehalten für mich, wie ich übrigens auch für sie. Da gab es keinen »Rassenunterschied« trotz Globke und Co.

Es sei an eine der großartigsten Rettungsaktionen für jüdische Menschen erinnert, die Tausenden das Leben erhielt: Als am 3. April 1945 die SS in Buchenwald den Befehl gab, die rund 6000 jüdischen Häftlinge auf Todestransport zu schicken, beschloß die Leitung der Widerstandsbewegung, das Illegale Lagerkomitee, den Gehorsam zu verweigern. Alle Barackenältesten (»Arier«!) verbrannten die Karteikarten, aus denen die »Rassezugehörigkeit« des einzelnen abzulesen war; die jüdischen Kameraden rissen sich den gelben Winkel von der Montur und versteckten sich zwischen den »Ariern« in deren Baracken. Kein einziger Fall von Verrat kam vor! Diese Erlebnisse bestimmen mein rationales und emotionales Verhalten.

Darum habe ich nicht zufällig die Frage gestellt: »Deutschland, was ist das?« Denn es gab nicht nur zur Nazizeit zwei Deutschland, es gibt sie auch heute. Heute sogar durch eine Staatsgrenze getrennt. Und in dem anderen Deutschland, der Deutschen Demokratischen Republik, gibt es keinen Staatsanwalt, der Judenmord mit »Befehlsnotstand« entschuldigen könnte; kein Gericht, das antisemitische Propaganda unter den Begriff »Meinungsfreiheit« klassifiziert; keinen Minister, der sich rühmen könnte, daß seit Jahrhunderten kein Jude das Haus seiner Familie betreten hat, wie es ein Minister Adenauers nach Aussage des damaligen Bundesjustizministers Dr. Dehler tat.

Allerdings wurde der Staatsapparat drüben auch nicht durch Globke, Kiesinger, Oberländer, Filbinger etc. geprägt, sondern durch Frauen und Männer, die seit Jahrzehnten im antifaschistischen Kampf standen, die in der deutschen Arbeiterbewegung den Kampf gegen Rassismus und Antisemitismus sozusagen mit der Muttermilch eingesogen haben.

Wenn angesichts dessen gesagt wird, auch drüben gäbe es Antisemitismus, so ist dies – ich spreche auch hier aus eigenem Erleben – eine Alibi-Behauptung, um von der Tolerierung und Finanzierung der antijüdischen Propaganda in der BRD abzulenken. Hetzblätter wie die Münchner »Nationalzeitung«, die mit einer jährlichen Subvention von 132 000 DM durch das Bundespresseamt 1954 gegründet wurde, kann man sich drüben überhaupt nicht vorstellen; mündliche Hetze ist strafbar, und die heranwachsende Generation kennt die Begriffe »Jude« oder »Nichtjude« allenfalls aus dem Elternhaus (oder aus dem Fernsehen der BRD), denn in der Schule und im Beruf darf niemand nach Religion oder gar nach »Rasse« gefragt werden.

Es ist auch sachlich falsch, die Verurteilung des Zionismus als Antisemitismus hinstellen zu wollen. Der Zionismus ist eine nationalistische politische Bewegung, deren Ablehnung ebensowenig »antijüdisch« ist, wie etwa der Kampf gegen deutschnationale Tendenzen »antideutsch« ist!

Fremd im eigenen Land? Natürlich – für eine gewisse Schicht sind alle, die ihr im Wege stehen, »keine Deutschen«. »Vaterlandslose Gesellen« nannte der getürmte Hohenzoller die Sozialdemokraten seiner Epoche. »Agenten Moskaus« nannte Hitler alle, die er ausschaltete; bis zum heutigen Tage leben die »Verfassungsschützer« in dieser Tradition. »Fremd« ist darum für diesen Staatsapparat der »arische« Lokomotivführer Rudi Röder ebenso wie der »arische« Briefträger Repp oder der ebenfalls »arische« Lehrer Faller; sind sie doch allesamt aktive Antifaschisten und Mitglieder der Deutschen Kommunistischen Partei – so unterliegen sie dem Berufsverbots-Erlaß, den Brandt und Kohl und Genscher gemeinsam angeordnet haben. »Fremd«? – wenn ich das für gewisse Leute bin, dann weiß ich mich in bester Gesellschaft.

Und noch etwas weiß ich: Antisemitismus und Antikommunismus haben 1933/45 sechs Millionen Juden – und sechs Millionen nichtjüdischen Deutschen den Tod gebracht!

Darum kämpfe ich mit meinen Kameraden und Genossen aus der deutschen und internationalen Arbeiterbewegung gegen Rassismus und Völkerhetze, hier in diesem Lande, wo ich geboren bin, wo ich mich zu Hause fühle, wo ich meine Freunde weiß.

Heinz Elsberg

Enttäuschte Hoffnungen

Heinz Elsberg, geboren 1918 in Berlin. Journalist. Mitarbeiter von: Allgemeine Jüdische Wochenzeitung, Düsseldorf – Berlin; MAHNUNG, Berlin; Israel Forum, Rothenburg o.d.T.; Schulfunk-Abteilungen von RIAS Berlin und SFB; Berliner Stimme. Berliner Korrespondent des AUFBAU, New York.

Als im Mai 1945 der von den NS-Verfolgten mit Sehnsucht erwartete Zusammenbruch des Dritten Reiches kam, hegten die zwölf Jahre lang drangsalierten Menschen vielerlei Hoffnungen. Brach doch damals die Stunde Null an, mit der Chance, ein neues demokratisches Staatswesen aufzubauen, dem als Fundament die Reste dienten, welche der Vandalismus eines verbrecherischen Regimes übriggelassen hatte. An diesem Prozeß der Regenerierung beteiligte sich auch das unvorstellbar dezimierte Judentum, wobei es eine Utopie gewesen wäre zu glauben, daß die Juden in Deutschland je wieder jene Bedeutung erlangen könnten, die sie bis 1933 hatten. Und doch hegte die kleine Gruppe der Juden, die, wenn auch aufs höchste angeschlagen, dem braunen Inferno entronnen war, Minimal-Erwartungen als unvollkommenen Ausgleich für erlittenes Unrecht. Sie beanspruchten nicht etwa eine Sonderstellung, sondern wollten ihre demokratischen Rechte nutzen.
Die jüdischen Mitbürger durften sich wieder als Teil des deutschen Volkes verstehen und gliederten sich in jene Massenbewegung ein, die mit Eifer daranging, die ideellen und materiellen Trümmer des Dritten Reiches zu beseitigen. Dabei wirkte sich die Freude, überlebt zu haben, als eine nicht zu unterschätzende Antriebskraft aus. Und das trotz der niemals endenden Trauer über den Verlust geliebter Menschen aus der nächsten Umgebung, die einer unvorstellbaren Mordmaschinerie zum Opfer gefallen waren, in Gang gesetzt durch Brutalität und Rassenhaß. Die Gefühle der Bitterkeit wurden aber von Euphorie im Blick auf Zukunftserwartungen zunächst verdrängt. Zwar realistisch genug, um nicht ein Schlaraffenland zu erwarten, sah man jedoch der Ansiedlung in einer

Umwelt entgegen, deren Bürger aus den bösen Erfahrungen der Vergangenheit gelernt haben sollten.

Ein Optimismus, der sich jedoch bald als bloßer Wunschtraum erwies. Die Freude über die Überwindung der Diktatur begann bald einem rationalen Denken Platz zu machen, das nicht zuletzt dem Aufbau einer neuen Existenz galt. Eine Regsamkeit, die allerdings oft an den geschwächten körperlichen und seelischen Kräften sowie am fortgeschrittenen Alter ihre Grenzen fand. Trotz vielfältiger Möglichkeiten, finanzielle Hilfen in Anspruch zu nehmen, sei es aus öffentlichen oder privaten Quellen, behielten die Juden eine kritische Distanz zu all dem, was ihnen im Alltag begegnete. Und eben diese analytische Begutachtung des Umfelds lenkte den Blick auf Erscheinungen, die nur schwer mit den Erwartungen über ihre Zukunft im Nachkriegsdeutschland in Einklang zu bringen waren. Auch innerhalb des jüdischen Lebens machte sich das Fehlen von Vertretern des intellektuellen Judentums schmerzlich bemerkbar; sie waren ebenso wie ihre Leidensgenossen in den Hitlerschen Gaskammern umgekommen oder hatten nach dem Krieg die Rückkehr in die Heimat abgelehnt und lieber die Entbehrungen der Emigration auf sich genommen. Diesen Verzicht auf einen Neuanfang in der angestammten Heimat vermochten auch nicht die zahlreichen werbenden Versuche auf höchster politischer Ebene und die eindrucksvoll formulierten Appelle der Repräsentanten der Bundesrepublik und West-Berlins zu ändern. Das Vakuum im jüdischen Leben konnte bis heute nicht ausgefüllt werden und macht sich besonders in den Aktivitäten der jüdischen Gemeinden der Bundesrepublik und West-Berlins bemerkbar. Das Organisationstalent einzelner, die sich selbstlos in den Dienst eines Wiederaufbaues dieser religiösen Zentren stellten, vermochte zwar deren teilweise herausragende Position zu sichern, verbunden mit einem gewissen Einfluß auf politische, soziale und geistige Belange, zugunsten ihrer Mitglieder. Dennoch fehlt es an feingeistiger Atmosphäre, die für weite Teile des deutschen Judentums vor 1933 so etwas wie ein Markenzeichen bedeutete. Beobachtet man mit wachem und zugleich verständnisvoll-kritischem Blick den Alltag dieser Gemeinden, so drängt sich dem innerlich engagierten Zeitgenossen der Eindruck auf, als hätten manche Mitglieder längst die Grausamkeiten der NS-Zeit vergessen und sähen im materiellen Wohlstand das A und O ihres Lebens, ohne sich auf ideelle Werte zu besinnen. Solche Charakterisierung der Situation beinhaltet keineswegs eine Unterschätzung der Verdienste der jüdischen Gemeindespitzen und anderer jüdischer Organisationen, etwa wenn deren Exponenten ihre Stimme zu innen- und außenpolitischen Ereignissen, die die jüdische Gemeinschaft besonders angehen, erheben – wie z. B. zur Frage der Existenz des Staates Israel oder wenn es gilt, neonazistische Auswüchse in aller Deutlichkeit anzuprangern. Aber zwischen solchen offiziellen Schritten und der Wahrnehmung normaler Aufgaben innerhalb des gemeindlichen Wirkens klaffen Lükken. Das heißt, es fehlt jenes geistige Fluidum, von dem vor 1933 so unschätzbare Impulse ausgingen.

Die Gegenüberstellung von Plus und Minus in diesem Bereich schlägt die Brücke zur Betrachtung weiterer Entwicklungen, die, über 30 Jahre nach Liquidierung des braunen Unrechtsstaates, für Betroffene Anlaß zu herber Enttäuschung bieten. Besteht doch ein großer Teil der Protestaktionen, die jüdische Institutionen, erfreulicherweise nicht nur diese, durchführen, in der Anprangerung von Zeugnissen staatsbürgerlicher Unbelehrbarkeit, deutlicher ausgedrückt, neonazistischer Gesinnung. Der Formenreichtum dieses rückwärtsgewandten Denkens ist beängstigend. Es wäre billig zu behaupten, die Wurzeln der Schuld dafür gingen auf das Jahr 1945 zurück, als die alliierten Schutzmächte grünes Licht für die Einleitung von Demokratisierungsprozessen gaben. Gewiß, auch ihnen kann der Vorwurf nicht erspart bleiben, damals ungenügende ideologische Aufklärungsarbeit geleistet zu haben. Gleichzeitig muß man sich aber fragen, ob diese Zurückhaltung nicht gleichermaßen ihren damaligen deutschen Beratern anzulasten ist, von denen manche zu den nur oberflächlich eingefärbten Demokraten gerechnet werden mußten, in deren Brust in Wirklichkeit noch ein braunes Herz schlug, voll Mitleid für ihre einstigen Gesinnungsgenossen und daher um deren Schutz bemüht. Aber im Laufe der Jahrzehnte konnten sich die Deutschen doch immer mehr von den Rockschößen ihrer Befreier lösen, um sich zu politisch selbständig denkenden Menschen zu entwikkeln, so daß das Argument einer erzwungenen Rücksichtnahme auf die Westmächte heute längst nicht mehr gilt. Heute wird von vielen das freie Spiel der Kräfte als willkommener Nährboden betrachtet, Gesinnungen von früher wieder virulent werden zu lassen, in der trügerischen Hoffnung, dadurch unser Staatswesen wirksam untergraben zu können. Derartige Anzeichen nehmen manche Politiker allzusehr auf die leichte Schulter, wenn es auch ungerechtfertigte Schwarzmalerei wäre, eine Wiederholung der NS-Epoche zu prophezeien. Es darf aber den in Deutschland lebenden Juden nicht übelgenommen werden, ja, es ist sogar ihr Recht und ihre Pflicht, derartigen Verharmlosungstendenzen mit wachsender Sorge zu begegnen. Denn es gibt Anzeichen dafür, daß aus einer derartigen Verkennung der Situation immer wieder neues Kapital geschlagen wird. Der tägliche Blick in die Auslagen der Zeitungskioske liefert dafür dokumentarisches Beweismaterial in Form des Angebots rechtsradikaler Publikationen, deren Inhalt schon den politisch wenig gebildeten Laien den Kopf schütteln läßt. Ein Verbot dieser Presseerzeugnisse läge nahe. Eine Meinung, die jedoch von zuständigen Stellen offensichtlich nicht geteilt wird; denn wie wäre sonst die ungehinderte Berieselung der Öffentlichkeit mit rechtsradikalem Gedankengut denkbar? In diesem Zusammenhang kann nicht laut genug der Aussage widersprochen werden, daß z.B. der volksverhetzende Inhalt der »Deutschen National-Zeitung« in seinen Formulierungen juristisch so abgesichert sei, daß es gegen diese publizistischen Giftmischer aus München keine Handhabe für ein gerichtliches Vorgehen gäbe. Wenn schon die Bundesregierung nicht glaubt, in den rechtsradikalen Blätterwald eine Bresche schlagen zu können, dann sollten sich doch endlich die einzelnen Länderregierungen zur Beschlagnahme einzelner Ausgaben durchringen, um dadurch den Münchener Blattmachern und ihren »Freunden« endlich den schon lange fälligen Garaus zu machen. Doch auf diese noch immer aktiven Trommler für die braune Ideologie das Hauptaugenmerk zu richten, hieße, nur von der Spitze eines Eisberges sprechen. Es gibt tatsächlich noch viel mehr Druckerzeugnisse, die in derselben Richtung Propaganda betreiben, um damit eine Epoche zu glorifizieren, welche ein nie zu vergessendes Meer von Blut und Tränen heraufbeschwor. Gemeint ist die erstaunliche Anzahl von Buchverlagen, zu deren Autoren Nazigrößen gehören, die von Lobeshymnen auf die Vergangenheit ebenso auskömmlich leben wie ihre Förderer, die des Ehrennamens eines deutschen Verlegers unwürdig sind. Ebenso schlimm ist es aber, daß es nach wie vor ein Publikum gibt, das diesen Elementen Absatzchancen bietet, und offensichtlich so ertragreich, daß sie in der Lage sind, teure Standmieten auf internationalen Messen zu zahlen. Sich gegen derartige geistige Verirrungen zu wehren bedeutet nicht etwa, die Einführung einer Zensur zu fordern, sondern beschreibt lediglich eine weitere Variante des Unbehagens, wie sie Juden, erfreulicherweise in Kooperation mit anderen überzeugten Demokraten, im Nachkriegsdeutschland registrieren. In diesem Zusammenhang ist der Verdacht nicht von der Hand zu weisen, daß bei der Bekämpfung extremistischer politischer Tendenzen, einschließlich der linken, die Möglichkeiten unserer demokratischen Gesetze nicht immer restlos ausgeschöpft werden.

Unsere gedankliche Antenne für einen Augenblick nach links zu drehen heißt der Verwunderung darüber Ausdruck zu geben, nach all dem Schrecklichen, was hinter uns liegt, heute in unseren Breiten noch oder schon wieder mit Antisemitismus konfrontiert zu werden, obwohl dieser längst vor Hitler zum Deutschlandbild gehörte. Die politische Linke präsentiert ihn unter dem Deckmantel des Antizionismus, obwohl doch dem Staat Israel uneingeschränkte Bewunderung und Verbundenheit zu zollen ist. Ja, linke Aggressivität erfährt Überspitzungen, die sich im Terrorismus mit seinen umstürzlerischen Zielen ausprägen, deren Verwirklichung eine erneute Diktatur zur Folge haben muß, zu deren Bekämpfung auch das deutsche Judentum als eine von leidvollen Erfahrungen autoritärer Auswirkungen gekennzeichnete Gruppe seinen bescheidenen Beitrag leistet.

Mit der gleichen Fassungslosigkeit, die sich nicht selten zum Schrecken steigert, ist zu beobachten, wie die deutsche Justiz immer wieder rechtsextreme Aktivitäten zu Kavaliersdelikten herunterspielt, so daß noch immer jenes in der Weimarer Republik geprägte resignative Wort, wonach Justitia auf dem rechten Auge blind sei, seine Gültigkeit zu haben scheint. Dieses Verhalten hat eine ideologische Komponente, die eng mit dem unbefriedigenden Verlauf der NS-Kriegsverbrecherprozesse zusammenhängt. Die Beschäftigung mit beiden Komplexen wird gelegentlich Juristen anvertraut, die entweder von den farcenhaften Entnazifizierungen nach 1945 profitierten oder die sich, aus welchen Gründen auch immer, nach wie vor der NS-Gedankenwelt verbunden fühlen. Infolge dieser antidemokratischen Weichenstellung werden in den NS-Kriegsverbrecherprozessen bis heute Urteile gefällt, die den Stempel einer Milde tragen, die genau das Gegenteil von dem ist, was die Angeklagten seinerzeit an der Unzahl ihrer Opfer praktizierten, wobei sie oft aus eigener Rachsucht weit über die ihnen erteilten »Befehle« hinausgingen. Daß bei manchen dieser Verfahren von seiten des Gerichts oder der Verteidigung versucht wird, Zeugen zu Angeklagten umzufunktionieren, ist wahrhaft ein Skandal und nährt nur wieder einmal mehr die enttäuschten Hoffnungen. In diese Erörterungen gehört auch noch die, sich nicht nur vom jüdischen Aspekt her, manifestierende Verwunderung über die Debatte der Aufhebung einer Verjährung von NS-Verbrechen im Zusammenhang mit der generellen Verjährung von Mord. Obwohl es bei Konzipierung dieses Beitrages den Anschein hat, als werde die Unverjährbarkeit von vorsätzlicher Tötung eines Menschen zum 31. Dezember 1979 durch den deutschen Bundestag beschlossen, wäre diese Betrachtung Stückwerk, wenn sie nicht hervorheben würde, daß es jüdische Mitbürger verwundert, daß eine solche Frage überhaupt zur Debatte stand. Diese ist genauso wenig zu verstehen wie der Ausgang der vor zehn Jahren vom hohen Haus in Bonn mit Ernst und Würde geführten Verjährungsdebatte, die zunächst nur zu einer befristeten Verlängerung führte.

Aber es ist eben nicht wegzuleugnen, daß für weite Kreise in Deutschland die NS-Vergangenheit nach wie vor ein heißes Eisen ist, um das gerne ein großer Bogen gemacht wird, vielfach aus Sorge vor Nestbeschmutzungen und weil es an Bekennermut fehlt. Ein solcher Ohne-mich-Standpunkt hat selbst Auswirkungen auf öffentliche Diskussionen, wie z.B. darüber, ob man das Angebot der Amerikaner zur Übernahme des Document Center in Berlin-Zehlendorf in deutsche Verwaltung annehmen soll oder nicht. Erörterungen, die nicht nur auf deutschen Widerstand stoßen, sondern auch mit bewußter Verzögerungstaktik behandelt werden. Eine derartige Übertragung würde deutschen Stellen ein wertvolles Instrument für tätige Vergangenheitsaufhellung in die Hand geben. Fraglich ist, ob man das überhaupt will, oder ob nicht in manchen Kreisen vielmehr das Bestreben vorherrscht, weiterhin im Halbdunkel dahinzudämmern und vom Wachstum jenes Grases zu profitieren, welches mit der Zeit alles zudeckt. Erleichternd kommt dann noch jener natürliche Dezimierungsprozeß hinzu, der die Schuldigen von der Bühne des Lebens abruft und so die Lösung vieler Probleme von selbst herbeiführt. Dann kann die Walze geistiger und moralischer Nivellierung weiterrollen und manche Vergehen bleiben ungesühnt. Niemand von denen, die die Übergabe befürworten, denkt daran, die Fakten des Document Center zu mißbrauchen oder als denunziatorisches Werkzeug zu benutzen. Aber indem diese Quelle durch die Übertragung auf deutsche Hoheit vielleicht etwas leichter zugänglich gemacht wird, entsteht ein Widerspruch zu dem träge machenden Wohlstandsdenken, wie es vielfach unsere Breiten beherrscht. Denn die Möglichkeiten geistiger Aufschreckung sind im Grunde nicht mit den NS-Gedenktagen zu vereinbaren, die in den Lauf eines jeden Jahres eingebaut sind. Dann wird für kurze Zeit Schuldbewußtsein offenbart, um schnell wieder in Alltagslethargie zu verfallen, anstatt über alle zwölf Monate hinweg die Erinnerung daran wachzuhalten. Ganz falsch werden die Weichen bei sogenannten Jubiläumsgedenktagen gestellt. Bei solchen Gelegenheiten bietet sich dem kritischen Beobachter eine Überproduktion an makabrem Opportunismus dar, etwa wenn Massenmedien und Organisationen in der Herausstellung von Gedenkbeiträgen wetteifern. Ein typisches Beispiel dafür war der 40. Jahrestag des NS-Pogroms vom 9. November 1938. Da wäre weniger mehr gewesen, weil die Fülle der gutgemeinten Unterrichtung absolut verpuffte.

Unterrichtung liefert das Stichwort, um auf die in deutschen Schulen noch immer bestehende Lücke an Geschichtsbüchern hinzuweisen, in denen mit notwendiger Offenheit und erforderlicher Ausführlichkeit die Verbrechen des NS-Regimes angeprangert werden. Ja, es ist sogar aus dem zur Verfügung stehenden Material ablesbar, wie manche Autoren ungeniert versuchen, damalige Vorgänge zu verharmlosen und sogar zu glorifizieren.

Wer hätte 1945 geglaubt, heute, mehr als drei Jahrzehnte später, solche kritischen Gedanken formulieren zu müssen, die allerdings nichts mit übertriebener Schwarzmalerei zu tun haben, sondern nur aus Alltagserfahrungen resultieren? Das soll kein Kapitulationsangebot sein. Mitmenschliche Pflicht bleibt es aber, mit aller Deutlichkeit zu sagen, daß sich manches nicht so entwickelte, wie wir es nach der Befreiung vom braunen Alpdruck erwarten durften. Wir wollen dabei eigene Versäumnisse nicht leugnen, die aus politischer Passivität, bedingt durch die körperlich-seelische Verfassung nach dem Krieg, herrühren. Ohne solche Barrieren wachsen dagegen junge Juden auf, die nach 1945 in Deutschland geboren wurden. Ihr Entschluß, im Land zu verbleiben, verpflichtet sie zur Kooperation mit ihrer christlichen Umwelt, die ihnen allerdings die Integration, oder sei es auch nur das Nebeneinanderleben, nicht immer leicht macht. Der wünschenswerten Normalisierung steht noch immer ein negativ zu bewertender Philosemitismus entgegen. Beide Seiten sollten sich aufeinanderzubewegen. Denn dafür ist es nie zu spät!

Peter Finkelgruen

Freunde von gestern – und Feinde von heute
(oder was mich ein jüdischer Edelweißpirat lehrte)

Peter Finkelgruen, geboren 1942 im Ghetto Shanghai. Vater Jude, Mutter Christin. Von 1951 bis 1959 in Israel als Christ. Seitdem in der Bundesrepublik als Jude. Beruf: Redakteur bei der Deutschen Welle. In der Bundesrepublik von der Legitimation des Zionismus überzeugt worden. Dem Begriff »Normalisierung« hilflos ausgeliefert.

Günther S. starb im Jahre des Unheils 1944. Er war sechzehn Jahre alt, als er am 10. November 1944 zusammen mit zwölf anderen Menschen von der Kölner Gestapo in Köln öffentlich erhängt wurde.

Günther S. ist bereits als Opfer des Nationalsozialismus in diese deutsche Gesellschaft hineingeboren worden. Sein Vater war Jude. Sein Vater war auch Kommunist. Er floh nach der Machtübernahme der Nazis nach Holland.

Zusammen mit dem Bruder lebte Günther bei seiner Mutter. Sie starb, als er acht Jahre alt war. Um diese Zeit kam seine Tante – Schwester der verstorbenen Mutter – aus dem Lager zurück. Sie hatte als Kommunistin im KZ gesessen. Sie vertrat nun die Stelle der Mutter, so gut es eben ging. Beide Brüder erhielten einen Amtsvormund. Einen christlichen Pfarrer, der genügend Zivilcourage hatte, um gemeinsam mit der Tante die beiden Jungen vor dem Zugriff jener zu schützen, die Deportationen von Juden planten, organisierten und durchführten. Das muß man so verstehen: Der Pfarrer und die Tante schützten die beiden nicht vor Hitler, Himmler oder Eichmann. Sie schützten sie *konkret*, und zwar vor Beamten der Stadt Köln. Vor Beamten beim Jugendamt, vor Beamten beim Rasseamt, vor beamteten Lehrern, vor Beamten bei der Ordnungsbehörde, vor Beamten der Geheimen Staatspolizei.

Aber heranwachsende Jugendliche lassen sich nicht ewig beschützen. Sie beginnen mit der Zeit, ihr Schicksal in eigene Hände zu nehmen und es zu gestalten. Sie gestalten es nach dem Grad ihrer Erkenntnisfähigkeit und der sich bietenden Möglichkeiten. Beides hängt von den jeweiligen Umständen ab.

In Anwesenheit der Jungen vermied es die Tante, politische Gespräche zu führen. Sie, ihre Freunde und Bekannten haben die Jungen nicht politisch indoktriniert. Das war auch nicht nötig. Die Jungen wußten, daß die Tante im »Lager« gewesen war. Bekannte und Nachbarn im Stadtviertel Ehrenfeld wußten es auch. Es war in der Bevölkerung bekannt, daß es »Lager« gab, in die man kam, wenn man etwas gegen die Nazis hatte. Daß es auch andere Gründe gab, weshalb die Nazis eine persönliche Bedrohung darstellten – in Gestalt von zahllosen Beamten und Funktionären verschiedenster Rangordnung –, wußten die Brüder spätestens von dem Zeitpunkt an, als ihnen von solchen Funktionsträgern höhnisch mitgeteilt worden war, man habe ihren Vater, den Juden und Kommunisten, erhängt. Daß dies nicht der Fall war, erfuhr Günther in seinem kurzen Leben nicht mehr. Sein überlebender Bruder hörte erst nach dem Krieg, daß der Vater mit vielen anderen nach Litzmannstadt deportiert worden war, daß er dort umgebracht worden war. Auf irgendeine jener zahllosen, einfallsreichen Arten, mit denen Nationalsozialisten menschliches Sterben zum Krepieren machten.

Die beiden Brüder gingen in ihrem Viertel in die Schule. In die Volksschule. Es gab auch Unterricht in Rassekunde in der Volksschule. Beim Kapitel über Juden forderte der Lehrer Günther auf, sich vor die Klasse zu stellen. Die Mitschüler sollten mal einen Halbjuden sehen. Später, in der Pause, hänselten ihn die Schüler deswegen. Sie verletzten ihn. Sie prügelten ihn. Sie beutelten ihn. Sie taten es, weil ein beamteter Lehrer ihnen beibrachte, wie man Menschen verletzt. Günther wehrte sich. Er leistete Widerstand. Er war impulsiv und kräftig genug, seine verletzte Menschenwürde zu verteidigen. Er verteidigte sie mit den Mitteln, die ihm zur Verfügung standen: mit den Händen, mit den Füßen, mit den Zähnen. Er verteidigte seine Würde »mit Klauen und Zähnen«. Er verlor in der physischen Auseinandersetzung. Aber er behielt seine Würde und seine Selbstachtung. Die Weichen waren gestellt für seinen ganz persönlichen Weg.

Gelegentlich ging er zum Bahndamm in Köln-Ehrenfeld. Er sah dort Gruppen von Juden, die von Beamten der Reichsbahn und von Polizisten in Waggons verladen wurden. Abends, wenn seine Tante von der Arbeit kam, fand sie ihn – im Dunkeln auf der Couch liegend und eine Zigarette rauchend. Er war still. Nach einer Weile sagte er, es seien wieder Juden wegtransportiert worden. Dann ging er runter auf die Straße.

Er suchte. Er hätte wohl beim Hinausgehen nicht präzise sagen können, was er suchte. Es läßt sich vermuten, was der so erwachsen belastete und mit noch kindlichen Bedürfnissen ausgestattete Jugendliche Günther S. suchte: Erleichterung, Ablenkung, irgendeinen jugendlichen oder erwachsenen Menschen, der kein Angreifer war, kein Schmäher, kein Denunziant. Einen Menschen, der ihn akzeptierte. Am besten einen Kameraden. Am besten gleich mehrere. Er fand sie.

In Köln trafen sich an zahlreichen Orten Jugendliche in seinem Alter. Jugendliche, von denen einige eine bewußte, andere eine unbewußte Abneigung gegen den deutschen Alltag hatten. Die Jungen und Mädchen, die sich da trafen, gehörten nicht zu den Kreisen derjeniger, die Vorteile aus der politischen und wirtschaftlichen Ordnung dieser Zeit zogen. Für diese Jugendlichen war die Mißachtung der Menschenwürde in dieser oder jener Form eine tägliche Lebenserfahrung geworden. Sie hatten gelernt, auf ihre Weise mit dieser Erfahrung zu leben. Sie waren zum Mitmachen nicht bereit.

Die Jugendlichen, die sich im Volkspark, am Manderscheider Platz, im Nippeser Loch und an zahlreichen anderen Stellen trafen, waren keine politische Jugendgruppe. Sie waren auch keine illegal organisierte Gruppe von Untergrundkämpfern. Sie trafen sich, weil sie sich erkannten. Sie erkannten sich daran, daß sie bereit waren, sich zu akzeptieren, wie sie waren. Sie waren bereit, miteinander umzugehen und sich zu vertrauen – ohne die Vorlage eines Ariernachweises oder des Mitgliedsausweises einer Parteiorganisation. Das war in Deutschland nicht mehr üblich. Also erkannten sie sich als Außenseiter. Außenseiter erkennen sich schnell – egal, aus welcher Ecke sie kommen.

Einige unter ihnen hatten Eltern, die als Kommunisten verhaftet worden waren. Andere kamen aus Familien, die früher in der Gewerkschaftsbewegung aktiv waren. Andere wieder, besonders die schon Älteren, hatten eigene Erfahrungen aus der Zeit der Jugendbewegung. Es entstand schnell ein Zusammengehörigkeitsgefühl unter diesen Jugendlichen. Sie trafen sich in Gruppen, je nach den Straßen, in denen sie wohnten. In Sülz, Ehrenfeld, Bickendorf, Ossendorf und Mülheim gab es solche Gruppen. In diesen Stadtvierteln lebten auch besonders jene Teile der Bevölkerung, die den Naziterror verstärkt zu spüren bekamen.

Hier fanden Günther und sein Bruder Anschluß. Sie fanden, soweit das möglich war, auch ein bißchen Erholung. Man blieb nicht auf seine Straße beschränkt. Man traf auch Jungen und Mädchen aus benachbarten Straßenzügen und Stadtvierteln. Hier lernten sie andere Lieder als die, die man in der Schule lernen mußte. Andere Lieder, als man sie in der Hitlerjugend sang. In der Hitlerjugend waren die Gleichaltrigen, die sie bedrohten. Die sie bekämpften. Diese ständig über ihnen schwebende Drohung brachte es mit sich, daß sie ihre eigene Identität definieren mußten. Sie gaben sich romantisch klingende Namen. Die Gruppe, der sich Günther mit seinem Bruder anschloß, nannte sich »Edelweißpiraten«. Andere nannten sich Navajos, Kittelbachpiraten oder auch Packs.

Sie hatten eigentlich nicht bewußt den Vorsatz, Widerstand zu leisten. Ideologie war ein Fremdwort für sie. Ihre ablehnende Haltung gegenüber der sie umgebenden Wirklichkeit wurde ihnen jedoch in konkreten Fällen immer bewußter.

Bartholomäus Schink beispielsweise, ein Freund der Brüder S., wurde auch Edelweißpirat. Er war kein Jude und kein Kommunist. Er erfuhr nur bewußt, was Unrecht war. Er sah, wie erwachsene Deutsche den der Familie bekannten jüdischen Friseur öffentlich totprügelten.

Er, der Schuljunge, weinte und beklagte sich zu Hause über das, was er gesehen hatte. Daß die Synagoge in der Körnerstraße in Ehrenfeld verwüstet und verbrannt worden war, hatte er ebenfalls wahrgenommen. Als Anführer hatten sich dabei drei Brüder aus einer bekannten Metzgerei in HJ- und SA-Uniformen hervorgetan.

Man brauchte keine besondere Schulung, um einen Zusammenhang zwischen der Uniform und dem Unrecht zu erkennen. Wenn man das Unrecht ablehnte, lehnte man auch die Uniform ab. Man sah sich dann um nach einem anderen menschlichen Umgang.

Aber der Umgang mit anderen, die ähnlich empfanden, fiel auf. Er wurde gemeldet. Der Beamte im einfachen Dienst meldete es seinem Vorgesetzten, einem Beamten im mittleren Dienst. Dieser meldete es auf dem Dienstweg an einen Beamten im gehobenen Dienst. Er versah dabei seine Meldung mit ausführlichen Hinweisen. Der Beamte des gehobenen Dienstes machte eine Vorlage für den Beamten des höheren Dienstes. Der Beamte des höheren Dienstes schließlich verfaßte einen genauen Bericht mit Bewertungen und Anregungen für die Reichsführung in Berlin.

Da, wo der Führer war.

Und weil es so viele Meldungen von Beamten im einfachen Dienst gab, so viele Weitergaben von Beamten im mittleren Dienst, so viele ausführliche Hinweise von Beamten im gehobenen Dienst, so viele Bewertungen und Anregungen von Beamten im höheren

Dienst, haben der Reichsjugendführer und der Führer des Reichssicherheitshauptamtes Befehle und Verordnungen, Verbote und
Gesetze erlassen.

Und die Beamten im höheren, gehobenen, mittleren und einfachen Dienst, die alle verpflichtet waren, jederzeit Gewähr dafür zu
bieten, daß sie für den nationalsozialistischen Staat eintraten,
traten den jugendlichen Edelweißpiraten, Navajos und ähnlichem
Pack in den Hintern. Weil man die Würde des NS-Staates am
besten damit bewies, daß man die Menschenwürde in den Hintern
trat.

Also schickte man HJ-Streifen auf die Straßen. Die sollten die
verbotenen Gruppen von Jugendlichen in den Hintern treten.
Damit sie anständige deutsche Menschen werden.

Günther S., sein Bruder und ihre Freunde Barthel, Schäng, Bubes,
der schwarze Pitter und der Addi wußten es da aber schon
besser.

Der Barthel wußte: Ein anständiger Deutscher heißt einen jüdischen Friseur totschlagen oder es zumindest mit Verständnis zur
Kenntnis nehmen.

Der Schäng wußte, daß mit anständiger Deutscher gemeint ist,
wer es für richtig befindet, daß Schängs Vater, weil Kommunist,
ins Arbeitslager geschickt wird. Daß Männer in Ledermänteln in
die Wohnung kommen, dort alles durcheinanderwerfen und einen
selbst gegen den Schrank.

Die HJ-Gruppen, die auf die Edelweißpiraten Jagd machten, ver-
traten diesen Standpunkt. Die Edelweißpiraten hielten natürlich
nichts davon. Deshalb wurden sie auch nicht in Ruhe gelassen.

Sie versuchten, HJ und SA zu ignorieren. Sie trafen sich mit ihren
Klampfen abends zum Erzählen und Liedersingen. Sie fuhren am
Wochenende ins Siebengebirge. Dort trafen sie sich an den Stein-
bruchseen mit Gruppen aus anderen Städten.

Die HJ machte weiter Jagd auf sie. Es kam zu Prügeleien. Sie
setzten sich zur Wehr. Im Siebengebirge. Auf dem Heimweg. In
der Stadt. In der Stadt jedoch hatten sie es inzwischen nicht mehr
nur mit den gleichaltrigen HJlern zu tun. Parteigruppen – etwa die
Ortsgruppe Marsiliusstraße der NSDAP – wollten beweisen, daß
sie fest auf dem Boden des nationalsozialistischen Staates standen.
Das konnte man sehr gut, wenn man Jagd auf die Edelweißpiraten,
diese Oppositionellen machte. Das taten sie denn auch.

Das Reich war zu dieser Zeit schon bedroht. Wer mit dem Fall und
Verlust des nationalsozialistischen Reiches selbst etwas zu verlieren hatte, glaubte noch an die Wunderwaffen und den Endsieg.

Aber man spürte, daß dieser Glaube allein nicht genügte. Der Staat mußte vor dem drohenden Fall verteidigt werden. Vor allen Feinden. Vor allen Laschen.

Feinde waren nicht nur die, die mit ihren Bomben die Städte ausradierten. Die schlimmsten Feinde waren die im Innern: die unsicheren Elemente, die jeder Gleichschaltung Trotzenden, die, die sich heimlich ihr kleines Terrain geistiger Freiheit sicherten. Die Edelweißpiraten gehörten dazu.

Als die Befehle von oben und die Treibjagden der HJ und der Parteigruppen nicht mehr genügten, ging man einen Schritt weiter. Bei den abendlichen Treffen erzählten sich nun die Jugendlichen bereits von den ersten Vorladungen zur Gestapo. Anfangs kamen die meisten«, die eine solche Vorladung erhielten, ihr noch nach.

Als sie aus dem EL-DE-Haus in der Elisenstraße zurückkamen, wußten einige, ahnten die meisten, daß nun ein neuer Abschnitt ihres Lebens begonnen hatte. Im EL-DE-Haus, dem Hauptquartier der Kölner Gestapo, wurde nicht nur in den Hintern getreten. Da wurde deutlich gemacht, daß es ums Überleben ging. Im EL-DE-Haus wurde etwas höher angesetzt. Über dem Hintern. Über dem Steißbein. Am Rückgrat. Das sollte nämlich gebrochen werden – für den Endsieg. Dort wurde jedem Vorgeladenen klar, daß er nunmehr Opfer war. Entweder Opfer im Kampf ums Vaterland. Oder Opfer der jüdisch-klerikal-bolschewistischen Unterwanderung. Oder Opfer des eigenen gebrochenen Rückgrats.

Er konnte blitzschnell wählen.

Kampf fürs Vaterland? Er hörte doch die englischen Sender. Opfer der jüdischen Unterwanderung? Er fühlte sich von den Brüdern S. nicht unterwandert. Auch hatte Günther noch nie den Ansatz des Versuches gemacht, andere rituell zu schlachten. Opfer der Klerikalen? Bei den Katholiken im Kolpinghaus in der Breitestraße, wo man häufig zu 50 Pfennig zum Mittagessen ging, hatte er auch kein Gefühl der Feindberührung. Man erkannte dort im Gegenteil häufig Gleichgesinnte. Man erhielt dort zum erstenmal Flugblätter von jugendlichen Edelweißpiraten aus anderen Stadtbezirken. Durch die erfuhr man auch zuerst von den »bolschewistischen Unterwanderern«, den armen Schweinen, von russischen, ukrainischen und anderen Ausländern, die sich in den Barackenlagern der Stadt befanden. Die waren weiß Gott nicht gekommen, um den Barthel, den Schäng, den Addi, den Bubes und alle anderen Freunde zu verderben. Sie waren von Männern in Uniform, den

Repräsentanten des Staates, nach Köln gebracht worden, um dort für wenig Essen und ohne Lohn zu arbeiten.

Und Opfer des eigenen gebrochenen Rückgrats?

Das konnte einer, der im EL-DE-Haus »vernommen« wurde, nicht grundsätzlich ausschließen. Denn Folter ist Folter. Und deshalb ging man zu den Vorladungen am besten nicht mehr hin.

Der neue Lebensabschnitt begann also mit einer sehr erwachsenen Entscheidung. Wissend, daß die Gestapoleute im EL-DE-Haus logen, wissend, daß die Zeit der vergleichsweise harmlosen Prügeleien mit der HJ vorbei war, entschieden sich die Jugendlichen aus Günthers Gruppe gegen ein gebrochenes Rückgrat.

Der Barthel wollte keinen jüdischen Friseur totprügeln.

Der Schäng wollte nicht jahrelang ins Arbeitslager.

Der Bubes wollte nicht, daß die Zwangsarbeiter verrecken.

Der Roland wollte nicht, daß der Ortsgruppenleiter das Viertel terrorisiert.

Die Entscheidung ergab sich beinahe von selbst. Jeder sah zu, daß er zurechtkam. Daß er überlebte. Daß er sich selbst nicht und keinen anderen verriet.

Das Gefühl der Opposition wuchs. Nicht ein Gefühl für Ideologie. Wenn es eine Ideologie gab, dann die der Erfahrung. Der Erfahrung, daß Beamte, daß Diener des Staates Gegner waren. Die in Uniform und die in Zivil.

Die Erfahrung lehrte sie jedoch auch, daß bei denen in Uniform manchmal welche waren, die sich nicht ganz behaglich fühlten. Zum Beispiel jener Polizeibeamte, der sich weigerte, sie zu verhaften.

Das war noch in der nun weit zurückliegenden Zeit der Auseinandersetzungen mit der HJ. Sie waren aus dem Siebengebirge zurückgekommen und von einer HJ-Patrouille angehalten worden. Die HJ-Knaben hatten den Polizisten aufgefordert, sie zu verhaften. Vergeblich. Das gab's auch.

Da waren die Beamten in Zivil gefährlicher. Ihnen waren ihre Aufgaben und Möglichkeiten viel weniger anzusehen.

Sie wußten auch nichts von all den stillen, bienenfleißigen Beamten in Zivil in Verwaltung und Justiz, die so unauffällig Berichte schrieben und Verordnungen ausarbeiteten.

Allerdings wußten sie von den Gestapoleuten.

Und natürlich von den SS- und SA-Uniformierten. Deren Uniformen konnten sie mit Unrecht, Unterdrückung und Mord konkret verbinden. Mit denen wollten sie nichts gemein haben. Eher schon wollten sie mit deren Opfern etwas gemein haben. Zu denen

Kontakt zu bekommen, war nicht schwer. Sie kamen ja alle mehr oder weniger aus Kreisen, in denen es die unterschiedlichsten Opfer gab.

Der Schäng kannte einen, der hatte Abitur. Michel, der Abiturient, hatte früher am Ubierring gewohnt. Er war verurteilt worden, im gleichen Arbeitslager wie Schängs Vater zu schuften. Er war Führer der bündischen Jugend gewesen und galt als Hochverräter. Schäng hatte ihn bei einem Besuch im Lager Siegburg kennengelernt, in dem sein Vater war. Die Gefangenen waren dort nicht so streng bewacht wie in dem Lager, in dem Günthers Tante gewesen war. Die Jungen wurden zwar von den Bewachern immer wieder fortgescheucht, gelegentlich hatten die Jungen aber doch das Gefühl, sie würden immer dann gescheucht, wenn einer der Bewacher sich von einem anderen beobachtet glaubte.

Schäng bekam also Kontakt zu Michel, in dem er sofort ein Opfer erkannte. Michel erzählte ihm von der bündischen Jugend. Er brachte ihm Texte von Liedern bei, die Schäng noch nicht kannte. Er erzählte ihm auch, wie man Gleichgesinnte erkennen könne. An den Kniestrümpfen, dem Halstuch, dem irgendwo angebrachten Edelweiß. Michel hatte eine Balalaika, die er dem Schäng schenkte. Der nahm sie fortan zu den Treffen mit den Kameraden mit.

Der schwarze Pitter war schon früh in der sozialistischen Arbeiterjugend gewesen. Er hatte bereits mehrere Gestapovorladungen gehabt. Er war verheiratet. Deshalb sagte er seiner Frau nach der letzten Gestapovorladung, jetzt müsse er verschwinden. Wenn die Gestapo nach ihm fragen würde, solle sie sagen, er sei mit einer anderen Frau abgehauen und außerdem sowieso ein Nichtsnutz, der sich mit möglichst wenig Arbeit ein bequemes Leben machen wolle. Der schwarze Pitter war überhaupt derjenige unter ihnen, der dauernd sagte, man müsse etwas tun. Man müsse etwas organisieren. Man müsse Kontakt aufnehmen zu Partisanen. Vielleicht sogar zu Alliierten.

Der Heinz, der Barthel und der Bubes nahmen ihren Kontakt zu anderen Opfern auf ihre Art und Weise auf. Sie hatten nach der letzten Vernehmung bei der Gestapo die Wut im Bauch. Man hatte sie dort zwei Tage und eine Nacht lang im Keller stehen lassen und ihnen gedroht, sie würden nun zur Front geschickt. Am Abend kamen sie auf dem Heimweg an der Lukasstraße vorbei. Dort stand eine Kolonne von Wehrmachtslastern, die zur Front fahren sollten. Es waren keine Wachen zu sehen. Es war dunkel. Man hörte Sirenen, die einen Angriff ankündigten. Heinz, Barthel und Bubes

machten sich an die Reifen der LKWs. Aus einigen ließen sie die
Luft heraus. Andere schnitten sie kaputt. Plötzlich durchfuhr sie
ein furchtbarer Schreck. Vom Dach eines der Wagen sprang ein
Mann. Er redete unverständliches Zeug, mit deutschen Brocken
vermischt. Hunger. Essen. Kameraden Vogelsanger Weg. Arbeiten bei der Firma Ostermann. Sie begriffen, daß der Mann einer
der russischen Zwangsarbeiter war. Daß sich in den Wehrmachts-
autos Lebensmittel befanden. Sie spürten plötzlich ihren eigenen
Hunger. Sie halfen dem Mann, Lebensmittel von den Autos zu den
Baracken zu bringen, in denen seine Kameraden hausten. Sie
gingen noch einmal zu den Autos und nahmen Lebensmittel für
die Leute zu Hause mit.

Günther traf auch ein Opfer. Im Vorderhaus bei der Cilly wohnte
plötzlich ein junger Mann, den er vorher nicht gesehen hatte. Sie
trafen sich mehrmals bei scheinbar ziellosen Gängen durch die
Straßen des Viertels. Sie kamen ins Gespräch. Man erkannte sich
schnell in dem, was man dachte. Günther erzählte, daß sein Vater,
da Jude, umgebracht worden sei. Hans, wie der junge Mann sich
nannte, sagte ihm, die Juden würden in Konzentrationslagern
umgebracht. Er sei selbst aus einem KZ abgehauen. Zusammen mit anderen. Die Lagerkommandantin würde aus der Haut
umgebrachter Häftlinge Lampen und Brieftaschen machen
lassen. Er und seine Kameraden hätten aus dem Lager solche
präparierten Hautstücke mitgebracht. Er holte aus der Jacken-
tasche einen Umschlag hervor. Darin lagen pergamentähnliche
Fetzen.

Einer dieser Fetzen hätte von der Haut seines Vaters sein können.
Das war vielleicht der Punkt, wo Günthers Wunsch nach Verteidigung seiner Selbstachtung neue Nahrung bekam. Wo er nicht
mehr nur einfach in Frieden gelassen und überleben wollte. Die
Ortsgruppenleiter, die Uniformierten, die Beamten waren nun
seine konkreten Feinde. Sie hörten auf, nur eine Bedrohung zu
sein. Es galt, sie zu besiegen.

In unterschiedlichem Maß begannen sie alle so zu fühlen. Und
auch zu handeln. Bei Cilly im Keller übten sie, mit Waffen umzugehen. Die Gelegenheit gab es immer, wenn die Sirenen heulten.
Wenn die Bomben fielen. Die Waffen beschafften sie sich bei
einem Einbruch. Mal verkaufte ein Wehrmachtsangehöriger seine
Pistole gegen Butter – auf dem Schwarzmarkt. Mal klauten die
Mädchen den Soldaten die Waffe, wenn diese ihren Urlaubsrausch
ausschliefen.

Die Einbrüche in Depots fielen auf. Meldungen über aufgebrochene Eisenbahnwaggons auf den Güterbahnhöfen häuften sich. Die Wachen wurden verstärkt.

Ihre Erfahrungen wurden größer. Ihre Verzweiflung steigerte sich. Cilly, die zuerst nur den Bombenhans verstecken wollte (er wurde so genannt, weil er bei einem Bombenentschärfungskommando gearbeitet hatte und überhaupt ein Draufgänger war), merkte nun, daß eine Kompanie von Illegalen in ihrem Keller ein und aus ging. Sie kannte den einen oder anderen. Die meisten kannte sie nicht. Hans hatte die anderen angeschleppt. Hans tat so, als könne er demnächst das Rheinland befreien. Ein anderer Hans tauchte auf, der sogenannte blonde Hans. Er war aus Sachsenhausen getürmt. Er war Kommunist. Man munkelte von Beziehungen zu Moskau. Er verschwand immer wieder mit dem schwarzen Pitter. Die Dauerbewohner im Keller wechselten schnell und häufig. Nur eine Frau mit ihrer Tochter blieb die ganze Zeit. Sie waren Jüdinnen. Sie sprachen weder Russisch noch Französisch. Man konnte sie nicht, wie es sonst manchmal geschah, in den Baracken der Zwangsarbeiter unterbringen.

Günther erzählte seiner Tante nichts. Das hatte er früh, und er hatte es nicht zuletzt von ihr gelernt. Nie sagte man jemandem etwas, der es nicht unbedingt zu wissen brauchte. Das war ganz einfach vernünftig.

Nach der ersten Schießerei kam er nach Hause, als sei nichts geschehen. So, wie er früher, als er dort noch Mitglied war, von einem gewonnenen Fußballspiel bei der Rhenania gekommen war.

Barthel war nach wenigen Tagen vom Westwall getürmt. Er hatte sich – nach der Drohung aus der Elisenstraße – freiwillig dorthin gemeldet. Es schien ihm zum erstenmal ein Ausweg zu sein. Der kleine Barthel war ein Mann, als er nach Ehrenfeld zurückkam. Er wußte, was ihn erwartete. Er sagte es seiner Mutter. Er sagte es seiner Schwester. »Jetzt werden sie mich kriegen«, sagte er.

Er hatte recht. Die zivilen Staatsbeamten aus der Elisenstraße traten jetzt an, um dem Günther, dem Hans, dem Bubes, dem Schäng, dem Heinz, dem Barthel und ihren Freunden den letzten Tritt zu versetzen. Es sollte für die meisten der Tritt in den Abgrund werden. Der Tritt vom Balken, auf dem sie standen, die Schlinge um den Hals, in den Tod durch Strangulation. Die Tritte in den Hintern hatten sie nicht zu anständigen Deutschen gemacht. Die Tritte ins Rückgrat hatten dieses nicht gebrochen.

Ihr auf diese Weise gebrochenes Genick sollte zu einer Drohung für alle werden. Für die Nachbarn. Für die aufmuckenden Leute des Viertels, für die Brüder und Schwestern, die herbeigezerrt worden waren, um das grausige Schauspiel zu sehen.

Aber noch war es nicht soweit.

Nach und nach fanden sich viele im Gestapo-Sondergefängnis Brauweiler wieder. In den Monaten nach dem Juli 1944 waren es Hunderte. Beinahe zweihundert allein aus Ehrenfeld.

Es war eine verzweifelte Zeit. Sie flüsterten sich Durchhalteparolen von Fenster zu Fenster zu. Sie hörten Schreie eines Aufsässigen, der nicht aus der Zelle herauskommen wollte, dann dort mißhandelt und erschossen wurde. Sie merkten, die Kameraden wurden weniger.

Der Höhere SS- und Polizeiführer West in den Gauen Düsseldorf, Essen, Köln-Aachen, Westfalen-Nord, Westfalen-Süd und Wehrkreis VI schrieb an den Regierungspräsidenten in Köln am 27.10.1944:

»Ich habe aus der Verantwortung der Sicherheit unseres innerdeutschen Lebens gegenüber 11 dieser Verbrecher öffentlich in Köln hängen lassen. Der Rest wird nicht verschont, sondern geht nach dem Abschluß der Ermittlungen dem gleichen Schicksal entgegen.«

Der Rest – das waren Günther und seine in diesen Zeiten erworbenen Freunde. Schäng kam mit dem Leben davon. Heinz auch.

Am 4.1.1957 schrieb der Regierungspräsident in Köln an den Invaliden Karl Bermel, der eine Hinterbliebenenrente aufgrund des Bundesgesetzes zur Entschädigung für Opfer der nationalsozialistischen Verfolgung nach seinem Sohn Gustav (dem Bubes) beantragt hatte, der an der Hüttenstraße mit erhängt worden war:

»Auch die Kriminalpolizei in Köln ist davon überzeugt, daß von den festgenommenen Terroristen am 10.11.1944 dreizehn Personen ohne Gerichtsverhandlung und ohne Gerichtsurteil öffentlich erhängt wurden, um die Bevölkerung von weiteren Terrorakten abzuhalten.«

Der Antrag des blinden Karl Bermel wurde abgelehnt.

So wurden alle diesbezüglichen Anträge abgelehnt mit Ausnahme des Antrages nach Günther S. Dieser wurde teilweise anerkannt, *soweit* der Erhängte Jude war.

So erhielt Günther S. – folgerichtig und zynischerweise – wieder seine Sonderstellung.

Der Höhere SS- und Polizeiführer war durch Regelungen und Verordnungen gedeckt. Der Regierungspräsident in Köln von heute ist es auch. Die Beamten in Zivil, die den Günther und seine Kameraden verhafteten, verhörten und schließlich in der Hüttenstraße erhängten, waren auch gedeckt.

Der Entschädigungsdezernent beim Regierungspräsidenten in Köln, der die berechtigten Ansprüche ablehnte, ist es auch.

Sie alle befolgten Befehle, Anordnungen und Anweisungen. Sie erfüllten ihre Pflicht. Sie sind jederzeit für den Staat eingetreten. Sie hatten es mit Verbrechern zu tun. Dienstlich.

Ich hätte Günther S. sein können. Mein Vater war Jude. Daß ich heute über ihn und seine Freunde schreiben kann, lag möglicherweise daran, daß meine Eltern nicht in Köln gelebt haben. Daß es ihnen gelang, aus Deutschland zu entkommen. Daß ich erst auf ihrer Flucht geboren wurde.

Die Geschichte von Günther S. und seinen Freunden habe ich nicht erfunden. Ich erfuhr von der Geschichte im Verlauf einer journalistischen Recherche.

Es ging darum, daß die SPD-Fraktion in Köln-Ehrenfeld eine Straße nach Bartholomäus Schink, dem kleinen Barthel, benennen wollte. Politiker der CDU, aber auch einige der SPD und FDP, hatten Bedenken dagegen. Denn in den fünfziger Jahren hatte der damalige Regierungspräsident in Köln einen Wiedergutmachungsantrag nach Bartholomäus Schink abgelehnt. Bartholomäus Schink sei kein Widerständler gewesen. Er habe vielmehr einer Bande von Kriminellen angehört, die die Bevölkerung terrorisiert habe. Er sei zwar – rein formal – sicherlich zu Unrecht öffentlich erhängt worden (kein Prozeß, Todesstrafe unverhältnismäßig usw.), in der Sache sei er jedoch zu Recht bestraft worden.

An der Hinrichtungsstätte fand ich eine Gedenkplatte zum Gedächtnis an die Erhängten. Ich erfuhr auch, daß der Oberbürgermeister der Stadt am jeweiligen Jahrestag der Hinrichtung dort Kränze anbringen läßt. Als mir noch bekannt wurde, daß der frühere Fraktionsvorsitzende der FDP im Stadtrat, der heutige Bundesinnenminister, sich für die Ehrung der Hingerichteten eingesetzt hatte, begann ich, die Geschichte aller Ermordeten zu recherchieren. Ebenfalls das Vorgehen derer, die Anträge auf Entschädigung nach dem Bundesentschädigungsgesetz in dieser Angelegenheit bearbeitet hatten.

Ich stieß dabei auf die merkwürdige, beschämende und empörende Tatsache, daß die Kölner Wiedergutmachungsbehörde den Widerstand der Menschen, die keine sie vertretende politische, religiöse oder weltanschauliche Lobby haben, den Widerstand der »kleinen Leute« also, von Anfang an kriminalisiert hat.

Sie hat diesen Widerstand kriminalisiert durch die systematische Benutzung von Gestapounterlagen, die sie einseitig zuungunsten der Betroffenen auslegte. Mit der gleichen Systematik hat sie belastete Gestapobeamte in den Akten und vor Gericht als Kronzeugen benutzt (unter anderem den, der wegen der Tötung mehrerer Häftlinge nach dem Kriege verurteilt worden war. Einer der Getöteten war der, dessen Schreie Barthel und Schäng hörten). Es ist wohl klar, daß für Gestapobeamte die Erhängten Verbrecher sein mußten. Diese Bewertung wurde von den Gerichten und von der Behörde übernommen.

Dies erschien mir ungeheuerlich. So beschloß ich, die Geschichte dieser »Verbrecher« zu rekonstruieren. Ich suchte überlebende Verwandte auf. Ich sprach mit ihren ehemaligen Freunden, ebenfalls Widerständlern, die das Glück gehabt hatten, davonzukommen. Ich sah Dokumente ein. Sehr persönliche Dokumente und solche, die im Archiv jedem zugänglich sind.

So lernte ich die Getöteten kennen. Sie wurden wieder lebendig. Sie wurden für mich verständlich. Es bereitete mir Freude, festzustellen, daß, als ich noch keine drei Jahre alt war, in Deutschland jugendliche Menschen eine solche Haltung und Reaktion an den Tag gelegt hatten gegenüber der grausigen Realität des deutschen Faschismus.

So wurden Günther S., der kleine Barthel und die anderen für mich posthum zu Freunden. Meine Freunde von gestern.

Und damit werden mir meine Feinde von heute klarer. Sie nehmen konkrete Gestalt an.

Es sind Menschen, die nicht in der Lage sind, einmal falsch getroffene Entscheidungen zu revidieren. Die, obwohl eine solche Revidierung sie weder den Job, noch Geld, noch irgend etwas Existentielles kosten würde – geschweige denn das Leben –, nicht in der Lage sind zu sagen: Hier ist falsch und schlecht entschieden worden. Das muß geändert werden. Ein deutscher Beamter revidiert sich nicht, es sei denn, er hat das Messer an der Kehle. Selbst die Tatsache, daß *nach* dem Krieg das Urteil von Gestapoleuten benutzt wurde, um ein Bild über deren *Opfer* zu gewinnen, hält er nicht für einen Grund, die Fälle neu zu prüfen.

Ein deutscher Beamter hat offenbar einen imaginären Popanz, der ihn leitet, der sein Handeln bestimmt – sein Berufsprestige. Das zeigt sich darin, daß er nie zweifelt, immer eine feste Überzeugung hat (die jeweils nützliche), nie eine Belehrung annehmen muß, nie eine Entscheidung unter einer neu gewonnenen Erkenntnis revidieren muß, kurz, sich so verhält, wie man es normalerweise unflexibel und dumm nennt.

In diesem Falle führt das dazu, daß Menschen, die unsere Achtung und Bewunderung verdienen und die in einem Staat, von dem wir heute behaupten, er sei ein für allemal vergangen, beschämend zu Tode gebracht wurden, in unserem heutigen Staat unverdrossen weiter geschmäht werden. Ihr Andenken wäre eine Ehre wert. Aber in diesem neuen (?) Staat wird ihnen noch einmal Dreck hinterhergeworfen.

Sicher liegt das daran, daß die Bürokraten die gleichen geblieben sind. Daß die älteren unter ihnen nichts gelernt haben und folglich die jüngeren von ihnen auch nicht belehrt werden konnten. Oder liegt es daran, daß in der Bürokratie, der großen Grauschicht unserer Demokratie, die Menschen nicht wirklich lernen *wollen*, was sie, wären wir eine wirkliche Demokratie, nämlich eine Herrschaft des Volkes, lernen *sollten*?

Es gibt noch einen Grund, weshalb in diesem Land die Menschen sich so leicht der Analyse ihres politischen Handelns von gestern entziehen und deshalb kein Muster für ihr Handeln und Urteilen von heute haben und schon gar keinen Entwurf für morgen machen können: Wenn man Günther S., wenn man den kleinen Barthel zum Helden macht, dann muß man akzeptieren, daß die Menschen, die versucht haben, Widerstand zu leisten, *nebenan* gewohnt haben. Man muß akzeptieren, daß sie keine Intellektuellen, keine hohen Tiere, keine mit besonderer Macht und Information ausgestatteten Menschen waren. Und was, um Gottes willen, würde das über einen selbst aussagen? Dann soll der Held schon lieber Stauffenberg heißen. Und damit hat es sich.

Entschädigungsantrag abgelehnt!

Ein anderes Erlebnis im Verlauf meiner Recherchen.

Vierunddreißig Jahre nach der öffentlichen Hinrichtung. In der 10. Klasse der Hauptschule Bernhard-Letterhaus-Straße ist Geschichtsunterricht. Wenige Wochen vorher hat der Kultusminister des Landes Nordrhein-Westfalen Anweisung gegeben, aus Anlaß des 40. Jahrestages der Reichskristallnacht auf die Geschichte des Dritten Reiches und seiner Ursachen einzugehen.

Die Bernhard-Letterhaus-Straße ist benannt nach einem tiefgläubigen Katholiken, der als Freund des früheren Reichskanzlers Heinrich Brüning am 13. November 1944 vom Volksgerichtshof zum Tode wegen Mitwisserschaft an der Bewegung 20. Juni verurteilt worden war.

Von diesem Tag hatten die Hauptschüler alle irgendwann einmal gehört. Sie wußten, daß irgendwelche Generäle eine Bombe auf Hitler geworfen hatten und dafür hingerichtet worden waren. Aber über das Wesen des deutschen Faschismus und darüber, wie Widerstand denn überhaupt möglich war, hatten die Schüler, wie alle Schüler der letzten 30 Jahre, wenig erfahren. Von ihrem Lehrer erfuhren die Schüler nun die Geschichte der dreizehn. Die Geschichte von Günther, Barthel und ihren Freunden.

Sie verstanden die Gehenkten, die ihnen im Alter so nahe waren. Sie verstanden, was in diesen Jahren in ihrer Stadt geschehen war. Sie verstanden die Angst, die Wut und den Widerstand.

Was sie sicher nicht verstanden hätten:

»Diese Bande als ›Widerstandsbewegung‹ zu bezeichnen, muß zur Ehre der wirklichen Gegner des Nationalsozialismus entschieden abgelehnt werden.« (Urteil des Landgerichts Köln in einem der Entschädigungsfälle.)

Ich hoffe sehr, daß junge Leute wie diese (deren Geschichtsunterricht sich am Konkreten orientierte) mich in einigen Jahren noch verstehen können. Daß sie verstehen können, was meine Angst vor Deutschland ausmacht:

Als Jugendlicher bin ich nach Deutschland zurückgekehrt. Meine Angst vor deutschen Uniformen begann bereits am Flughafen angesichts der Zoll- und Paßkontrolleure. Diese Angst blieb mein ständiger Begleiter. Ich befaßte mich mit ihr nicht im Sinne einer Auseinandersetzung, sondern suchte sie durch Anpassung zu überwinden. Ich versuchte, eine Assimilierung zu erreichen.

Ich mußte lernen, daß das nicht gelang. Die Angst blieb. Es gab immer wieder Dinge, die diese Angst nährten. Sie verstärkten. Solche wie diese:

daß der Regierungspräsident in Köln Jugendlichen dieses Alters (16 Jahre) genügend politisches Bewußtsein und die Fähigkeit zum Widerstand abspricht;

daß sein Regierungsdirektor mir sagt, wenn er jetzt die Entscheidung zugunsten der Gehenkten ändern würde, dann würde das noch mehr Unmut in der Bevölkerung gegen die Wiedergutmachung hervorrufen;

daß vom Schuldezernenten der Stadt Köln berichtet wird, er habe einen Antrag der Jungdemokraten auf eine gemeinsame Resolution zum 40. Jahrestag der Pogromnacht vom Tisch gewischt mit der Bemerkung, man müsse mal nach vorne schauen und nicht immer nach hinten;

daß er, als Parteifreunde eine Veranstaltung in Sachen Ehrenfelder Widerstand organisierten, ganz schnell die Christlich-Jüdische Gesellschaft um Stellungnahme bat;

daß der Bürgermeister dieser Stadt, der enthusiastisch für eine Städtepartnerschaft mit Tel-Aviv eintritt, zum Kölner Volkswiderstand erst eine Stellungnahme der Synagogengemeinde abwarten will;

daß der Generalsekretär des Zentralrates der Juden meint, dazu habe er wirklich nichts zu sagen, sich aber täglich mit den Repräsentanten dieses Staates identifiziert;

daß der Ehrenfelder Fabrikant Ostermann zum erstenmal davon hören will, daß in seinem Betrieb früher Zwangsarbeiter schuften mußten. Daß er auch nichts gegen eine Straßenbenennung nach Bartholomäus Schink hätte, »wenn sonst alles ordentlich geprüft ist und er allen Maßstäben standhält«. Er selber möchte die Straße jedoch lieber Metallstraße nennen (er hat einen metallverarbeitenden Betrieb).

Diese Leute sind die Quelle meiner Angst.

Ossip K. Flechtheim

Heute noch skeptischer als 1962

Ossip K. Flechtheim, geboren 1909 in Nikolajew. Ordentlicher Professor (emeritus) der Wissenschaft von der Politik, Freie Universität Berlin; Direktor des Instituts für Zukunftsforschung, Berlin; Verfasser von »Futurologie«, »Von Marx bis Kolakowski« u. a.

Es fällt mir nicht leicht, über das Verhältnis von Juden und Deutschen zu sprechen. Ich komme aus einer Familie, die schon recht assimiliert und emanzipiert war. Bereits meine Eltern standen der jüdischen Religion distanziert gegenüber – mein Vater fühlte sich sicherlich nicht nur als Jude, sondern auch als Deutscher, meine Mutter als Jüdin und Russin. Im Ersten Weltkrieg wurde ich »Internationalist«. Die Sinnlosigkeit nationaler Begrenzungen und Vorurteile wurde mir drastisch vor Augen geführt: Der Bruder meines Vaters, der Kunsthändler Alfred Flechtheim, wurde Ulanenleutnant (worauf seine Familie sehr stolz war!), ein Bruder meiner Mutter war zugleich jahrelang als russischer Militärarzt in deutscher Gefangenschaft.

So begrüßte ich die russische Revolution als Sieg über den nationalistischen, antisemitischen und antihumanen Zarismus. Als Schüler suchte ich Zuflucht bei sozialistischen und kommunistischen Theorien – ich war schon damals ein Bücherwurm. Mit 18 Jahren trat ich auch formell aus der Synagogengemeinde aus und in die KPD ein. Damals erhoffte ich die Lösung aller Probleme (auch der nationalen, religiösen und »rassischen«) von der Weltrevolution. Als diese ausblieb und der Kommunismus in Deutschland wie in der Sowjetunion seine Widersprüche und Unzulänglichkeiten offenbarte, trennte ich mich 1932/33 von der KPD. Die Nationalsozialisten stempelten mich 1933 zum »Nicht-Arier«. Zur jüdischen Religion oder Nation konnten auch sie mich nicht zurückführen. Ich blieb Jude und Deutscher, Europäer, Weltbürger, aber auch ein Bürger derer, die da kommen werden. So glaubte ich weiter an die Möglichkeit und Notwendigkeit des Zusammenschlusses aller Menschen, Nationen, Kulturen im Rahmen einer libertär-sozialistischen Weltföderation. Um das näher zu begründen, begann ich als Emigrant in den Vereinigten Staaten meine »Futurologie« zu entwickeln.

Wieso bin ich dann aber 1951 doch nach Deutschland zurückgekommen? Diesen Schritt habe ich 1962 in der »Deutschen Post« im Zusammenhang mit einer Umfrage dieses Organs der Deutschen Postgewerkschaft zu erklären versucht. Diese Stellungnahme scheint mir noch (oder wieder!) aktuell zu sein; ich zitiere sie daher hier:

»In die Bundesrepublik zurückgekehrt bin ich aus vielerlei Gründen, die sich aber in zwei Kategorien einteilen lassen. Zunächst war ich in den USA lange dazu verdammt, in einer Kleinstadt im hohen Norden zu leben – 200 Meilen von Boston, dem nächsten Kulturzentrum, entfernt. Da war die Aufforderung nach Berlin zu kommen, für einen Großstadtmenschen fast unwiderstehlich. Schon damals war mir klar: Ich habe mich in erster Linie für Berlin – trotz allem noch eine Weltstadt – (und gegen Waterville) entschieden – viel weniger gegen Amerika und für die Bundesrepublik. Berlin, Deutschland, Europa – sie boten so manche kulturelle Möglichkeiten, die ich drüben vermißt habe: das Theater, die Kunst, die Nähe alter Kulturstätten und vieler Freunde (selbst mancher amerikanische Freund findet leichter nach Berlin als nach Waterville, Maine!). Der an der Forschung orientierte Wissenschaftsbetrieb an einer deutschen Universität liegt mir mehr als die stärker auf den Unterricht konzentrierte Tätigkeit an einem College drüben. Zudem schien die Jugend hier recht aufgeschlossen und zukunftsvoll. Und dann die Sprache: Nach zehn Jahren war ich drüben endlich soweit, literarisch einigermaßen das sagen zu können, was mir im Geiste vorschwebte – aber die so reiche und rauhe Alltagssprache des einfachen Mannes blieb mir immer noch ein Buch mit einigen Siegeln. Vermißt habe ich allerdings in Deutschland von vornherein den zwanglosherzlichen Umgang mit Bekannten, Kollegen, Gleichgesinnten, der das Leben in den Staaten so verschönert.

Zu diesen sehr persönlichen Erwägungen traten allgemeine hinzu: Eine politische Wirkung war in dem Staate, in dem ich lebte, für mich kaum möglich. Für die Politiker von Maine blieb ich ein Fremder – und mir waren sie viel zu provinziell und traditionalistisch. Berufspolitiker wollte ich nicht werden – 1951 glaubte ich trotz allen Zweifeln in Berlin und Deutschland auch politisch wirken zu können. In Rußland war ich geboren, in Deutschland war ich groß geworden – nun war ich amerikanischer Bürger. Was lag für mich näher, als zu hoffen, das geeinte sozialistisch-demokratische Deutschland werde die Brücke schlagen zwischen dem kapitalistischen Amerika und dem kommunistischen Rußland? Trotz allen Schwierigkeiten schienen damals starke Kräfte und bedeutende Persönlichkeiten auf der Linken noch an ähnlichen Zielsetzungen festhalten zu wollen, und die Entwicklung seitdem war doch wohl nicht zwangsläufig. Nun, inzwischen ist das politische Klima in der Bundesrepublik wie in Berlin immer kälter und konformistischer geworden. Der Prozeß der ›Renazifizierung‹ und der Restauration, der Gleichschaltung der Parteien und der Wiederaufrüstung ist so weit fortgeschritten, daß heute alle machtvollen Organisationen den sozialkapitalistischen Status quo eines geteilten Deutschlands verteidigen. Wieder einmal scheint das Gespenst eines ›autoritären Besitzverteidigungsstaates‹ (K. Schumacher) und eines autokratischen Militärstaates näherzurücken. Wenn man mir 1952 gesagt hätte, daß 1962 meine Telefongespräche überwacht würden, hätte ich doch wohl etwas ungläubig gelächelt – nach der Spiegel-Affäre halte ich das schon fast für ›normal‹. Meine Hoffnung, daß die große Mehrheit der Deutschen nach Auschwitz und Stalingrad und Dresden nicht nur mit dem Nationalsozialismus, sondern auch mit der Tradition des Polizeistaates, der Obrigkeitsgesellschaft und der Untertanenmentalität radikal brechen würde, hat sich als falsch erwiesen – dazu saßen diese Charakterzüge doch wohl zu tief und waren die weltpolitischen Konstellationen zu ungünstig. So feiert der deutsche Spießer heute mit seinen nur allzu bekannten alteingesessenen Eigenschaften – seinem Mangel an echtem Mitgefühl für die Kreatur, seiner Gefühlsstumpfheit – ob gegenüber der Ermordung von Millionen Juden und Polen oder der Mißhandlung des Nachbarkindes – seinem Ordnungsfanatismus und seiner Wehleidigkeit sich selber gegenüber – fröhliche Urständ. Ein Grund mehr, gegen diese Ewig-Gestrigen zu kämpfen.

Immerhin frage ich mich immer häufiger, ob ich nicht auf verlorenem Posten stehe und eines Tages wieder dieses Land werde verlassen müssen. Mit Gelassenheit, aber auch mit Trauer und Scham denke ich auch an diese Möglichkeit – jedenfalls bleibt mein Koffer gepackt. Bin ich also doch ein Fremdling in Deutschland geblieben? Habe ich die Heimat nicht gefunden? Ja und nein – in dem Sinne, wie wir alle in dieser ›halben, irrgewordenen‹ Zeit‹ stets als ewige Wanderer nach einer lichteren Welt unterwegs sind – wobei es vielleicht doch nicht so wichtig ist, ob wir das bessere Morgen in der Schweiz, in Amerika oder in Deutschland suchen.«

Was Deutschland anbelangt, so bin ich heute wohl noch skeptischer als 1962. Die Ära eines Heinemann, die so viele mit neuer Hoffnung erfüllt hatte, liegt weit zurück, und die BRD scheint sich auf den Weg von einer »statischen Staatsdemokratie« zu einem A (Armee- und Atom-) – und P (Polizei- und Plutonium-)-Staat gemacht zu haben. Das spüre ich sogar auch am eigenen Leibe. Zwar bin ich weder strafrechtlich verfolgt, noch disziplinarisch belangt worden. Ich habe mich sogar einiger Anerkennung seitens einer öffentlichen Körperschaft wie der Freien Universität erfreuen können. Typisch ist aber doch wohl auch, daß kein Staatsorgan mir je eine Ehrenbezeugung hat zukommen lassen (auf die ich auch ganz gern verzichte). Auch das bleibt symptomatisch dafür, wie man uns Remigranten einschätzt im Vergleich zu den »Ehemaligen«. So kann ich auch nicht vergessen, daß meine Rente als Opfer des Faschismus DM 281,– im Monat beträgt. Meine Professorenpension ist freilich viel höher, aber doch immer noch niedriger als die so mancher nationalsozialistischen Schreibtischtäters. Und wird uns nicht immer wieder deutlich demonstriert, was es mit der Distanzierung vom Nationalsozialismus auf sich hat, wenn wir lesen, daß Verfahren gegen Massenmörder eingestellt werden oder daß selbst diejenigen, die ausnahmsweise zu lebenslänglicher Haft verurteilt werden, sofort Haftverschonung erhalten, sich im Gefängnis (etwa in Hamburg!) toller Privilegien erfreuen und unvergleichlich viel rascher als einfache Mörder begnadigt werden? Und was das Leben eines Juden wert ist, demonstriert ein Gericht der Bundesrepublik etwa anhand des Falles Wolff. Dieser SS-Führer erhielt 15 Jahre Zuchthaus für die Ermordung von 300 000 Juden (Peter Paul Zahl erhielt wegen eines Mord*versuches* an zwei Polizisten auch 15 Jahre). Danach ist in der Bundesrepublik das Leben eines Juden mit etwas über 20 Minuten Zuchthaus gesühnt.

Einige kleinere persönliche Erlebnisse der jüngsten Vergangenheit sind keineswegs dramatisch, sagen aber manches über den politischen Alltag aus, in welchem ich lebe:

1. Es besteht eine Gestapo-Akte gegen mich in Düsseldorf, in die ich zwar *ausnahmsweise* Einblick nehmen konnte, die ich aber nicht fotokopieren darf.

2. Ich kann mich des Eindrucks nicht erwehren, daß eine Verfassungsschutz- oder ähnliche Akte gegen mich wie gegen so viele andere besteht.

3. Das Landgericht Wuppertal hat die Beschlagnahme eines Buches verfügt, das an einen Untersuchungsgefangenen nicht ausgehändigt werden darf. Es handelt sich um Bittner (Hg.), »Strafjustiz« mit Beiträgen von Fritz Bauer, mir und vielen anderen. Der Richter hatte die Stirn, mir vorzuwerfen, in meinem Beitrag würden »die Verbrechen ganz allgemein verherrlicht«. Ich weiß nicht, was dieser Herr vor 1945 getan hat – vielleicht nichts, vielleicht aber auch einiges im Sinne der damaligen »Rechtsordnung«. Unsere Justiz enthält allzu viele nationalsozialistische Massenmörder.

4. Der Rowohlt-Verlag hat mich aufgefordert, einen Beitrag zum Literaturmagazin zu schreiben. Kurz vor Erscheinen wurde die Veröffentlichung dieses Beitrages verweigert, obwohl ein rechtsgültiger Vertrag vorlag und die erste Reaktion des Herausgebers außerordentlich positiv war. Die Begründung des Verlages: Die Verhältnisse hätten sich eben geändert. Und dabei ist Rowohlt noch einer unserer fortschrittlichsten Verlage!

5. Wenn ich hier im idyllischen Dahlem spazierengehe, sehe ich

eine ganze Anzahl von Hakenkreuzen. Kein Mensch regt sich darüber auf oder denkt daran, die Entfernung zu verlangen.

6. Der Bund Freiheit der Wissenschaft hielt im September 1977 in Bonn eine Pressekonferenz ab über »Hochschule und Terrorismus«. Ein Bericht über diese erschien als Beilage zu »Informationen 7« vom November 1977 der Notgemeinschaft für eine Freie Universität. Auf Seite 10 heißt es dort: »Abschnitt 7: Sympathisierende Hochschullehrer. Mit Sicherheit sind unter den vielen Hochschullehrern, die den Göttinger ›Buback-Nachruf‹ verbreiteten, zahlreiche Sympathisanten des Terrors. Zum weiteren Umfeld des Terrorismus gehören, um Namen zu nennen: . . . Prof. Ossip K. Flechtheim (Berlin).«

Es dürfte alles andere als ein Zufall sein, daß es zwar kaum noch Juden in Deutschland gibt, zum »Syndrom« autoritär-reaktionären, antisozialistischen und antiliberalen Verhaltens in der Bundesrepublik aber immer noch der latente (und auch schon wieder der offene) Antisemitismus gehört. Deutschland ist nach wie vor das Land, in welchem die politische Kultur von der rechten Tradition und rechten Kräften geprägt wird. Während in anderen westlichen Demokratien, wie etwa Frankreich, Begriffe wie links, radikal oder sogar auch sozialistisch einen positiven Beiklang haben, sind sie bei uns verpönt und tabuiert. In der sogenannten öffentlichen Meinung wirft man einer Person oder einer Gruppe immer wieder vor, sie seien »linkslastig«. Von Rechtslastigkeit ist dort dagegen kaum je die Rede.

Vor allem in einigen kleineren Ländern hat sich hingegen die »Judenfrage« immerhin entschärft und ist einer Lösung näher gekommen – es sind dies nicht zuletzt jene Demokratien, die starke bürgerlich-revolutionäre Traditionen und relativ fortschrittliche Verhaltensweisen und Institutionen aufzuweisen haben. Schließlich hat Holland schon im 17. Jahrhundert die Glaubensfreiheit des Juden Spinoza gegen dessen eigene Priesterschaft gesichert. So spricht manches dafür, daß eine weitgehende Demokratisierung zwar nicht die Probleme von Minderheiten oder Subkulturen, wie auch der jüdischen, total lösen wird, sie aber wohl zu humanisieren und einer Lösung näherzubringen vermag. Auch aus diesem Grunde hängt für Juden (wie für Nichtjuden!) so viel davon ab, daß Deutschland den Weg einer liberalen und sozialistischen Demokratie gehen und nicht in die Barbarei oder in einen neocäsaristischen Roboterstaat à la Huxley oder gar Orwell abgleiten wird. Es bleibt uns auch nichts anderes übrig, als hierfür immer wieder einzutreten, so gering die Aussichten auch sein mögen.

Nicht zuletzt vertrauen wir dabei auf die Unterstützung fort-schrittlicher Kräfte in anderen Ländern – die Linke allein auf sich gestellt hat ja in Deutschland noch nie der Reaktion auf die Dauer zu widerstehen vermocht.

Lea Fleischmann

Warum ich gehe

Lea Fleischmann, geboren 1947 in der Bundesrepublik, abge-schlossenes Pädagogikstudium, anschließend tätig als Studienrä-tin im beruflichen Schulwesen bis Anfang 1979. Ende März 1979 nach Israel ausgewandert.

Ich habe beschlossen, nach Israel auszuwandern. Ich bin kein Zionist, ich bin kein religiöser Fanatiker, ich bin kein Millionär, sondern nur eine deutsche Studienrätin mit Planstelle, Versor-gungsbezügen und beihilfeberechtigt. Besser gesagt, ich war es, bis zum 31. Januar 1979. Alles war prima, und trotzdem bekam ich langsam das Gefühl, als würde mir das deutsche Beamtentum die Kehle zuschnüren, alle gescheiterten Reformversuche hingen mir zum Hals heraus, und es kommt mir vor, als würde das deutsche Schulwesen dazu dienen, Kinder zu zerstören und nicht zu erzie-hen. Demokratisches Verhalten habe ich weder in der Lehrerschaft und schon gar nicht in der Schülerschaft gefunden. Alles, was ich fand, war ein System der Langeweile, der Angst und der Unter-drückung.

Als Studentin schrieb ich meine Diplomarbeit über die außerfami-liäre jüdische Erziehung, und das Fazit meiner damaligen Studien war:

»Nach der wirtschaftlichen Normalisierung beginnt sich eine gei-stige Normalisierung der Juden in Deutschland abzuzeichnen, und die jüdische junge Generation hat hier eine unbedingte Exi-stenzberechtigung. Die Jüdischen Gemeinden sollten endlich auf-hören, die Auswanderung nach Israel zu propagieren, sondern sollten das Interesse an der Bundesrepublik fördern, denn heute, fast dreißig Jahre nach Kriegsende, sind die Gemeinden aus dem Stadium der gepackten Koffer herausgetreten und haben sich als ein fester Bestandteil erwiesen. Die außerfamiliäre jüdische Er-ziehung wird sich diesem Zustand anpassen müssen, wenn sie sich nicht dem Vorwurf aussetzen will, die Realität bewußt zu ignorieren. Sie wird den Schwerpunkt darauf legen müssen, den Jugendlichen zu einem bewußten Juden zu erziehen, der seinen

Platz innerhalb der nichtjüdischen Gesellschaft finden muß.« Das war 1973.

Ich bin so eine bewußte Jüdin und habe meinen Platz innerhalb der nichtjüdischen Gesellschaft gefunden, nämlich als Lehrerin im beruflichen Schulwesen. Ich war plötzlich mitten drin im deutschen Volk, und ich gebe nach fünfeinhalb Jahren meinen Platz zurück; setzt einen anderen drauf. Ich fand heraus, daß das Geheimnis der deutschen Erziehung die Zerstörung des Selbstbewußtseins ist, aus fröhlichen Kindern werden ängstliche Individuen, aus denkenden und selbstentscheidenden Menschen gut funktionierende Maschinen. Die Kinder dieses Volkes können einem leid tun, wie kalt und unpersönlich mit ihnen umgegangen wird, aber sie werden zu gefährlichen Erwachsenen, die aus Angst und für ein bißchen Anerkennung alles tun, was man von ihnen verlangt.

Als ich 15 Jahre alt war, kamen mir meine Eltern sehr altmodisch vor, und ich dachte, ich sei ganz anders. Je älter ich wurde, desto ähnlicher wurde ich meiner Mutter, und irgendwann stellte ich fest, daß die jungen Juden genauso sind wie die alten. Nun ist das ja keine neue Entdeckung. Ein altes Sprichwort sagt schon: Der Apfel fällt nicht weit vom Stamm.

Eine andere Frage erscheint mir viel interessanter. Wie ist es bei den Deutschen? Sind die Jungen auch so wie die Alten, oder ist bei ihnen der Apfel ganz weit vom Stamm gefallen? Es scheint so. Die Jungen sind freiheitlich-demokratisch, die Alten waren nationalsozialistisch, die Jungen haben die Vergangenheit bewältigt, die Alten nie verstanden, wieso sie diese Vergangenheit verursacht haben, die Jungen sind ungläubig darüber, daß ihre Eltern Hitler nachliefen, und die Alten waren eben von diesem Hitler begeistert.

Ich bin ein Mensch mit einfachen Gedanken und habe vieles nicht begriffen. Ich verstand den Zusammenhang zwischen Wirtschaftskrise und Judenmord nicht, die Sache mit der Verführung des deutschen Volkes habe ich auch nicht verstanden, und wie aus so prächtigen Nationalsozialisten über Nacht wunderbare Demokraten geworden sind, habe ich schon gar nicht verstanden. Zwar erklärte man mir, wenn einer als Student eine Doktorarbeit schreibt, in der er die Überlegenheit der arischen Rasse nachweist, und heute ein sozialdemokratischer Politiker ist, so sei er ein Jugendsünder; wenn einer in der SS war und danach Vorsitzender eines demokratischen Wirtschaftsverbandes wird, so habe er auch in der Jugend gesündigt; und wenn einer hundert Menschen erschießt, dann muß ihm erst ein Richter nachweisen, daß er das

Unrechtmäßige seiner Tat einsehen konnte, sonst glaubt er vielleicht auch, er sei ein Jugendsünder. Wenn das alles nicht so entsetzlich ernst wäre, könnte man es bei den Jugendsünden belassen, sie sind eine wunderbare Erklärung für alles.

Ich studierte Pädagogik, wurde Lehrerin im beruflichen Schulwesen, und ich lernte eine Erziehung kennen, die mir bis dahin fremd war. Bei den Juden läßt man den Kindern viel mehr Freiheit, bei den Deutschen werden sie von klein auf diszipliniert. »Gib das schöne Händchen«, »Frag nicht so dumm«, »Solange du deine Beine unter meinen Tisch streckst, tust du, was ich sage«, das sind Sprüche, die ich in meiner Kindheit nie gehört hatte, die aber zum täglichen Erziehungsrepertoire meiner Schüler gehörten. Ich stellte mir vor, ich wäre ein kleines Kind und man würde mir sagen: »Gib das schöne Händchen«, dann würde ich doch glauben, ich hätte auch ein häßliches Händchen, ich wüßte zwar nicht warum, aber es muß wohl so sein, wenn die Mutter das sagt. Oder jemand würde zu mir sagen: »Frag nicht so dumm«, dann würde ich glauben, ich sei nicht klug, und würde aufhören zu fragen, um meine Dummheit nicht zu zeigen. Durch solche Verhaltensmaßregeln wird das Selbstwertgefühl des Kindes zerstört, es traut sich nichts zu und wird ein braves Kind, das alles tut, was man von ihm verlangt.

Mir fiel aber noch etwas auf. Ich beobachtete die Unfähigkeit zu loben. Die Juden neigen dazu, die Leistungen ihrer Kinder überzubewerten, die Deutschen, sie unterzubewerten. Wenn ein Kind ein Bild malt, so ist eine typische Reaktion einer jüdischen Mutter: »Einmalig, wunderschön«, die der deutschen Mutter: »Das hast du fein gemacht, aber hier hättest du noch ein bißchen schöner ausmalen können.« In dem Lob steckt immer ein wenig Kritik und diese Kritik bewirkt, daß das Kind Angst bekommt, etwas falsch zu machen, und sich furchtbar viel Mühe gibt, ja alles richtig zu machen. Woher weiß es aber, was richtig oder falsch ist? Das sagen einem zuerst die Eltern, dann der Lehrer, dann der Vorgesetzte. Das sagen einem das Gesetz und die Verordnung. Und jeder trachtet danach, alles genau auszuführen, damit man ihm nicht vorwerfen kann, etwas falsch gemacht zu haben. Und wenn etwas unklar ist, dann ruft man sofort nach einer neuen Verordnung.

Nun komme ich zu der Sache mit dem Radikalenerlaß. Eigentlich könnte mir der Radikalenerlaß gleichgültig sein. Ich bin nicht radikal, und ob nun einige Kommunisten im öffentlichen Dienst arbeiten oder nicht, ist mir egal. Aber es faszinierte mich, mit welcher Genauigkeit und Gründlichkeit plötzlich nach Radikalen gesucht wurde, und das Entsetzlichste daran ist, daß der Beamte, der überprüft, das in der Regel nicht tut, weil er ernsthaft glaubt, er hätte einen Radikalen vor sich, sondern weil es eine Verordnung gibt, die vorschreibt, die Verfassungstreue ist nachzuprüfen. Er würde bei seinem eigenen Bruder die Verfassungstreue mit dem Argument: »Ich weiß zwar, daß du kein Radikaler bist, aber ich muß der Vorschrift Folge leisten« nachprüfen. Und genauso war es im Dritten Reich. Der Direktor, der den jüdischen Lehrer aus dem Schuldienst entlassen hat, sagte nicht: »Ich kann Juden nicht ausstehen«, sondern: »So ist die Vorschrift, und ich muß ihr Folge leisten«. Brav sind die Deutschen immer noch. In dem Punkt haben sie sich nicht geändert.

Wie ist das aber mit der Vergangenheitsbewältigung? Häufig habe ich gehört, die deutsche Jugend sei nicht genügend aufgeklärt. Was ich allein im Fernsehen über die Verbrechen im Dritten Reich gesehen habe, genügt, um mehr als aufgeklärt zu sein. Wenn Bundeswehrsoldaten Judenverbrennung spielen, dann sind sie aufgeklärt, wenn Schüler Witze über die Vergasungen reißen, dann wissen sie doch, was ihre Väter gemacht haben. Und wenn ich mich erinnere, wie Schüler reagieren, wenn man über den Nationalsozialismus sprechen will: »Schon wieder das leidige Thema, es reicht uns langsam«, dann ist Aufklärung überflüssig.

Wie kommt es aber, daß es trotzdem eine Nostalgiewelle gibt, daß die Flohmärkte voll von Naziemblemen sind und daß auch viele junge Deutsche einen »kleinen Hitler« herbeisehnen? Diese Fragen haben mir meine Schüler beantwortet. Durch ihre Erziehung sind sie vollkommen verunsichert. Sie haben das Gefühl, dumm zu sein, nichts zu verstehen, und sind voller Minderwertigkeitskomplexe. Nicht alle, aber die meisten. Und nun stelle ich mir vor, einem so verunsicherten Menschen erzählt man: »Du gehörst zur Herrenrasse, und der jüdische reiche Kaufmann oder Professor ist ein Untermensch«, und plötzlich ist Lieschen Müller, die sich nicht traut, den Mund aufzumachen, ein Herrenmensch. Und alle bestätigen das. Der Wissenschaftler, der eine Arbeit über die Vortrefflichkeit der arischen Rasse schreibt, der Lehrer, der in der Schule Rassenkunde betreibt und nachweist, daß blondes Haar ein erlesenes Merkmal ist, der Beamte, der den Ariernachweis überprüft. Das alles genügt aber noch nicht. Der reiche jüdische Kaufmann wäre dann immer noch der reiche jüdische Kaufmann. Also muß man ihm sein Vermögen wegnehmen, man muß ihn demütigen und quälen, damit man dem eigenen schwachen Selbstbewußtsein beweist, der ist ja wirklich ein Untermensch. Zum Leidwesen der Herrenmenschen dauerte diese Herrlichkeit nur zwölf Jahre und dann war es aus. Der Krieg war verloren, und der Herrenmensch stand als dämliche Bestie da.

Zwar wurde von heute auf morgen alles demokratisch, nur die Erziehung änderte sich nicht. Ordnung, Gehorsam und Fleiß sind nach wie vor wichtige Erziehungsgrundsätze, Widerspruch ist unerwünscht. Nach wie vor wird das Kind mehr getadelt als gelobt und kann kein Selbstbewußtsein entwickeln. Einer, der kein Selbstbewußtsein hat, muß andere verachten; indem er den anderen verachtet, redet er sich ein, etwas Besseres zu sein. »Türken sind Knoblauchfresser«, wird verächtlich behauptet. Es mag sein, daß Türken viel Knoblauch essen, aber was ist denn so schlimm daran? »Italiener sind laut«, ich bin davon überzeugt, daß Italiener lauter sind als Deutsche, aber was ist denn am Leisesein so gut?

Solange so ein braver, ängstlicher, nur seine Pflicht tuender Mensch Arbeit hat, kann er ein wenig Anerkennung im Beruf erlangen. Verliert er seine Arbeit, dann verliert er seinen Halt. Und dann braucht er wieder etwas, das ihn stärkt. Und was stärkt besser als die Einbildung, Deutschsein ist etwas besonders Gutes und ein deutscher Herrenmensch ist etwas ganz Ausgezeichnetes? So erkläre ich mir, daß 1966, zur Zeit der Rezession, die NPD einen so hohen Stimmengewinn erzielen konnte und zur Zeit der Jugendarbeitslosigkeit eine Zunahme von neofaschistischen Aktivitäten bei Jugendlichen zu beobachten ist.

Die Deutschen beteuern immer, daß es keine Kollektivschuld gäbe. Ich kenne den Begriff Kollektivschuld von zu Hause her nicht und würde nie behaupten, daß es so etwas gibt. Aber es kommt mir vor, als gäbe es hier ein Minderwertigkeitsgefühl und eine Angst auf einer so breiten Basis, daß man schon fast von einer Kollektivangst reden kann, und die außerordentliche Perfektion und Gründlichkeit auf allen Gebieten dient dazu, diese Minderwertigkeitsangst zu verstecken. Deswegen gibt es wenig individuelle Kritik, denn um Kritik zu üben, muß man selbstbewußt auftreten und darf nicht zu viel Angst haben. Selbstverständlich gibt es auch hierzulande kritische Menschen. Es gab sie zu Zeiten des Nationalsozialismus ebenso wie heute, aber damals saßen sie in den Konzentrationslagern, und heute haben sie Schwierigkeiten, in den öffentlichen Dienst zu gelangen. Ich bin heute nicht mehr bereit, um der paar Ausnahmen willen, den Deutschen zu bescheinigen, ihr habt euch geändert.

Und wenn ich beobachte, wie alle Versuche, in der Erziehung etwas zu verändern, scheitern, wie durch immer neue Gesetze, Erlasse und Verordnungen der Freiraum der Menschen hier eingeengt wird und wie reibungslos und brav jede Anweisung nach wie vor befolgt wird, dann sehe ich, wie recht das alte Sprichwort hat: »Der Apfel fällt nicht weit vom Stamm.«

Bruno Frei

Das Feindbild

Bruno Frei, geboren 1897 in Bratislava; lebt in Wien. Seit 1924 Mitarbeiter der »Weltbühne«; 1929 bis 1933 Chefredakteur der Zeitung »Berlin am Morgen«; im Exil als Autor und Journalist. Mitarbeit am »Braunbuch«. Von 1934 bis 1936 Chefredakteur des »Gegenangriff«, 1936 bis 1938 des Pariser Volksfront-Organs »Deutsche Informationen«, 1941 Mitbegründer der Zeitschrift »Freies Deutschland« in Mexiko. 1947 Rückkehr nach Österreich: Chefredakteur des »Abend«, Mitherausgeber – zusammen mit Ernst Fischer – des »Tagebuch« bis 1966. Veröffentlichungen: »Carl v. Ossietzky – eine politische Biographie«, »Der Papiersäbel« (Autobiographie), »Sozialismus und Antisemitismus«.

Tausend Jahre und ein Tag – mit solchem Zahlengleichnis ist die Aufgabe zu umschreiben, des Antisemitismus in der BRD Herr zu werden. Eine schwierige, aber nicht unlösbare Aufgabe. Freilich, man muß den Berg kennen, will man ihn bezwingen. Bewußtmachen des Verdrängten ist die Voraussetzung der Heilung jeder Neurose. Der Deutsche auf der Couch muß, was geschehen ist, ohne Beschönigung aussprechen. Auschwitz ist von Deutschen ersonnen, geplant, durchgeführt worden. Ist ein italienisches Holocaust vorstellbar? Und doch war Italien ein Modell des Hitlerstaates. Sind die Deutschen von Natur aus anders als die anderen? Grausamer?

Der Jude war (und ist) Feindbild in zahlreichen Ländern. Diskriminierung der Juden ist ein weitverbreitetes, zeitbeständiges Phänomen. Aber nur in Deutschland wurde die Endlösung gedacht und getan. Warum?

Soll die Antwort den Anforderungen wissenschaftlichen Denkens entsprechen, muß sie aus der Sozialgeschichte abgeleitet werden, nicht aus der Biologie. Diejenigen, die behaupten, die Deutschen seien im Gegensatz zu anderen Völkern von Natur aus Holocaustanfällig, sind nicht weit vom Rassenwahn entfernt, von dem frei zu sein sie sich brüsten.

Das Feindbild ist so alt wie unsere Zeitrechnung. Entworfen haben es die Kirchenväter der ersten Generation der staatgewordenen

Frühkirche. In ihrem heiligen Bekehrungseifer warfen sie die Juden, die sich weigerten den neuen Glauben anzunehmen, in die unterste Hölle. Die Juden, die es bleiben wollten, wurden satanisiert, dämonisiert, verworfen. Verachtung und Erniedrigung wurden institutionalisiert, die Juden der tödlichen Beschuldigung des Gottesmordes ausgesetzt. Der hlg. Johannes Chrysostomos, griechischen Ursprungs, predigte: »Die Synagoge ist ein Bordell, eine Diebshöhle, ein Schlupfwinkel für wilde Tiere, eine Wohnung der Dämonen.« (Isaac.) Das Feindbild war geprägt für alle Zeiten. Maßstab für die Ketzerrichter der hlg. Inquisition – aber auch für den abtrünnigen Mönch Martin Luther. In seiner Schrift »Von den Jüden und ihren Lügen« (1542) forderte Luther die Christen auf, die Synagogen zu verbrennen, die Häuser der Juden zu zerstören, sie des Landes zu verweisen. Wie sollte ein Bauer in Tirol, ein Landsknecht in Thüringen das von Kanzelrednern beider christlicher Konfessionen vorgeprägte Bild vom jüdischen Teufel anzweifeln?! Zumal die weltlichen Herren die Juden, als Feinde von Ordnung und Sitte, nur als Fremde duldeten, sofern sie es nicht vorzogen, sie zu vertreiben. Das Feindbild war fester Bestandteil des Volksbewußtseins wie die Zehn Gebote. Für den völkischen Antisemiten in Deutschland war der Jude »der ewige Feind des germanischen Bauern, die Gegenkraft, die seit zwei Jahrtausenden das echte Deutschtum unterwühlte«. (Cohn.)

Die Gleichstellung der Juden ist in der BRD Verfassungsrecht; aber ist damit das Feindbild verschwunden? Der Antisemitismus, aus dem pays légal verbannt, nistet sich im pays réal ein, von niemand gehindert. Hätte der Judenhaß Hitlers in Deutschland so rasch millionenfaches, machtschaffendes Gewicht erhalten, wäre er nicht vorgebildet gewesen, dem Aufwind widerstandslos preisgegeben? Was Jahrhunderte im Volksbewußtsein vorgebildet haben, Attribut der Herrschenden in Staat und Kirche, hat der Nationalsozialismus, dem Zeitgeist zuwider, manifest gemacht.

Der Judenhaß wurde von den Nazis nicht erfunden, sondern legalisiert, aktualisiert, ohne nennenswerte Gegenwehr zur Staatsdoktrin erhoben. Es stellt sich die Frage nach der Herkunft des Feindbildes, genauer nach den Ursachen seiner deutschen Giftigkeit. Sind die Deutschen als Judenhasser geboren? Bringen Deutsche Mütter zukünftige Endlöser zur Welt?

Rassenlehre, Blutmythos sind uns fremd wie jede Spielart des Okkultismus. Forschen wir nach den Ursachen eines gesellschaftlichen Phänomens – niemand kann bestreiten, daß der Antisemitismus ein gesellschaftliches Phänomen ist –, muß die Antwort im Bereich gesellschaftlicher Zusammenhänge gesucht werden. Der deutsche Antisemitismus mit seiner zur Endlösung neigenden Vehemenz hat seine Ursache in der deutschen Geschichte.

Der vorhitlerische Antisemitismus ist in den Jahrhunderten deutscher Geschichte verwurzelt. Ihr Verlauf zeigt, im Vergleich zur Geschichte der westeuropäischen Demokratien, abnormale Züge. Die Anatomie der deutschen Geschichte ist Pathologie.

Die Deutschen haben sich wie Franzosen, Engländer, Holländer, Italiener gegen feudale Strukturen erhoben, als die Zeit reif war, d.h., als die Produktivkräfte durch Erfindungen und Verbindungen die mittelalterliche Gesellschaft sprengten. Aber anders als bei anderen Völkern endeten die Erhebungen der Deutschen in Niederlagen. Die alten, überlebten, reaktionären gesellschaftlichen Kräfte gingen aus den revolutionären Kämpfen deutscher Bauern und Arbeiter siegreich hervor. Die Fürsten schlugen die Bauern 1526 bei Frankenhausen blutig aufs Haupt; die Bürger sahen untätig zu, wie die fürstlich-feudale Herrenschicht ihre Vormacht festigte, was die Städte teuer zu stehen kommen sollte. Der plebejisch-proletarische Aufstand von 1848 in Berlin und Baden führte, anders als in Frankreich, nicht zum Sieg der bürgerlichen Freiheit, sondern zur Befestigung der preußischen Königsmacht. 1918 ging zwar der Kaiser, aber die Generäle blieben, freilich mit Hilfe eines Noske. Am Ende waren Hindenburg und die preußischen Junker, im Bunde mit Schwerindustrie und Hochfinanz, Herren der Weimarer Republik.

Hitler erntete die Früchte der Niederlagen von 1526, 1848 und 1918. Das reaktionäre Preußentum hatte über ein nie zur Demokratie gereiftes Deutschland gesiegt. Was Marx und Engels die »Deutsche Misere« nannten, bahnte letztlich der Endlösung den Weg.

In Preußen-Deutschland blieb das Mittelalter trotz technisch-wirtschaftlicher Modernität dominierender Überbau, damit zugleich der Antisemitismus, verdichtet zum Feindbild. Alter Wein in neuen Schläuchen, Rauschgift für die Massen.

Ein paar Farbflecken.

Im Zuge der Kämpfe, die Markgraf Friedrich II. von Brandenburg gegen die märkischen Städte führte, wurde nicht nur die städtische Autonomie vernichtet, womit der unheilvolle Aufstieg der junkerlichen Herrenschicht begann, zugleich wurden auch die Juden aus Brandenburg vertrieben.

Mit der Einführung der Reformation in Brandenburg gestattete

Kurfürst Joachim II. wieder die Judenansiedlung. Ja, er anver-
traute dem Hofjuden Lippold das Amt eines Münzmeisters. Beim
Tode des Kurfürsten betrug die Staatsschuld, wie der Chronist
berichtet, 2 600 000 Taler. Der neue Herr Johann Georg sanierte
die Staatsfinanzen, nach einer bereits bestehenden Tradition, dadurch, daß er dem märkischen Adel gewaltige Privilegien verlieh,
wofür dieser die hinterlassenen Schulden Joachims übernahm. Es
war nicht schwer, denn bezahlen sollten schließlich die Bauern.
Zugleich mit der Ausdehnung der gutsherrlichen Privilegien be-
fahl Johann Georg die Vertreibung der Juden aus Brandenburg.
Der Jude Lippold wurde geviertelt und sein Vermögen beschlagnahmt.
Das ging so weiter von Kurfürst zu Kurfürst, von König zu König.
Friedrich II., den Voltaire ironisch »den Großen« nannte, löste die
Judenfrage großzügig. Er verordnete die Gesamthaftung der Juden
für die Abgaben, trug ihnen die Zwangsausfuhr von königlichem
Porzellan auf und schuf die Kategorie der »Schutzjuden«; diese
hatten kein Einwohnerrecht, aber sie durften sich den Aufenthalt
auf preußischem Boden erkaufen.
Die »Französische Revolution«, Künderin der Menschenrechte,
fand in Deutschland nicht statt. Die deutschen Dichter und Denker, enttäuscht über das Ausbleiben der Revolution, flüchteten in
die Bezirke der Innerlichkeit. Heine, in seinem großen Deutsch-
land-Poem wußte um die Erbsünde des deutschen Volkes, das vor
der »Tat seiner Gedanken« immer wieder zurückwich, um im
Luftreich der Träume die Herrschaft auszuüben.
Als 1792 die französische Revolutionsarmee unter Custine das
linke Rheinufer besetzte, brachte sie den Juden von Mainz,
Speyer, Worms, Köln die Gleichberechtigung. Im Königreich
Westfalen und im Großherzogtum Frankfurt, überall wo die Armee Napoleons kommandierte, erhielten die Juden das Bürger-
recht. Es bedurfte der Katastrophe von Jena und Auerstedt (1806),
um in Preußen demokratische Reformen zu ermöglichen. Am
11.3.1812 wurde von Friedrich Wilhelm III. das Emanzipationsedikt unterzeichnet. Die Juden wurden preußische Staatsbürger
(nur Beamte durften sie nicht werden). Die preußischen Juden
verdankten die Gleichberechtigung, wenn auch nicht die volle, der
Fernwirkung der französischen Revolution, den Siegen der napoleonischen Armeen.
Aber das Glück währte nicht lange. Bald war es soweit, daß die
Feudalherren aus ihren ostelbischen Rittergütern, wo sie auf gut
Wind gewartet hatten, wieder hervorkamen. Die Junker, ange-

führt von dem Herrn von der Marwitz und dem Grafen Finkenstein schickten sich an, so rasch wie möglich den »revolutionären Schutt« wegzuräumen und die »gute alte Zeit« wiederherzustellen. Eine der ersten Voraussetzungen war die Aufhebung des Emanzipationsediktes. Die Reformer hätten »aus dem ehrlichen brandenburgischen Preußen einen neumodischen Judenstaat gemacht«, hetzte von der Marwitz.

1815 hatte die Reaktion alle Positionen zurückgewonnen, die sie vorübergehend verloren hatte.

Der jüdische Historiker Simon Dubnow (1860-1941) bringt den Zustand, den wir mit dem Symbol »Feindbild« meinen, in vornehm-wissenschaftliche Redeweise. Auch nachdem die jüdische Gleichberechtigung ausdrücklich anerkannt worden war, sei sie von zwei Seiten her schwerster Bedrohung ausgesetzt gewesen: bald sei es die auf die Revolution folgende Reaktion, die zusammen mit den abgetrotzten Freiheiten auch die politische Gleichberechtigung zunichte machte, »bald wieder die christliche Bevölkerung, die sich der praktischen Durchführung der jüdischen Gleichberechtigung in den Weg stellte«; ohne daß die Gleichberechtigung de jure aufgehoben worden wäre, sei ihre Verwirklichung de facto in jeder Weise gehemmt worden. »Während jedoch die politische Reaktion in der Regel nur kurzlebig war . . . zeichnete sich die soziale Reaktion, der Widerstand, den die christliche Umwelt der Verwirklichung der gesetzlich bereits sanktionierten Emanzipation entgegensetzte, durch viel größere Zähigkeit aus.«

Was der Historiker »soziale Reaktion« nennt, ist das »Feindbild«, das unfaßbare, irrationale.

In den Jahrzehnten nach der Französischen Revolution pendelte die jüdische Existenz in Deutschland zwischen Duldung und Verfolgung, zwischen formaler Gleichberechtigung und praktischer Diskriminierung.

Die patriotische Welle der deutschen Freiheitskriege gegen Napoleon bedrohte, so kurios das erscheinen mag, die Keime der kaum gewährten Judenemanzipation. Wiewohl sich jüdische Jugendliche in nicht geringer Anzahl den patriotischen Studenten angeschlossen hatten, richtete sich der Hauptstrom der patriotischen Bewegung gegen alles, was seine Entstehung der napoleonischen Besetzung verdankte. Natürlich auch gegen die Emanzipation. Die Juden waren schon darum verhaßt, weil sie ihre Freiheit den Siegen der Revolution und den napoleonischen Gesetzen verdankten.

In der reaktionären Atmosphäre, die auf die Befreiung folgte, wurde es zum Volkssport, auf die Juden loszuschlagen, vorerst im

Bereich von Theater und Literatur sowie in der Aula der Universität, schließlich im Bereich der staatlichen Verwaltung. Wieder war die »Judensteuer« da, das »Fremdenrecht«, ja sogar der Judenstern (Volksschleife genannt). Die Formel vom »christlich-deutschen Staat« prägte den Zeitgeist.

Im August 1819 war es soweit. Die Geister waren vorbereitet. Der aufgestaute Judenhaß mußte sich entladen. Die romantische Sehnsucht nach dem Mittelalter wurde Praxis. Im August 1819 zogen durch die Straßen deutscher Städte Pöbelhaufen mit dem Rufe »Hepp, hepp; Juda verreck!«. Es war alles da: einbrechen in die Häuser der Juden, die Bewohner mißhandeln, Möbel kurz und klein schlagen, die Juden aus der Stadt hinausjagen. Die Ausschreitungen nahmen ihren Anfang in der bayrischen Universitätsstadt Würzburg. Die Bewohner dieser Stadt stürmten die Geschäfte der Juden, warfen die Waren auf die Straße, und als sich die Überfallenen mit Stöcken und Steinen zur Wehr setzten, geriet die Menge vollends in Raserei und metzelte die Juden nieder. Erst das herbeigeholte Militär machte dem Blutvergießen ein Ende.

Zu ähnlichen Ausschreitungen kam es auch in Bamberg und in anderen bayrischen Städten. Von dort griff die Bewegung auf Baden über. Auch die Straßen von Karlsruhe, Heidelberg und Mannheim hallten wider von dem Ruf »Hepp, Hepp!«.

Besonders günstigen Boden fand die Hepp-hepp-Bewegung in Frankfurt. Hier kam es zu Schießereien, da die Juden sich bewaffnet hatten. Es gab Verwundete auf beiden Seiten.

Der Bundestag wurde schließlich einberufen. Der Beschluß wurde gefaßt, die Ordnung mit Waffengewalt wiederherzustellen. (Dubnow.)

Das war die »Reichskristallnacht« von 1819.

Das Feindbild im Volke und das Feindrecht im Staate bilden die zwei Seiten der Permanenz des Antisemitismus in Deutschland. Die kochende Volksseele macht das Emanzipationsedikt von 1812, das dem König von Preußen in der napoleonischen Ära abgezwungen worden war, zu einem Fetzen Papier. Der Sieg der Verbündeten über Napoleon brachte den deutschen Fürsten Freiheit, den Juden Drangsal..

Erst die neue revolutionäre Welle von 1830, nach den Junikämpfen in Paris, und vor allem die Revolution von 1848 haben die Gleichberechtigung der Juden wieder auf die Tagesordnung gesetzt.

Dem frischen Windzug, der infolge der Französischen Revolution und der Siege Napoleons kurzfristig über Deutschland fegte, verdanken wir den Frühsozialisten Moses Heß. Ein Talmud-Schüler, der im Kreise von Marx und Engels eine bedeutungsvolle, wenn auch vielverkannte Rolle spielte.

Heß träumte von einem sozialistischen Judenstaat. Die deutschen Bürgerjuden, seine Zeitgenossen, wollten davon nichts wissen. Zu den Ostjuden, wo Heß gehört worden wäre, drang seine Stimme nicht. Heß hat mit seinem jüdischen Bekenntnis, ausgelöst durch den Pogrom in Damaskus, nichts preisgegeben, nicht den Sozialismus, nicht die Internationale. Am Ende seines Lebens gehörte er dem Fußvolk der neugegründeten Sozialdemokratischen Partei an, der Partei Bebels und Liebknechts.

Die revolutionäre Gärung, die 1848 ganz Europa erschütterte, hatte in Preußen bereits einige Jahre vorher den König gezwungen, einen Landtag einzuberufen, der die Aufgabe hatte, kleine Zugeständnisse an das Neue zu machen, um das Alte zu retten.

Zu Beginn seiner Session ging dem Ersten Vereinigten Landtag der Entwurf einer Verordnung zu, »die Verhältnisse der Juden betreffend«, dessen erster Paragraph den Juden neben gleichen Pflichten gleiche bürgerliche Rechte einräumte. In der Sitzung vom 15.6.1847 trat der Abgeordnete Otto von Bismarck auf die Tribüne, um den Entwurf als ein Attentat auf das Preußentum anzugreifen. Ironisch meinte der Redner, er habe gewisse mittelalterliche Vorurteile mit der Muttermilch eingesogen: dazu gehöre, daß der christliche Staat aufhöre, ein solcher zu sein, wenn die Juden in ihm Beamtenstellen einnehmen dürften. »Für mich sind die Worte ›von Gottes Gnaden‹, welche christliche Herrscher ihrem Namen beifügen, kein leerer Schall . . . wenn ich mir als Repräsentanten der geheiligten Majestät des Königs gegenüber einen Juden denke, dem ich gehorchen muß, so muß ich bekennen, daß ich mich tief gedemütigt und gebeugt fühlen würde, daß mich die Freudigkeit und das aufrechte Ehrgefühl verlassen würden, mit welchen ich jetzt meine Pflichten gegen den Staat zu erfüllen bemüht bin.« Nachdem Bismarck noch einige judenfeindliche Anekdoten zum besten gegeben hatte, wurde der Antrag trotz der heftigen Gegenwehr der liberalen Abgeordneten abgelehnt. (Droysen.)

Der rechtskonservative Abgeordnete Bismarck, der spätere Reichskanzler, hatte mit Erfolg bestritten, daß »die Emanzipation der Juden ein Fortschritt« sei. Sein Verhalten enthüllt auf feine Art das Feindbild, das allgegenwärtige.

Bis zum Jahre 1866 setzte das liberale Bürgertum in Preußen trotz der erlittenen Niederlage den Kampf gegen die junkerlich militaristische Reaktion, wenigstens auf parlamentarischem Boden, fort.

Aber nach Königgrätz (1866) siegte das Blut- und Eisenprinzip auch innenpolitisch über den Liberalismus.

Der von Preußen geleitete Norddeutsche Bund beschloß im Gesetz vom 3.7.1869 die Aufhebung aller Beschränkungen der staatsbürgerlichen Rechte der Juden, aber die Bismarcksche Politik nach dem deutsch-französischen Krieg beruhte auf der Spaltung und Schwächung aller fortschrittlichen Kräfte und auf der Schaffung eines aus Konservativen und Nationalliberalen bestehenden reaktionären Blocks zur Stützung des spät gekommenen und deshalb doppelt aggressiven deutschen Imperialismus. Diese Politik war antidemokratisch, antisozialistisch und antisemitisch; antisemitisch, um ihren antidemokratischen und antisozialistischen Charakter zu maskieren.

Einer der Wortführer des jungen deutschen Imperialismus, Verherrlicher des reaktionären Preußentums, Heinrich von Treitschke, begann die Attacke um 1879 mit dem Satz: »Die Juden sind unser Unglück.« Eugen von Dühring, von Engels gestäupt, entwickelte 1891 in seinem Machwerk »Die Judenfrage als Rassen-, Sitten- und Kulturfrage« Ideen, die Alfred Rosenberg nur abzuschreiben brauchte, um die nazistische Rassenlehre fertig zu präsentieren. Von da zur Endlösung führt ein gerader Weg.

Eine seltsame Erscheinung in dieser Reihe ist Wilhelm Marr, Sohn eines jüdischen Schauspielers, der in seinen Schriften vor dem »Sieg des Judentums über das Germanentum« warnte. Er ist der Erfinder des Wortes Antisemitismus (1879). Auf dem Internationalen Antisemitenkongreß in Dresden führte Hofprediger Stöcker das Wort; er hatte in Berlin den Christlichsozialen Arbeiterverein gegründet mit den Merkmalen jener sozialen Demagogie, die später Hitler zur Meisterschaft entwickeln sollte. Im Zusammenhang mit dem Petitionssturm, den die Antisemiten organisierten, ereigneten sich 1881 in Brandenburg und Pommern pogromartige Überfälle auf Juden, Mißhandlungen und Plünderungen.

Um diese Zeit (1873) war die Wirtschaftskrise ausgebrochen. Die antisemitische Agitation, gefördert von den ostelbischen Junkern und von der rheinisch-westfälischen Stahlindustrie, fand Massengehör. 1878 stellte sich Bismarck vom Freihandel auf Schutzzoll um, was die Massen in Bewegung brachte. Der Eiserne Kanzler antwortete mit dem Sozialistengesetz (1878); wieder war eine antisemitische Hetze die Folge.

Bismarck ließ die antisemitische Kampagne in Deutschland gewähren, das hinderte den »Realpolitiker« jedoch nicht, auf dem

Berliner Kongreß für die Juden in Rumänien einzutreten. Auf solche Weise schuf er einen Vorwand für die deutsche Intervention auf dem Balkan.

Die antisemitische Agitation des Hofpredigers Stöcker hatte sowohl die Unterstützung der Konservativen und deren Partei, welcher Stöcker angehörte, als auch der Katholiken: sie wurde zu einem wesentlichen Faktor der imperialistischen Massenbeeinflussung in den entscheidenden Jahren, da Deutschland seinen Kampf um den »Platz an der Sonne« begann. 1888 schlossen sich die protestantischen Kirchen der Hetze an; sie organisierten mit Hilfe der Studenten den Boykott jüdischer Geschäfte. Rektor Hermann Ahlwart (und viele andere) predigten den Kampf auf Leben und Tod zwischen Ariern und Juden. 1891 hatte der Kolonialabenteurer Karl Peters den »Alldeutschen Verband« gegründet; der Antisemitismus wurde zu einem Bestandteil der alldeutschen Ideologie und Politik, gefördert von allen Kreisen, die an der militärischen und imperialistischen Politik des Reiches interessiert waren. 1892 konnte in der preußischen Stadt Xanten, im Regierungsbezirk Düsseldorf, noch ein regelrechter Ritualmordprozeß durchgeführt werden, und 1893 wurden 16 Abgeordnete mit einem antisemitischen Programm in den Reichstag gewählt.

Das Faktum, daß der Antisemitismus in Preußen seit Jahrhunderten endemisch ist, wirft das Problem der Genealogie des Hitlerismus auf. Der österreichische Antisemitismus mit seinem Januskopf, auf der einen Seite der christlichsoziale Lueger, auf der anderen der deutschvölkische Schönerer, brachte kein Auschwitz zustande. Der Schönerer-Jünger Adolf Schickelgruber aus Braunau mußte nach Preußen-Deutschland gehen, um die Massen zu finden, die, vom preußischen Antisemitismus gut vorbereitet, seiner Bewegung die nötige Schwungkraft verliehen. Der Österreicher Adolf mußte nach dem verpreußten Deutschland, um den zackigen Hitlergruß zu erfinden. Hitler stammte von Schönerer ab, aber Schönerer selbst ist ein Schüler der deutschnationalistischen Judenhasser Treitschke und Dühring. Es war das reaktionäre Preußentum, verkörpert in Hindenburg, den ostelbischen Junkern, den Stahlmagnaten der rheinisch-westfälischen Konzerne, die den Österreicher Adolf auf dem Höhepunkt der Wirtschaftskrise zum deutschen Adolf Hitler machten. Es fiel den Königsmachern nicht schwer, aus dem Amalgam preußischer Antisemitismus – Schönerer – Lueger den »Führer« zu machen, den wir erlebt haben. Der verklemmte Asylbewohner von Wien grübelte über die Juden; Preußen aber träumte von der Weltherrschaft; heraus kam die Endlösung.

Gab es im deutschen Bereich keine soziale Kraft, fähig und willig, dem Feindbild systematisch und tatkräftig entgegenzutreten? War nicht die Sozialdemokratische Partei, ihrem Grunde nach, zu Fortschritt und Gleichberechtigung verpflichtet? Wie verhielt sich die Partei Bebels und Liebknechts zum Antisemitismus? Nach dem Fall des Sozialistengesetzes (1890) wurde sie von Jahr zu Jahr mächtiger, eine Hoffnung aller Deutschen, die ein neues Morgen erwarteten. Längst hatte die Sozialdemokratische Partei Deutschlands den bürgerlichen Liberalismus an die Wand gedrückt. War nicht sie die Kraft, berufen, den Antisemitismus als Instrument der Reaktion zu entlarven?

Der Historiker muß, nicht ohne bittere Gefühle (sofern Gefühle einem Historiker zukommen), feststellen: die deutsche (und österreichische) Sozialdemokratie verhielt sich zum Antisemitismus lauwarm: Assimilation war Ideal und Praxis. Das Leitbild schuf Karl Kautsky mit seinem Buch »Rasse und Judentum«.

Lassen wir die eindrucksvolle Ahnenreihe der Sozialisten mit antisemitischem Hintergrund beiseite (Edmund Silberner: »Sozialisten zur Judenfrage«, Berlin 1962), so bleibt die schlimme Wahrheit: die tödliche Gefahr des Antisemitismus für Freiheit und Sozialismus wurde von den Sozialdemokraten nicht erkannt. Die Grundhaltung war: verbale Ablehnung und praktische Neutralität.

Am deutlichsten tritt das bei dem österreichischen Sozialistenführer Viktor Adler in Erscheinung.

Die junge Sozialdemokratische Partei Österreichs mußte gegen zwei Seiten zugleich ankämpfen: gegen Luegers Christlichsoziale und gegen deren Feinde, die Liberalen. Viktor Adler wollte unter allen Umständen verhindern, daß seine Partei »als Judenknechte« verteufelt werde. Die Abgrenzung zu den Liberalen war einfach: die Liberalen waren die Partei der Kapitalisten, der jüdischen wie der nichtjüdischen. Aber die zwei Massenbewegungen, gegen welche die Sozialdemokraten kämpfen mußten, waren beide antisemitisch: die christlichsoziale und die völkische. Beide rivalisierten, um in den Reihen der Arbeiter Anhänger zu gewinnen. Viktor Adler wollte gewiß seine Partei vor dem Gift des Antisemitismus schützen, aber zugleich wollte er verhindern, daß der Philosemitismus in ihren Reihen einreiße. Viktor Adler wollte, daß die Sozialdemokratie weder philo- noch antisemitisch werde, sondern neutral bleibe. Am deutlichsten kommt dieser Standpunkt der Standpunktlosigkeit in einem Artikel Viktor Adlers in der »Gleichheit« (Januar 1889) zum Ausdruck: »Die österreichischen Arbeiter wollen weder jüdische noch christliche Ausbeuter, und sie werden es nicht erlauben, daß man sie als Prellbock weder für noch gegen die Juden mißbrauche.«

Die Haltung Viktor Adlers begünstigte unter den Wiener Arbeitern die Verbreitung der Irrlehre, der Antisemitismus sei eine Form des Antikapitalismus. Hitler hat es bekanntlich verstanden, diese »Theorie« gründlich auszuwerten. Indem Viktor Adler die Arbeiter warnte, sich an der Seite der Juden in ihrem Kampf gegen den Antisemitismus bloßzustellen, förderte er in Wirklichkeit den Antisemitismus.

Angesichts solcher Zweideutigkeit hielt es Friedrich Engels für nötig einzugreifen. In einem am 8.5.1890 in der Wiener »Arbeiterzeitung« erschienenen Artikel warnte Engels: »Der Antisemitismus ist nichts anderes als eine Reaktion mittelalterlicher, untergehender Gesellschaftsschichten gegen die moderne Gesellschaft, die wesentlich aus Kapitalisten und Lohnarbeitern besteht, und dient daher nur reaktionären Zwecken unter scheinbar sozialistischem Deckmantel.« Mit dieser Erklärung warnte der Freund von Karl Marx die österreichischen Arbeiter: zum Antisemitismus kann es keine Neutralität geben.

Das gilt auch für die Bundesrepublik. So gering heute die Zahl der Juden in der Bundesrepublik sein mag – Problem und Aufgabe bleiben bestehen, unbeschadet der Größe oder Kleinheit des jüdischen Bevölkerungsanteiles. Das Problem des Antisemitismus ist ein grundsätzliches und die Aufgabe seiner Bekämpfung eine permanente.

Es gibt auch Antisemitismus in Ländern ohne Juden. Das Feindbild ist nicht abhängig von der Statistik. Jean Paul Sartre hat die gültige Formel geprägt: »Der Jude ist der Mensch, den die anderen als solchen betrachten.«

Die emigrierten deutschen Juden, die nach 1945 nach Deutschland zurückkehrten, handelten so, weil sie in Deutschland ihre Heimat sahen. Das ist eine Verpflichtung für Deutsche und Juden: die Verpflichtung, das Feindbild im Bewußtsein der Deutschen auszulöschen. In lauwarmer Haltung kann die Aufgabe nicht gelöst werden, sie erfordert feurige Herzen, unermüdliche Tatkraft.

Die junge Generation und die kommenden Geschlechter gegen den Bazillus des Antisemitismus zu impfen ist ein Vorhaben, an dem die ganze Gesellschaft beteiligt sein müßte. Nicht judenfreundliche Gesetze sind entscheidend, sondern die Ausmerzung des Feindbildes.

Gleichberechtigung kann man nicht dekretieren, sie ist eine Haltung, nicht ein Paragraph. Sie muß gelehrt, gelernt, gelebt werden – als das Selbstverständliche. Solange das Feindbild wirksam ist, bleibt der Antisemitismus bestehen.

Unangreifbar. Ungreifbar.

Judenmörder stehen vor dem Sühnegericht. Sind Geschworene der Aufgabe gewachsen? Das Feindbild behindert den Wahrspruch. Die Ermordeten sind Juden; das allein ist geeignet, den Waagebalken der Gerechtigkeit zu verschieben. Sind sie nicht selbst schuld an ihrem Untergang? In Österreich haben wir erlebt, daß der Freispruch von Judenmördern im Gerichtssaal mit Applaus begrüßt worden ist – wie im Theater. Was sind das für Menschen? Der Mantel der Verjährung soll Ermordete und Mörder gleichermaßen der Vergessenheit überantworten. Der Vorgang ist ungeheuerlich: Judenmorde bleiben ungesühnt, und das Feindbild, der Keim neuer Judenmorde, wird verstärkt.

Das Feindbild ausmerzen – aber wie? Kein Kongreß kann solches bewirken. An keinem Datum kann es als vollbracht angenommen werden, denn es ist ein Prozeß. Generationen werden vergehen, ehe man erste Erfolge wird sehen können. Dennoch, der Anfang muß gemacht werden. Eine pausenlose Erziehung und Selbsterziehung zum Selbstverständlichen wird notwendig sein. Vom Kindergarten bis zum Seniorenklub muß der Jude als Jude angenommen werden. So natürlich muß das Verhältnis von Juden und Nichtjuden werden, unbelastet von Vergangenem und Gegenwärtigem, wie das Verhältnis von Alemannen und Friesen. Schule und Medien sind die Träger des Ausmerzungsvorganges. Wird ein Jude kriminell, werden Juden überheblich, gar schuld an Krieg und Unterdrückung, dann geschehe, was für nichtjüdische Missetäter dieser Art zu geschehen hat. Nicht schwerer zu ahnden, aber auch nicht milder. Gleichberechtigung ohne Feindbild ist erst wirkliche Gleichberechtigung.

Die Aufgabe ist von historischer Tragweite. Sie ist ein Erbe der deutschen Geschichte. Ihre Lösung ist die einzige Garantie einer Zukunft ohne Auschwitz.

Literatur

Franz Mehring: »Zur deutschen Geschichte«, I-II, Berlin 1964.

Simon Dubnow: »Die Geschichte des jüdischen Volkes in der Neuzeit«, VIII-X, Berlin 1925.

Johann Droysen: »Geschichte der preußischen Politik«, I-XIV, 1855/86.

Hermann Cohn: »Die Protokolle der Weisen von Zion«, Köln-Berlin 1969.

Jules Isaac: »Genesis des Antisemitismus«, Wien-Frankfurt-Zürich 1969.

Etty, Peter und Silvia Gingold

Die Antwort heißt Assimilation

Peter Gingold, geboren 1916, kaufmännischer Angestellter. Von 1933 bis 1945 nach Frankreich emigriert; Teilnahme in der französischen Résistance; Mitglied im Internationalen Auschwitz-Komitee.
Etty Gingold, geboren 1913, Sekretärin, jetzt Rentnerin. Teilnahme in der französischen Résistance von 1940 bis zur Befreiung Frankreichs 1944.
Silvia Gingold, geboren 1946, Lehrerin, zur Zeit im Angestelltenverhältnis im hessischen Schuldienst tätig.

Etty und Peter:
Wir gehören zu den ersten Juden, die gleich nach dem Zusammenbruch des Hitlerreiches wieder nach Deutschland kamen. Ich befand mich schon im Juni 1945 in Berlin, und unsere Familie lebt seit Anfang 1946 in Frankfurt a.M. Sicherlich wären wir, nach dem, was geschehen ist, nicht ohne weiteres als Juden wieder nach Deutschland zurückgekehrt. Wir kamen aber als Deutsche zurück. Das Judesein spielte in unserem Leben eine untergeordnete Rolle und hätte mit Sicherheit überhaupt keine Bedeutung und nur in Erinnerungen aus Kindheit und ersten Jugendjahren bestanden, wenn das jüdische Volk nicht dieses fürchterliche Schicksal während der Hitlerjahre hätte erleiden müssen.
Meine Eltern waren mehr oder weniger religiös und hatten auch uns Kinder religiös, wenn auch nicht streng erzogen. Zu Hause wurde die jüdische Tradition gepflegt. Aber all dies hat sich bei mir seit meinem 14. und 15. Lebensjahr allmählich verloren in dem Maße, wie mich sozialistische, marxistische Ideen beeinflußten. Meine Jugendfreunde waren fast nur Nichtjuden, bei denen ich nie Antisemitismus verspürte, obwohl sie wußten, daß ich Jude bin. Für uns war der Antisemitismus unbegreiflich. Unsere jüdische Herkunft hatten wir niemals verborgen oder verleugnet, aber in unserem Leben hätten wir nie so etwas wie eine jüdische Identität verspürt, wenn es nicht Auschwitz, Maidanek und Treblinka gege-

ben hätte, wenn wir nicht das bittere Los des jüdischen Volkes hätten teilen müssen.

Die Eltern mit ihren sechs Kindern, die ganze Familie floh, nachdem der Hitlerfaschismus an die Macht gebracht wurde, in die Emigration nach Frankreich. Zwei meiner Geschwister wurden später nach Auschwitz deportiert. Meine Eltern versteckten wir in einem Vorort von Paris. Das Versteck konnten sie erst nach der Befreiung Frankreichs verlassen. Sie durchlebten ähnliches wie die Eltern der Anne Frank in Amsterdam. Unsere erste Tochter, 1940 beim Einmarsch der Hitlerwehrmacht, in Paris geboren, versteckten wir unter falschem Namen und mit falschen Papieren bei französischen Bauern, um sie vor der Gaskammer zu retten. Meine Frau, meine übrigen Geschwister und ich gingen in die Résistance, in die französische Widerstandsbewegung gegen die faschistische Okkupation.

Unsere jüdischen Freunde und Bekannten konnten nicht begreifen, daß wir nach alledem, was wir durchmachen mußten, was dem jüdischen Volke angetan worden ist, 1945 wieder nach Deutschland gingen. Meine Eltern hatten geschworen, nie wieder deutschen Boden zu betreten.

Wie können wir es erklären, daß es für uns kein Problem war, in dieses Land zurückzukehren? Wir können es nicht anders erklären, als daß wir uns immer als Deutsche fühlten und wir in der schlimmen Zeit der Okkupation durch die Hitlerarmee mit anderen deutschen Antifaschisten an der Seite der französischen Résistance kämpften, um auch ganz bewußt zu demonstrieren, daß man nicht das ganze deutsche Volk mit Hitler gleichsetzen darf, daß es andere Deutsche gibt. Wir repräsentierten sozusagen das andere Deutschland. In diesem Kampf sind viele deutsche Antifaschisten, Nichtjuden und Juden gefallen. Viele sind verhaftet, gefoltert und zum Tode verurteilt worden. Das Überleben meiner Eltern, unseres Kindes, unser eigenes Überleben verdanken wir der Gemeinschaft antifaschistischer Widerstandskämpfer.

Wir sind als deutsche Antifaschisten zurückgekehrt. Für uns war die Rückkehr so selbstverständlich, weil wir tiefe, umfassende Kenntnis hatten von den unbeschreiblichen Leiden und Opfern deutscher Hitlergegner im Inneren des Landes. Von 1933 bis 1939 waren über eine Million Deutsche durch Gefängnisse, Zuchthäuser und Konzentrationslager gegangen, Zehntausende waren durch die Folterkeller der SA und SS geschleift, erschlagen, erschossen, geköpft und gehängt worden. Sie haben ihre »Kristallnächte« erlebt, die mit dem Reichstagsbrand Februar 1933 begannen. Als nach dem 9. November 1938 dreißigtausend Juden in die Konzentrationslager Buchenwald, Dachau, Sachsenhausen u.a. verschleppt wurden, fanden sie dort die Alteingesessenen vor, viele bereits 1933 und 1934 verhaftet, Zehntausende deutsche Antifaschisten, meist Kommunisten, die alles opferten, ihre Existenz und Freiheit, um dem eigenen Volk, dem jüdischen Volk und allen Völkern Europas das zu ersparen, was später auf sie zugekommen ist. Und wie viele haben hierfür ihr Leben hergegeben! Aber sie sind kaum erwähnt worden in den vielen offiziellen Reden, Artikeln und Fernsehsendungen anläßlich des 40. Jahrestages der »Kristallnacht«.

Einige Male hatte ich Gelegenheit, mit Persönlichkeiten des öffentlichen Lebens Israels, von denen man annehmen müßte, sie seien informiert, darüber zu sprechen. Es war für mich immer erschütternd, wenn sie die Frage stellten: Wo waren denn die deutschen Antifaschisten? Sie wollen nicht wahrhaben, daß es einen antifaschistischen deutschen Widerstand gab, für sie gibt es fast ausschließlich jüdische Opfer des Hitlerfaschismus. Aber die ersten Widerstandskämpfer gegen die Hitlermacht waren Deutsche, und der antifaschistische deutsche Widerstand war ein untrennbarer Teil der europäischen Résistance. Dieses Wissen verhalf uns zu differenzieren und gab uns die Hoffnung, den Optimismus, daß sich ein neues, ein demokratisches, antifaschistisches Deutschland aufbauen läßt. Wir haben die erste Möglichkeit, nach Deutschland zurückzukehren, genutzt, weil wir bei den Überlebenden aus Konzentrationslagern, Zuchthäusern und der Emigration sein wollten, um mit ihnen am Aufbau eines neuen Deutschlands teilzunehmen. Es klingt vielleicht hochtrabend und pathetisch, wenn wir das so im nachhinein beschreiben. Aber dies war so, und wir hatten kein anderes Motiv. Nur als Juden wären wir nicht wieder hierhergekommen, um uns hier ein neues Zuhause zu errichten. Natürlich hatten wir, als wir uns hier in der Trümmerlandschaft befanden, das fürchterliche Schicksal des jüdischen Volkes vor Augen. Wir suchten nach dem Verbleib der Geschwister, von denen wir seit ihrer Deportation aus Paris 1942 keine Nachricht mehr hatten, wir suchten nach verschollenen Verwandten und Freunden. Und dennoch hatten wir zum Judesein, zum Problem der Juden eine Distanz. Wir kamen nicht mit einem Haß- und Rachegefühl dem deutschen Volk gegenüber, betrachteten wir uns doch selbst ihm zugehörig. Mit Haß sind wir wohl zurückgekommen, aber er richtete sich damals und heute gegen die Verursacher, die Verantwortlichen des Faschismus und Krieges, gegen die willfährigen Diener des entsetzlichen Nazistaates, die Häscher, Blutrichter und Henker, die Schreibtischmörder und Mordbanditen. Aber dies empfindet jeder Deutsche, der vom Hitlerregime verfolgt wurde, ob Jude oder Nichtjude.

In dieser Zeit des Neubeginns, als es darum ging das Leben wieder in Gang zu setzen, den Schutt wegzuräumen, hatten wir das Gefühl, nun sei alles überstanden. Die schrecklichen Bilder der Vergangenheit verschwanden für uns: der Judenstern, die Razzia auf den Straßen, die versteckten Eltern, die nachts bei jedem Geräusch aufschreckten und das Ende kommen sahen, das versteckte Kind, das so herzzerreißend schrie, als es die Mutter verlassen mußte, das Lager im Vorort von Paris, Drancy, wo die Juden gesammelt wurden, um von dort, zusammengepfercht in Viehwaggons, in die Gaskammer von Auschwitz geschickt zu werden, die Selektion auf der Rampe und die unendliche Armee von Frauen, Kindern, Greisen, die in die Todesfabrik getrieben wurden, darunter Bruder und Schwester. Wir glaubten, diese Bilder für immer verdrängen zu können in den ersten Jahren nach 1945, als alles, was wir dachten und taten, auf die Zukunft gerichtet war, die wir neu gestalten wollten, und zwar so, daß hier in unserem Land nie wieder ein Rückfall in eine solch schreckliche Vergangenheit möglich sein würde. Wir glaubten, nun in einer Gesellschaft leben zu können, in der man offen seine Gesinnung, auch die sozialistische und kommunistische, zeigen und auch für diese eintreten kann, ohne diskriminiert, benachteiligt und verfolgt zu werden. Dieser Zeitgeist bestimmte den Inhalt des Grundgesetzes, vorwiegend von denen formuliert, die man Männer und Frauen der ersten Stunde nennt, und wir sind stolz darauf, uns zu ihnen zählen zu dürfen.

Von unserer Vergangenheit, deren wir uns sicherlich nicht zu schämen brauchten, sprachen wir so gut wie überhaupt nicht. Wir dachten nur an eine glücklichere Zukunft, für uns, für die Kinder. Wir wollten nicht über unsere Vergangenheit sprechen, weil sonst eine Wand zwischen uns und unseren Mitbürgern entstanden wäre. Wir wollten uns nicht herausheben und ständig die Frage in den Raum stellen – wo waren wir und wo wart ihr? – Wir wollten auch nicht, daß uns Mitbürger philosemitisch begegnen, was auf uns fast so unangenehm wirkt wie Antisemitismus. Wir wollten einfach keine »Outsider« der Gesellschaft sein. Aber nach fast 30 Jahren haben wir über unsere Vergangenheit reden müssen, als das wieder auftauchte, was wir verdrängt geglaubt hatten, als wir wieder Diffamierung und Diskriminierung erlebten. Es war also noch nicht endgültig überstanden. In den fünfziger Jahren verweigerte man uns die Pässe. Als wir sie dennoch nach langem Kampf erhielten, waren sie mit dem diskriminierenden Vermerk versehen »Nicht gültig für das Ausland«, so daß wir unsere in Paris zurückgebliebenen Eltern nicht besuchen konnten. Dann stellte ein Beamter mit Akribie fest, daß die Eltern vor dem Ersten Weltkrieg aus Polen nach Deutschland eingewandert waren. Man machte unsere ganze Familie zu »Staatenlosen«, obwohl zwei Generationen hier geboren waren. Unsere deutschen Pässe wurden uns wieder abgenommen.

Wir können nur vermuten, daß auch Antisemitismus bei der zuständigen Behörde eine Rolle spielte. Sie saßen ja wieder in ihren Ämtern, sie nahmen ja hohe und höchste Beamtenstellen und nehmen sie heute noch ein, die ehemaligen treuen Gefolgsleute des »Führers«, die sich in ach so kurzer Zeit nach 1945 in »integre Demokraten« verwandelt haben. Sie konnten nicht nur ihren Beruf als Lehrer und Universitätsprofessor fortsetzen; sie konnten oberste Richter werden, sogar im Bundesverfassungsgericht, ehemalige Nazirichter, die Menschen wegen »Rassenschande« in den Tod schickten; sie konnten Ministerpräsident werden. Der Mann, der den grundlegenden Kommentar zu den Rassegesetzen verfaßte, die die juristische Grundlage für die Vergasung von 6 Millionen Juden lieferten, war der erste Staatssekretär der Bundesrepublik. Ja, sie wurden sogar Bundeskanzler und Bundespräsident. An ihrer Verfassungstreue gab es keinen Zweifel. Für sie gab es keinen Radikalenerlaß und kein Berufsverbot. Und wie viele von ihnen entscheiden heute noch über die Verfassungstreue junger Menschen, die sich für den öffentlichen Dienst bewerben, und befürworten den Gesinnungsterror gegen jene, denen nichts anderes vorzuwerfen ist, als daß sie sich entsprechend dem Verfassungsgebot antifaschistisch engagieren.

Als unsere Familie in den sechziger Jahren die Einbürgerung beantragte, wurde uns diese mit der Begründung verweigert, daß unser Verhalten in der Vergangenheit und Gegenwart der Beweis geliefert habe, wir seien gegen die »freiheitliche demokratische Grundordnung«. Dies galt auch für unsere Tochter Silvia, die 1946 in Frankfurt a.M. geboren wurde. Noch nicht einmal vor Sippenhaft scheute der damalige Bundesinnenminister zurück. Wir hätten auch ohne die deutsche Staatsbürgerschaft hier leben können. Aber wir empfanden dies als eine unerträgliche Diskriminierung.

Obwohl wir dies nie wollten, begannen wir nun über unsere

Vergangenheit zu sprechen. Diese unsere Vergangenheit sollte angeblich den Beweis geliefert haben, daß wir gegen die freiheitliche demokratische Grundordnung seien. Wir haben die Frage gestellt: Wo waren sie damals, als das Eintreten für Demokratie und Freiheit mehr gekostet hat als Phrasen, wo waren sie, die Globke, Kiesinger, Filbinger und andere? Es war für uns eine große Ermutigung, als viele Mitbürger es als einen ungeheuren Skandal betrachteten, daß man uns die deutsche Staatsangehörigkeit verweigerte. Groß war die Empörung, als wir die Geschichte der sieben Holländer unserem Fall gegenüberstellten. Sie waren als freiwillige Angehörige der SS wegen Kriegsverbrechen in Holland zum Tode verurteilt, später zu lebenslänglich begnadigt worden. Aus dem Zuchthaus Breda in Holland, wo sie einsaßen, brachen sie aus und flüchteten in die Bundesrepublik. Die holländische Regierung verlangte die Auslieferung. Damit die Bundesregierung dem nicht Folge leisten mußte, wurde ihnen sofort die deutsche Staatsangehörigkeit zuerkannt. Sie waren also würdig, Deutsche zu werden.

Wir selber haben die deutsche Staatsangehörigkeit nach jahrelangem Kampf durch das Urteil des Frankfurter Verwaltungsgerichts erlangt. Es bescheinigte unserer Familie, unser Verhalten in Vergangenheit und Gegenwart ließe keinen Zweifel an unserer Verfassungstreue zu, auch als Mitglieder der DKP. Mit hoher Wahrscheinlichkeit wäre der Bundesinnenminister in Berufung gegangen, wenn der Fall unserer Familie nicht so viel Empörung in der Öffentlichkeit ausgelöst hätte, die auch der damalige Bundespräsident Gustav Heinemann teilte, wie wir später erfahren haben.

Silvia:
Ich soll heute meinen Beruf als Lehrerin nicht ausüben dürfen, wegen meiner politischen Gesinnung.

Der Verfassungsschutz sammelte (und sammelt noch immer) in fleißiger Schnüffelarbeit »Erkenntnisse« über mich, die meine politischen Aktivitäten bis in mein 17. Lebensjahr zurückverfolgen. Die Teilnahme an Demonstrationen wie gegen die US-Aggression in Vietnam, gegen die Notstandsgesetze, Reisen in die DDR und andere sozialistische Länder sowie meine Mitgliedschaft in der DKP wurden angeführt, um mir Verfassungsfeindlichkeit zu unterstellen und mich nach 4jähriger erfolgreicher Lehrtätigkeit 1975 aus dem Schuldienst zu entlassen. Der Hessische Kultusminister teilte mir in einem persönlichen Gespräch mit, bei meiner Entlassung habe die Tatsache, daß ich Jüdin bin, keine Rolle gespielt.

Ich möchte auch nicht behaupten, die Praktizierung des »Radikalenerlasses« in meinem Fall habe etwas mit Antisemitismus zu tun. Mit mir sind viele andere betroffen, die keine Juden sind. Aber es bleibt für mich die Tatsache bestehen, daß bereits die dritte Generation meiner Familie wegen ihrer Herkunft oder ihrer Gesinnung verfolgt und diskriminiert und zu Außenseitern der Gesellschaft gestempelt wird. Erst durch diese Kontinuität einer unseligen Tradition in der deutschen Geschichte, die sich in der Chronik meiner Familie widerspiegelt, wurde mir meine jüdische Herkunft, die bei meiner Erziehung nie eine Rolle spielte, richtig bewußt. Das erste Mal wurde ich bereits damit konfrontiert, als ich, 11jährig, während einer antisemitischen Welle Ende der 50iger Jahre unter meiner Schulbank Hakenkreuzschmierereien vorfand und mich eine Lehrerin als Jüdin beschimpfte. Bis dahin wußte ich nicht, was das ist – ein Jude. Über meine Eltern erfuhr ich dann von der grausamen Judenvernichtung während des Hitlerfaschismus, der auch ein Teil unserer Familie zum Opfer fiel. Ich hörte vom Widerstandskampf meiner Eltern in Frankreich, von den Gefahren, denen sie tagtäglich ausgesetzt waren, davon, wie mein Vater nur knapp der Ermordung durch die Gestapo entging, nachdem er schwer gefoltert worden war.

Ist es nicht begreiflich, wenn angesichts der heutigen Praxis des »Radikalenerlasses«, angesichts eines perfektionierten Überwachungs- und Bespitzelungssystems, das Tausende von engagierten Demokraten erfaßt, ihre berufliche Existenz bedroht, Millionen einschüchtert, Angst und Duckmäusertum verbreitet – ist es nicht begreiflich, daß hier viele Erinnerungen an die damalige Zeit der Judenverfolgung und der Entrechtung demokratischer Kräfte nur allzu wach werden?

Nachdem mich der Hessische Kultusminister aufgrund des starken Druckes der demokratischen Öffentlichkeit wieder in den Schuldienst einstellte (auf der Basis eines 2/3-Angestelltenvertrages), da bekam ich die fatalen Auswirkungen zu spüren, nämlich was es heißt, diskriminiert zu sein. Zunächst wollte sich keine Schule finden, die bereit war, mich aufzunehmen. Nachdem mir dann im nordhessischen Spangenberg eine Stelle zugewiesen wurde, begann, bevor man mich überhaupt gesehen hatte, eine Hetzkampagne gegen meine Person, geschürt von der örtlichen CDU. Die »Kommunistin Gingold«, die »die Kinder verderben« würde – daran ließ man keinen Zweifel –, war Stadtgespräch Nummer eins. Und ich spürte: wird einmal der Radikalenstempel aufgedrückt, wirkt er weiter. Mißtrauen und Skepsis mir gegenüber waren die

Folge. Zwei Wohnungsvermieter machten die bereits zugesicherte Vermietung rückgängig, aus »Angst vor Schwierigkeiten« – wie einer der beiden offen bekannte. Ich schildere diese Erlebnisse deshalb, weil sie mich als Angehörige einer Familie, die man bereits vor 40 Jahren als Minderheit diskriminierte, besonders betroffen machten.

Der Theologie-Professor Hans-Werner Bartsch charakterisierte diese Situation in einem Brief an den Hessischen Verwaltungsgerichtshof anläßlich meines Prozesses gegen das Land Hessen so:

»An die Stelle der Zugehörigkeit zur jüdischen Rasse ist die Zugehörigkeit zur DKP getreten;

an die Stelle des (fehlenden) Ariernachweises ist das (falsche) Parteibuch getreten;

und an die Stelle des gelben Sterns wird die öffentliche Kennzeichnung von Kommunisten treten, wenn wir nicht rechtzeitig der Entwicklung Einhalt gebieten.«

Etty und Peter:

Unter dem Vorsitz eines ehemaligen Nazifunktionärs hat der Hessische Verwaltungsgerichtshof unsere Tochter Silvia zu einer Verfassungsfeindin abgestempelt, die nicht Beamtin werden darf. Prof. Wolfgang Abendroth analysiert dieses Urteil u.a.:

»Bei der herrschenden Vorurteilslage in der Bundesrepublik wäre der Tatbestand, daß Silvia Gingold ›rassisch‹ Jüdin ist, wenn man in den Begriffen des ›Dritten Reiches‹ denkt, das einzige Moment, das ihre Situation verbessert.

Denn das schlechte Gewissen einer Gesellschaft, die sich auf den Antikommunismus konzentriert hat, gegenüber dem Antisemitismus, den sie noch vor 30 Jahren als ›gleichberechtigte‹ Vorurteilskette mittrug, könnte Silvia Gingold zu Hilfe kommen. So hat denn auch das Hessische Kultusministerium, das sie als ›Beamte‹ durch dieses Berufsverbotsverfahren abgewehrt hat, sie als ›Angestellte‹ weiterbeschäftigt.«

Da man peinlichst darauf bedacht war, nicht des Antisemitismus verdächtigt zu werden, kam dies tatsächlich unserer Tochter zugute. Offiziell wird heute der Antisemitismus verurteilt, dessen man sich schämt. Damals war er mit Antikommunismus gepaart die Staatsdoktrin des Nazireiches. Geblieben aber ist der Antikommunismus, die Argumentationsgrundlage für die verfassungswidrige Berufsverbotspraxis. Damit haben die Nazis wieder ihre Identität finden können. Sie fühlen sich im nachhinein bestätigt. Insofern hat die Fortschreibung des Antikommunismus auch mit

Antisemitismus zu tun! Denn dies ist letzten Endes die Rechtfertigung und Rehabilitierung des Nazistaates, der vorgab, das »christliche Abendland« vor dem Bolschewismus zu retten. Da die Juden als die Erfinder und Urheber des Marxismus und Bolschewismus bezeichnet wurden, war die Judenvernichtung begründet.

So ist es kein Zufall, daß seit der Praktizierung des »Radikalenerlasses«, seit 1972, sich die Hitlerwelle über unser Land ergießt, diese Flut der Hitlerverherrlichung, zumindest der Verharmlosung der Vergangenheit, mit den wachsenden Aktivitäten der alten und neuen Nazis. Unbehindert können sie in Flugblättern und sonstigen Schriften die sogenannte Auschwitzlüge verbreiten, die Millionen jüdische Opfer verhöhnen. Es kursieren Judenwitze, und solche Vorgänge wie die »Judenverbrennung« durch Offiziere der Bundeswehr sind ja nur ein Symptom unserer Zeit.

Am 17. Juni und 13. August des vergangenen Jahres sahen wir sie wieder auf den Straßen in Frankfurt a.M. marschieren, mit dem Ruf: »Rotfront verrecke, Deutschland erwache!« So sah ich sie vor 45 Jahren in meiner Heimatstadt marschieren in Braunhemden. Und mir gellt es noch in den Ohren: »Juda verrecke, Deutschland erwache!« Und da wird uns oft gesagt: Das sind doch nur ein paar Spinner, die gibt es überall, in Frankreich, Italien und auch in den USA. Nein, hier wird uns dabei angst und bange, wenn wir bedenken, daß im Vergleich zu allen anderen Ländern die sogenannten paar Spinner nicht isoliert bleiben, ganz rasch von heute auf morgen mächtigen Boden gewinnen können. Dafür gibt es genügend eigene Erfahrung angesichts der Tatsache, daß von den meisten Eltern und in den meisten Schulen kein Antifaschismus vermittelt wird, was die jetzige und kommende Generation gegen faschistische Gefahr abwehrbereit machen würde. Es sind nicht so sehr die Altnazis und Neonazis, die uns so beunruhigen, sondern der Mangel von Antifaschismus und Antifaschisten.

Es ist bekannt, was Kinder über Hitler und die Nazizeit schreiben, wenn Lehrer darüber Schulaufsätze machen lassen. Nein, wir lassen uns nicht darüber hinwegtäuschen, wenn mit der Verurteilung des Antisemitismus, als »Ablaß« für diese Sünde, eine sogenannte Vergangenheitsbewältigung betrieben wird, wie wir dies in Umfang und Intensität zum 40. Jahrestag der Pogromnacht erlebt haben, aber der Antikommunismus, die Traditionskette, die unselige geschichtliche Kontinuität erhalten bleibt.

Mehrere Fernseh- und Rundfunksendungen, viele Artikel in Zeitungen des In- und Auslands haben mit dem Fall Silvia Gingold die

Chronik unserer Familie geschildert, weil sie damit plastisch und einprägsam die Kontinuität in der deutschen Geschichte darstellen konnten. Als Beispiel aus dem Artikel von Claus Lutterbeck, erschienen in der sozialdemokratischen Wochenzeitung »Vorwärts« (1975) mit der Überschrift: »Was man so als Jude und Kommunist bei uns erleben kann«:

»Die Geschichte der Familie – von den Großeltern, die aus Polen ins Deutsche Reich übersiedelten, über die Eltern, die sich im französischen Widerstand kennenlernten, bis zur Tochter heute, die nicht Lehrerin werden darf, weil sie Mitglied der DKP ist – ist die Geschichte sechzigjähriger Verfolgung, Unterdrückung und Diskriminierung. Denn die Gingolds sind nicht nur Kommunisten, sie sind obendrein noch Juden.«

Wir glauben von uns sagen zu können, daß wir durch diese Geschichte sehr sensibel geworden sind gegenüber jeder Art von Diskriminierung und Verfolgung, so daß wir uns mit jedem davon Betroffenen verbunden fühlen und ihm auch solidarisch zur Seite stehen wollen, so wie wir auch Solidarität erfahren haben. Ganz gleich, um wen es sich handelt und wo es auch geschieht.

Wir werden oft gefragt, warum wir hier in diesem Land bleiben, wo in uns immer wieder Erinnerungen aus grausamer Vergangenheit wachgerufen werden? Warum wir nicht den Weg vieler Juden gegangen sind, die eine neue Heimstatt in Israel gefunden haben? Bei unseren Besuchen in Israel ist uns von vielen, vor allem von Verwandten, die Frage gestellt worden. Aus dem Vorhergesagten geht die Antwort klar hervor. Wir könnten uns Israel als Heimat vorstellen, wie auch die USA oder Frankreich, das Land, das für uns zur zweiten Heimat geworden war. Während der Hitlerherrschaft war für viele europäische, für viele deutsche Juden die Flucht nach Palästina der einzige Weg zur Rettung. Damit hatte der Zionismus, der auf der Idee beruht, mit der Schaffung eines jüdischen Staates, in den alle Juden einwandern sollen, das Judenproblem zu lösen, eine Massenbasis erhalten. Aber für heute meinen wir, daß der Antisemitismus nicht zu bekämpfen ist durch eine Flucht, durch ein Ausweichen in ein anderes Land. Es ist die in Klassen gespaltene Gesellschaft, die ursächlich den Antisemitismus, wie überhaupt jeden Nationalismus und Rassismus, immer wieder produziert. Der Antisemitismus unserer Zeit liegt im kapitalistischen Gesellschaftssystem begründet.

Daher auch der große Anteil jüdischer Revolutionäre in der Arbeiterbewegung aller Länder. Für die deutsche Arbeiterbewegung gilt als Beispiel Rosa Luxemburg. Selbst der Begründer des Zionismus,

Herzl, hat die Assimilation der Juden, das Aufgehen in der Nation ihres jeweiligen Landes, als die geeignetste Lösung betrachtet, die aber immer wieder durch den Antisemitismus erschwert worden ist. Die deutschen Juden waren, wie die Juden in Frankreich, Italien, England oder in anderen Ländern, in die Nation ihres Landes integriert. Der Hitlerfaschismus hat sie wieder herausgezwungen.

Sollen die hier lebenden Juden wieder als »Fremdkörper«, als Minderheit existieren? Warum sollen sie, trotz der tragischen Vergangenheit, nicht vollkommen in unserem Volk integriert sein? In uns ist nie der Gedanke oder das Gefühl aufgekommen, Angehörige einer Randgruppe, einer Minderheit zu sein. Wir meinen, kein Bürger jüdischer Herkunft muß sich dorthin drängen und einordnen lassen, wenn er es nicht haben will. In der Assimilation sehen wir die eigentliche und geeignetste Lösung des Judenproblems.

Ralph Giordano

Das Problem – der »häßliche Deutsche«

Ralph Giordano, Jahrgang 1923. Jetzige Tätigkeit: Fernsehdokumentarist, Buchautor, Journalist.

1. Bundesrepublik Deutschland – kein antifaschistischer Staat

»Juden in der Bundesrepublik« – ich schreibe über ein irreparables Thema.

Diese Behauptung werde ich nicht durch die Schilderung persönlicher Begegnungen mit Antisemiten belegen. Mein Beitrag wäre rasch erschöpft, denn mir selbst ist ein solcher Fall in den fast 35 Jahren nach der Befreiung nur ein einziges Mal widerfahren: Im Oktober 1945 rief auf der Grindelallee in Hamburg wenige Schritte vor mir ein Mann unter freiem Himmel seiner Begleitung laut zu: »Die Juden – die Juden sind an allem schuld!« Er hat es schon in der nächsten Sekunde bereut, denn ich riß ihm mit einem Sprung die Beine von der Erde und bearbeitete den Kerl, der doppelt so viel wog wie ich, so lange mit Fäusten, Zähnen und Nägeln, bis er mit gesträubten Haaren das Weite suchte – eigentlich, ohne sich gewehrt zu haben. Aber natürlich besagt diese singuläre Erfahrung gar nichts – so etwas hat sich seither jeden Tag irgendwo ereignet, weil es in der Bundesrepublik Antisemitismus gab und gibt.

Und dennoch ist sie beileibe kein antisemitisches Land, sie ist nur kein *antifaschistischer* Staat, und war es von Anfang an nicht. Mit wem denn auch? Antifaschismus ist in Deutschland nie etwas anderes gewesen als ein focus, der nicht gezündet hat. Man kann mit einer nicht-antifaschistischen Bevölkerungsmehrheit eben keine antifaschistische Republik zaubern. Die fehlende deutsche Selbstreinigung, das ausgebliebene Revolutionsgewitter, und die Folgen daraus – das ist nach wie vor eines der zentralen politischen und moralischen Probleme.

Das indifferente Gegenbild zur antifaschistischen Republik, die Wirklichkeit, zeigt einen Janus-, einen Doppelkopf: auf der einen Seite ist die Bundesrepublik Deutschland in der Tat und ohne

Zweifel das freieste Staatswesen in der Geschichte der Deutschen, auf der anderen zeigt sie die Fratze des »häßlichen Deutschen«, ein Typus, der quer durch alle sozialen Schichten geht, in allen Lebensaltern vorkommt, hauptsächlich jedoch in der älteren Generation, oft genug zugleich Ursache und Wirkung, Schöpfer und Produkt eines Teils der bundesdeutschen Wirklichkeit, die mich zu dem obigen Schluß kommen läßt: »Juden in der Bundesrepublik – ein irreparables Thema«.

Ich will diesen Standort erklären, aber nicht aus dem engen Gesichtskreis persönlicher Erfahrungen mit Antisemiten oder Philosemiten, sondern als Extrakt einer fast lebenslangen Auseinandersetzung mit meiner deutschen Umwelt.

Dabei wird überall der »häßliche Deutsche« auftauchen.

2. Wer ist das – der »häßliche Deutsche«?

Sollte ihm diese Lektüre unterkommen, wird er sich, wo immer er auch sei, sogleich wiedererkennen – denn obwohl millionenfach individualisiert, reagiert er doch auf die Vergangenheit mit der gleichen kollektiven Verdrängungsideologie:

»Es waren ja gar keine sechs Millionen Juden, die umgebracht wurden«

– der Völkermord an den Juden im deutschbesetzten Europa ist für ihn vor allem eine Frage der *Zahl*, der Quantität. Die Logik des »häßlichen Deutschen«: je niedriger diese Ziffer wäre, desto beruhigter wäre er.

»Die anderen haben auch Verbrechen begangen«

– Opfer anderer Unmenschlichkeitssysteme werden zu bloßen Kompensationsobjekten für das eigene schlechte Gewissen – Ermordete entsetzen nicht mehr, sie *trösten*.

»Die Konzentrationslager waren gar keine deutsche Erfindung, sondern eine britische im Kampf gegen die Buren Südafrikas«

– vorgegebene Kenntnis weit zurückliegender Ereignisse in zehntausend Kilometer Entfernung und in einem fremden Land, bei gleichzeitiger Beharrung auf der Unkenntnis eigener Geschichte im eigenen Land zu seinen Lebzeiten:

»Wir haben von nichts gewußt und konnten nichts dagegen machen«

– wogegen wollte der »häßliche Deutsche« etwas machen? Gegen das, was er nicht gewußt hat?

»Die Todesstrafe gehört wiedereingeführt!«

– und zwar für Taximörder und für Terroristen, nicht aber für die NS-Verbrecher vor deutschen Schwurgerichten. Dafür lautet das Motto des »häßlichen Deutschen«:

»Es muß doch mal vergessen, es muß doch mal ein Schlußstrich gezogen werden«

– wobei er genau sortiert: KZ und alles, wofür der Begriff ein Synonym ist – vergessen; die verlorenen deutschen Gebiete jenseits der Oder/Neiße-Linie – nicht vergessen! Der »häßliche Deutsche« ist der hartnäckigste Erinnerer.

»Hitler hat nicht nur Schlechtes, er hat auch Gutes geschaffen, zum Beispiel die Autobahnen«

– noch nach dreißig Jahren völliger Informationsfreiheit über den als *System* undifferenzierbaren NS-Verbrecherstaat mit seinem Führerprinzip beharrt der »häßliche Deutsche« auf der Zweiteilung in einen »guten« und einen »bösen« Hitler. Das äußert sich auch an einem anderen Affekt:

»Unter Hitler herrschten jedenfalls Zucht und Ordnung, da konnte man wenigstens nachts ruhig auf der Straße gehen«

– daß an einem einzigen Tag, und oft genug auch in einer einzigen Stunde, in einem der zahlreichen Konzentrationslager des Dritten Reiches allein schon mehr Menschen aus politischen und rassischen Gründen ermordet wurden, als es in der Bundesrepublik Deutschland seit ihrer Gründung Morde (mit ganz anderem Charakter und Ursachen) gegeben hat, das kommt dem »häßlichen Deutschen« überhaupt nicht in den Sinn. Auf den Staat selbst als kriminelle Energie angesprochen, erwidert er ebenso stereotyp wie spontan: »Das ist etwas ganz anderes« – die Reaktion eines moralischen Wracks.

Die kollektiven Affekte gegenüber der Vergangenheit sind nur der Ausschnitt einer nichtreformierbaren Mentalität mit offensichtlichem Massencharakter, der sich vor allem und am ungehemmtesten in der Rubrik »Leserbriefe« auf den Seiten der veröffentlichten Meinung niederschlägt. Die Wertvorstellungen des »häßlichen Deutschen« sind nicht die des Jahres 1979, sondern 1939. In meinen Augen ist er deshalb als Zeitgenosse eine optische Täuschung, gleich, welcher Generation er angehören mag.

Ich halte den »häßlichen Deutschen« aber auch – im ethischen, nicht im physischen Sinne des Wortes – als *Mensch* für eine optische Täuschung. Hinter der Unbelehrbarkeit der kollektiven Affekte steht die Identifikation mit den herrschenden Ideen einer deutschen Geschichtsepoche (mit fließenden Grenzen zwischen Preußentum, Wilhelminischem und Alldeutschem Imperialismus und Drittem Reich), deren Enthumanisierungsdruck bis in unsere Tage hinein wirkt. Für mich besteht kein Zweifel, daß die unkritische Übernahme der Nazi-Ideologie samt ihrer historischen Vorstufen die menschliche Substanz eines beträchtlichen Teils der alten und älteren Generationen zerstört hat. Natürlich beschränken sich Ansichten wie diese keineswegs nur auf Angehörige und Staatsbürger der Bundesrepublik Deutschland, sondern begreifen jene in der Deutschen Demokratischen Republik mit ein – der Unterschied besteht nur darin, daß hier der Mantel der demokratischen, dort der der sozialistischen Nächstenliebe über den »häßlichen Deutschen« gebreitet worden ist.

Theodor Heuss hat einmal von »Kollektivscham«, statt »Kollektivschuld«, gesprochen. Wenn es stimmen sollte, daß die gigantische Verdrängungsleistung des »häßlichen Deutschen« gegenüber der Hitlervergangenheit tatsächlich ursprünglich einmal Scham, also ein moralischer Antrieb, war, dann ist es doch ebenso wahr, daß diese Verdrängung ihre Initialzündung im Verlauf von mehr als drei Jahrzehnten längst vergessen und sich bis in die Versteinerung hinein völlig verselbständigt hat.

Ich bin immer, ohne je zu schwanken, ein Anhänger der Kollektivschuld-These gewesen. Nicht in dem Sinne, wie die Demagogen der Kollektivunschuld-These sie mißinterpretieren wollen, nämlich daß Kollektivschuld unter Hitler auch den deutschen Säugling in der Wiege, ja das Embryo im Mutterleib betreffe (schamloser Versuch, den Sachverhalt zu trüben), sondern in diesem: die überwiegende Mehrheit der damals von ihrem Lebensalter her verantwortlichen Deutschen, und hier spreche ich als historischer Augenzeuge, war eindeutig pronazistisch, sie hat mitgemacht, und nichts hätte ihr ferner gelegen als Widerstand – er ist bezeichnenderweise beim »häßlichen Deutschen« noch heute verpönt.

In diesem Sinne also, bezogen auf bestimmte Altersstufen, kann es überhaupt keinen Zweifel an der Kollektivschuld und -verantwortung der damaligen Deutschen geben. Hitler hat sich auf sie verlassen, und er konnte es, wie die Geschichte gezeigt hat.

Ebenso offen, wie ich mich zur Kollektivschuld-These bekenne, gebe ich zu: wenn mein persönliches Schicksal nach der Befreiung von der Lernfähigkeit der von ihrem Lebensalter her für Hitler verantwortlichen Generationen abhängig gewesen wäre, so wäre ich längst emigriert. Mich hat hiergehalten, was Karl Jaspers einmal treffend als »die glückliche Einschränkung unserer Souveränität« bezeichnet hat.

Das heißt, ich bin hier, weil Deutschland geteilt ist, und maße mir an, zu behaupten: diese Wahrheit gilt für viele der wenigen Juden, die sich auf dem Territorium der Bundesrepublik Deutschland (und der Deutschen Demokratischen Republik) befinden – sie sind hier, geblieben oder zurückgekommen, weil Deutschland keine selbständige Großmacht mehr ist. Ein einheitliches Deutschland, gegen das Italien ein Säugling, England ein Liliputaner und Frankreich ein Zwerg wären? Die Summe meiner Erfahrungen ist viel zu sehr von der unheimlichen Kontinuität des »häßlichen Deutschen« und seiner Verbreitung geprägt, als daß mir diese Vorstellung nicht kalte Schauder den Rücken herunterlaufen ließe.

Dazu kommt, daß sich in meinen Augen ein professioneller, von der Nazi-Ideologie her entscheidend geprägter, also undemokratisch und inhuman motivierter Antikommunismus bestätigt sehen will: »In diesem Punkte, seinem Antibolschewismus, hatte Hitler also recht!«

Jeder kann sich selbst die Antwort geben, wieviel Vertrauen eine Demokratie in die Anhänger eines ebenfalls totalitär bestimmten Antikommunismus haben kann – nämlich überhaupt keines. Ein gnädiges Schicksal hat der Bundesrepublik bisher die Probe aufs Exempel erspart.

Der »häßliche Deutsche« – er ist mein, er ist *das* Problem.

3. Januskopf Bundesrepublik

Die Gesellschaft der Bundesrepublik muß wissen, daß ihr Januskopf der jüdischen Gemeinschaft hier immer unheimlich war, ist und so lange unheimlich bleiben wird, wie dieser Doppelkopf existiert. Sie muß wissen, daß unter ihr immer noch Augenzeugen weilen, überlebende Opfer. Sie muß wissen, daß darunter Menschen sind, denen beim unfreiwilligen Einatmen der Auspuffwolken des motorisierten Wohlstandsblechs unweigerlich Gedanken an die Gaskammern von Auschwitz, Dachau, Mauthausen und Treblinka kommen; Menschen, die beim Anblick jeder Wunde, jeden Tropfen Blutes an Babi Jar, Bergen-Belsen, an die Ardeatinischen Höhlen bei Rom denken; Menschen, die zusammenzucken, wenn ihnen begrifflos das Wort *Einsatz* dahergeplappert kommt – nachdem es die Mordkommandos der »Einsatzgruppen« gegeben hat, benutzen sie es nie mehr . . .

Die Gesellschaft der Bundesrepublik muß wissen, daß Juden unter ihr sich fragen, wie es kommt, daß der Todfeind von gestern, sei es in altem, sei es in neuem Gewande, in Gestalt der betagteren oder

der jüngeren Generation, auf dem Territorium der zweiten deutschen Demokratie sein Haupt so frech erhebt – haben sich die NS-Anhänger doch selbst am überzeugendsten als notorische Feiglinge ausgewiesen!

Die überlebenden Opfer brauchten nicht einmal ein überdurchschnittliches Erinnerungsvermögen zu haben: nach dem Zusammenbruch des Hitlerregimes war Feigheit quer durch die ganze Skala von Schuld und Mitschuld, Verantwortung und Mitverantwortung so überwältigend offenbar, so massenhaft schäbig, so grauenhaft einhellig, daß sich dieser Eindruck sogar den vergeßlichsten Naturen eingeprägt hätte. Niemand wollte Nazi, wollte dabei gewesen sein – für eine kurze Weile bestand das deutsche Volk ausschließlich aus Hitlergegnern.

Die Logik der Täter und Mittäter, aber auch der angepaßten, von der staatlichen Unmenschlichkeit mehr als ein Dutzend Jahre erzogenen Massen, konnte gar nicht anders, als die eigene enthumanisierte Mentalität auf den siegreichen Gegner zu projizieren. Bang und schlotternd stellte sich damals das Diktat des schlechten Gewissens nur *eine* Frage: Auge um Auge, Zahn um Zahn?

Für mich liegen die moralisch niederschmetterndsten Erfahrungen mit meiner deutschen Umwelt nicht in der Zeit bis zur Befreiung, sondern in jener unmittelbar danach, angesichts dieser Feigheit und Heuchelei von wahrhaft nationalen Ausmaßen. Die Jugend von heute hätte sie damals sehen, hätte sie erleben sollen, all diese früheren Anhänger, Befürworter, Großsprecher, Nutznießer, Beschöniger, Mitläufer, Denunzianten und Mörder – es hat in der Geschichte kein Beispiel so schamloser Selbstcharakterisierung von Angehörigen totalitärer Regime gegeben wie das deutsche.

Verwunderlich ist an dieser Feigheit nichts, sie liegt im Wesen der Nazi-Ideologie. Besonders offenkundig wurde das übrigens an Mitgliedern des Vernichtungsapparates selbst. Der Massenmord an Millionen wehrloser Frauen und Kinder sowie waffenloser Männer durch schwerbewaffnete Schergen, der industrielle Fließbandmord, wäre ohne diese Art von Feigheit überhaupt nicht denkbar – nur Feiglinge konnten so morden! Die um Gnade winselnden SS-Männer bei den zunächst erfolgreichen Häftlingsaufständen der Vernichtungslager Treblinka und Sobibor im August und November 1943 runden hier nur ein unumkehrbares Bild ab.

Die Bundesrepublik Deutschland aber wird sich fragen müssen, was sie falsch gemacht hat, daß die Anhänger einer notorischen Feigheitsideologie heute längst wieder »Mut« gefaßt haben, denn stark fühlen sie sich nur dort, wo sie Schwäche wittern, frech werden Nazis nur unter den Bedingungen der Risikolosigkeit – Überzeugungstäter von rechts unter Bedingungen, die nicht die ihren sind, hat man in Deutschland allemal mit der Lupe suchen können.

Es gibt keine politische Untat, die auf dem Boden der Bundesrepublik den Ermordeten und den überlebenden Opfern nicht angetan worden wäre – die Jahrgänge der »Allgemeinen Jüdischen Wochenzeitung« widerspiegeln eine fast lückenlose Chronik: von den periodisch wiederkehrenden Schändungen jüdischer Friedhöfe; der Komödie der Entnazifizierung und der Inflationierung neonazistischer Druckerzeugnisse über die Gründung neonazistischer Parteien bis zu den skandalösen Minimalurteilen gegenüber NS-Verbrechern, die einen klaren Aufschluß zulassen, wieviel diesen Gerichten an Tagen oder auch nur Stunden Haftzeit ein ermordeter Jude wert war.

Das fing früh an. Ich erinnere mich an eine Gazette mit dem Titel »Die Anklage« und dem Untertitel »Zeitschrift der Entnazifizierungsgeschädigten«. Ich erinnere mich ferner, daß ein Bundesminister einen Transport von Spätheimkehrern aus der Sowjetunion als »die besten aller Deutschen« pries – wobei unter den so Gepriesenen auch der Auschwitz-Arzt Prof. Clauberg war und solche KZ-Schergen wie Gustav Sorge und Karl Schubert von Sachsenhausen-Oranienburg.

Was sich der professionelle Vertriebenenklüngel jahrzehntelang an chauvinistisch-nazistischer Unbußfertigkeit nicht nur unter Duldung, sondern mit Unterstützung von Bundesregierungen geleistet hat, ist ein Sonderkapitel für sich.

Es gibt nichts, was auf dem Territorium der Bundesrepublik den Ermordeten und den überlebenden Opfern nicht angetan worden wäre: Da schießen Bücher, Filme, Schallplatten über Hitler aus dem Boden als reine Kommerzprodukte, die mit der historischen Vorlage keine Ähnlichkeit mehr aufweisen; da wollen Nachkommen von Wehrmachtsangehörigen an den Schauplätzen der deutschen Niederlagen des Zweiten Weltkrieges die siegreiche Fahne der Bundeswehr hissen; da beharren unbelehrbare Räte auf Beibehaltung von Büsten ehemaliger NS-Größen in der Ehrengalerie ihrer Stadt; da gehen Mitglieder der in Nürnberg zur verbrecherischen Organisation erklärten SS dazu über, »Helden«-Denkmäler aufzustellen, während gleichzeitig Gedenktafeln für die Opfer des Naziregimes entfernt werden, jüdische Mitbürger sich aber beschimpft, bedroht und mißhandelt sehen, ohne daß die Staatsanwaltschaft, wie in Hamburg jüngst, dieser Schande nachgegangen wäre, wie das Gesetz es befiehlt – erst Druck von oben leitete das Verfahren ein.

Ich ende diesen völlig unvollständigen Katalog mit der Meldung, daß ehemalige KZ-Aufseher eine nostalgische Erinnerungstour an die Stätte ihres Wirkens unternahmen – Theresienstadt, das atypische Vorweismodell der Hitlerregierung gegenüber ausländischen Organisationen, denen weisgemacht werden sollte, daß ja »alles gar nicht so schlimm« sei. Tatsächlich war dieses Ghetto-KZ ein Wartesaal, eine Durchgangsstation für Auschwitz.

Auf die Frage, warum die braune Vergangenheit so massiv ihr Haupt erheben kann, gibt es nur *eine* Antwort: weil die zweite deutsche Demokratie dem Feind von rechts, anders als dem Feind von links, nie *militant* entgegengetreten ist – Januskopf Bundesrepublik!

4. Gegenradikalismus – die größere Gefahr

Ich halte die Gesellschaft der Bundesrepublik, vor allem durch das abschreckende Beispiel der DDR, für immun gegenüber Ideen und Propaganda des Feindes von links, abgesehen von Bevölkerungsatomen, deren Mikroziffern von Wahl zu Wahl dahinvegetieren. Er ist nie in die bundesdeutsche Gesellschaft integriert worden. Der Feind von rechts dagegen hat seine tiefe Tradition in ganzen Epochen der deutschen Geschichte, und schon von diesen Wurzeln her stellen sein Haß- und Gewaltpotential eine ungleich größere Kraft und Gefahr dar als alles, was der Feind von links hierzulande je auf die Beine stellen könnte. Bisher aber hat die zweite deutsche Republik die Abwehr gegen ihre Feinde von rechts und von links stets disproportional zu deren wahren Kräfteverhältnissen verteilt.

In diesem Zusammenhang sehe ich die eigentliche, die akute Gefahr für die Demokratie – dem Zusammenspiel zwischen Terrorismus und Gegenradikalismus.

Die deutsche Variante des internationalen Terrorismus hat in der Bundesrepublik einen Gegenradikalismus mobilisiert, der lange auf solch glänzenden Vorwand gewartet hat, um seine Ziele erfolgreicher als bisher durchzusetzen: Abbau der demokratischen Freiheiten, mehr Staat, mehr Polizei, rigorosere Gesetze, Wiedereinführung der Todesstrafe (ausgenommen für Naziverbrecher), Intellektuellenhatz, überhaupt ein Klima geistiger Reglementierung – im ganzen Reaktionen, die haargenau den Erwartungen der

Terroristen entsprechen, nämlich die andere Hälfte zur Zerstörung des Rechts-Staates beizusteuern. Die zweite demokratische Republik auf deutschem Territorium muß wissen, daß sie von beiden Seiten angegriffen wird: von den außerhalb der Gesellschaft stehenden Politkillern des Terrorismus und einem ideenmäßig und durchaus auch organisatorisch weitgehend in die Gesellschaft institutionalisierten Gegenradikalismus, der meines Erachtens die größere Gefahr für die Verfassung ist.

Keine Mißverständnisse – der Gegenradikalismus ist nicht das Produkt, ist kein Geschöpf des Terrorismus. Er ist seine politische Entsprechung auf der entgegengesetzten Seite der Gewaltskala. Er war da, lange bevor es die moderne Form des Terrorismus gab. Der Gegenradikalismus ist die natürliche Ausgeburt einer Spielart von Konservatismus, der offenbar unfähig ist, hierzulande zu sterben, da er sonst die letzten dreißig Jahre nicht hätte überleben können.

Als Sammelstelle und Ausdruck des rechtsorientierten Gewaltpotentials reichen seine Wurzeln tief in die feudalistische, imperialistische, autoritäre und totalitäre Phase der deutschen Geschichte zurück. Er wartet mit einer Kontinuität auf, die weit hinaus reicht über das Ende der Systeme, denen er entsprang.

Dieser Konservatismus fordert keineswegs die Monarchie zurück im Stile »Wir wollen unsern alten Kaiser Wilhelm wiederhaben!« – auch läßt er sich nicht auf sonstige Anachronismen ein, sondern beweist ein beträchtliches Anpassungsvermögen an moderne Entwicklungen, ohne seine wahre Natur doch verleugnen zu können: eine allgemeine Furcht vor grundlegenden sozialen Veränderungen, eine tiefe Verängstigung vor bisher nicht erfahrenen Umverteilungen des gesellschaftlichen Reichtums. Deshalb: Mißtrauen gegen den Pluralismus der Demokratie, Skepsis gegenüber der grundsätzlichen Entscheidungskraft von Mehrheiten; deshalb auch Nähe zur Gewalt als die eigentliche ultima ratio, an die man glaubt.

Der Gegenradikalismus ist der harte Kern einer Strömung, die verbreiteter ist, als die parlamentarische Bühne der Bundesrepublik reflektiert. Zu ihm zählt keineswegs allein die gesamte Palette des in sich zersplitterten Rechtsextremismus, sondern seine Anhänger haben sich nach eigener Auskunft auch in anderen Parteien und Organisationen integriert, was nicht bedeutet, daß diese von ihnen beherrscht werden. Vor allem aber ist der Gegenradikalismus eine unorganisierte Kraft, die als weitgestreuter Konsensus mit Gewaltideen als Reaktion auf den Terrorismus lebt.

Natürlich formuliert der Gegenradikalismus seine autoritären Gesinnungen im Namen der Demokratie. Denn diese domestiziert ihn ja immer noch, er läßt sich von ihr zähmen, wenn auch sozusagen zähneknirschend; sie zwingt ihn zur Verstellung – sein wahres Gesicht kann er nicht zeigen. Was aber als seine Nahvorstellung immerhin durchscheint, ist eine Staatsform, die man am besten mit dem Wort »patzig« beschreiben könnte. Der Gegenradikalismus will, daß die Republik härter, schärfer, rigoroser wird – gegen links, daß sie mit diesen Linken plebiszitärer umspringt. Aber das dürfte erst sein halbes Programm sein. Was der Gegenradikalismus in der Bundesrepublik innenpolitisch aus taktischen Gründen leugnet und verbirgt, entlarvt er durch seine außenpolitischen Anfälligkeiten – sie gelten allemal den Rechtsdiktaturen rund um den Erdball.

Diese Sympathien platzen ihm förmlich aus allen Nähten. Das war so, und das ist so: gegenüber dem Spanien Francos, dem autoritären Portugal Salazars, dem griechischen Obristenregime, der brasilianischen Militärdiktatur, der weißen Vorherrschaft über afrikanische Mehrheiten, vor allem aber gegenüber der chilenischen Junta Pinochets. Das Verbot von Gewerkschaften und Arbeiterparteien; die Unterdrückung des gesprochenen und des geschriebenen Wortes; die Beseitigung von Opposition überhaupt; die Verteufelung der kritischen Intelligenz; die Schaffung einer Atmosphäre von öffentlicher Willkür – und die Moralisierung all dieser Politik –, das ist ganz nach dem Gusto des Gegenradikalismus, das ist *seine* Version von »Sympathisantentum«. Danach ist die in Rechtsregimen *herrschende* Gewalt immer gleichzeitig auch *legitim* – ein hanebüchener Positivismus, den der Gegenradikalismus natürlich nicht nach *allen* Seiten durchhält: der Herrschaft in Linksdiktaturen wird weit weniger Nachsicht, Verständnis, Zuneigung entgegengebracht.

Es ist klar, daß eine so inhumane Kraft wie der Gegenradikalismus mit der kritischen Intelligenz zusammenstoßen muß – übrigens ein beiderseitiges Bedürfnis. Diese Feindschaft zwischen Geist und Gegenradikalismus ist elementar und unaufhebbar. In Abwandlung eines Bert Brechtschen Spottverses nach dem Aufstand vom 17. Juni 1953 in der DDR: die Regierung solle sich doch als Ausweg aus ihrem Dilemma ein anderes Volk wählen – könnte bemerkt werden: der Gegenradikalismus braucht eine andere Intelligenz als die von der Bundesrepublik hervorgebrachte kritische. Böll, Grass, Lenz, Rinser – nicht zufällig sind die international anerkannten Repräsentanten des deutschen Humanismus die Symbolfeinde des Gegenradikalismus.

Jener deutsche Konservatismus, der hier zu seinem eigenen Erstaunen überleben konnte, ist über Jahrzehnte Nachkriegsgeschichte hin als ein nicht wirklich ernst zu nehmendes Relikt belächelt worden. Mir klingen all die Argumente der Beschwichtigung und Abwiegelung noch in den Ohren. Aber eine so beharrliche Macht aus der Tiefe der nationalen Geschichte heraus kann jeder Demokratie, und mag sie noch so stabil scheinen, gefährlich werden. Es mag sein, daß ihr harter Kern, der Gegenradikalismus, aus eigener Kraft nicht imstande gewesen wäre, sich als Bedrohung großen Stils zu entpuppen. Im Zusammenhang mit dem Terrorismus jedoch bieten sich ihm Chancen, an die er selbst nicht mehr geglaubt hat.

Man muß die Phantasie aufbringen, sich die erschreckenden Möglichkeiten dieser Partnerschaft zwischen den Extremgegnern auszumalen, muß sich eingestehen, welche Eskalationen die Zukunft bereithalten könnte: gnadenloses Kalkül von Terroristen mit einer Massenbedrohung und -einschüchterung von den Ausmaßen einer unübersehbaren Katastrophe – nicht mehr Menschen, Kernkraftwerke als Geiseln! Wie leicht hätte es der Gegenradikalismus, bei dieser Hantiererei mit dem Wahnsinn, Grundgesetz, Verfassung, Rechtsstaat als überflüssigen Ballast einer gnädigeren Vergangenheit zu denunzieren? Dabei gäbe es für beides – eine solche »Geiselnahme« zu verhindern oder sie im Falle eines Falles zu meistern – nur eine wirkliche Gegenkraft: die *unversehrte* Demokratie.

Terrorismus und Gegenradikalismus sind furchtbare Gefahren. Die größere aber wäre noch die Bereitschaft der demokratischen Gesellschaft, sich durch die Extremgegner enthumanisieren zu lassen. Begäbe sie sich doch damit des Besten, was sie hat – ihrer Unüberwindlichkeit.

Die Position des »häßlichen Deutschen« ist ganz klar: In einem Machtkampf zwischen Terrorismus und Gegenradikalismus wird er immer geneigt sein, die Demokratie zu opfern. Es ist seit 1945 zuviel geschehen, was seiner Verachtung für sie entgegenkam.

5. Der große »Friede mit den Nazis«

Die frühe Bestätigung des »häßlichen Deutschen« durch den Gang der Geschichte begann mit dem Zerfall der Anti-Hitler-Koalition fast unmittelbar nach der militärischen Zerschmetterung des Dritten Reiches. Die Neuformierung der Sieger in die globale Rivalität der beiden Supermächte USA und UdSSR und ihre Hemisphären schuf eine Situation, die für die Rehumanisierung einer von der Nazi-Ideologie schwerinfizierten Bevölkerung nur als Katastrophe bezeichnet werden kann – ganz plötzlich sahen sich die Deutschen als Partner gegnerischer Bündnissysteme umworben, fand sich das geteilte Land in einer Rolle, die für erzieherische Wirkungen denkbar ungünstig war. Beide deutsche Teilstaaten aber haben daraus sehr rasch einen Schluß gezogen – nämlich jeweils ihren Frieden mit den Nazis zu machen! Die Deutsche Demokratische Republik, indem sie, allerdings nach einer rigorosen Zerschlagung des alten nazistischen Staats- und Verwaltungsapparates, sich zu einem immer schon antifaschistischen Territorium ausrief und damit die Bewältigung der Vergangenheit unter den Teppich einer offiziell verordneten Polithaltung kehrte, hinter deren Fassade nichts wirklich und schmerzhaft ausgestanden ist; die Bundesrepublik Deutschland, indem Konrad Adenauer, ihr erster Kanzler, das 131er Gesetz schuf – von wenigen Ausnahmen abgesehen, wurde fast der gesamte Beamten- und Verwaltungsapparat der Hitlerzeit samt seinem hierarchischen Status quo übernommen. Das heißt: die ehemaligen Diener der totalitären Staatsbürokratie bildeten das administrative Rückgrat auch des demokratischen Staates, eingeschlossen Justiz, Polizei, Lehrerschaft – von dieser Entscheidung wird die Bundesrepublik personell noch bis in die achtziger Jahre hinein gezeichnet bleiben.

Auf dem Schulsektor hat das die beharrliche, jahrzehntelang wirksame und von oben mehr oder weniger stillschweigend geduldete Aufklärungsverhinderung der nachwachsenden Generationen durch NS-Aktive oder -Befangene unter der Lehrer- und Dozentenschaft bedeutet. Ganze Scharen naziverseuchter »Pädagogen« sind auf eine Jugend losgelassen worden, die de jure und de facto an den Verbrechen des Dritten Reiches völlig unschuldig war, im Geschichtsunterricht von Auschwitz jedoch nichts erfuhr. Diese Lehrer hätten sich lieber die Zunge abgebissen, als ihre Verstrickung einzugestehen – damals war allerdings von »Berufsverbot« keine Rede. Die Folgen bis in unsere Tage sind bekannt: das Vakuum der Nazizeit im Bewußtsein der mittleren und jüngeren Generation. Auszüge von 3000 Schüleraufsätzen mit dem Thema »Was weißt du von Hitler?« haben als Antwort das logische Resultat einer dreißigjährigen Verdrängungsleistung durch die Erwachsenen – nämlich nichts!

Die Adenauer-Ära: das ist der, auf seine Art wahrscheinlich geglückte, Versuch, eine Bevölkerung mit antidemokratischen Nationaltraditionen mittels eines gigantischen Korrumpierungsangebots bei der demokratischen Stange zu halten – Stellungsgarantien, Pensionen, Renten gegen Wohlverhalten. Angesichts dieses vom bundesdeutschen Steuerzahler aufzubringenden »Milliarden-Dings« macht sich die sogenannte »Wiedergutmachung« an Israel oder den überlebenden Opfern aus wie ein Maulwurfshügel am Fuße des Matterhorns. Nicht nur, daß der Kreis, der in den Genuß des demokratischen Bestechungsangebots kam und kommt, viel größer ist, als der verhältnismäßig kleine Zirkel der am Leben gebliebenen Naziverfolgten – die Witwe eines Hitlergenerals hat auf ihrem monatlichen Rentenkonto allemal eine weit höhere Summe als meine Mutter . . .

»Juden in der Bundesrepublik Deutschland« – ein irreparables Thema.

Am irreparabelsten aber wird es durch die Nachkriegsgeschichte der Mörder.

6. NS-Prozesse – eine Farce

Ich habe zehn Jahre lang, von 1959 bis 1969, im Auftrage des Generalsekretärs des »Zentralrates der Juden in Deutschland«, Hendrik G. van Dam, zahlreiche NS-Prozesse vor bundesdeutschen Schwurgerichten beobachtet und über sie in der »Allgemeinen jüdischen Wochenzeitung« berichtet. Ich kenne die ungeheure Arbeitslast der Justiz, ich kenne das Engagement so mancher Staatsanwälte und Richter, die Schwierigkeiten bei der Wahrheitsfindung, all das ist mir bekannt. Und dennoch sage ich, in dieser Kenntnis: die Prozesse sind eine Farce! Aber diese Farce hat eine lange Vorgeschichte.

Die Einbeziehung der Bundesrepublik in das westliche Militärsystem hatte fast augenblicks, vor allem von seiten der amerikanischen Bündnispartner, Auswirkungen auf den Täterkreis, die dieser sich wahrscheinlich in seinen kühnsten Träumen nicht erhofft hatte. Ihre Bestrafung war plötzlich nicht mehr opportun. Schon die potentielle Bundesgenossenschaft der Bundesrepublik in der NATO hatte Auswirkungen auf Haltung und Strafzumessung der westalliierten Militärgerichte. Nach der Integration aber wurde sehr rasch eine Justizpolitik eingeschlagen, die de facto auf die Straffreiheit der Täter hinauslief – schon Verurteilte, auch Massenmörder, kamen peu à peu vom Urlaub nicht zurück. Wo noch Prozesse gegen NS-Mörder stattfanden, wurden die Urteile um so milder, je wichtiger sich die Bundesrepublik als neuer Bundesgenosse erwies. Im sogenannten »Generalvertrag« gab es einen Passus, der es den bundesdeutschen Gerichten strikt verbot, von alliierten Gerichten bereits verurteilte NS-Täter noch einmal zu belangen, angeblich, weil man kein Vertrauen in die bundesdeutsche Justiz hatte. Jedenfalls war der Gerechtigkeit aus politischen Gründen unermeßlicher Schaden zugefügt worden.

Mit dieser Hypothek war die bundesdeutsche Justiz belastet, als sie 1958 den gigantischen Versuch begann, die Vergangenheit juristisch zu bewältigen – eine Spätgeburt, die nie lebensfähig war. Und eine der Hauptursachen dafür liegt im Grundgesetz selber, bestimmt sein Artikel 103 Absatz 2 doch: »Eine Tat kann nur bestraft werden, wenn die Strafbarkeit gesetzlich bestimmt war, bevor die Tat begangen wurde.«

Dieser Artikel ist der juristische Freibrief für ungezählte Naziverbrecher gewesen – denn er schließt Gesetze mit *rückwirkender* Kraft aus. Das aber hieß in diesem Falle: Wer sich nicht selbst die Hände mit Blut befleckt hatte, würde nur in Ausnahmefällen angeklagt werden. Und genau so ist es auch gekommen.

Die Verbrechenshypothek des Dritten Reiches, die völlig neuen Verbrechensdimensionen seines Vernichtungsapparates, die mittel- und unmittelbare Verstrickung erheblicher Bevölkerungsteile in die politische und juristische Kriminalität des Hitlerregimes, all das wurde und wird von der bundesdeutschen Justiz angegangen mit einem Strafgesetzbuch aus dem vorigen Jahrhundert, das sich Massenmord höchstens als die Folge etwa eines wahnsinnigen Eisenbahnattentäters vorstellen konnte. Mit diesem juristischen Rüstzeug den Planeten Auschwitz angehen zu wollen, macht sich ungefähr so aus, als wollte man einen Tiger mit einem Zahnstocher erlegen, oder, um es mit den Worten Karl Jaspers zu sagen: » . . . als ob man Verbrechen neuer Art von dem Charakter eines stinkenden Lavastroms auffangen wollte in den schönen Kanälen einer Kulturlandschaft des überlieferten Rechts. Der Verwaltungsmassenmord ist ein neues Verbrechen ohne Vorbild in der Geschichte. Dieses Verbrechen setzte einen neuen Staatstypus voraus, den Verbrecherstaat. Mir scheint, das gültige Recht reicht durchaus nicht. Die absolute Ausschließung rückwirkender Kraft, das wäre, als ob wir den Nazistaat mit einschließen könnten in eine Weltordnung des Rechts.«

Das ist in seiner Problemklarheit unübertroffen.

Die Alliierten, auch die westlichen, haben das unter dem Eindruck der offenen Massengräber auch gewußt und haben das sogenannte

»Nürnberger Statut« geschaffen – *rückwirkendes*, frisch gesetztes Recht, das als Völkerrecht die Urteile gegen die Hauptkriegsverbrecher von Nürnberg möglich machte! Da die revolutionäre Selbstreinigung der Deutschen, die, wie alle Revolutionen, selbstverständlich Recht mit rückwirkender Kraft geschaffen hätte, ausgeblieben war, gab es für die Gerechtigkeit nur die Alternative: rückwirkendes Recht oder Freiheit selbst für viele Hauptschuldige.

Als das Grundgesetz ausgearbeitet wurde, war diese Alternative schon klar erkennbar gewesen. Aber die Väter der Verfassung haben sich dem Prinzip der rückwirkenden Gesetzeskraft verschlossen und sind bei dem alten Grundsatz des römischen Rechts geblieben: »Nulla poena sine lege.«

So erleben wir seit zwanzig Jahren, daß die Masse der vor bundesdeutsche Schwurgerichte zitierten NS-Täter die untersten Glieder in der Kette des industriellen Serienmordes sind, nicht die viel verantwortlicheren Schreibtischtäter; daß, mit Recht, KZ-Aufseher wie Gustav Sorge und Karl Schubert angeklagt werden, nicht aber jene, die ihren »Todesmühlen« das »Menschenmaterial« zugeliefert haben. Der Chef der Gestapoleitstelle Köln, Lischka, läuft zur Stunde dieser Abfassung frei herum – obschon in Frankreich zum Tode verurteilt. Die Angeklagten-Statistik der KZ-Prozesse läßt nicht den geringsten Zweifel daran, daß es, wenn überhaupt, den »Kleinen« aus der Völkermordhierarchie an den Kragen geht, während die »Großen« ungeschoren davonkamen – womit ich keineswegs nur Angehörige des ehemaligen »Reichssicherheitshauptamtes«, Dach des Vernichtungsapparates, meine, sondern auch all diese ehemaligen Wehrwirtschaftsführer, SS-Größen, NS-»Goldfasane«, die hohen und pflichtschuldigen Militärs, ohne die das System gar nicht hätte existieren können.

Die Beschränkung der Angeklagten auf eine exekutive Täterspezies macht die gesamte Anstrengung der bundesdeutschen Justiz, ungeachtet honoriger Individualitäten im Rechtskörper, in sich völlig unglaubwürdig, einmal ganz abgesehen davon, daß die meisten Urteile unter Zuhilfenahme des Paragraphen »Beihilfe zum Mord« eine eindeutige Tendenz zur Minimalisierung der Schuldsprüche zeigen. Unglaubwürdig aber vor allem dadurch, daß so gut wie alle Nutznießer des Dritten Reiches, die nicht in unmittelbarem Zusammenhang mit dem Vernichtungsapparat standen, straffrei oder, in der ersten Zeit nach 1945, mit kurzer Inhaftierung davongekommen sind. Auf ihre gesellschaftliche Karriere in Wirtschaft oder Verwaltung der Bundesrepublik hatte sie keinerlei negative Konsequenzen, eher war solche »Strafe« bei

dem allgemeinen Konsensus des schlechten Gewissens noch förder-
lich. Die fast völlige Bindung der Anklage an die Letzttäter hat ganz
zwangsläufig von diesem Kreis der politisch Schuldigen und Verantwortlichen abgelenkt. Sie sind frei und ledig von Sühne, weil der
Grundgesetzartikel 103 Absatz 2 jene Gesetze verhindert, mit deren
Hilfe sie zur Verantwortung gezogen werden könnten.
Dennoch hat der »häßliche Deutsche« auch etwas an den NS-
Prozessen vor deutschen Schwurgerichten auszusetzen – nämlich,
daß sie überhaupt stattfinden. Der Gedanke, einen dieser Mörder
zum Nachbarn zu haben, beunruhigt ihn keineswegs. Ganz anders
wäre es schon bei einem Sittlichkeitsverbrecher nebenan . . .
Unabweisbar hat sich diese furchtbare politische Wahrheit unseres
Jahrhunderts nur noch einmal dokumentiert: Wenn ein totalitäres
oder autoritäres Regime von einem demokratischen Nachfolger
abgelöst wird, gehen Täter und Nutznießer nahezu straffrei aus.
Die historischen Beispiele: Hitlerdeutschland; das Italien Musso-
linis; das faschistische Japan; das Portugal Salazars; Franco-Spa-
nien; das Griechenland der Obristen – keiner der Nachfolger ist
auch nur entfernt befriedigend mit der Hypothek von Schuld und
Sühne des abgelösten Gewaltregimes fertig geworden!
Das ist eine Jahrhundert-Bilanz.
Und die traurigste aller Wahrheiten ist, daß eine ihrer Ursachen in
der Natur des demokratischen Systems selbst liegt – in seiner
Abhängigkeit vom Wähler!
In allen oben zitierten Beispielen ist die Straffreiheit, oder doch die
erhebliche Einschränkung des Täterkreises, gerechtfertigt worden
als notwendige Taktik zur Stärkung der Demokratie – eine ener-
gische politische und juristische Bewältigung der Vergangenheit
hätte, so wird argumentiert, eben diese Demokratie schwer belastet. Dabei mischen sich zweifellos echte Sorgen um den Bestand
des parlamentarischen Systems mit den Argumenten der Beharrung, der Verstrickung, der Verschleppung und der falschen Versöhnung zu einem oft unentwirrbaren Knäuel, an dessen Fäden die
parlamentarische Demokratie weit stärker stranguliert wird als die
Schuldigen und Verantworlichen von gestern.
Im Klartext: Die Abrechnung mit der Vergangenheit ist meist
unpopulär, eben weil erhebliche Teile der Bevölkerung, unter
Hitler übrigens in wahrhaft inflationärem Ausmaß, in die politische und juristische Kriminalität des abgelösten Unrechtsstaates
verstrickt waren. Da liegt der Nährboden auch für die untergrün-
dige Forderung nach Straffreiheit selbst für herausgehobene Täter, da mit deren Absolution auch die eigene erfolgen soll. Von

allem Anfang an ist diese Haltung des »häßlichen Deutschen« eine Größe im wahlpropagandistischen Kalkül der bundesdeutschen Parteien gewesen. Statt einer von der Nazi-Ideologie dichtbesetzten Bevölkerungsmehrheit gleich nach 1945 die Wahrheit über ihren Zustand zu sagen, um so unter Schmerzen und in ehrlicher Auseinandersetzung den Leichenberg im Keller der deutschen Geschichte auszuräumen, buhlten alle politischen »Willensträger« um die Stimmen derer, die Haß säten und nun Liebe verlangten. Alle, und erst recht die heute im Bundestag vertretenen Parteien, haben einer mit dem Unmenschlichkeitsregime verschwisterten und verbrüderten Bevölkerungsmehrheit Honig ums braungefärbte Mundwerk geschmiert – die Folgen für die Rehumanisierung sind immer noch nicht absehbar.

Die Abhängigkeit der Demokratie von den Wahlstimmen hat sich bei der Ablösung eines totalitären oder autoritären Regimes als die große Achillesferse ihrer Bemühungen erwiesen, mit der Hypothek ihres verbrecherischen Vorgängers fertigzuwerden. Das bedeutet nicht, daß der Bundesrepublik keine eindrucksvollen Beispiele der Demokratisierung gelungen wären, zumal inzwischen auch ein biologischer Wechsel der Generationen stattgefunden hat. Aber wir müssen wissen, daß in die relative Stabilität der zweiten deutschen Demokratie auch die fast völlige Straffreiheit der NS-Tätergruppen und -Nutznießer integriert ist, der große »Frieden mit den Nazis«. Ich halte diese Entwicklung mit all ihren sichtbaren und unsichtbaren Konsequenzen für irreversibel.

Hier waltet offenbar eine Gesetzmäßigkeit, die sich aus der geschichtlichen Konfliktsituation erklären läßt, ohne daß dadurch die Wirklichkeit gerechtfertigt werden könnte. Für die überlebenden Opfer gibt es dabei nur einen furchtbaren »Trost«: daß die Ermordeten all dies nicht mehr miterleben.

Ich bin der Bürger eines Staates, in dem kein einziger Nazi-Richter für seine Verbrechen je zur Aburteilung gelangte.

Ich bin der Bürger eines Staates, der für eine Handvoll von jugendlichen Terroristen eine Exklusiv-Zitadelle in zig Millionen-Höhe erbauen ließ, indes die »blutige Brigitte«, ein Mitglied der angeklagten Wachmannschaften im Düsseldorfer Maidanek-Prozeß, nicht nur frei herumlaufen kann, sondern während des Prozesses auch Illustrierte liest und sich einen »Gorilla« zu ihrem persönlichen Schutz halten darf.

Ich bin der Bürger eines Staates, in dem das Sprachrohr der zeitgenössischen Variante des Nationalsozialismus, die »Deutsche National- und Soldatenzeitung«, seit 25 Jahren unter dem Schutz

»demokratischer Pressefreiheit« ihren pathologischen Haß gegen Juden und Nazigegner Woche um Woche in die Großlettern ihrer Titel-Lügen gießen darf.

In diesem Sinne erkläre ich das Thema »Juden in der Bundesrepublik Deutschland« für irreparabel.

7. Gibt es eine jüdische Mitverantwortung?

Ganz gewiß nicht auf der Primärebene der fehlenden deutschen Selbstreinigung. Aber gibt es sie auf der Sekundärebene jüdischer Reaktionen gegenüber dem negativen Lauf der Dinge?

Ich habe Jahrzehnte zugebracht in freundschaftlicher Nähe von Karl Marx, dem Gründer und Herausgeber der »Allgemeinen Wochenzeitung der Juden in Deutschland«, und Hendrik G. van Dam, dem ersten Generalsekretär des »Zentralrates der Juden in Deutschland«, beide verstorben.

Ich habe sie stets die »Oberjuden« genannt, weil sie tatsächlich, jeder auf seine Weise, so etwas wie die Führungsfiguren der jüdischen Gemeinschaft in der Bundesrepublik waren – Karl Marx, eine Integrationspersönlichkeit mit Charme und Enthusiasmus, mit großer Organisations- und Kontaktfähigkeit; Hendrik van Dam mit der Schärfe seines Verstandes und der Unbestechlichkeit seiner Moral, gleichermaßen herausgehoben als Jurist und Publizist, als Leiter der jüdischen Dachorganisation unersetzbar.

Beneidet habe ich beide nicht, in beider Haut habe ich nie stecken mögen. Denn natürlich mußten sie taktieren, Schlängelpfade einschlagen, Kompromisse machen, Volten schlagen, wie jeder, der Macht ausübt oder sich mit Macht einläßt, die ungleich stärker ist als er selbst oder was er repräsentiert. Eine leichte Aufgabe war es nicht. Ich halte übrigens nichts von Puristen, die nie der Belastung jener ausgesetzt waren, gegen die sich ihr Purismus richtet. Aber in einem Punkt habe ich mit beiden nicht übereingestimmt, und beide wußten es: in der Haltung gegenüber dem Adenauer-Intimus und Kommentator der nazistischen »Nürnberger Rasseschutzgesetze« *Hans Globke*!

Dieser Globke, der beim Eid auf Hitler angeblich in eine Nische getreten sein und dort die Schwurfinger nicht erhoben haben wollte, hat mit der unsäglichsten aller Schuldabweisungen argumentiert: Er habe mitgemacht, um »Schlimmeres zu verhüten« . . .

Woran Globke teilhatte, war bereits das Schlimmste: erst die

Diskriminierung, dann die Ausrottung von Menschen ihrer Rasse wegen. Von seinen Kommentaren bis nach Auschwitz ist eine Linie, der Indikativ der Geschichte. Hans Globke, wie so mancher andere, versuchte, daraus einen persönlich bezogenen Konjunktiv zu konstruieren, nämlich die eigene Beteiligung am »Schlimmsten« mit (tatsächlichen oder angeblichen) Erfolgen der Opferbewahrung zu kompensieren. Diese Argumentation – mitmachen, um »Schlimmeres« zu verhüten – setzte allemal die Beteiligung am »Schlimmsten« voraus. Wer eine Mordmaschine mit am Laufen hält, die Millionen Menschen tötet, kann ein paar ausgesparte Opfer nicht dagegen aufrechnen!

Für die Juden in der Bundesrepublik und für ihre Organisationen hätte es nur *eine* Politik geben dürfen: keine Zusammenarbeit mit einem Regierungschef, der auf Hans Globke als Mitarbeiter bestand! Diese Ansicht vertrete ich immer noch. Und ich bin immer noch sicher, daß eine feste Haltung Globke schließlich auch beseitigt hätte.

Es wird einer historischen Prüfung bedürfen, zu klären, wie prinzipientreu die jüdische Gemeinschaft in der Bundesrepublik und ihre Organisationen zwischen den Polen realpolitischen Taktierens und der Verpflichtung gegenüber den Ermordeten gehandelt haben. Über das Resultat einer kritischen Beurteilung bin ich mir keineswegs gewiß – sind die Juden in der Bundesrepublik nicht auf zuviel Kompromisse eingegangen? Gewiß ist allerdings, daß ihre Gemeinschaft, ihre Organisationen und deren Repräsentanten, ob sie es wollen oder nicht, so etwas wie eine Wächterrolle der bundesdeutschen Demokratie spielen, daß sie ein Barometer politischer Stimmungen, Tendenzen und Entwicklungen sind, das Humanes ebenso anzeigt wie Unbelehrbarkeit und Ignoranz der Umwelt. Besser noch, man würde sagen: Die jüdische Gemeinschaft in der Bundesrepublik ist der Seismograph solcher Strömungen.

Es bleibt genug Nachdenkliches über die Rolle der jüdischen Mitverantwortung auf der Sekundärebene. Der alte Fuchs Adenauer ist gewiß Antisemit nie gewesen, eher das, was man einen »Judenfreund« nennen könnte, unsentimental, aber doch zuverlässig. Ich habe mich jedoch nie von dem Gedanken freimachen können, daß er seinen »Frieden mit den Juden« – Zahlungen an Israel und an die überlebenden Opfer, neben einem beträchtlichen moralischen Aufwand – genauso bewußt in das Schön-Wetter-Kalkül für die zweite deutsche Demokratie gestellt hat wie den »Frieden mit den Nazis« – und beides hat er sich viel kosten lassen.

Wie hätte sich die Bundesrepublik Deutschland einer jüdischen Gemeinschaft gegenüber verhalten, die diesen »Frieden mit den Nazis« unter allen Umständen abgelehnt hätte? Wir wissen es nicht, denn das ist nicht geschehen. Jedenfalls kann man sagen, daß wir uns an diesen »Frieden« gewöhnt haben – es passieren Dinge, es gibt Zustände, es herrschen Verhältnisse, die wir 1945 für völlig unmöglich gehalten haben. Nicht, daß es jemals seither an jüdischen Protesten bis in unsere Tage hinein gefehlt hat, und ich möchte sagen, daß in diesem Chor Heinz Galinski, der Vorsteher der Jüdischen Gemeinde von West-Berlin, kontinuierlich die erste Stimme macht. Nur – unsere Verweigerung hat nicht stattgefunden. Und dafür könnten sogar viele, und keineswegs nur unverständliche, Begründungen angeführt werden.

Absolutes Unverständnis jedoch ist angebracht gegenüber einem Typus in unseren Reihen, der unentschuldbar ist und den ich seit Jahrzehnten »Hofjude« nenne.

Was ist das?

Ein Beispiel: In Berlin traf ich einen (ehemals aus rassischen Gründen verfolgten) Journalisten, der mir beim Gespräch über die Vergangenheit eröffnete, er sei in den fünfziger Jahren zu Hans Globke gegangen und habe sich bei ihm bedankt, » . . . weil Ihre Kommentierung der ›Nürnberger Rassegesetze‹ für mich Schlimmeres verhütet hat«.

Ich habe diesem Mann gesagt: »Ich glaube Ihrem vorgegebenen Dankmotiv nicht – es gibt keine Kompensierung für Beteiligung an der Vernichtung von Menschen. Ich bin vielmehr überzeugt davon, daß Ihr Kniefall vor Globke eine ganz andere Ursache hatte, nämlich unter Ausnutzung Ihres Status als ehemals Rasseverfolgter ein bißchen mit an der Macht zu partizipieren, ein Molekül von ihr zu naschen, sich in ihrer Nähe aufzuhalten, indem Sie den Dankbaren spielten. Dies, und nichts anderes, war Ihr echtes Motiv, Hans Globke aufzusuchen – weil Sie ein ›Hofjude‹ sind.«

Man kann sich fragen, ob das öffentliche Plädoyer von Werner Nachmann, bei Abfassung dieser Schrift Vorsitzender des Direktoriums des »Zentralrates der Juden in Deutschland«, für den ehemaligen NS-Marinejuristen Hans Filbinger einer ähnlichen Haltung entsprang – ich weiß es nicht. Ich weiß nur, daß es keinen verächtlicheren Typus innerhalb der jüdischen Gemeinschaft geben kann als solche »Hofjuden«. In meinen Augen sind sie Komplizen.

8. Warum ich dennoch bleibe

Bekanntlich fragt der deutsche Untertanengeist immer noch, wenn er einem Kritiker des Staates begegnet: »Warum sind Sie denn hier? Warum hauen Sie nicht ab?« Aber nach all dem, was ich geschrieben habe, könnte auch ohne den Unterton von Gehässigkeit gefragt werden: »Und warum bleibst du in diesem Land?«

Ich bleibe in der Bundesrepublik Deutschland, weil auf ihrem Territorium Hamburg liegt, meine Vaterstadt, mit all ihren Erlebnissen und Erinnerungen vor und nach 1945.

Ich bleibe, weil dieses Land meine soziale, kulturelle und geographische Heimat ist. Hier bin ich geboren, aufgewachsen, hier lebe ich nun schon länger als ein halbes Jahrhundert – alles, was mit mir zu tun hat, ist hier geschehen. Wo wäre denn meine Heimat außer hier?

Ich bleibe, weil die deutsche Sprache ein Teil dieser Heimat ist, und zwar ein wesentlicher, ja entscheidender – mein Handwerkszeug, meine Qual, mein Entzücken. In einer anderen Sprache schreiben oder gar denken? Unmöglich!

Ich bleibe aber auch in der Bundesrepublik auf Grund einer Art von »Vertrag auf Gegenseitigkeit«. Ich habe hier bisher immer noch sagen und schreiben können, was ich sagen und schreiben wollte – als Fernsehjournalist, als Publizist, als Schriftsteller. Sobald mir diese Freiheit genommen oder auch nur eingeschränkt werden würde, verwandelte sich die Bundesrepublik für mich in einen Gegner, den ich mit allen mir zu Gebote stehenden Mitteln politisch bekämpfen würde – von diesseits oder von jenseits ihrer Grenzen. Das heißt, die Bundesrepublik Deutschland ist so lange auch meine *politische* Heimat, wie sie demokratisch ist – ein Status, an dessen Aufrechterhaltung und Ausbau ich mich unmittelbar beteiligt fühle. Der Verlust dieser politischen Heimat könnte nur durch die Aufhebung der Verfassung erfolgen oder durch einen unerträglichen Gegensatz zwischen ihr und der Verfassungswirklichkeit.

Und schließlich bleibe ich in der Bundesrepublik, weil der »häßliche Deutsche« nicht der einzige Deutsche ist – der Januskopf zeigt auch ein anderes Antlitz: erfrischende Menschen in allen Lebensaltern, die den »häßlichen Deutschen« geradeso verabscheuen wie ich.

Was mir jedoch das Leben in der Bundesrepublik schwermacht, ist nicht die Furcht vor einem zweiten 30. Januar 1933, auch nicht in einer zeitgenössischen, modernisierten Variierung. Was mir das

Leben hier schwermacht, ist die Atemnot durch Zustände, wie sie auf den vorangegangenen Seiten geschildert worden sind.

Ich halte den »häßlichen Deutschen« nicht für die potentielle Zukunft der Bundesrepublik, sondern für eine politisch-ästhetische Unerträglichkeit. Er hat vielleicht in einer ihm gegenüber schwächlichen Demokratie die Chance, über Gebühr hinaus am Leben zu bleiben, eine Perspektive kann er der Bundesrepublik nicht bieten, wenn man ihn mit dem Feind von rechts identifiziert, und das kann man.

Sein Anachronismus, der nie einen andern Sinn hatte, als den Gang der Weltgeschichte aufzuhalten, ist nicht nur völlig unfähig, die Probleme des technologischen Zeitalters zu bewältigen, sondern noch weit unfähiger, die globalen Aufgaben zwischen den entwickelten und den armen Völkern der Erde mit den bereits in vollem Gang befindlichen, unumkehrbaren Sozialprozessen wie Bevölkerungsexplosion und Umverteilung des Weltreichtums zu lösen.

Der »häßliche Deutsche« und sein organisierter und unorganisierter Anhang sind aber noch in anderer Beziehung perspektivlos: Die Welt wird sich nie ein zweites Nazi-Deutschland gefallen lassen!

Deshalb hätte der »häßliche Deutsche« als Wahlpotential nur bis zu einer bestimmten, meiner Meinung nach ziemlich niedrigen, Prozentschwelle Erfolgsspielraum. Alles, was darüber läge, würde nur bestätigen, wie unvergessen Hitler und sein Angriffskrieg wirklich sind. Mit anderen Worten: Der »häßliche Deutsche« kann als in seinem Sinne erfolgreiches Wahlpotential der Bundesrepublik nichts bieten als die Aussicht, das ungeheure Erinnerungsvermögen des ehemals deutschbesetzten Europa zu mobilisieren, wenn nötig, bis zur Intervention von NATO-Bundesgenossen. Ohne selbst zu triumphieren, könnte der »häßliche Deutsche« auf diese Weise immerhin der zweiten deutschen Demokratie den Garaus machen.

Ich bleibe, weil ich meinen persönlichen Anteil daran haben will, diese destruktivste aller destruktiven Möglichkeiten des »häßlichen Deutschen« verhindern zu helfen. Ich bleibe, weil ich mir vor, bei und nach der Befreiung immer wieder geschworen habe: Diesen Feind läßt du nicht, bis er unschädlich ist.

Militärisch ist er endgültig geschlagen, ideologisch aber lebt er wie eh und je.

Der »häßliche Deutsche« – er ist mein, er ist *das* Problem.

Jakob Goldberg

. . . ist ein Mittel
zur Ablenkung geblieben

*Jakob Goldberg, geboren 1921 in Kiel, war nach der »Kristall-
nacht« 1938 gezwungen, Deutschland zu verlassen und emigrierte
nach England. Dort wirkte er in der Freien Deutschen Jugend, der
Freien Deutschen Bewegung und schloß sich der Gruppe deutscher
Kommunisten an. Er gehörte zum Vorstand des Gewerkschafts-
kartells in Coventry und kehrte nach mehrjähriger Zugehörigkeit
zur britischen Armee 1946 nach Deutschland zurück. Hier wurde
er Mitglied der Kommunistischen Partei Deutschlands (KPD) und
war in der politischen Jugendarbeit tätig. Seit 1950 arbeitet er als
Journalist, war u. a. Chefredakteur der Wochenzeitung »tatsachen«. 1968 trat er der Deutschen Kommunistischen Partei (DKP)
bei und ist Mitarbeiter ihres Parteivorstands.*

Den Antisemitismus habe ich nie als eine isolierte Erscheinung
angesehen. Als eine solche wäre er überhaupt nicht zu begreifen.
So können denn auch die verabscheuungswürdigen Schändungen
jüdischer Friedhöfe, NS-Parolen an Häuserwänden wie: »Juda
verrecke!«, die Judenverbrennungs»spiele« angehender Offiziere
der Bundeswehr nicht losgelöst von der Gesamtentwicklung der
Bundesrepublik gesehen werden. Es fragt sich, wo der Nährboden
für antisemitische Erscheinungen ist, die sich in der erwähnten
Form äußern. Obgleich der Antisemitismus älter als der Faschismus ist, hat der heutige Antisemitismus in unserem Lande seinen
Nährboden vor allem darin, daß – wie es im DGB-Grundsatzpro-
gramm heißt – bei uns die alten Besitz- und Machtverhältnisse
wiederhergestellt wurden. Das sind aber doch jene, die den
Faschismus hervorgebracht haben.
Der Antisemitismus ist, wie der Rassismus, eine Erscheinung der
klassenstrukturierten Gesellschaft. Um von ihren Widersprüchen
abzulenken, bedienten sich die jeweils Herrschenden in der Vergangenheit seiner. Der Antisemitismus hatte zu verschiedenen
Zeiten allerdings unterschiedliche Funktionen.
Obwohl religiös begründet, waren es im Mittelalter in erster Linie
wirtschaftliche Ursachen, die zu Judenverfolgungen führten. Die

Hetze gegen die Juden war für die Feudalherren das Mittel, vor dem Volk die Gründe seines Elends zu verschleiern, die im Feudalsystem lagen.

Die Französische Revolution leitete die Gleichberechtigung der Juden ein, die im 19. Jahrhundert in Europa allgemein vollzogen war. Sie wurde selbstverständlich nur in bürgerlichen Klassengrenzen verwirklicht. Im wirtschaftlichen Konkurrenzkampf wurde der Antisemitismus weiter als ideologisches Mittel eingesetzt.

Mit der Herausbildung produktions- und marktbeherrschender Großfirmen verschärften sich die gesellschaftlichen Widersprüche. Diese Monopole stießen sich an der Demokratie und entwickelten Tendenzen, sie zu beseitigen. Um von ihrem Wirken für die Errichtung ihrer offenen Diktatur abzulenken, bedienten sich die entscheidenden Teile des Monopolkapitals, die dem faschistischen Hitlerregime zur Macht verhalfen, des inzwischen rassistisch eingefärbten Antisemitismus (Gottfried Feders Slogan vom jüdischen, dem »raffenden Kapital«, vom nichtjüdischen, dem »schaffenden Kapital«). Er reichte aber nicht aus, um die Weltherrschaftspläne zu rechtfertigen. Dazu bedurfte es vor allem des Antikommunismus, der sich historisch als Ideologie des Krieges und der Unterdrückung anderer Völker erwies.

Ich gehöre zu den wenigen Überlebenden meiner Familie – im erweiterten Sinne. Fast alle meine Verwandten wurden »vergast«. Nicht einen Moment könnte ich jedoch vergessen, daß die systematisch geführte Antisowjethetze, die im Kampf gegen den »jüdischen Bolschewismus« ihren Ausdruck fand, über die sechs Millionen jüdischer Opfer hinaus mehr als 20 Millionen Bürger der Sowjetunion das Leben kostete. 50 Millionen Tote des Zweiten Weltkrieges, eine Zahl, die häufig schon wieder in Vergessenheit zu geraten droht, runden dieses »Bild« des Grauens ab.

Es geht mir nicht um eine Bilanz der Vergangenheit, sondern um den Schlüssel zur Gegenwart. Wie lassen sich die Erscheinungen des Antisemitismus heute erklären, wo es doch in der Bundesrepublik kaum Bürger jüdischen Glaubens oder jüdischer Herkunft gibt? Zu den letzteren zähle auch ich mich. Der Antisemitismus ist ein Mittel zur Ablenkung der Bevölkerung geblieben. Allerdings hat er heute bei uns primär die Funktion, von der Vergangenheit abzulenken. Da es bei uns nie eine ernsthafte Auseinandersetzung mit ihr gegeben hat, begünstigt das jene neonazistischen Organisationen und Zeitungen, die seit Jahrzehnten ungehindert ihr antisemitisches Gift in der Bundesrepublik verspritzen können.

Aber auch der Antikommunismus und Antisowjetismus sind bei uns längst wieder heimisch. Sie wurden unter Adenauer sogar zur Staatsdoktrin erhoben. Der Büchermarkt ist überflutet mit Erzeugnissen, in denen das faschistische Hitlerregime verharmlost oder gar reingewaschen wird. Hitler wird wechselseitig als Psychopath oder großer Mann gezeichnet.

Unmittelbar nach dem Zusammenbruch seines Regimes wurde die These von der »Kollektivschuld« benutzt, um den antifaschistischen Widerstand – darunter auch der Kommunisten – zu negieren. Sie ermöglichte es auch, daß sich maßgebliche Träger des faschistischen Regimes gegenseitig Absolution erteilten. So wurde Globke, der Kommentator der Nürnberger Rassengesetze und damit einer der intellektuellen Miturheber der Judenpogrome, die rechte Hand Adenauers. Kiesinger wurde gar Bundeskanzler und bekleidete – wie der ehemalige Ministerpräsident Baden-Württembergs, Filbinger, der als »furchtbarer Jurist« in der NS-Wehrmacht fungierte – höchste Ämter in der CDU. Die ehemaligen Wehrwirtschaftsführer sitzen schon lange wieder in den Chefetagen der Betriebe.

Anfang 1960 kam es zum sogenannten Totalitarismus-Erlaß für die Schulen, der formal die Faschisten – die sich jedoch längst wieder in Amt und Würden befanden – mit den Kommunisten gleichsetzte, deren Partei 1956 verboten worden war. Dieser Erlaß, der nach wie vor in Kraft ist, behindert jeden Lehrer, der dazu bereit wäre, die Vergangenheit vor seinen Schülern wahrheitsgetreu darzustellen.

Wo Antisemitismus auftrat, war er stets mit der Beschränkung der demokratischen Rechte und Freiheiten der Bürger verbunden. Ganz besonders, nachdem er sich engstens mit Antikommunismus und Antisowjetismus verbunden hatte. Die geistigen Wegbereiter des Faschismus bekämpften zunächst den »jüdischen Liberalismus« und während der Weimarer Zeit die »Judenrepublik«. Zum Nährboden antisemitischer Erscheinungen heute gehört ohne Zweifel die Kriminalisierung der linken antifaschistisch-demokratischen Kräfte, besonders der Kommunisten. Nicht nur die gegen sie gerichteten Berufsverbote im öffentlichen Dienst beschwören zwangsläufig die Vergangenheit wieder herauf. Die Aushöhlung des Grundgesetzes ist nicht mehr zu übersehen.

Für geradezu skandalös halte ich die Bedingungen, unter denen Verbrechen der Vergangenheit »aufgeklärt« werden. Der Majdanek-Prozeß, der sich über Jahre hinzieht, ist nur ein Beispiel. Die bei solchen Prozessen angewandte Verschleppungstaktik ist zur

Methode geworden. Daß in ihnen Juristen mitwirken können, deren Geisteshaltung sich von der der Angeklagten nur wenig unterscheidet, muß alarmieren. Wenn es um die Verfolgung von Akten individuellen Terrors (die ich, wie jeder Kommunist, entschieden bekämpfe) ging, konnten über Nacht gesetzliche Voraussetzungen geschaffen werden. Wer aber will die Schaffung solcher Voraussetzungen für die Aufklärung von Massenmorden hintertreiben? Schon allein die Fragestellung, ob man Verbrechen gegen die Menschlichkeit, Kriegsverbrechen, verjähren lassen solle, empfinde ich als unerträglich. Sollen Verantwortliche für Massenmorde überhaupt nicht mehr zur Rechenschaft gezogen werden können? Eine Generalamnestie würde jenen Kräften in unserem Land Auftrieb geben, die sich nach einer Korrektur der Ergebnisse des Zweiten Weltkrieges sehnen und den militanter werdenden Neofaschismus stärken.

Auch in der deutschen Geschichte gibt es zwei Traditionslinien, eine reaktionäre und eine fortschrittliche. Fast alle großen Geister unserer Nation waren bewußte Gegner des Antisemitismus, ob es nun Lessing oder Goethe war, von der demokratischen und Arbeiterbewegung ganz zu schweigen. Die fortschrittliche Traditionslinie fand im antifaschistischen Widerstand ihren Ausdruck. Er war insgesamt nicht stark genug, den Faschismus zu überwinden. Wichtig ist jedoch festzustellen, daß er vorhanden war und auch den Antisemitismus bekämpfte. Das hat die revolutionäre Arbeiterbewegung von Anbeginn getan. Karl Marx hat nachgewiesen, daß mit der Beseitigung des Systems der Ausbeutung auch die jüdischen Mitbürger ihre volle Gleichberechtigung erringen würden, und forderte sie auf, sich dem Kampf für eine neue, für eine sozialistische Gesellschaftsordnung anzuschließen; »denn dann arbeitet er (der jüdische Mitbürger – d.Verf.) aus seiner bisherigen Entwicklung heraus an der menschlichen Emanzipation schlechthin und kehrt sich gegen den höchsten praktischen Ausdruck der menschlichen Selbstentfremdung«. Friedrich Engels qualifizierte den Antisemitismus als »das Merkzeichen einer zurückgebliebenen Kultur«. August Bebel stellte die politischen Hintergründe des Antisemitismus bloß, der wie der Rassismus im Widerspruch zu den objektiven Interessen der Arbeiterklasse steht.

Das Wirken der revolutionären Arbeiterbewegung widerlegt so die Hauptthese des Begründers des politischen Zionismus, Theodor Herzl, der 1895 schrieb: »Die Völker, bei denen Juden wohnen, sind alle samt und sonders, verschämt oder unverschämt, Antisemiten.« Herzl stellt den Antisemitismus als ein über den

Klassen stehendes Problem hin, das unvermeidlich aus der bloßen Existenz von Juden unter Nichtjuden erwachse, und ignorierte seine gesellschaftlichen Hintergründe.

Ich möchte darauf aufmerksam machen: Wenn die während des Zweiten Weltkrieges in Palästina ansässigen jüdischen Bürger die faschistische Barbarei überlebten, so nicht, weil sie einem Ruf der Zionisten gefolgt wären, sondern weil die Pläne der »Endlöser« zur Eroberung des Nahen Ostens und damit Palästinas sich als nicht realisierbar erwiesen. Durch die Sowjetarmee wurden in der entscheidenden Phase des Krieges außergewöhnlich starke deutsche Truppenverbände gebunden, so daß eine Verstärkung des »Afrikacorps« nicht mehr möglich war.

Entschieden widerspreche ich der zionistischen These von einer »exterritorialen Weltnation« der Juden, auf die die Klassenteilung nicht zuträfe. Die jüdischen Bürger schlechthin bilden überhaupt keine Einheit, es sei denn, eine religiöse Gemeinschaft. Überall dort, wo ihre frühere Ungleichheit beseitigt wurde und ihre Assimilation möglich war, sind sie zu Gliedern der jeweiligen Nation geworden, sprechen deren Sprache, haben teil an ihrer Kultur und sind wirtschaftlich mit ihr verbunden. In den kapitalistischen Ländern ist die soziale Stellung jüdischer Bürger sehr unterschiedlich. Neben Industriekapitalisten und Kaufleuten finden wir jüdische Arbeiter, Handwerker, Bauern und Intellektuelle. Die großen sozialen Unterschiede lassen für eine Gemeinsamkeit wenig Spielraum. Dementsprechend gehören jüdische Bürger bzw. Bürger jüdischer Herkunft den verschiedensten politischen Lagern an.

So abwegig der Gedanke einer »exterritorialen Weltnation« der Juden ist – die heute in Israel lebenden jüdischen Bürger haben sich zweifellos zu einer Nation entwickelt, zur israelischen Nation, die nicht mit dem Zionismus gleichgesetzt werden darf, den eine wachsende Zahl israelischer Bürger ablehnt.

In sozialistischen Ländern sind die Wurzeln des Antisemitismus beseitigt worden. Gesellschaftliche Klassen, die am Antisemitismus oder an einer nationalen Diskriminierung gleich welcher Art interessiert wären, sind in ihnen nicht mehr existent. Die sowjetische Verfassung z. B. garantiert die Gleichberechtigung allen Bürgern der UdSSR, unabhängig von ihrer Rasse oder Nationalität. Der Charakter des multinationalen sowjetischen Staates macht eine antisemitische oder rassistische Politik unmöglich.

Der Arbeiterbewegung zugehörig, bin ich stets dem Antisemitismus oder Rassismus entgegengetreten, ganz gleich, in welcher Form sie sich äußerten. Entschieden verurteile ich gleichermaßen die Aggressionspolitik Israels gegenüber den arabischen Nachbarländern, die auch von der UNO als rassistisch qualifizierte Politik der Unterdrückung des palästinensischen Volkes. Meine volle Sympathie haben *die* Israelis, die im Interesse des Friedens, in Übereinstimmung mit den UNO-Beschlüssen, den Rückzug der israelischen Truppen aus allen, seit dem Junikrieg 1967 widerrechtlich besetzten arabischen Territorien verlangen und das legitime Recht des palästinensisch-arabischen Volkes anerkennen, in dieser Region neben dem Staat Israel einen eigenständigen Staat zu begründen. Nachdrücklich weise ich die Unterstellung zionistischer Kreise zurück, daß die Kritik an der Expansions- und Unterdrückungspolitik der Regierenden Israels Antisemitismus sei. Über diese Eroberungspolitik frohlockten 1967 die rechtsstehenden Kreise unseres Landes, die den »Blitzkrieg« feierten, den auch die Bundesregierung durch Waffenlieferungen an Israel ermöglicht hatte. Bewältigung der Vergangenheit? Die Araber sind schließlich auch Angehörige der semitischen Sprachgruppe. Nicht wenige in unserem Lande behielten durchaus ihren Antisemitismus bei, als sie für Israel, gegen das arabische Volk Partei ergriffen. Und diese »bequeme« Schwenkung verschaffte ihnen noch den Ruf, den Antisemitismus überwunden zu haben. Wie wenig das zutrifft, zeigt die Tatsache, daß Neofaschisten bei uns ungehindert weiter ihre Saat säen konnten.

Zweifellos gibt es eine Tendenz nach rechts, die antisemitische Erscheinungen begünstigt. Aber zugleich gibt es ein starkes antifaschistisch-demokratisches Potential, das in der Lage ist, den Rechtstendenzen zu widerstehen. Erscheinungen des Antisemitismus sind eine Herausforderung aller Demokraten. Beseitigt werden sie, nach meiner Auffassung, indem man ihnen den Nährboden entzieht. Das macht – entsprechend Art. 139 GG – das Verbot aller neonazistischen Organisationen und Aktivitäten sowie die Unterbindung jeglicher Kriegs-, Rassen- und Völkerhetze notwendig. Wenn neofaschistische Organisationen und Verbände nicht für ein neues »tausendjähriges Reich« wirken, wenn Zeitungen, Bücher und Filme mit neofaschistischem Gedankengut nicht mehr die Köpfe der Menschen verwirren und verseuchen könnten, dann wäre auch ein großer Schritt auf dem Wege zur Überwindung des Antisemitismus getan. Das wäre gewiß erst ein Anfang, den es zu ergänzen gäbe durch eine positive, demokratisch-humanistische Erziehung, etwa in der Nachfolge von Lessings großartigem »Nathan«.

Ich stehe voll hinter der Aussage des jüngsten Parteitages meiner

Partei: »Die monopolkapitalistischen Verhältnisse der Bundesrepublik, wo ein Oberländer, ein Globke und ein Filbinger höchste Staatsämter erhielten, wo schlimmste nazistische Gewaltverbrecher unbestraft bleiben, wo die schreckliche faschistische Vergangenheit weder politisch noch ideologisch bewältigt wurde, bieten für den Neonazismus einen günstigen Nährboden. Die Neonazis stellen objektiv eine politische Reserve der Monopole dar. Solange der Imperialismus existiert, ist auch die faschistische Gefahr nicht endgültig beseitigt.«

Werner Goldberg

Politischer Radikalismus weckt die Angst

Werner Goldberg, Jahrgang 1919. Abteilungsleiter beim SFB; Mitherausgeber von »Die Mahnung« (Zentralorgan Demokratischer Widerstandskämpfer und Verfolgten-Organisationen).

Eine Beteiligung an diesem Buch bietet Gelegenheit, Gedanken niederzulegen, die – obwohl ständig gegenwärtig – sonst wohl unausgesprochen blieben. So wird man auch dem Verdacht oder dem eventuell erhobenen Vorwurf entgehen, daß die Motivation für die Äußerung solch verborgener Gedanken Selbstgerechtigkeit, Selbstrechtfertigung, Mitleidsuche, Profilneurose oder das Bedürfnis ist, das eigene Nest zu beschmutzen; daß eine Motivation dieser Art dazu verholfen hat, jene Schambarrieren zu überspringen, die eigentlich persönlichen Offenbarungen entgegenstehen. Beim Schreiben ist mir erst so recht bewußt geworden, daß die Überwindung dieser Hemmschwelle nicht ganz leicht fällt.

Das jüdische Volk wurde über die Jahrhunderte wesentlich durch Verfolgung geprägt. In Deutschland und in Europa fügten die Nationalsozialisten eine kaum zu übertreffende, erschreckende, menschenverachtend grausame Vernichtungskampagne hinzu. Davon waren nicht allein die Menschen jüdischen Glaubens betroffen. Vielmehr gehörten u. a. auch diejenigen dazu, in deren Ahnenlisten jüdische Vorfahren entdeckt wurden.

Meine Eltern gehörten der evangelischen Glaubensgemeinschaft an. Ich selbst bin nach meiner Geburt im Jahre 1919 evangelisch getauft und auch erzogen worden. Erst mit den antijüdischen Kampagnen 1933 wurde mir bekannt und bewußt, daß mein Vater einer jüdischen Familie in Ostpreußen entstammte. Er hatte sich mit 19 Jahren im Jahre 1900 evangelisch taufen lassen. Meine Mutter kam aus einer schlesischen Bauernfamilie und war nach den nationalsozialistischen Begriffsbestimmungen »rein arisch«. Nach der Machtübernahme Hitlers wurde ich plötzlich in der Pfadfinderschaft, der ich über vier Jahre angehörte, als »Jude« bezeichnet und mehr und mehr isoliert. In der Schule wurde ich auf einmal geschnitten und erlebte immer häufiger mehr oder weniger versteckte Vorbehalte auf seiten der Klassenkameraden und Lehrer. Spott und Feindschaft wuchsen und machten mich zum Aussätzigen. Nur ganz wenige Freunde hielten zunächst weiter zu mir. Aber ihre Zahl nahm schnell und schneller ab. Immer weniger Mitschüler waren – angesichts der offiziellen Maßnahmen gegen die Juden – bereit, sich selbst zu diffamieren. Zu diesen Maßnahmen gehörten z. B. der Aufruf zum Boykott jüdischer Geschäfte 1933 und die »Nürnberger Gesetze« 1935. Die Mitgliedschaft in der Pfadfinderschaft, die ja dann in die Hitlerjugend aufging, mußte ich bereits 1933 aufgeben. Die sich verstärkenden Schikanen zwangen mich schließlich, 1935 von der Schule abzugehen. Inzwischen war klar geworden, daß für mich weder das Abitur noch ein Studium möglich sein würde. Nichtarier waren davon ausgeschlossen. Damit mußte ich meine Absicht und meinen Wunsch, Mediziner zu werden, endgültig aufgeben. Ich fand eine Lehrstelle in einem Betrieb der Bekleidungsindustrie, wo ich mich einigermaßen geborgen fühlen konnte. Nach zweieinhalb Jahren bestand ich die Lehrabschlußprüfung und wurde anschließend zum Arbeits- und Wehrdienst eingezogen. Als Infanterist erlebte ich den Polenfeldzug und einen Teil des Krieges in Frankreich. Ende 1940 wurde ich als sogenannter Mischling 1. Grades aus der Front in Frankreich mit dem Vermerk »n. z. v.« (nicht zu verwenden) aus der Wehrmacht entlassen. Die Diskriminierung war perfekt. Zukunftsperspektiven gab es nicht. Die systematische Verhaftung und Deportation meiner Verwandten und jüdischen Bekannten setzte ein. Auch mein Vater blieb davon nicht verschont, konnte aber gerettet werden. Er starb 1945, als die englische Besatzungsmacht die über die Nazizeit gerettete Wohnung beschlagnahmte und ihn mit uns, seiner Familie, auf die Straße setzte.

In der schwersten Zeit der Verfolgung und in einer aussichtslosen und verzweifelten Lage lernte ich jedoch in Berlin selbstlose Hilfsbereitschaft und Freundschaft kennen. Dies half uns, materiell und psychisch diese schweren Jahre zu überstehen. Daraus erwuchs zugleich der feste Entschluß, nach dem unausweichlichen Zusammenbruch Deutschlands einem Neuanfang verpflichtet zu sein.

Nach dem Zusammenbruch stellte ich mich dann auch sofort für den Wiederaufbau unseres Gemeinwesens zur Verfügung. Aus den gemeinsamen Erlebnissen und Erfahrungen der Vergangenheit entstand ein breiter Konsensus zwischen Menschen unterschiedlichster politischer Auffassungen. Gemeinsam glaubten wir an das Recht des deutschen Volkes, eines Tages mit unserer Hilfe

wieder einen gleichberechtigten Platz unter den Völkern einnehmen zu können, die soviel Leid durch Deutschland erfahren hatten. Ich strebte nach Versöhnung mit denen, die geirrt hatten, und
wollte denen helfen, die mir zum Überleben verholfen hatten.
Gleichzeitig versprach ich, aus den Erfahrungen gewonnene Ein-
sichten weiterzugeben. Ich organisierte mit anderen einen Zusammenschluß derjenigen, die das Schicksal der Verfolgung aus politischen, rassischen oder religiösen Gründen teilten. Wir suchten
unser neues Lebensglück in der Aufgabe des Neuaufbaus. In der
Schaffung eines demokratischen Staates, der Geborgenheit bieten
konnte. Wir strebten unter das größere Dach Europas, was bereits
zur Zielsetzung der Frauen und Männer des deutschen Widerstandes gehörte. Bei diesem Neuanfang wurde uns besonders schmerzlich der große Verlust bewußt, den Deutschland durch die Ermordung und Vertreibung seiner geistigen Kapazitäten erlitten hatte.
Kulturelle Bindungen waren zerschnitten worden und konnten
nicht so schnell wieder geknüpft oder ersetzt werden. Ich glaubte
fest daran, daß dieser nun beendete Abschnitt deutscher Geschichte dem Volk eine Zukunftschance eröffnete, die es durch
Neugestaltung in allen Bereichen zu nutzen galt. Das Grundgesetz
der Bundesrepublik Deutschland, in das all die bitteren Erfahrungen eingeflossen sind, verstärkte eine solche Zuversicht. Mit der
Gesetzgebung zur Entschädigung nationalsozialistischen Staats-
unrechts folgte eine weitere wichtige Phase der sittlichen Erneue-
rung.

Für mich erbrachte diese Gesetzgebung eine Entschädigung in
Höhe von DM 5000 für die Aussperrung aus der erstrebten,
niemals mehr zu erreichenden Berufsausbildung. Dieser Betrag
wurde später noch einmal um die gleiche Summe aufgestockt, so
daß ich für die geschilderten Repressionsmaßnahmen des NS-
Staates insgesamt mit DM 10 000 abgefunden wurde.

Der 1945 begonnene Neuaufbau einer beruflichen Existenz unter
den veränderten Gegebenheiten und Verhältnissen bedeutete auch
die neue Hoffnung, in absehbarer Zeit selbst einmal eine Familie
gründen zu können. Das war mir in der davorliegenden Zeit durch
den Staat verboten gewesen. Ich war ja nicht dazu geeignet, die
arische Rasse rein zu halten. Auch meine wirtschaftliche Lage war
nicht dazu angetan, überhaupt daran zu denken. Es ergab sich für
mich, daß die neue Existenzgrundlage im Ostsektor Berlins lag.
Mit der Spaltung der Stadt und der kommunistischen Machtübernahme in diesem Teil Berlins wurde ich 1952, also nach fünf
Jahren, erneut das Opfer politischer Willkür der Kommunisten

und stand wiederum vor einem Nichts. Es bedurfte weiterer sieben Jahre, um eine neue Existenz so weit aufzubauen, daß ich 1959 heiraten konnte. Zwei Söhne und eine Tochter wurden uns inzwischen geschenkt. Damit hatte das Leben endlich einen wahren Sinn erhalten.

Leider ist in der letzten Zeit ein zunehmendes Schwinden von Grundübereinstimmungen zwischen den demokratischen Kräften in Deutschland spürbar geworden. In diese sich aufreißenden Gräben sind inzwischen erneut radikale Ideen und Tendenzen eingedrungen. Dies muß Empörung und Zorn nicht nur bei mir auslösen. Es ist völlig unbegreiflich, daß nach dem Vergangenen und Beendet-Geglaubten derartige Erscheinungen überhaupt noch einen Nährboden in Deutschland vorfinden können.

Bei mir weckt dies alles Assoziationen zu Kindheitserlebnissen. Unvergessen sind die gemeinsamen Aktionen von Kommunisten und Nationalsozialisten anläßlich des Streiks der Verkehrsbetriebe in Berlin im Jahre 1932 geblieben, als ich die Anwendung von Gewalt durch diese Gruppen erleben mußte. In meinem Bewußtsein ist das der Auftakt zur Machtergreifung Hitlers gewesen, der selbst der Exponent solcher Gewalt war. Es gab keine verfassungsgemäße Maßnahme mehr, um ihn aus dem Sattel zu heben.

Daher mag es verständlich sein, wenn für mich das Schwinden des demokratischen Konsensus Erinnerungen an die Republik von Weimar weckt. Es mag zutreffen, daß die Voraussetzungen damals andere waren als heute in der Bundesrepublik. Aber wir müssen registrieren, daß parallel zu dem Verlust der Grundübereinstimmungen radikale Gruppen das Licht der Öffentlichkeit nicht mehr scheuen. Und es sind Demokraten, die ihnen – wie Anfang der dreißiger Jahre – das Material für ihre Argumente liefern.

Je mehr aber radikales Gedankengut in Wort und Schrift verbreitet werden kann und auch Absatz findet, um so mehr wächst das Mißtrauen in mir gegen die Zeitgenossen in der eigenen Umgebung. Das mag objektiv falsch sein. Aber diese Feststellung kann nicht darüber hinweghelfen, daß das eigene Erleben doch eben eine gehörige Portion Mißtrauen hinterlassen hat. Ich frage mich, ob der Nationalsozialismus nicht doch seine Kraft aus einer völkischen Eigenschaft bezogen hat, die bis heute noch weiterlebt. Und ob nicht wieder potentielle Rattenfänger mit radikalen Parolen eine Gefolgschaft finden, die die freiheitliche Ordnung dazu nutzt, sie zu beseitigen. Wenn dem nicht begegnet wird, besteht die Gefahr, daß die Verfolgung von Juden einmal weitergeht. Das Gefühl der Angst kehrt zurück. Schon heute müssen jüdische

Einrichtungen bis hin zu den Kindergärten unter besonderen Polizeischutz gestellt werden! Kann man sich einem Arzt eigentlich anvertrauen? Sicher lassen sich viele solcher Gedanken eher mit der Isolierung durch die Verfolgung im Dritten Reich erklären, als in der eigenen Person liegend. Aber beides ist nicht voneinander zu trennen. Es handelt sich um einen psychischen Notstand, der im Gegensatz zum materiellen Mangel nicht einmal karitativen Bemühungen zugänglich ist. Er ist unsichtbar. Die Konsequenz der eigenen Haltung wird häufig falsch verstanden oder falsch ausgelegt. Man sollte jedoch nicht außer acht lassen, daß das Gefühl der Isolierung und der Verlust von Bindungen meiner Generation mehrere Ursachen zugleich hat: Einmal den Verlust von Kameraden und Freunden der eigenen Jahrgangsstufe durch Emigration und Verfolgung. Weiter die Ausblutung dieses Jahrgangs auf den Schlachtfeldern des Zweiten Weltkrieges. Drittens aber auch den Verlust jeder Beziehung zu denen, die an der Verfolgung selbst beteiligt waren oder sich dazu bekannten. Nicht unerwähnt bleiben darf in diesem Zusammenhang eine Nebenwirkung: Die jüdische Glaubensgemeinschaft lehnte uns als »Halbjuden« ebenso ab, wie die anderen uns als Juden behandelten. Wir wurden also auf den Kreis derer beschränkt, die weder zu der einen noch zu der anderen Gruppe gerechnet wurden. Eine organisierte Interessengemeinschaft gab es nicht. Sie entstand erst aus der Situation heraus im Paulus-Bund und setzte sich in der »Vereinigung 1937 e.V.« fort.

Es fällt sehr schwer, der heutigen jungen Generation – oder einem Teil davon – das alles zu erklären. Ihr fehlt der Erfahrungsschatz dieser Zeit, die Unvorstellbares hervorgebracht hat. Wir können nur mahnen, mahnen und wieder mahnen! Aber auch damit gerät man u. U. wieder in eine Isolation, der man entgehen wollte. Andererseits kann man nicht alle Erfahrung einfach über Bord werfen, um opportunistisch einer Massensuggestion zu erliegen.

Hiermit ist das Thema der Assimilation angesprochen. Ich bin gegen den Gedanken der Assimilierung als Konfliktlösung. Ich halte das sogar für einen gut Teil faschistischen Gedankenguts. Die Geschichte erweist, daß Assimilierung zugleich Zwang und Knechtschaft sein kann und daher nicht zum Segen der Menschen geführt hat. Das friedliche Nebeneinander ist viel mehr dort anzutreffen, wo die Eigenständigkeit von Gruppen gewahrt bleibt. Die großen Werte der jüdischen Kultur sind ein Geschenk, für das wir dankbar sein sollten. Es war und ist ein fruchtbarer Beitrag zum gesamten kulturellen Leben in unserem Lande, das in seiner Vielfalt auch in anderen Bereichen keineswegs eine Einheit darstellt. Die unschätzbaren Werte des jüdischen Kulturgutes sowohl in bezug auf den Glauben wie auch auf die humanistischen Aspekte würden bei einer Assimilierung verlorengehen. Das sage ich ganz bewußt als ein überzeugter Christ. Wo bliebe die Menschheit – auch das wissen wir aus Erfahrung –, wenn sie sich nur vermeintlich absoluten Heilslehren verschriebe und nicht mehr bereit wäre, vom anderen zu lernen, ihn gewähren zu lassen und in ihm nicht das Verächtliche, sondern das Anderssein zu sehen. Die freie Entfaltung des kulturellen Erbes und anderer Lebensauffassungen muß daher nicht nur akzeptiert, sondern gefördert werden. Das ist zugleich ein unentbehrliches Element unseres demokratischen Selbstverständnisses. Und das darf auch keinesfalls mit der Frage der Schuld gegenüber dem jüdischen Volk belastet werden. Abgesehen davon, daß sie sich ohne die Exzesse im Nazireich vielleicht gar nicht gestellt haben würde.

Alles in allem fasse ich meine Überlegungen dahingehend zusammen:

Deutschland als Ganzes ist für mich das Vaterland. Das gilt für seine Landschaften, die ich in allen Bereichen schon als Junge kennen und lieben gelernt habe. Das gilt für die Sprache als Teil des kulturellen Erbes, das mir auch von den Vorfahren meiner Eltern überliefert wurde, die seit Generationen in Deutschland ansässig sind. Das gilt aber auch für das Erleben in schwerster Zeit, in der mir uneigennützige Überlebenshilfe zuteil geworden ist. Dabei bleibt mir bewußt, daß politische Entwicklungen geeignet sein können, neue Zweifel zu wecken und zu fragen, ob nicht die Teile meiner Familie den richtigeren Weg gewählt haben, die heute im Ausland leben und sich voll als Staatsbürger ihres Einwanderungslandes integriert haben. Ich verwinde es nicht, wenn ich wieder in die Isolierung gestoßen werde, die mir bereits meine Jungenjahre beschert haben und die ich seitdem innerlich nie mehr losgeworden bin. Vielleicht bietet aber gerade sie jenen Freiheitsraum, den manche erträumen, jedoch niemals erreichen.

Arie Goral

Ich bin Jude, also bin ich

Arie Goral, geboren 1909 in Rheda/Westfalen. Bis 1933 Mitglied jüdisch-sozialistischer Jugendbünde. Landwirtschaftliche Ausbildung. 1933 nach Frankreich. 1935 Palästina/Israel. Land- und Bauarbeit. Assistent am Museum Tel-Aviv. Kulturarbeit mit Erwachsenen und Kindern. Soldat. Ab 1950 Kunststudium Florenz, 1953/55 BRD. Erziehungs- und Kulturtätigkeit. Veröffentlichungen und Ausstellungen. Antifaschistische Aktivitäten. Jüdische Kulturarbeit.

Nun denn, ich bin Jude, also bin ich. Ein Jude ist ein Jude und bleibt ein Jude. Ich spreche mir damit Mut zu: weiter im Text, nicht aufgeben – nach all den Abbrüchen. Schon viele Male setzte ich an, schrieb alles wieder um, begann neu – und hocke dann über dem Wust: JUDE IN DEUTSCHLAND? Jeder Text ist nur Bruchstück eines sich ständig verändernden Überbaus meiner Existenz als Jude in der Bundesrepublik Deutschland. Ich fürchte, meine »potentielle Mitarbeit« an diesem Projekt bleibt im Fragmentarischen stecken. Die Frage nach meinem Judesein hier umkreise ich ständig von allen Seiten, sie spielt für mein Tun und Denken eine zentrale Rolle. Ich sehe darin keine Wertigkeit meiner »jüdischen Qualität«, es ist ein Zustand. Aber ich kann mit absoluter Gewißheit sagen, daß dieser Zustand mit den Jahren mir immer bewußter wurde und so mein Leben bestimmte. Das »Ich bin Jude« bestärkte und festigte sich mit den Jahren in DIESEM Deutschland mehr und mehr. Es wurde zur Frage und Antwort der Identität und der Integrität. Es ist kein Dogma. Ich hadere oft mit meinem Judesein. Mir ist oft mies vor ihm. Aber das ändert nichts daran, daß ich nun einmal Jude bin und auch von ganzem Herzen bleiben will. Vielleicht ist es eine Art Schutzmauer um eine nicht zu realisierende Existenz als JUDE IN DEUTSCHLAND, sozusagen die innere Emigration eines nicht zu integrierenden jüdischen Spätheimkehrers. Aber ich lebe nicht in einem Ghetto, im Gegenteil, meine Lebenswelt aus jüdischer Haltung gibt und garantiert mir meine Freiheit als Deutscher.

Meine Existenz als Jude in Deutschland wird entscheidend geprägt von dem Geschehen in der jüngsten deutschen Vergangenheit. Diese Vergangenheit lebt in und mit mir mit als stets weiterwirkende präsente Gegenwart. Was für die meisten Deutschen der Bundesrepublik versunkene Vergangenheit ist, bestimmt mein Leben und Denken und macht mir möglich, diese Vergangenheit zu begreifen – soweit das überhaupt gelingt. Aber nur so ertrage ich die Gegenwart, d. h. auch als Jude in Deutschland. Das aber bringt wiederum mit sich, daß ich mit Widersprüchen lebe. Also lebe ich mit Konflikten auf vielen Ebenen meiner Existenz: einerseits mit meiner deutschen und andererseits mit meiner jüdischen Umwelt, soweit letztere eine faktische, real existierende ist und nicht nur eine imaginäre bzw. hypothetische. Für mich bedeutet das, daß ich in einer doppelten Identität und Loyalität lebe. Im Prinzip bejahe ich das Prinzip dieser Bundesrepublik, wenn auch weniger in der zur Anwendung gelangenden Praxis dieses Prinzips. Ebenso bejahe ich im Prinzip das Prinzip des »Zentralrats der Juden in Deutschland«, wenn auch nicht unbedingt in der Anwendung und Auswirkung. Zum Unterschied von jenen, die diese Bundesrepublik als die freieste Staatsform bisher auf deutschem Boden preisen, begnüge ich mich damit, sie als die am wenigsten unfreie zu bezeichnen. In Hinblick auf den Zentralrat der Juden vermag ich keinen Vergleich anzustellen. K. im »Schloß« von Kafka gelangte auch nie zur Erkenntnis, wer »da oben« das Sagen habe. Judenräte haben es nun einmal schwer.

Wie auch immer: Ich lebe als Jude in der Bundesrepublik Deutschland. Als minderbetuchter Jude bin ich von ökonomischen, sozialen und gesamtgesellschaftlichen Verhältnissen, ihren materiellen Bedingungen und Auswirkungen abhängig. Meine »Heimat« ist, wo ich nicht hungern muß, wo ich höchstmöglich wenig ausgebeutet werde, wo man mich in einer Sozialwohnung wohnen läßt, wo meine Krankenkasse, im Notfall: wo mein Sozialamt, und nicht zuletzt: wo meine Jüdische Gemeinde ist. Das mag dem einen oder andern komisch klingen, aber so ist es. Es wäre unfair, würde ich nicht bekennen: ich muß hier nicht hungern, wohne in einer Sozialwohnung, bin Mitglied einer Krankenkasse. In einer schwierigen Zeit half das für mich zuständige Sozialamt. Die Deutschen machen alles mit System, ob Vergasung, ob Fürsorge, alles hat seine Ordnung. An was ich selbst mich nicht mehr erinnerte, fanden sie heraus: daß ich vor etwa einem halben Jahrhundert Versicherungsmarken geklebt habe. So erhalte ich eine kleine Rente. Ich spreche von diesen toposoziographischen Lebens- und

Bewegungsräumen, weil sie für meine Optik auf den Gegenstand »Jude in Deutschland« von eminenter Bedeutung sind. Ich sehe die Dinge mehr – und möglicherweise zu sehr – aus der sozialen Froschperspektive und im Rahmen der mir »von oben« gesetzten Grenzen. Für einen Mitarbeiter an diesem Buch, der dank seiner Prominenz mehr Bewegungsfreiheit hat, sieht die Sache völlig anders aus. Aber auch er ist »nur« ein Jude. Es ist schwer, so oder so ein Jude zu sein. Was nicht nur für die Bundesrepublik gilt.

Ich glaube, es war Ilja Ehrenburg, der einmal sagte: »Solange es noch einen Antisemiten gibt, bin ich Jude.« Das ist mir zu wenig, zu gering an jüdischer Substanz. Ich bin Jude, weil ich Jude bin. Warum bin ich Jude? Vor 1933 hätte ich etwa geantwortet: weil ich als Jude geboren wurde, weil meine Erziehung in der jüdischen Jugendbewegung mich mit der Geschichte der Juden und dem Geist des Judentums immer vertrauter machte und weil meine deutsche, durchweg antisemitische Umwelt meine Verbundenheit mit dem Judesein nur noch bestärkte. Es waren zuerst nicht nur meine Mitschüler und Spielkameraden mit ihrem »Itzig! Itzig!«. Nach 1933 hätte ich vielleicht geantwortet: nun gerade! Im übrigen war ich oft genug auf der ersten Station meiner Emigration, also in Frankreich: »Sale juif!« und nicht selten dann später in Palästina, wenn englische Soldaten jüdische Autobusse durchsuchten: »Bloody fucking Jew!« Ich sagte es schon: ein Jude ist ein Jude und bleibt ein Jude – ob er will oder nicht. Und das ist gut so. Würde man mich heute fragen, so würde ich u. a. antworten: ich bin Jude, weil AUSCHWITZ war. Ich lebe mein Judesein mit AUSCHWITZ. Damit meine ich nicht ein Leben in Passivität und duldender Hinnahme oder den Versuch einer theologischen, schicksalhaft metaphysischen Sinngebung, im Fazit eine irrationale Deutung, nein, ich meine mit dem »ich lebe mein Judesein mit AUSCHWITZ« eine stete Auseinandersetzung in Theorie und Praxis mit den Ursachen und Voraussetzungen, die zu AUSCHWITZ führten, also auch einen permanenten Kampf gegen offene und getarnte Ansätze zu einem neuen AUSCHWITZ. Aber ich halte wenig von dem zur Phrase gewordenen »Wehret den Anfängen!«. AUSCHWITZ ist überall. Es müßte heißen: »Wehret dem Ende!«

Ich lebe mein Judesein in Deutschland in einer auch mir selbst oft lästig werdenden Protesthaltung. Ich besitze genügend Selbstironie und -kritik, um zu spüren, wie diese Haltung bisweilen nicht ohne Tragikomik ist, wenn sie nicht gar dann und wann hart an der Grenze des Grotesken steht. Die Übergänge, ich weiß es, sind fließend. Dem Don Quichote und Michael Kohlhaas in mir gesellt sich der hinzu, den ich Siegfried Jeckepotz nenne, der von seinem Judesein nicht wegwill und sein »gelobtes Land« Deutschland nie erreicht. (Von ihm wird an anderer Stelle mehr berichtet werden.) Mir ist z. B. selbst bewußt, daß es fast komisch ist, immer wieder Flugblätter und Bildplakate gegen Neonazis und Neofaschismus zu produzieren und zu verteilen, wenn einem »alte bzw. jungalte« Kampfgefährten wohlwollend gönnerhaft auf die Schulter klopfen: »Na, immer noch auf Achse?!« Ich bin's, mir bleibt keine andere Wahl. Vielleicht geschieht es nur, um mein Gewissen, nicht genug getan zu haben, zu beruhigen.

Als Jude in Deutschland will und kann ich nicht vergessen, auch nichts verzeihen. Für letzteres bin ich ohnehin nicht die richtige Instanz. Ich spreche auch jedem das Recht ab, in dieser Frage in meinem Namen ein Votum abzugeben und zu entscheiden. Sollen spätere Generationen – jüdische und nichtjüdische – die jüngste Vergangenheit vergessenes Vergangenes sein lassen. Ich halte auch nichts von der hierzulande zumeist geübten lauen »Aufarbeitung der Vergangenheit«, die ihrer Gesinnung und Tendenz nach eine rechtfertigende Aufbereitung ist: für das eigene Versagen, für die Selbstrechtfertigung der eigenen Feigheit und des an den Juden begangenen Verrates. Ich halte wenig von den hierzulande immer wieder angestellten »KZ-Sandkastenspielen«, bei denen man über alles Mögliche theoretisiert, aber nicht die eigene, real existierende Schuld oder Mitschuld eingesteht. Ich halte nichts von diesen selbstgerechten »Vergangenheits-Illuminationen«, weil, was da geschah, in der Realität des gewöhnlichen Alltags jederzeit wiederholbar ist, wenn nicht an Juden, dann an »Ersatz-Juden«. Das »Prinzip Endlösung« ist nicht überwunden, noch weniger die »Methode Vernichtung«. Daß es so ist, dafür gibt es genug Anzeichen. Man will sie nur nicht wahrhaben und als seismographische Menetekel zur Kenntnis nehmen. Wer auf sie warnend hinweist, macht sich suspekt. Verteufelt wird hierzulande jeder, der vor den Brüderlichkeitsphrasen warnt.

Als der so ungefähr bezeichnete und in der Bundesrepublik lebende Jude wehre ich mich gegen die seit eh und je in Deutschland immer wieder angebotene, immer wieder modifizierte, manipulierte, reduzierte, schäbig konfektionierte, heuchlerisch konzedierte, noch heuchlerischer annullierte Assimilation. Ich halte auch wenig von einer Berieselung mit christlich-jüdischer Brüderlichkeit in alljährlich auf eine Woche dosierten Raten. Sie bereitet mir mehr als nur Unbehagen, diese pastoral weihevolle, plump vertrauliche »Ein-Mensch-wie-du-und-ich-Emanzipation«. Sie macht mich noch jüdischer als ich bin. Mir graust vor den kalt-lauen, christlich-jüdischen Umarmungen, in denen man erfriert. Selten fühle ich mich verlorener und verzweifelter als unter dem unbarmherzigen Anhauch des Brüderlichkeits-Philosemitismus. Ich will nicht ungerecht sein und will auch nicht verallgemeinern, aber mein Geschichtsbewußtsein erinnert mich daran, daß zu einer Zeit, als meine Leute, überhaupt alle Verfolgten, der Brüder-lichkeit bedurften, gerade die Kreise und Institutionen sie ihnen versagten, die sie heute so lauthals predigen und die mit ihr, Versöhnung und Verzeihung anpreisend, hausieren gehen. Mag sie annehmen, wer will. Ich spreche allein von mir – und ich will sie nicht. Ich will nicht wieder ihr »Bruder Abel« sein.

Ich versuche, mir selbst Rechenschaft über mein Judesein in Deutschland zu geben. Es ist ein Bericht an die »höhere Instanz« in mir. Es geht um die Identität als Jude, wie ich sie verstehe, aber nicht wie mich andere verstehen wollen: Juden und Nichtjuden, Linke und Pseudolinke, Assimilanten und Missionare für christ-lich-jüdische Sonntagsbrüderlichkeit. Es ist ein Monolog und nicht ohne Monotonie. Ich kenne die Adressaten nicht, die hierzu-lande für einen Dialog in Frage kämen. Es ist eine Flaschenpost ins Niemandsmeer. Es ist eine Sache des Zufalls, ob sie jemand auf-greifen wird. Wenn ja, so gut. Wenn nicht, so auch gut. Es ist ohnehin nur der Rest vom übriggebliebenen Ungesagten. Aber selbst das Gesagte ist wie Schorf an der unverheilten, unheilbaren Wunde, die immer wieder aufbricht: Jude in Deutschland – vor 1933 und nun jetzt. Ein Kapitel deutscher Geschichte mit dem Titel DER JUDE – DAS UNBEKANNTE WESEN.

Man müßte umfassend berichten, um sich selbst zu begreifen als Jude in Deutschland und um dem einen oder anderen Nichtjuden deutlich zu machen, wie das ist. Aber was begreifen »sie« schon? Sie nehmen doch die Antwort nach einem ungeschriebenen, aber ewig gültigen Selbstermächtigungsgesetz immer vorweg. Können sie begreifen, warum und wie ein Leben als Jude in Deutschland sich unter einem Geschichtsbewußtsein abspielt, das sich ihrem, soweit sie eines haben, nicht anpassen kann, will und darf? Wenn ich hier davon spreche, daß ich bewußt und gewollt in einem steten Erinnerungs- und Vergegenwärtigungsdialog mit der jüngsten Vergangenheit lebe, so ist ihnen das fremd. Sie fragen: »Warum quälen Sie sich damit?« Gelegentliche Schocks haben sie schnell wieder vergessen. Denn sie wollen vergessen, um jeden Preis vergessen; sie erwarten von uns, den Opfern, daß auch wir verges-sen. So appellieren sie unentwegt an das Verzeihen. Sie würden uns sogar unser Judesein verzeihen, zumal wir nur wenige noch sind, wenn wir ihnen ihre Mitschuld am Schicksal unserer Ermordeten verzeihen. Sie erwarten, daß auch wir vergessen und verzeihen, damit sie ihre Ruhe haben. Sie sagen: »Einmal muß doch mit all dem Schluß sein.« Bisher sagten sie: »Es ist noch zu früh, es fehlt die historische Distanz, um sich mit dem damals Geschehenen zu befassen.« Jetzt sagen sie: »Es ist zu spät, nach vierzig Jahren kann sich keiner mehr genau erinnern, wie es war, und wir haben auch schon genug bezahlt.« Erhofften sie nicht für die Mörder Verjährung und Generalamnestie so wie auch für ihr Gewissen? Auch »Holocaust« ist wieder vergessen.

Es nimmt alles seinen »normalen Gang«. Ich kenne Juden in Deutschland, die den Gang und Stand der Dinge hier sehr gut und richtig finden. Auch von ihnen müßte noch die Rede sein, auch wenn es mit Risiken verbunden ist.

Vielleicht ist es die letzte Chance, einmal das zu sagen, was schon längst hätte gesagt werden müssen, was gelegentlich auch gesagt, aber dann totgeschwiegen wurde. Ich möchte einmal als Jude in Deutschland so zu Worte kommen, wie ich es wollte, bisher aber nie kam. Ob das alles richtig ist, was ich sage, das ist eine andere Frage. Ist das alles richtig, was andere Juden in meinem Namen sagen und tun? Der Irrtum ist auch ihnen konzediert, warum nicht mir? Warum werde ich nicht einmal gefragt? Hat mich je jemand aus dem Kreis derer, die als Juden über mein Sein als Jude in Deutschland mitentscheiden, gefragt, was ich, um nur einige Beispiele zu nennen, von Globke, Kiesinger, Lübke, Schleyer, Filbinger und noch so manchem halte? Habe ich keine Meinung – als Jude in Deutschland, und habe ich keine Stimme? Von dem über mich hinweggleitenden christlich-delphischen Orakel anläßlich der üblichen Brüderlichkeitsrituale will ich nicht erst reden, müßte es aber auch: da ich ungefragt vereinnahmt werde. Ich rede jetzt allein davon, daß ich als Jude in Deutschland auch im jüdischen Bereich mehr oder weniger zur Unperson deklariert werde. Ohne daß ich irgendwelche Privilegien antaste, muß ich mir überlegen, ob dort oben im deutsch-jüdischen Olymp mein Monolog hier nicht das Restchen der mir verbliebenen jüdischen Belange in Frage stellt.

Wie also bin ich Jude? Um mit einem uralten Text zu fragen: »Wenn nicht ich für mich, wer denn? Wenn nicht jetzt, wann dann? Und wenn nicht hier, wo sonst?« Das fragte sich schon in biblischer Zeit ein Jude. Fragen über Fragen, Konflikte und Widersprüche. Das alles spielt sich ja auch nicht nur im Jetzt ab, im Nu, im Heute und Hier. Es müßte eine Kombination von synchron-synoptischer Simultanität für die Darstellung des Themas »Jude in Deutschland« geben. Denn in meinem Judesein in Deutschland sprechen auch mit fünfzehn Jahre Leben in Palästina/Israel: Kibbuz – Orangenpflücker – Betonmischer – Museumsassistent – Bademeister am Toten Meer – arbeitslos – und über Nacht: mitten im jüdisch-arabischen Krieg. Kanonendonner und Krachen der Granaten. Vieles davon blieb und ist wieder nah, im Duftgeschmack einer Orange, die ich hier esse und die mich an die Zeit erinnert, in der ich zu einem Hungerlohn im Akkord Orangen pflückte für die Kapitalvermehrung eines jüdisch-amerikanischen Plantagenbesitzers, ich mich aber als Jude unter Juden und Arabern nicht als ein Fremder unter Fremden wie hier fühlte. Aber in meinem Judesein heute und hier lebt ebenso mit die Zeit vor 1933 – in plötzlich, irgendwann unangemeldet und unerwartet aus längst Vergessenem auftauchenden Bildsekunden, etwa: zu Besuch bei Onkel Hermann und Tante Meta in Lippstadt in Westfalen, also bei Mischpoche: zu Pessach bei festlichem Singsang und herrlichen Mazzeklößen – und alle und alles verschollen. Und in meinem Judesein hier, nicht nur unterschwellig und am Rande nebenbei, geht mit: Was wird sein, wenn neue Verfolgungen kommen? Wer garantiert, daß Juden nicht mehr verfolgt werden? Und wenn nicht ich als Jude, so ich als »linker Jude«? Und wenn nicht ich als linker Jude, so ich als Linker, als »Linksradikaler«, als »Kommunist«? Und wenn nicht ich als dies oder das, so andere, ein anderer an meiner Stelle . . . Und die Juden, haben sie hinzugelernt? Vergaßen die Vertriebenen, wie Vertreibung ist?

Zwischenspiel: Aufstieg und Fall einer philosemitischen Kunstfigur. Das erste Stadium war München. 1953 veranlaßte Erich Kästner, daß ich meine Sammlung von Kindermalereien, die unter meiner Leitung in Palästina/Israel entstanden, in der Internationalen Kinder- und Jugendbibliothek zeigte. Seine Sekretärin, die ich in Venedig auf der Biennale kennenlernte, hatte ihm von mir erzählt. Ursprünglich wollte ich nicht nach Deutschland kommen. Ich hatte Angst vor der Begegnung. Er und ich eröffneten die Ausstellung. Es war nicht nur für mich ein großer Tag. Ich sah einen Hoffnungsschimmer. Zeitungen und Rundfunk berichteten ausführlich: »Botschafter des Friedens« und ähnlich. Ich glaubte auch daran. Es war der erste deutsch-israelische Kontakt dieser Art. Das größte Ereignis für mich war, daß ich an dem Tag einem Mann begegnete, dessen Bücher meine Jugend begleiteten: Leonhard Frank. Er warnte vor zu großem Optimismus. Auch Erich

Kästner warnte einmal. Später erst sah ich ein, daß beide nicht so unrecht hatten. Ich wurde viel herumgereicht. Die Leute waren sehr nett, manchmal schon zu nett. Auch ein Ritterkreuzträger war darunter. Auch er war sehr nett. Manchmal fragte ich mich: wie war das wohl mit diesen freundlichen Menschen . . . damals – vor 1945. Mich verwunderte, wie viele Menschen in München doch »schon immer gegen Hitler« waren. Muß ich mich dessen schämen, daß ich die Leute alle sehr sympathisch fand? Sie waren es wirklich. Stutzig machte mich nur bisweilen, daß nahezu alle »früher auch jüdische Freunde« hatten oder »einen jüdischen Freund« oder »eine jüdische Familie« kannten. Nun war also ich »ihr jüdischer Freund«. Ich war »ihr Jude«, dem sie berichteten, wie sehr sie gelitten hatten. Ich sprach mit vielen Menschen. Ich war so etwas wie ein exotisches Wundertier. Ein Jude – aus Israel. Ich war wehr- und widerstandslos ganzen Umarmungsketten ausgeliefert. Oft wußte ich zwar nicht, wovon ich leben und wo ich schlafen würde, aber ich sah eine Aufgabe für Gegenwart und Zukunft: radikal und unnachsichtig all das zu bekämpfen, was Deutschland die braune Pest gebracht hatte. Machten mich Wahrnehmungen stutzig, so beispielsweise eine sich breitmachende arrogante Saturiertheit, auch ein Hang zum Konformismus und diese ewige »deutsche Wehleidigkeit«, dann schob ich mein Mißtrauen beiseite. Ich war zu sehr auf die mir selbst gestellte Aufgabe fixiert, um Erscheinungen und Entwicklungen nachzugehen, die das Aufkommen einer neuen Reaktion und Restauration signalisierten. Ich hatte vielleicht auch nicht die »richtigen Leute« kennengelernt. Durch die Umstände ergaben sich meine Begegnungen. Ich suchte damals Dachau nicht auf. Seltsam, von Dachau wollte ich nichts wissen. Auch die Juden in der Möhlstraße waren mir fremd. Viele meiner neuen »Freunde« schimpften auf diese Juden, sie seien eine Schande, so sagten sie. Aber so manches von dem, was diese »displaced persons« da handelten, landete auf den Tischen und in den Taschen, in den Küchen und Mägen meiner Bekannten. Ich erinnere mich noch an eine Gesprächsrunde in einem Café nahe dem Englischen Garten, an der Luise Rinser teilnahm. Ich wußte damals wenig von ihr, aber ihre abwägende, kritische und skeptische Einschätzung der deutschen Gegenwart beeindruckte mich sehr, ohne daß ich daraus für mich Schlüsse zog. Im Rückblick bestätigt es nur manches. Daß an den Schalthebeln der politischen und wirtschaftlichen Macht zumeist schon wieder bzw. immer noch Leute saßen, die auch Hitler und dem NS-Gewaltregime dienten, das erkannte ich damals noch nicht. Ich sah noch nicht hinter die Kulissen. Bisweilen aber kam es zu Kontroversen, wenn ich unnachgiebig in Fragen der Abrechnung mit Nazismus und Faschismus insistierte. In meinem Bekanntenkreis war es eine Minderheit, die zustimmte.

Die nächste Station war Hamburg. Ich war von offiziöser Instanz des Senats eingeladen worden, die in München gezeigten Kindermalereien auch in Hamburg auszustellen. »Man habe gelesen, daß ich ein ehemaliger Hamburger sei.« Auch hier hatte ich Angst vor der Begegnung, aber sie lockte mich auch. Die Schatten der Vergangenheit lagen düster auf der Vorstellung, in die Stadt zu kommen, von der aus ich als junger Mensch »damals« Deutschland verließ. In Deutschland wieder zu bleiben, daran dachte ich noch nicht. In Hamburg hatte ich die Machtübernahme des NS-Gewaltregimes erlebt, hatte gesehen, wie die Hakenkreuzfahne auf dem Rathausplatz Anfang März 1933 gehißt wurde. Nun hatte ich so etwas wie »Sehnsucht« – diese verdammte deutsche Sehnsucht! – nach der Stadt, in der ich meine Leute »damals« zurückließ und die ich nie mehr wiedersehen sollte, in der jüdische und nichtjüdische Freunde, Kameraden und Genossen inhaftiert und einige von ihnen umgebracht worden waren, wo aber auch so mancher 1933 plötzlich Nazi war, wo niemand und nichts mehr jetzt noch war, um wieder mein »Zuhause« zu sein. Spreche ich von meinem Judesein in Deutschland, so muß ich von diesem Zwiespalt, dieser »Berührungsangst« einerseits und dieser »Sehnsucht« anderseits berichten. Hierin liegt mein »Orgelpunkt«, um den sich alles dreht, aber nicht in der Form abstrakter Spekulationen, sondern in der Begegnung und Konfrontation mit alltäglichen Dingen. Es ist müßig zu sagen: ich hätte nie nach Deutschland zurückkehren sollen, vor allen Dingen nicht in diese Stadt. Ich kehrte zurück, und es ist nicht mehr ungeschehen zu machen. Es mußte so sein: Um der eigenen Identität willen, ergab es im Fazit auch ein Fiasko. Es war der Weg, der entschied, nicht das Ziel.

Wie in München wurde ich als »Botschafter des Friedens« gerühmt. Rundfunk und Presse berichteten wieder ausführlich. Die Leute waren wieder sehr nett. Auch in Hamburg wußte ich anfangs oft nicht so recht, wie ich zu einem Mittagessen kommen und wo ich schlafen würde. Aber »Kommen Sie doch zum Tee«, hieß es oft. Manchmal wurde mir geraten, zu diesem oder jener nicht zu gehen, »der oder die habe an bösen Dingen in der Nazizeit teilgenommen«. Ich erhielt einen Lehrauftrag, richtete für eine Erziehungsbehörde Kindermalstudios ein, hielt Vorträge, hatte Ausstellungen meiner eigenen Bilder, veröffentlichte Prosa und

Lyrik. Ich hatte einen gewissen Erfolg. Es war fast die Heimkehr des verlorenen Sohnes. Ich schwamm auf einer Woge freundlich dahinschaukelnder Illusionen – solange ich nicht genauer auf das hinsah und hinhörte, was mich immer wieder stutzig machte. Was das war, so genau wußte ich es noch nicht. Ich sollte es bald erfahren. Ein Halt war und blieb die Jüdische Gemeinde.

Wie wird man zu einer philosemitischen Kunstfigur, zu einem »Renommierjuden«? Indem man sich nicht dort verweigert, wo man es tun müßte. Noch entscheidender ist, daß man es rechtzeitig wagt, ehe es (wieder einmal) zu spät ist. Ich will nicht von mir behaupten, daß ich es unbedingt immer rechtzeitig tat, aber ich tat es – und bekam es dann hart zu spüren. Ich darf hier nicht verschweigen, daß man in der Bundesrepublik auch als ein »linker Alibijude« vereinnahmt werden kann, zumal wenn man als Jude gegen den Staat Israel ist. Bei dieser Gelegenheit sei hinzugefügt: wenn mir auch immer bewußt blieb, gegen wen und was ich zu kämpfen habe: gegen Neonazismus, Antisemitismus und Faschismus, überhaupt gegen jede Reaktion, desto ungewisser wurde mir mehr und mehr, zu wem auf der Linken ich überhaupt gehöre, mit welcher Linken ich mich ALS JUDE noch identifizieren kann. Kritik an Israel seitens der Linken, warum nicht? Ablehnung von Begin, warum nicht? Ich bin auch gegen ihn. Aber es gibt auf der Linken einen »ideologiespezifischen Antijudaisraelismus«, der letztlich Israelhaß bewirkt. Ich habe es satt, immer wieder SOLIDARITÄT zu betonen und zu beweisen, um dann bei erstbester Gelegenheit zu erfahren, daß man mich im Stich läßt, wenn ich ALS JUDE einmal Solidarität erwarte und verlange. Hier geht es aber mehr um den Renommierjuden als philosemitische Kunstfigur, die zu werden ich mich verweigerte.

Es kam die Zeit der Diskussionen über Wiederaufrüstung, über Kriegsdienstverweigerung, die Zeit der Ostermärsche. Es war für mich selbstverständlich, daß ich aktiv mitmachte. Mit dem Geld der sogenannten Wiedergutmachung finanzierte ich alle nur möglichen Aktivitäten. Für eine kurze Zeit war ich materiell unabhängig. Ich mietete Räume für Ausstellungen engagierter Kunst, die keine andere Galerie damals auszustellen wagte. Meine »Antigalerie« war ein Treffpunkt der jungen Linken. Ich schrieb Artikel – nicht nur über Kunst – in antifaschistischen Zeitungen. Es war die »Hochzeit« der SRP, der DRP und dann der NPD. In den von mir eingerichteten Malstudios für Jugendliche entstanden großformatige Demonstrationsbilder, die auf Protestveranstaltungen und auch auf Umzügen der Gewerkschaften zum 1. Mai etwas völlig

Neues waren. (Ende der fünfziger, Anfang der sechziger Jahre!) Wir stellten antifaschistische Flugblätter und Bildplakate her und gingen damit vor und in die Versammlungen der Neonazis und Neofaschisten. Die Herren Frey und von Thadden kannten mich recht gut und fürchteten unser Kommen. Die Gruppe DEMOKRATISCHER WIDERSTAND war Motor vieler antifaschistischer Initiativen in jenen Jahren. Gruß an alle, die mitmachten!

Ich war auf eine mir mögliche Weise glücklich: Ich meinte, es wäre mir gelungen, den »Weg zurück und wieder hin« nach Deutschland als Weg in die Zukunft zu leben. Mit diesen Aktivitäten, die nicht resonanzlos blieben, bekam mein Judesein eine neue Perspektive, vielleicht auch eine neue Dimension und Qualität. Ich war Jude, ohne daß es eine Rolle in der Begegnung mit Nichtjuden spielte, und gleichzeitig war ich Deutscher, nämlich im Sinne eines geistigen, moralischen und politischen Engagements und damit auch in eigener Sache. Gleichzeitig begann, wenn auch zunächst von mir nicht besonders beachtet, etwas, das ich auch anfangs nicht ganz verstand. Menschen, die sich um mich, »den Juden aus Israel«, zunächst sehr bemühten, ja, mich hofierten, kannten mich nun nur noch per Distanz oder überhaupt nicht mehr. In der Behörde, für die ich damals arbeitete, wurde mir gesagt: »Herr Goral, wir wollen von Ihnen Kunsterziehung, aber keine Politik.« Erklärte ich, warum ich nur so und nicht anders mit jungen Menschen zusammenarbeiten könne, hieß es: »Ja, Sie mit Ihren Erfahrungen, für uns sieht das aber anders aus.«

Ich war wieder, auf eine neue, sehr subtile Weise »anders als sie«. Ich war wieder JUDE in Deutschland. So wurde aus der philosemitischen Kunstfigur nach und nach ein Außenseiter der Gesellschaft für Brüderlichkeit GmbH. Je weiter weg der Ausgangspunkt seit meiner Rückkehr lag, je normaler ich mich einbezogen wähnte in meine nichtjüdische Umwelt, desto deutlicher bekam ich zu spüren, daß diese »Normalisierung« von einer einseitigen Optik her gesehen war, nämlich allein von meiner aus. Ich war christlich-jüdisch nicht mehr solvent, und, allein jüdisch betrachtet, nicht ganz koscher. Um mich herum wuchsen Nebelwände und Wattemauern. Wo sie nicht waren, schuf sie mein Mißtrauen.

Ich spreche und berichte allein von *meinem* Judesein in Deutschland. Ich kenne Juden, die diese Probleme ganz anders sehen. Vielleicht irre ich mich. Vielleicht bin ich persönlich gescheitert, gescheitert an *meinem* Judesein in Deutschland. Restliches und schon angegammeltes Strandgut der abgeebbten Sintflut. Artefakt der eigenen unbewältigten Vergangenheit: Müll auf dem Schrotthaufen der sogenannten deutsch-jüdischen Symbiose. So wurde ich nach und nach zu einem »schlechten und bösen« Juden, die Zeit, da ich als ein »guter und lieber« Jude gelobt wurde, war vorbei. Aber ich begegnete nie rüdem Antisemitismus.

Ich kannte einen Juden, leider nur kurze Zeit und aus wenigen Begegnungen, der setzte seinem Leben ein Ende: Joseph Wulf. Er kannte das Leben und Leiden der verfolgten Juden aus eigenem Erleben. Er trug entscheidend zu meinem Judesein durch seine Dokumentationen bei. Zu den wenigen Kostbarkeiten, die ich besitze, gehört eines seiner Bücher mit einer Widmung von ihm, die an das Nichtvergessen des Gewesenen gemahnt. Ich kenne einen Juden, wenn auch nur per Distanz, der unter dem Stigma seiner deutsch-jüdischen Auserwähltheit sein elitäres Judesein als wandelndes Denkmal lebt. Ich kenne Juden, die ihr Judesein nach dem Motto leben: »Jeder Jude für sich und der jüdische Gott für uns alle.« Das Judesein ist also kein homogenes Gebilde. Hier geht es allein darum, daß auch *mein* Judesein seine Gültigkeit hat. Ich will keine Hauptrolle spielen, aber ich will auch nicht sagen müssen, »das Stück, in dem ich mitspiele – und sei es auch nur in einer kleinen Nebenrolle – ist gut«, wenn ich meine, daß es nicht gut ist und besser sein müßte. Ich will nicht Angst davor haben müssen, daß ich in eigener Sache eine eigene Meinung habe. Ich warte auf den Messias, der mich freundlich bei der Hand nimmt und sagt: »Laß gut sein, mein Jude, die andern haben recht, sie können halt nicht anders, aber du hast auch recht.« Und ich werde dann dankbar zu ihm aufblicken, gewiß auch etwas gerührt sein und, fast den Tränen nahe, werde ich stammeln: »Ach, Messias, ich danke dir, es ist zwar schwer zu sein ein Jude, aber es hat sich gelohnt.« – Ist es so schwer, ein Jude in Deutschland zu sein?

Für andere wohl nicht. Wie wäre es sonst möglich, daß unlängst ein prominenter Jude Hamburgs, der immerhin das höchste Amt innehatte, das die Freie und Hansestadt Hamburg zu vergeben hat, erklärte, der Neonazismus »sei ein Spuk in einigen Köpfen, meist in linksintellektuellen Kreisen . . . Die Gefahr komme von links-außen – und nicht von rechts.« Das erklärte Prof. Herbert Weichmann zu einer Zeit, in der in der ganzen Bundesrepublik Unruhe aufkam über die sich mehrenden Aktivitäten der Neonazis, die auch in Hamburg Urständ feierten, die Synagoge mit Hakenkreuzen beschmierten und Juden bedrohten. Unser Glaubensbruder Prof. Hans-Joachim Schoeps denkt da nicht viel anders, auch wenn er nicht Sozialdemokrat ist. Als dritter im Bunde käme Prof. Peter R. Hofstätter in Frage. Er ist zwar kein Jude, im Gegenteil, er war ein Hiwi der Nazis für Rassismus und für »Hitler als Seelsorger«. Mit dieser Aufzählung soll nur andeutungsweise bezeichnet werden, mit welchen Erfahrungen ein Jude in Deutschland zu rechnen hat, der nicht zu den Angepaßten zählt. Es geht hier einzig und allein um den ebenso gewöhnlichen wie dominierenden Konformismus unheiliger Allianzen und um die sich aus ihnen zwangsläufig ergebende und nahezu unüberwindbare Ohnmacht für den Juden, der über keine Macht verfügt, sondern über den verfügt wird und der hinnehmen muß, daß beispielsweise aus »christlich-jüdischer Barmherzigkeit« ein Prof. Hofstätter »rehabilitiert« wurde, aber seine Gegner dem Spott und Hohn der Journaille preisgegeben wurden. Er hatte »seinen« Alibi-Juden. Das Motto: »Küßt du meinen Juden, küß ich deinen Nazi.« Für mich war's eine heilsame Lehre: es gab mir den Rest als philosemitische Kunstfigur. Nicht, daß ich deren Ende beklage, im Gegenteil, es war gut so, ich trug ja aktiv zu meiner eigenen »Entthronung« bei.

Es ist hier auch nicht der Platz, sich mit dem »Fall Hofstätter« ausführlicher zu befassen. Es geschah bereits in einer von mir herausgegebenen Dokumentation. Soviel sei nur gesagt, daß mit der ab 1963 geführten Hofstätter-Kontroverse auch der letzte Rest meiner Illusionen schwand: als Jude in Deutschland ohne innere und äußere Konflikte über die Runden kommen zu können. Denn er, der in der Nazizeit seine Wissenschaft verriet, der 1963 die jüdischen Opfer des NS-Gewaltregimes verunglimpfte und sich mit der neonazistischen »Nationalzeitung« liierte, er wurde nach und nach »rehabilitiert«, während seine Kritiker diffamiert und als »Radikale« denunziert wurden. Wiederholt sich die Geschichte? Wird wieder der »linke Buhmann« aufgebaut, um der Reaktion die Wege zu ebnen? »Die Gefahr kommt von links«, darin sind sich Prof. Weichmann und Prof. Hofstätter einig. Prof. Schoeps, der als Jude schon immer »bereit für Deutschland und Preußen« war, der heute vor Bundeswehroffizieren über sein Deutschlandbild doziert, der dritte im Bunde, kam schon 1933 zur Erkenntnis, daß weder die Linken noch die »Ostjuden« das Recht hätten, »sich in deutsche Verhältnisse einzumischen«. Der von ihm gegründete und geführte DEUTSCHE VORTRUPP proklamierte 1933 (!) folgendes:

»Der Deutsche Vortrupp (Vereinigung junger Juden in Deutschland):
Ostjuden und angeblich deutsche Juden aus den linksgerichteten Parteien, die aus Deutschland geflüchtet sind, wagen es, eine grenzenlose Hetze gegen Deutschland zu betreiben. Wir bündisch gerichteten nationalistischen deutschen Juden verwahren uns ebenso wie der Verband nationaler

deutscher Juden schärfstens gegen die Angriffe solcher Personen, die niemals irgendeine innere Beziehung zu Deutschland gehabt haben. Weder die Ostjuden, die die frühere preußische Regierung in falschem menschlichen Gefühl in Deutschland geduldet hat, noch die angeblich deutschen geflüchteten linksgerichteten Politiker haben das Recht, sich in irgendeiner Weise in die deutschen Verhältnisse einzumischen. Wir sind zu stolz, um irgendwelche ausländische Hilfe in Anspruch zu nehmen, und wir erklären den ausländischen Juden, daß wir, falls es ihnen politisch schlecht gehen sollte, ihnen keinesfalls Hilfe leisten würden. Die Leute, die heute unsere Landsleute feige angreifen und überfallen, verdienen nichts weiter als unseren Haß und unsere Verachtung.«

Das war, wie gesagt, 1933. Im Jahre 1970 marschierte H. J. Schoeps an der Spitze einer »Konservativen Sammlung«, in deren Aufrufen es damals u. a. hieß: »Aus Sorge und Verantwortung für die Zukunft des deutschen Volkes haben sich Männer und Frauen aus allen Teilen Deutschlands zur ›Konservativen Sammlung‹ zusammengefunden. ›Die konservative Sammlung‹ hält es für notwendig, daß bewußt zersetzende Kritik an der Bundeswehr nicht länger schweigend hingenommen wird, ferner, daß der Auflösung von Hochschulen und Universitäten durch angebliche Reformen unter dem Schlagwort der Demokratisierung Einhalt geboten wird . . . ›Die konservative Sammlung‹ fordert Maßnahmen gegen die dem Artikel 5 des Grundgesetzes widerstreitende Manipulation von Presse, Rundfunk und Fernsehen durch einseitige tendenziöse Berichte seitens aller radikalen Kräfte, in der augenblicklichen Situation hauptsächlich derer von links . . .«

Auch mich denunzierte Schoeps 1970 als einen »kommunistischen Agenten«. Also: Wiederholt sich die Geschichte? Ich frage, weil 1933 ich einer der damals direkt Betroffenen war. Es waren diese »inneren Beziehungen zu Deutschland«, die mir und meinesgleichen, wo wir auch waren, wohin wir uns auch retten konnten, das Zeichen als »Juden aus Deutschland« eingebrannt hatten. Ich frage an, ob sich die Geschichte wiederholt und ob ich als Jude in Deutschland eines Tages wieder kapitulieren muß, weil andere Juden, nämlich »bessere« als ich, über mein Judesein in Deutschland befinden? Ich klage nicht an: ich frage nur an.

Und wie steht es mit den NS-Verbrechen-Prozessen, von denen keiner mehr etwas wissen will, in denen es um die Ermordung und um die Massengräber der unbekannten Juden geht, die zu Abertausenden in wenigen Stunden »liquidiert« wurden: vergast, erschossen, erschlagen, die da irgendwo im Osten verscharrt wurden, deren Henkersknechte und -herren ebenso gemütlich wie gemütvoll heute unter uns, neben uns leben, von denen keiner

»resozialisiert« werden mußte? Und was ist mit den geistigen, organisatorischen und politischen Schreibtischmördern, die nicht angeklagt und verurteilt wurden? Kann ich, der ich rein zufällig mit dem Leben davonkam, mein Leben als Jude in Deutschland ohne diese Fragen leben?

Fragen über Fragen. Wer gibt Antwort? Wie kann ich über mein Leben berichten, wenn ich nicht über meine mir selbst gestellten Fragen, über meine Ängste vor dem Schweigen berichten darf? Habe ich genug Mut und Atem, um auszusprechen, was in und aus mir spricht, um wenigstens einmal das gesagt zu haben, was mich in meiner beschissenen Zwangslage als Jude in Deutschland zur Sprachlosigkeit verdammt? Nein, ich habe den Mut nicht. Da brünstelte einer vom »falschen menschlichen Gefühl« und von den »Ostjuden«, ist heute wieder obenan, er, der Juden mit seinem »deutschen Haß« verriet, die aus dem Osten geflüchtet kamen, weil sie dort nicht mehr leben konnten, wohin dann meine Mutter und meine Leute in den Tod deportiert wurden. Selbst wenn ich schreien würde, ich hätte den Mut nicht, das alles zu sagen, was zu sagen wäre.

Anläßlich der vierzigjährigen Wiederkehr der »Reichskristallnacht« im November 1978 gab die »Landeszentrale für politische Bildung, Hamburg« eine Dokumentation heraus, die einen Text enthält, der dem Gedenkbuch »Die jüdischen Opfer des Nationalsozialismus in Hamburg« entnommen ist, das der Senat 1965 herausgab, also in der Amtszeit des jüdischen Bürgermeisters Prof. Herbert Weichmann. In diesem Text heißt es u. a.:

. . . »Die Deportationen führten bekanntlich zur Liquidierung der Juden. Innerhalb des Bezirkes Nordwestdeutschlands, den ich von Hamburg aus betreute, waren die Abfertigungen durch die Behörden in Hamburg vergleichsweise erträglich, ja im Vergleich zu anderen Orten (z. B. Hannover, Kassel, Berlin) human. Nur einmal, bei einem Transport nach Minsk, mißhandelte der Begleitoffizier der Hamburger Schutzpolizei einen Transportteilnehmer auf dem Bahnsteig so schwer, daß er alsbald starb.« . . .

Im gleichen Text heißt es:

. . . »Die Beamten der Gestapo hatten Anweisung, die Juden anständig zu behandeln und von jeder Schikane abzusehen. Trotzdem kam es gelegentlich zu häßlichen Entgleisungen« . . .

Der vor einigen Jahren verstorbene Autor dieses Textes war in den Jahren 1939 bis 1943 Vorsitzender der Jüdischen Gemeinde in Hamburg. Humane Deportationen . . . Vergleichsweise erträglich . . . Gelegentliche Entgleisungen . . . Wie wird man ein »lieber Jude«, ein »Alibi-Jude«? Man wird es, indem man solche Texte verfaßt und im Geiste wechselseitiger »Wiedergutmachung« einem Senat zwecks Veröffentlichung zur Verfügung stellt. Wie wird man ein »böser Jude«? Man wird es, indem man seit Veröffentlichung dieser Texte erklärt, daß es schon schlimm genug ist, daß sie ein Jude schrieb, aber noch schlimmer, daß ein Senat sie als Alibi veröffentlicht. Am schlimmsten aber, daß heute ein solcher Text den Abschluß einer Dokumentation zur »Kristallnacht« bildet.

Es wäre nur die halbe Wahrheit, wenn ich nicht berichten würde, daß ich nicht der einzige bin, den diese Fragen angehen und hart bedrängen. Aber darum geht es nicht. Es geht allein darum, ob und wie aus der Empörung der einzelnen Juden und aus der Summierung der vielen Fragen und Fragwürdigkeiten sich im Fazit eine gesamtjüdische Haltung ergeben könnte, die von vornherein eine Vereinnahmung einerseits oder gar Anbiederung andererseits zwecks Alibi ausschlösse. Wie sagt man? Die letzten beißen die Hunde. Ich rede von mir als Betroffenem: mich und meinesgleichen würden sie beißen, nicht Herrn Prof. Weichmann, nicht Herrn Prof. Schoeps und gewiß nicht Herrn Prof. Hofstätter.

Vor über einem Jahr erschien ein Buch auf dem Markt, im einschlägig bekannten »braunen« Druffel-Verlag. Der inzwischen verstorbene Autor – immerhin ein kleiner Trost, daß auch die Nazis sterben müssen, wenn auch der Nazismus nicht mit ihnen ausstirbt – ist C. V. Krogmann, im »Tausendjährigen Reich« Bürgermeister von Hamburg, also ein Mitwissender, wenn nicht gar Mitverantwortlicher dessen, was damals an NS-Verbrechen geschah in Hamburg. Der Titel des Buches »Es ging um Deutschlands Zukunft 1932-1939«. Dieses Buch ist eine einzige Infamie, eine einzige Geschichts- und Wahrheitsfälschung. Es wendet sich ausdrücklich an die junge Generation. Auf S. 341 im Kapitel »Kristallnacht November 1938« heißt es u. a.:

»Aus der heutigen Sicht scheint es jedoch nicht ausgeschlossen zu sein, daß auch Männer des Widerstandes, vielleicht sogar die Juden selbst ein Interesse an dem Brand der Synagogen gehabt haben.«

Ich erstattete Anzeige und forderte Beschlagnahme. Um in der Sache voranzukommen, verschwieg ich zunächst den Autor, gab einen Alf Korn unter meiner eigenen Adresse an. Wenige Tage später rief die Kriminalpolizei an. Daraufhin teilte ich dem Staatsanwalt mit, um wen es sich bei dem Autor tatsächlich handle. Von dem Augenblick an totales Schweigen. Auf Anfrage meines An-

walts meinte die Staatsanwaltschaft, es frage sich, ob solche Äußerungen überhaupt strafbar seien. Strafbar sei aber, daß ich, Goral,
eine Straftat vortäuschte, indem ich zunächst einen falschen Namen angegeben habe. Die Münchener Staatsanwaltschaft, an die
die Sache weitergegeben wurde, erklärt: »Die Ermittlungen wurden eingestellt, das Buch sei auch bereits vergriffen.« Ich weiß
nicht, wie hoch die Auflage war. Im neuesten Buchkatalog des
Verlags wird es noch angeführt. Von Sortiments-Grossisten wird
jede gewünschte Anzahl geliefert . . . Öffentliches Interesse an
der Sache besteht nicht. Als unlängst ein älterer Jude in Hamburg
von Neo-Nazis zusammengeschlagen wurde, bestand auch kein
»öffentliches Interesse« . . . So oder so: Bürgermeister müßte
man sein!

Ob Juden in Deutschland leben könnten oder sollten? Natürlich
können sie. Soweit sie nicht durch Bevormundung, durch Opportunismus oder Vereinnahmung sich korrumpieren lassen, nicht zu
Renommier- oder Alibijuden werden und nicht die jüngste Vergangenheit (die ja noch nicht einmal fünfzig Jahre »vergangen«
ist, soweit sie je vergeht) ebenso lau und unaufrichtig absolvieren,
wie es die überwältigende Mehrheit ihrer Umwelt tut, können
Juden hier wie überall in der Welt, die ja alles geschehen ließ, was
mit den Juden geschah, leben. Ob hier oder anderswo: irgendwo
müssen sie ja leben. Was mich angeht, so lebe ich hier, weil es sich
so ergab. Oft ist es Müdigkeit, oft auch eine Mischung aus Wut
und Verzweiflung, Trauer und Scham. Ich lebe in Deutschland mit
AUSCHWITZ. Für mich liegt AUSCHWITZ nicht fern wie die Eiszeit,
wie es unlängst als Fazit einer evangelischen Pädagogentagung
hieß. Was für AUSCHWITZ gilt, gilt auch für den Aufstand im
Warschauer Ghetto. Jene Juden, die den Aufstand wagten, kämpften für die Ehre des jüdischen Humanismus. Sie leisteten, so gut
und so lange es ging, Widerstand. Sie riskierten alles. Was riskiere
ich schon?

Wäre ich konsequent, müßte ich meinen Text nochmals umschreiben oder aber endgültig vor dem Thema »Juden in Deutschland?«
kapitulieren. Ich bejahe zutiefst das Judesein und das Judentum.
Wird es in dreißig Jahren noch Juden in Deutschland geben –
sowohl in der BRD als auch in der DDR? Es ist nur eine Frage unter
vielen, die mich beschäftigen. Mein Leben ist ausgefüllt als Jude
mit Aktivitäten im Bereich von Politik, Kunst und Kultur. Ich bin
kein Hiob. Zur Resignation habe ich kein Recht und kein Talent.
Ich lebe in Deutschland, aber ich liebe es nicht mehr. Im Hause der
Henker soll man nicht von der Liebe reden. Aber ich liebe immer

noch Bach und Brahms, Hölderlin und Heine. Sie gingen mit mir in die Emigration und kehrten mit mir zurück. Ich habe manche Kontakte zur Umwelt, besonders zu jungen Menschen, die *ihre* Sorgen »mit Deutschland« haben. Ich lebe in einem Deutschland mit einem Antisemitismus ohne Juden. Insofern lebe ich in einem Deutschland ohne mich. »Juden in Deutschland?« ist weitaus mehr eine deutsche Frage als eine jüdische. Ich kenne viele Juden, die die Frage ganz anders als ich beantworten. Ich wünsche ihnen und uns allen, daß meine Skepsis sich nicht bewahrheitet. Ich behielt schon einmal recht – und das genügte. Trotzdem: Ich bin ein Jude, also bin ich.

Ich habe von der Mühsal berichtet bei der Suche nach meiner Identität als Jude in Deutschland. Vielleicht habe ich auf falschen Wegen gesucht, bin Spuren gefolgt, die überallhin und in die Irre führen, nur nicht zu mir. Vielleicht ist der, als den ich mich hier darstellte und verstehe, nicht der, der ich sein wollte und müßte. Was für den von mir verehrten und unlängst von Marcel Reich-Ranicki geschmähten Jakob Wassermann bereits 1921 als Bekenntnis aus seiner Not als Deutscher und Jude in der sich abzeichnenden Auswegslosigkeit ohne Antwort blieb, endet jetzt nach allem Geschehenen für den namenlosen Juden X im totalen Schweigen. Es gäbe viele Beispiele dafür. Die Ausnahmen bestätigen die Regel: daß nämlich, soweit eine Antwort erfolgt, diese zumeist ebenso peinlich wie peinigend ist.

Als unlängst ein Autor in der Freien Akademie in Hamburg aus einem Buch, das vorher als Fortsetzungsfolge in einer Wochenzeitschrift erschien, einige Kapitel las, in denen viel die Rede davon war, was die Deutschen alles an den Juden, die sie umbrachten oder umbringen ließen, verloren, ich dann meinte, daß mich ein gewisser »literarischer Philosemitismus« maßlos anwidere, wurde er sehr ärgerlich und meinte, er verstünde nicht, wie man mit einer solchen Grundhaltung überhaupt hier leben könne. Eine Zuhörerin stimmte ihm zu: sie könne das überhaupt nicht mehr hören, wenn da Juden immer so betonten, daß sie Juden seien, sie seien doch Deutsche und man gebe sich doch solche Mühe mit ihnen. Und da fragte mich der Autor nochmals, wie ich mit meiner Meinung hier leben könne. Ich antwortete, daß ich mich das auch oft frage, aber bisher nicht die Antwort gefunden hätte, daß ich sie immer wieder neu suche durch mein geistiges Tun und meine politischen Aktivitäten.

Möglicherweise liegen aber manche Barrieren auf dem Weg zur Findung meiner Identität als Jude in Deutschland schon in meinem bzw. meinen Namen. Mein Geburtsname ist Walter Louis Sternheim. In Israel nahm ich den hebräischen Namen Goral an. Arie war schon mein Name im jüdischen Jugendbund. (Arie = Löwe, Goral = Schicksal.) Ich traf nach meiner Rückkehr Leute, die ich auch schon aus der Zeit vor 1933 kannte, die aber nicht wissen und auch nicht erfuhren, daß ich, Goral, mit dem Sternheim von damals identisch bin. Ich fürchte mich vor dem »Ach, Sie leben also noch, und was ist aus Ihrer Familie geworden?« Ich fürchte mich vor den Wiederholungen, denn ich wurde so begrüßt. Mit dem »Goral« hat es auch seine Not: Wenn auf die Goralen verwiesen wird, von denen ich gewiß herkomme. Am treffendsten war noch der Hinweis, daß es eine Bergziege gleichen Namens gäbe, die sehr scheu sei und schon beim geringsten Anlaß die Flucht ergreife . . . Wie sagte mein Vater immer: »Rothschild müßte man sein.« Dann sagte meine Mutter nur: »Nebbich, nebbich . . .«

Sarah Haffner

Fremd im eigenen Land

Sarah Haffner, geboren 1940 in Cambridge, aufgewachsen in London und Berlin, Studium der Malerei (HdK Berlin). Malerin, Autorin und Dozentin für Spiel an der Staatlichen Fachschule für Erzieher, Berlin.

Als ich aufgefordert wurde, für dieses Buch einen Beitrag zu schreiben, war meine erste Reaktion: wieso gerade ich. Ich bin doch *eigentlich* gar nicht jüdisch, gehöre zu denen, die Isaac Deutscher einmal als nichtjüdische Juden bezeichnet hat; zu denen, die nicht jüdisch sind, aber in bestimmten Situationen dazu gemacht werden. Und doch. Und doch ist mein Leben geprägt von dem typisch jüdischen Schicksal der Emigration, über lange Jahre von dem Gefühl der Entwurzelung, der Heimatlosigkeit, der Zerrissenheit, des Außenseitertums, des Fremdseins.

Meine Eltern sind 1938 aus Deutschland ausgewandert. Meine Mutter (deren Vorfahren sich um 1850 hatten taufen lassen) war 1933 aus ihrer Stelle als Bibliothekarin an der Hochschule für Politik in Berlin rausgeschmissen worden. Sie war schwanger, und die Ehe mit meinem Vater hätte in Deutschland als Rassenschande gegolten. Und überhaupt war es höchste Zeit.

Mein Bruder wurde 1938 in England geboren, ich selbst anderthalb Jahre später, 1940. Wir sind in London aufgewachsen. Als die Familie, auf Wunsch meines Vaters, 1954 nach Berlin zurückkehrte, war mein Bruder 16 und ich 14 1/2. Wir konnten kein Deutsch. Mein Bruder lebt inzwischen längst wieder in England. Ich bin hiergeblieben. Ich will versuchen zu rekonstruieren, welche Gefühle dieses Leben in Deutschland, in Berlin, in all den Jahren bei mir ausgelöst hat.

Ich weiß nicht genau, in welchem Alter ich von der Judenverfolgung im Dritten Reich zuerst erfuhr. War ich zehn, elf – ich weiß es nicht mehr. Ich weiß nur, daß ich die Greuel, von denen ich hörte, überhaupt nicht mit mir in Verbindung brachte. Mit vierzehn wußte ich allerdings Bescheid, weshalb meine Eltern ausgewandert waren, und verstand nicht, warum mein Vater in dieses

Land zurückkehren wollte. Ich, jedenfalls, wollte hier nicht hin. Ich fühlte mich als Engländerin, war in London zu Hause. Ich hatte Angst.

Berlin habe ich in den ersten Jahren gehaßt. Die Stadt war Mitte der fünfziger Jahre noch voller Ruinen (die mir allerdings sehr viel lieber waren als die Neubauten, die sie später ersetzten). Sie erschien mir düster, von einer trostlosen Kälte. Das viele Grün, die Seen, die breiten Straßen, gesäumt von Bäumen, all das, was ich an Berlin später sehr lieben gelernt habe, das empfand ich damals als dörflich, provinziell. Die Stadt war für mich überhaupt keine *richtige* Großstadt. Ich hatte das Gefühl, ins Abseits verlegt worden zu sein, aus dem lebendigen, riesigen London in dieses tote Niemandsland, mitten im Nichts.

Ich fühlte mich ständig bedroht. Sicher wird das Wissen um die Vorgänge im Dritten Reich hier eine Rolle gespielt haben, aber es war vor allem das baffe, mufflige, aggressive Verhalten der Berliner, das mich, mit meinen englischen Manieren, immer wieder zusammenzucken ließ (und heute noch manchmal zusammenzucken läßt): das ungenierte Glotzen in der U-Bahn, das rücksichtslose Türen-ins-Gesicht-Zufallenlassen, das trampelige Vordrängeln an der Bushaltestelle, die Ungeduld, die Intoleranz. Heute gefällt mir manchmal das Direkte, Ungekünstelte an diesem Verhalten, damals empfand ich es nur als barbarisch.

Hinzu kam, daß ich das Gefühl hatte, von sich zankenden Menschen umgeben zu sein. Meine Eltern hatten sich in England, wenn sie Streit hatten, auf deutsch unterhalten. Wir Kinder wurden, wenn wir etwas besonders Schlimmes ausgefressen hatten, auf deutsch angebrüllt (was um so schlimmer war, weil wir es nicht verstanden). Deutsch war für mich die Zanksprache, und Menschen, die sich auf deutsch unterhielten, konnten sich nur zanken.

Ich hatte grauenhaftes Heimweh. Als wir im Sommer 1955 zum erstenmal wieder in London waren, habe ich absichtlich meinen Paß vor unserer Abreise liegenlassen. Meine Tante hat ihn entdeckt und kam mit wehendem Mantel über dem Nachthemd paßwinkend über den Bahnsteig zum Zug, der gerade abfahren sollte. Mir sank das Herz.

Zurück nach Berlin. Zurück in die entsetzliche Schule, in dieses antiquierte Gefängnis, das mir sogar im Vergleich zu der außerordentlich strengen Ursulinenschule, die ich in London besucht hatte, autoritär erschien. In der Schule versagte ich völlig. Auf meine fehlenden Sprachkenntnisse wurde kaum Rücksicht genommen. Ich übersetzte Latein ins Deutsche und konnte keins von beiden. Am meisten gehaßt habe ich die Turnstunden, und wenn ich wie ein Kartoffelsack am Reck hing und meine Kniewelle nicht schaffte, war das nicht nur für mich eine Schande, sondern auch noch für England.

Ich glaube, es war Ende 1955, als die Verfolgung der Juden im Dritten Reich im Geschichtsunterricht durchgenommen wurde. Im Geschichtsbuch stand darüber ein einziger Satz. Die Lehrerin hat immerhin eine Unterrichtsstunde daraus gemacht. Ich weiß nicht mehr genau, was gesagt wurde, aber am Ende der Stunde sagte eines der Mädchen (wir waren nur Mädchen): »Im Nordwestdeutschen Rundfunk ist schon wieder alles voller Juden.« Ich stand auf und ging raus. Es war das erste Mal, daß ich darauf gestoßen wurde, daß ich *auch* jüdisch bin. Am nächsten Tag sollte ich mich für mein Herausgehen entschuldigen. Ich habe es nicht getan. Dieses Ereignis verstärkte nur noch meinen Haß auf Berlin und alles, was deutsch war. Ich war fest entschlossen, sobald wie möglich nach England zurückzukehren und nie wieder zurückzukommen.

1956 setzte ich zu Hause durch, daß ich von der Schule abgehen konnte, um Kunst zu studieren. Ich begann, mich etwas wohler zu fühlen, war tagsüber mit Arbeiten beschäftigt, die mir Spaß machten, und hatte zum erstenmal in Deutschland Freunde. Aber noch immer fühlte ich mich sehr fremd.

Zwischen 1955 und 1958 war ich jedes Jahr einmal in London. Bei der letzten dieser Reisen, 1958, merkte ich, daß auch England begann, mir fremd zu werden. Ich war heimatlos geworden. In dieser Identitätskrise (die bestimmend gewesen ist für mehr als zwanzig Jahre meines Lebens) fing ich an, mich auf romantische Weise mit dem Jüdisch-Sein auseinanderzusetzen. Ich malte mir Träume aus, nach Israel in ein Kibbuz zu ziehen und völlig von vorn zu beginnen. Aber diese Träumereien fanden bald ein jähes Ende. Ich wurde schwanger. Mit der Heirat bekam ich zu meinem englischen Paß den deutschen dazu. Das Gespaltensein war nun offiziell dokumentiert.

Mein Sohn David wurde 1960 geboren. Der Name ist kein Zufall. Ich muß gestehen, daß ich in dieser Zeit auf durchaus widerliche Weise mit dem Jüdisch-Sein kokettierte. Unter deutschen Intellektuellen herrschte damals (und herrscht zum Teil noch heute) ein mir inzwischen ziemlich suspekt gewordener Philosemitismus vor. Waren Juden in der Generation davor der Abschaum, so waren sie nun etwas Besonderes, wurden fast hofiert. Damals ist mir nicht aufgegangen, daß dies die Kehrseite derselben Medaille ist: eine Art ideeller Wiedergutmachung, die Juden immer noch zu Außenseitern abstempelt. Im Gegenteil. Ich sonnte mich in dem Gefühl des Andersseins. Gehörte ich nirgends dazu, so war ich doch wenigstens etwas Besonderes. Den Namen Sarah, der mir auf der Kunsthochschule von einem der Professoren angedichtet wurde und unter dem ich dort ausschließlich bekannt war, nahm ich zunächst als Künstlernamen, später, als das Hantieren mit zwei Namen zu kompliziert wurde, offiziell an. (Dazu muß ich allerdings sagen, daß ich meinen ursprünglichen Namen nie gemocht habe und mein Leben lang irgendwelche Kosenamen angedichtet bekommen hatte. Trotzdem ist es kein Zufall, daß ich gerade diesen angedichteten Namen endgültig annahm. Er gefiel mir zwar gut, aber etwas Opportunismus war auch dabei.)

1961 zog ich in meine jetzige Wohnung in der Uhlandstraße. Als wir die Wohnung übernahmen, war das hintere Zimmer, das mein Sohn bekam, noch vom Krieg zerstört. Die Decke hing herunter, die Wände waren dunkelbraun. In der ganzen Wohnung war seit dem Krieg nichts gemacht worden. Das Dritte Reich wurde mit einem Schlag in seiner Alltäglichkeit für mich spürbar. Immer wieder fragte ich mich, was das wohl für Menschen gewesen waren, die hier gelebt hatten; wie sie sich verhalten haben in der Nazizeit; was wohl in dieser Wohnung passiert war. Damals tauchte bei mir auch zum erstenmal die Frage auf, die ich mir zwischendurch immer wieder gestellt habe und heute manchmal noch stelle: Würde ich jemand verstecken; wo und wie würde ich das machen? Über das Verstecktwerden habe ich mir nie besonders Gedanken gemacht. Die deutsche Situation war es, die mich beschäftigte. Der Beginn einer Identifikation mit dem Deutsch-Sein, allerdings brüchig, flüchtig, von Fremdheitsgefühlen überlagert. (Ich glaube übrigens, daß das Motiv bei vielen »Sympathisanten« der ersten Generation, Baader-Meinhof Leute zu beherbergen, zumindest teilweise von ähnlichen Gedanken bestimmt war. Von der Angst, die Fehler und Feigheiten der Eltern zu wiederholen.)

Das vorherrschende Gefühl in diesen Jahren (und noch auf viele Jahre hinaus) war aber das des Gespaltenseins, des Wegwollens, das Hier-nicht-hin-Gehörens. England spukte mir immer noch ständig im Hinterkopf herum, gelegentlich sogar noch Israel. 1964 ging ich für sechs Monate nach Paris. Dort sehnte ich mich manchmal nach Berlin, aber als ich wieder zurück war, stellten sich sofort wieder die Fremdheitsgefühle ein. Es war vor allem der deutsche Alltag, der mich zermürbte: Der Busfahrer, der weiterfuhr, obwohl er jemand auf die Haltestelle zurennen sah; der Schaffner, der einen Betrunkenen anbrüllte, der nicht schnell genug einstieg; die Mutter, die ihr Kind auf dem Spielplatz mit einem Stock schlug; die Frau, die vor mir ausspuckte, weil ich barfuß auf der Straße lief. Diese kleinliche Intoleranz, die alltägliche Brutalität, die immer wieder Bilder von viel schlimmeren Brutalitäten wachrief.

Das Dritte Reich war ständig präsent. Wenn ich am Sonnabend beim Fleischer stand, vor mir eine sechzigjährige, hinter mir eine fünfundsechzigjährige Frau, dann durchzuckte es mich plötzlich: Was habt Ihr damals gemacht? Habt Ihr Heil Hitler geschrien, Fenster eingeschmissen, Leute denunziert; wer seid Ihr?

Diese Fremdheitsgefühle habe ich noch heute, in den letzten Jahren sogar verstärkt, aber es ist ein Fremdsein im eigenen Land, das ich mit vielen deutschen Intellektuellen meiner Generation teile. Und unter diesen Deutschen fühle ich mich heimisch.

Erst Mitte der sechziger Jahre ist mir aufgegangen, *wie* nah unter der Oberfläche die Vergangenheit ist, wie wenig vergangen. Es wird im Frühsommer 1966 gewesen sein. Ich lief die Uhlandstraße herunter, wollte einkaufen. An einer Ecke standen drei jüngere Bauarbeiter, so um die dreißig. Die Diskriminierung als Frau war mir so geläufig, daß ich mit völliger Selbstverständlichkeit annahm und hinnahm, daß sie etwas brüllen würden. Ich machte mich darauf gefaßt, lief geradeausblickend an ihnen vorbei. Und dann kam's: »Die ist bei der Judenverbrennung durch den Rost gefallen.« Ich rannte nach Hause, legte mich heulend aufs Bett. Drei Tage lang hatte ich Zitteranfälle und bin nicht aus dem Haus gegangen. Die ganze verdrängte, unterdrückte Angst kam mit einem Mal heraus.

Im Jahr darauf, 1967, gab es in Berlin eine Serie von Morden an Taxifahrern. Eines Abends kam ich mit einem Taxifahrer darüber ins Gespräch. »Unter Adolf«, sagte er, »hätte es sowas nicht gegeben, da gab's keine Morde.« »Mit sechs Millionen Ausnahmen«, sagte ich. »Ach«, sagte er, »das waren ja bloß Juden.« Ich bat ihn anzuhalten und stieg aus. Meine Wünsche, wegzugehen, rückten sehr in den Vordergrund. Wäre die Studentenbewegung nicht gekommen, ich glaube, ich hätte Berlin damals verlassen.

Ich hatte die Anfänge der Studentenbewegung ab 1966 als sympathisierende Außenstehende beobachtet, war Mitglied des Republikanischen Clubs in Berlin von der Gründung im April 1967 an. Wirklich beteiligt war ich aber erst nach dem Abschuß von Benno Ohnesorg am 2. Juni 1967. An diesem Tag, einem Freitag, war ich allerdings bei der Demonstration nicht dabei. Ich hatte ganz furchtbare Zahnschmerzen. Am darauffolgenden Montag ging ich zum Zahnarzt. Die Israelis waren in Ägypten einmarschiert. Meine Vorstellung, daß Verfolgte und Unterdrückte, einmal in den Besitz der Macht gelangt, damit wesentlich anders umgehen würden, daß sie »bessere Menschen« seien, wurde zerstört. Meine Israelromantik habe ich nach dem Sechs-Tage-Krieg endgültig begraben.

Der Zahnarzt war ein alter Nazi. Während er an meinem Zahn herumbohrte, schimpfte er abwechselnd auf den »Terror« der Studenten und auf die feigen, dreckigen Ägypter. Mir zuliebe hatte er seinen Antisemitismus auf die Ägypter übertragen. Er kannte meine Familie. Es war eine unglaublich quälende Situation, ganz abgesehen von dem Bohren. Ich saß mit offenem Mund da, zum Schweigen gezwungen, und mußte seine Haßtiraden unwidersprochen über mich ergehen lassen. Später schickte ich eine Freundin zu ihm hin, denn obwohl er ein alter Nazi war, war er ein guter Zahnarzt. Bei ihr hat er dann gegen die Juden losgewettert.

(Um Mißverständnissen vorzubeugen: Zu den sehr komplizierten Auseinandersetzungen im Nahen Osten kann ich nicht eindeutig Stellung beziehen, aber die machthungrige Besetzungs- und Vertreibungspolitik der Israelis seit 1967 hat mich doch sehr enttäuscht und angewidert.)

In der Zeit der Studentenbewegung hat sich mein Verhältnis zu Deutschland sowohl zum Guten hin geändert als auch zum Schlechten hin verstärkt. Zunächst war es für mich eine Offenbarung, daß es Deutsche gab, Deutsche meines Alters, die von den Verhältnissen im Land genauso befremdet waren wie ich selbst: von der völlig unverarbeiteten Vergangenheit, dem urdeutschen Hierarchie- und Autoritätsdenken unter demokratischem Deckmantel, dem blindwütigen Antikommunismus, den phrasenhaften, sinnentleerten Sonntagsreden der Politiker, von der ganzen aalglatten Heuchelei. Dies waren die Leute, mit denen ich die Entrüstung über den Krieg in Vietnam teilte und zum Ausdruck bringen konnte. Und über die Studentenbewegung lernte ich viel über die Verhältnisse in Ländern, deren Namen ich bis dahin gerade mal gekannt hatte. Ich habe in dieser Zeit politische Zusammenhänge begreifen gelernt. Aber es waren nicht nur die politischen Vorstellungen, die mich mit der Bewegung verbanden. Meine Zugehörigkeit war mindestens ebenso stark emotional geprägt. Es waren die Reaktionen auf die Bewegung, vor allem in der

Springerpresse, die dieses Gefühl der emotionalen Verbundenheit schafften. Ich glaube, es ist keine Übertreibung, die »Bildzeitung« und die »BZ« in dieser Zeit mit dem »Stürmer« zu vergleichen. Sie schürten Pogromstimmung mit Schlagzeilen wie: »Stoppt den roten Terror jetzt.« »Überlaßt nicht die Dreckarbeit der Polizei.« »Studenten drohen. Wir schießen zurück.« Und dazu die Unterzeile: »Sanfte Polizeiwelle.«

Von sanfter Polizeiwelle konnte keine Rede sein. Die Brutalität war ganz offen. Mindestens ebenso schlimm war für mich die Reaktion von Passanten und Beistehenden bei Demonstrationen. Ich kann nicht zählen, wie oft wir ins KZ verwünscht wurden, von Leuten, die angeblich von nichts etwas gewußt hatten. Mir lief's jedesmal eiskalt den Rücken runter. Ich weiß nicht, warum ich mit meinen Freunden nie darüber gesprochen habe. Die Angst, diese zusätzliche Angst, die habe ich mit mir allein abgemacht.

Und Angst hatten wir schließlich alle. Ein Freund von mir ließ sich vor einer Senatsgegendemonstration im Februar 1968 die Haare abschneiden, weil er befürchtete, sonst auf der Straße verprügelt zu werden; eine Freundin wurde in dieser Woche tatsächlich in der U-Bahn mit einem Messer bedroht, weil sie ein Vietnam-Abzeichen trug; eine andere Freundin bei der Gegendemonstration selbst an den Haaren den Bürgersteig entlanggeschleift, weil sie mutig genug war, einen Zwischenruf zu machen. Was sich da auftat, war erschreckend. Dies waren also die geläuterten, die »demokratischen« Deutschen. Und es waren durchaus nicht nur die Älteren. Den Ausspruch eines jungen Polizisten werde ich nie vergessen. »Was wir wirklich mit euch machen möchten«, sagte er zu mir, »ist, euch in die U-Bahn einsperren und Wasser reinlassen und dann zuhören, wie ihr schreit.«

Aber es gab eben auch die Bewegung. In den Jahren 1967/68 ein belebendes Gefühl der Zusammengehörigkeit und des Aufbruchs. Es gab neue Erkenntnisse und Ansätze einer neuen Offenheit, einer anderen Art des Umgangs miteinander. Es war sehr aufregend.

Und trotzdem war es gerade die Bewegung, die mich in eine neue Identitätskrise stürzte. Ich war ja Malerin. Innerhalb der Bewegung gab es einen Konsens, daß Kunst nur dann sinnvoll sei, wenn sie in den Dienst der politischen Arbeit gestellt wurde. Ohnehin fiel es mir sehr schwer, vor der Staffelei zu stehen und zu malen, während mir bewußt war, daß zur gleichen Zeit Kinder in Vietnam von Napalm verbrannt wurden. Im Jahr 1968 habe ich kaum gemalt. Ich war an verschiedenen Arbeitskreisen beteiligt, war in der Bewegung aktiv. Aber mir fehlte etwas. Das Malen schien sinnlos, aber es gehörte einfach zu meinem Leben dazu. Ich brauchte es. Eine Zeitlang versuchte ich, einen Kompromiß zu finden, und arbeitete in einem Plakatkollektiv mit. Die Plakate, die wir zu zehnt produzierten, hätte jeder von uns einzeln besser machen können. Ich wußte einfach nicht weiter. Hinzu kam, daß meine finanzielle Situation ungeklärt war. Ich mußte eine regelmäßige Arbeit finden, um mich und meinen Sohn zu ernähren. Die Aussichten in Deutschland, dem Land der Formalien, waren miserabel. Die Schule hatte ich nicht beendet, das Studium wegen der Schwangerschaft abgebrochen. Als die Studentenbewegung 1969 anfing, auseinanderzufallen, beschloß ich wegzugehen. Im November 1969 kehrte ich, nach all den Jahren, nach London zurück.

Und nun war es London, das mir langweilig erschien. Ja, da war sie wieder, die englische Toleranz, die Freundlichkeit und Geduld im alltäglichen Umgang, das Leben-und-leben-Lassen. Alles Dinge, die mir lange gefehlt hatten. Ich genoß sie. Aber da war auch eine merkwürdige Apathie; ein insulares Desinteresse an allem, was außerhalb des angelsächsischen Sprachraumes geschah; eine entwickelte Kunst, sich geistreich über nichts zu unterhalten; ein entsetzlicher Snobismus.

Die Studentenbewegung hatte England nur gestreift. Mir fehlten die Aufregung, die nächtelangen Diskussionen, die ernsthaften Auseinandersetzungen. Diese ungebrochen bürgerliche Gesellschaft kam mir merkwürdig vergangen vor. Ich fühlte mich fast ins 19. Jahrhundert zurückversetzt.

Ich bekam ziemlich schnell eine Stelle als Dozentin für Farbtheorie an einer Kunstschule. Nebenher arbeitete ich als Übersetzerin und Graphikerin. Die Arbeit erschien mir ziemlich irrelevant. Farbtheorie. In Vietnam gab's Krieg. In Biafra gab's Krieg, und kaum jemand in London sprach darüber. Mir fehlten Leute, die eine ähnliche Entwicklung durchgemacht hatten wie ich. Mir fehlten meine Freunde in Berlin. Mir fehlte Berlin selbst, das Grün, die Cafés und Kneipen. Mir fehlte auch meine Wohnung, die ich sehr liebe. Und mein Sohn wollte wieder zurück.

Und trotzdem ist mir der Entschluß, zurückzukehren, nicht leicht gefallen. Es war auch Abwehr dabei. Ich bewarb mich auf eine Stelle in Berlin und machte die Entscheidung davon abhängig, ob die Bewerbung angenommen würde oder nicht. Im Januar 1971 kehrte ich nach Berlin zurück.

Was war nur aus der Studentenbewegung geworden. Sicher, es

gab noch genug Leute, die sich die Offenheit, die fragende Haltung des Aufbruchs bewahrt hatten. Aber zu viele mit fertigen Lösungen in fertigen Formeln, die sie sich gegenseitig an den Kopf warfen. Es war bitter: Die deutschen Untugenden des Dogmatismus, der Autoritätshörigkeit, der Rechthaberei und der Intoleranz hatten sich in der Bewegung breitgemacht. Genaugenommen gab es keine Bewegung mehr. Sie war daran zerbrochen.

Im April 1971 begann ich, als Dozentin für Spiel an einer Fachschule für Erzieher zu unterrichten. Ich war nun an dem Ort beschäftigt, wo ich mich in Deutschland am allermeisten fremd gefühlt hatte: in der Schule. Um es vorweg zu sagen: Sie war mir immer noch fremd, und sie ist es im Lauf der Jahre immer mehr geworden. Es gab von Anfang an für mich irrenhausähnliche Situationen, am deutlichsten auf den Konferenzen, wo Diskussionen über inhaltliche Fragen mit Paragraphennummern ausgetragen wurden. Es gab andere deutsche Kuriositäten, vor allem die Hierarchie-Mystik: Dienstaufsicht, Dienstweg, Dienstanordnung, Dienstbesprechung. Trotzdem erschien mir die Schule zunächst überraschend liberal. Sie sollte es leider nicht lange bleiben. 1972 war das Jahr des unsäglichen Radikalenerlasses. Der Druck war sofort spürbar. Er hat sich von Jahr zu Jahr verstärkt. In den letzten Jahren erscheint es mir, als ob der Unterricht selbst das Nebensächlichste an der Schule ist. Eigentlich geht es nur noch um die Bevormundung und Kontrolle von Schülern und Lehrern. Der bürokratische Ballast nimmt zu, das Mißtrauen und die Angst.

Ich selbst habe auf den Radikalenerlaß zunächst auch mit Angst reagiert. Ich bin Angestellte und jederzeit kündbar. Eine Zeitlang habe ich versucht, den Mund zu halten. Es ist mir nicht sehr gut geglückt. Ich konnte mit mir selbst nicht leben. Ich muß dazu allerdings sagen, daß ich mich in gewisser Weise geschützt fühlte und noch fühle. Es ist ein trauriger Schutz, dieses Gefühl: Emigrantenkind, das werden sie wohl nicht wagen.

Erst 1972 habe ich wieder angefangen, neben der Schule her zu malen, war aber auch in der Schul- und Gewerkschaftspolitik aktiv. Wir haben nur Schlappen erlebt oder Pyrrhussiege. Als sich 1974 der Ausschluß der GEW Berlin vom Bundesverband anbahnte, war ich Delegierte. Es war ein Beispiel deutschen Demokratieverständnisses, daß eine Bundesgewerkschaft den Berliner Landesverband eher rausschmeißt, als eine linke Mehrheit und ihre Beschlüsse hinzunehmen. Es war sehr entmutigend. Manchmal habe ich in diesen Jahren gedacht, daß ich vielleicht voreilig aus London zurückgekehrt sei.

1975 und 1976 arbeitete ich an einem Fernsehbericht und einem Buch über Frauenmißhandlung. Ich war bei dem Versuch, einer Nachbarin zu helfen, auf die Problematik gestoßen. Im Verlauf dieser Arbeiten war ich vier- oder fünfmal in London. Es gefiel mir dort von Mal zu Mal weniger. Ich wußte nun, daß mein Entschluß, zurückzukehren, richtig gewesen war. Ich hatte die Emigration nach 22 Jahren endlich verwunden.

Es liegt eine bittere Ironie darin, daß ich den Gedanken, vielleicht erneut emigrieren zu müssen, gerade seit dieser Zeit ständig im Hinterkopf habe. Das, was in der Bundesrepublik zur Zeit geschieht, macht mir Angst. Es sind nicht so sehr die Zeichen eines neu aufkeimenden Antisemitismus, die mich beunruhigen. Das macht mir nur noch leichte Schauder. Antisemitismus in der Bundesrepublik heute ist merkwürdig abstrakt. Gegen wen richtet er sich eigentlich noch? Vielleicht 0,1 Prozent der Bevölkerung. Das scheint mir eher eine Art teuflischer Nostalgie. Es sind auch weniger die übrigen neonazistischen Aktivitäten, die mich schrekken. Die sind schlimm genug. Aber doch nur symptomatisch für eine Entwicklung, die weiter reicht und tiefer greift und um so mehr erschreckt.

Es sind nicht die Neonazis, die wiederaufgegriffene Nazigesetze in den letzten Jahren im Bundestag durchgebracht haben, sondern die Koalition aus SPD und FDP. Die Neonazis sorgen nicht dafür, daß in Deutschland wieder Menschen ihren Beruf nicht ausüben können. Das besorgt die SPD. Es liegt nicht an den Neonazis, daß Berlin die Stadt ist mit der größten Polizeidichte der Welt. Es liegt an der SPD.

Es macht mir Angst, wenn Leute durch die Tür von der Polizei erschossen werden oder mit erhobenen Händen an der Wand stehend und es hinterher heißt, es sei Notwehr gewesen. Es macht mir Angst, wenn eine ganze Bevölkerung zur Hatz auf vermeintliche »Sympathisanten« aufgefordert wird. *Diese* Bevölkerung mit *dieser* Vergangenheit. Es macht mir Angst, wenn Ausstellungen geschlossen werden, Theaterstücke abgesetzt, Bücher zensiert oder beschlagnahmt. Es macht mir Angst, wenn Wohnungen ohne Durchsuchungsbefehl verwüstet werden. Es macht mir Angst, wenn demokratische Rechte Stück für Stück abgebaut werden. Die Luft zum Atmen in diesem Land wird immer dünner.

Das hat Ansätze von Déjà-vu-Charakter. Und gegen wen richtet es sich wirklich? Doch nicht gegen einen Haufen armseliger, wildgewordener Politdesperados.

Wir leben in einer Wirtschaftskrise mit über einer Million Arbeitslosen. Im drittreichsten Land der Welt über eine Million Arbeitslose, Verschärfung des Arbeitsdrucks, Einsparungen im sozialen Bereich. Es könnten welche auf die Idee kommen, sich zu wehren. Und es sollen auch diejenigen eingeschüchtert werden, die Zusammenhänge erkennen, Dinge beim Namen nennen, aufklären können. Das alte deutsche Lied.

Die Angst, die ich habe, die soll ich auch haben. Aber noch sitze ich hier und schreibe darüber. Noch habe ich die Hoffnung nicht aufgegeben.

Ich fühle mich weniger jüdisch als englisch oder deutsch, weniger englisch als deutsch, weniger deutsch als berlinisch. Ich möchte hierbleiben können. Ich will nicht wieder weg.

Gloria Kraft-Sullivan

Ich habe mich daran gewöhnt,
hier wie selbstverständlich zu leben

Gloria Kraft-Sullivan, Jahrgang 1946; tätig als Studienrätin für Latein und Griechisch, z. Z. aber für ein Philosophiestudium in Göttingen ein Schuljahr lang beurlaubt; schreibt gelegentlich in der »Allgemeinen jüdischen Wochenzeitung«.

Jüdin bin ich und lebe in Deutschland. Zwei Gegebenheiten, über deren Verhältnis zueinander und Wirkung aufeinander ich berichten soll. Nicht, daß mir die Fragestellung neu wäre – an keinem Juden, der einmal einen Wohnsitz in der Bundesrepublik genommen hat, geht sie vorbei – auch nicht, als ob es mich verdrösse, meine immer wieder durchdachten, immer wieder neu gestalteten und selten widerspruchsfreien Antworten erneut zu formulieren. Aber wo beginnen?
Es hat mich nicht nach Deutschland verschlagen. Ich bin hier geboren und, abgesehen von zwei längeren Aufenthalten bei den Großeltern in den USA, auch hier aufgewachsen. Die Großeltern hätten mich gerne in ihrer Obhut behalten: Schulabschluß, ein bißchen Collegestudium vielleicht und dann recht bald in den Hafen der Ehe . . .
Meine Zukunftspläne sahen allerdings anders aus; noch nicht sehr deutlich, und das Ziel verschwamm irgendwo jenseits eines wissenschaftlichen Studiums, aber doch schon offensichtlich unvereinbar mit den gutgemeinten Vorstellungen der Großeltern. Ich kehrte nach Deutschland zurück.
– »Dann war dies also die erste Entscheidung für Deutschland?«
Für – Deutschland? Etwas wehrt sich in mir, ja zu sagen. Gewiß, ich bin freiwillig in dieses Land zurückgekommen. Nach Deutschland, nicht nach Israel. Obwohl ich, wie viele jüdische Jugendliche dieses Alters, zur Aliyah entschlossen war; aber erst nach dem Abitur. Natürlich danach: mit einem ordentlichen Schulabschluß in der Tasche in Israel etwas ganz Neues, ganz Eigenes beginnen. Und ich war im stillen froh, daß es noch diese Frist gab, daß ich von dem Absprung zwar träumen und reden konnte, ihn aber nicht wagen mußte. Eine Entscheidung für Deutschland? Ich bin mir

sicher: nein, und sehe in meinem Nein auch keine heimliche Selbstrechtfertigung. Entschieden hatte ich mich für das Vertraute, Gewohnte, Bequemere, das nur zufällig in Deutschland angesiedelt war.

Zufällig, aber nicht gleichgültig: ich blieb ja gern, und gern ging ich auch zum Studium nach Heidelberg, wo die jüdischen Studenten eine rege Geselligkeit untereinander und miteinander auch mal mehr, mal weniger anspruchsvoll »Jüdischkeit« pflegten. Jüdisches Leben, konfliktfreie Einfügung in die nichtjüdische Umwelt, behagliches Zuhausesein in einer von Kindheit an liebgewordenen Landschaft.

– »Ist das nicht wieder jene schein-heile Welt, in der ›deutsche Staatsbürger jüdischer Konfession‹ einst auch zu leben glaubten?«

Ganz recht, auf diesen Einwand wollte ich ja hinaus. Aber ich bin noch nicht ganz fertig. So ungebrochen, wie es sich in der Erinnerung zunächst ausmacht (wem sind Studienjahre in der Rückschau keine schöne Zeit, was immer das auch bedeuten mag!), so ungebrochen heimisch, eingebettet in funktionierendes jüdisches Leben und das Wohlwollen der Umwelt lebte ich auch damals nicht. Es gab Dissonanzen – oder nein, eher kleine Absurditäten, schnell vergessen und zurückgedrängt, aber kennzeichnend für die von beiden Seiten überspielte Befangenheit zwischen Deutschen und Juden, bezeichnend auch für unsere eigene Situation.

1967, noch während des Sechstagekrieges, veranstalteten wir auf dem Heidelberger Universitätsplatz eine Kundgebung und Sammlung für Israel. Es versteht sich, daß wir uns damals nicht einmal im Unibetrieb von unseren Transistorradios trennten und gebannt und mit ständig wachsendem Stolz die Nachrichten verfolgten. An diesem Mittag waren neue Erfolge der israelischen Armee gemeldet worden, das siegreiche Ende des Krieges zeichnete sich ab. Unsere Aufregung wurde zur Euphorie, und als wir uns zur Kundgebung trafen, empfing mich Michael mit den Worten: »Hast du Radio gehört – sind wir nicht großartig?«

Großartig? Wir?

Laue Heidelberger Sommernächte verbrachten wir im Garten, aufgeregt ums Radio geschart; Berichte über Erfolg und Vorstoß und Sieg: dort im Garten erreichen sie uns, oder in der Universität zwischen zwei Lehrveranstaltungen, oder nachmittags auf der Neckarwiese, wo man barfuß spazierengehen oder in der Sonne liegen kann.

Ich stotterte irgendeine Zustimmung, begriff nicht gleich, was

mich an dem so selbstverständlich hingeworfenen »Wir« ver-
wirrte. Doch mein Stolz hatte einen kleinen, einen notwendigen
Knacks bekommen. *Wir* hatten nur Radio gehört und uns in der
allgemeinen Bewunderung für Israel gesonnt. Und tat es uns nicht
unendlich wohl, die Kundgebung von den Wogen dieser deutschen
Israelbegeisterung mittragen zu lassen? In der Auseinandersetzung mit den propagandageübten arabischen Kommilitonen hatten wir nie etwas Ähnliches unternommen. Auch in meiner weiteren Zeit in Heidelberg gab es keine Veranstaltung mehr wie diese.
Natürlich glaubten wir, etwas für Israel zu tun; erreicht hatten wir
jedoch vor allem unser eigenes Wohlbefinden.
Eine andere Episode. Ein Dozent hatte zu Semesterende die Teilnehmer seines Seminars zu sich nach Hause eingeladen. Man
unterhielt sich in kleinen Gruppen und kam dabei mit manchen
Kommilitonen zum ersten Mal ins Gespräch. Ein Mädchen sprach
mich auf meinen Davidstern am Halskettchen an und ob ich etwas
mit Israel zu tun hätte? Ich bejahte, daß ich Jüdin sei – und löste
mit dieser vermeintlich harmlosen Antwort einen Begeisterungs-
sturm aus, den ich, auch wenn es nicht nett von mir sein sollte, nur
als hysterisch bezeichnen kann.
»Jüdin? Wie herrlich, wie wunderbar! Die Juden sind ja so tolle
Menschen, ich bin ganz begeistert von euch! Und daß ich nun auch
eine Jüdin kennenlerne! Du glaubst nicht, wie ich mich freue, dich
kennenzulernen!«
Und so ging das noch eine Weile fort, während ich mich drehte und
wendete, um dem Würgegriff von so viel Freundschaft zu entgehen. Der Auftritt war mir peinlich; alle um uns glaubten, nun auch
etwas Nettes sagen zu müssen, und ich schämte mich für sie.
Damals begegnete ich dem Philosemitismus nicht zum ersten Mal.
Zum ersten Mal aber erkannte ich, daß er nicht aus Freundschaft,
sondern aus dem schlechten Gewissen eines stillschweigend wei-
tertradierten, unterschwelligen Antisemitismus entspringt. Was
kann da ein Geschichts- und Politikunterricht erreichen, der nur
Vernunft, doch nicht die Seele anspricht?
Im jüdischen Gemeinde- und Gemeinschaftsleben von Mannheim
und Heidelberg fühlte ich mich sehr wohl und nahm daran rege
teil. Freilich schafft dies allein noch keine jüdische Identität; die
wächst aus der Gestaltung des persönlichen Alltags, daraus, wie
ich ihn zu einem jüdischen Alltag mache. »Dreitagejüdin« zu sein
oder mich am Folkloristischen oder an der Solidarität mit Israel
festzuhalten, füllt mich nicht aus; gerade auch im Alltag bedeutet
Judentum für mich, religiöse Tradition zu leben. Dabei bin ich

eigentlich kein frommer Mensch. Glaubenseifer treibt mich nicht, es sei denn, meine Überzeugung, daß uns Thora und Tradition einen schier unerschöpflichen Reichtum an Lebens- und Zusammenlebenshilfe, an Denkanstößen und Zielsetzungen anbieten, könnte so genannt werden. Ich versuche, mein Judentum so gut ich kann auszufüllen und zu leben. Dabei helfen mir die Formen und Verrichtungen unserer Religion, und manchmal lerne ich Sinn und Wert einer Mitzwah erst dann verstehen und schätzen, wenn ich mich in ihrer Ausführung übe. Vielleicht bedeutet dies ja, soweit wir uns heute so etwas zugestehen mögen, einen kleinen Zuwachs an Religiosität.

Aber das mag offenbleiben; ich wollte noch eine Merkwürdigkeit aus der Heidelberger Zeit erzählen.

Zu den Ausdrucksformen des Judentums, die heutzutage und erst recht in Deutschland besonders schwer zu verstehen und zu praktizieren sind, gehört das Kaschruth, die Einhaltung der Speisegebote. In meinem Studentenhaushalt konnte ich mir Fleisch zwar ohnehin so gut wie nie leisten, aber ich aß regelmäßig in der Mensa. Dennoch wollte ich gerne einen ersten Schritt zur Beachtung des Kaschruth gehen, indem ich wenigstens das Fleisch nicht erlaubter Tiere mied.

Meine (nichtjüdischen) Freunde Paul und Helga, die mich ab und zu am Wochenende besuchten, kannten meine Armut und luden mich manchmal zum Essengehen ein. An Gelegenheiten war kein Mangel, die kleinen badischen Gastwirtschaften pflegen vor allem auf dem Lande häufig eine gute Küche, und wir hatten bald unser Stammlokal in Schwetzingen gefunden. Eine alte Gaststube, die man von der Hausecke her betrat, mit hölzernen Tischen, Stühlen und Bänken, viel fröhlichem Lärm, mit ständigem Kommen und Gehen, wenn verspätete Frühschöppler und frühe Mittagsgäste einander ablösten, und einem gesprächigen, gemütlichen Wirt, dessen Gesprächigkeit die fehlende Speisekarte vortrefflich ersetzte: er pflegte sich zu den Gästen an den Tisch zu setzen und in epischer Breite die Gerichte des Tages aufzuzählen. Nein, er zählte nicht einfach auf, er malte sie in Worten, ihren Geschmack, Zartheit, Würze, und die Düfte ringsum belebten und bekräftigten seine Schilderung. Es gab zwar nur eine kleine Auswahl, aber ich hatte noch immer etwas für mich gefunden. Bis eines Sonntags die blumige Rede unseres Wirts nur von Schweinebraten und Verwandtem handelte, so daß ich mich schon auf einen kalten Imbiß ausweichen sah. Paul und Helga meinetwegen zum Lokalwechsel zu nötigen, wäre mir nicht in den Sinn gekommen. Paul aber erklärte dem Wirt freundlich und bestimmt, dann würden wir lieber ein anderes Mal wiederkommen, denn: »Wir essen kein Schweinefleisch.«

Das hatte ich weder geahnt noch gewollt. Mit dieser vornehmen Geste hatte Paul eine Mauer der Solidarität um mich errichtet, die mich vor Verlegenheit und Beschämung schützen sollte und doch uns alle drei der Zudringlichkeit des Wirts preisgab. Ich sehe ihn noch breitbeinig vor uns aufgepflanzt, die Hände in die Seiten gestemmt, und mit einem Grinsen, diesem lauernden Grinsen, den Hals ein klein wenig vorgereckt, kaum merklich geduckt, drang er in Paul und wollte wissen, warum wir kein Schweinefleisch äßen. Paul antwortete auf die immer unverschämteren Fragen nur, dies sei für ihn, den Wirt, nicht interessant und im übrigen denke er nicht daran, die Entscheidung für oder gegen eine angebotene Ware zu rechtfertigen.

Wir verließen darauf das Lokal und sind nicht wieder dort gewesen.

Seltsamerweise veranlaßten mich Begebenheiten wie diese noch nicht zu einem Nachdenken über Sinn oder Unsinn eines weiteren Lebens in Deutschland. Dazu war es mir, mit all seinen kleinen und größeren Absurditäten, zu selbstverständlich geworden. Zunehmend wichtiger als eine immer weiter in die Zukunft und ins Unbestimmte rückende Aliyah wurde mir meine persönliche Verwirklichung von Judentum. Ich sagte schon, daß ich dabei auf die Religion nicht verzichten kann und will. Judentum ist so vielschichtig und unter so vielen Aspekten beschreibbar – Geschichte, Kultur, Nation, Ethik, und jeder einzelne besonders von der Religion mitgeprägt und durchdrungen –, daß ich die Scheu davor gut verstehen kann, diese Vielschichtigkeit mit ihren Anforderungen in der eigenen Person verwirklichen zu sollen. Wer könnte das schon leisten? Aber darum geht es auch nicht. Ich sehe gerade in der Tatsache, daß Judentum zu vielgestaltig ist, um sich in einem Menschen ganz zu manifestieren, auch wenn ihm religiöse, historische, politische Belange gleichermaßen am Herzen lägen, einen großen Reichtum, einen Schatz, aus dem sehr unterschiedlich engagierte Menschen schöpfen und mit gleichem Recht sagen dürfen: »Ich bin Jude.« Damit will ich nicht einem beliebigen und einseitigen Auswählen das Wort reden, im Gegenteil: auch noch in der mehr oder minder freiwilligen Beschränkung auf Schwerpunkte die Fülle jüdischen Lebens und jüdischer Kultur sich selbst und anderen erkennbar zu erhalten scheint mir eine wichtige und lohnende Aufgabe zu sein.

Daß ich ausgerechnet als Studentin mit der Annäherung an eine koschere Küche begonnen habe, mag Kopfschütteln hervorrufen, nicht nur bei denen, die sowieso darüber den Kopf schütteln. Ich will jetzt keine Abhandlung über den ethischen Wert des Kaschruth schreiben. Gerade in einer Zeit der Massentierhaltungen und des allmählich wachsenden Bewußtseins von menschlicher Verantwortung für die Natur können die Speisevorschriften der Thora Wege weisen oder doch Anregungen vermitteln. Dies im einzelnen darzulegen füllte einen gelehrten Aufsatz oder mehr; das ist nicht meine Aufgabe. Daß auch aus dieser Einschätzung mein Ja zum Koscherleben mit allen Komplikationen, die das in Deutschland so mit sich bringt, hervorgegangen ist, mag genügen. Nicht aus dieser Wertschätzung allein: jüdische Identität heißt das zweite, aber nicht weniger wichtige Stichwort, unter dem ich Kaschruth begreife. Natürlich besteht sie nicht alleine, nicht einmal hauptsächlich darin. Aber die Beachtung der Speisegebote hilft, aus dem Feiertagsjuden einen Ganzjahresjuden zu machen, der sich dessen auch bewußt ist. Und dieses Ziel lohnt die Mühsal der ersten Schritte.

– »So hast du unternommen, was man neuerdings den Rückzug aufs Private nennt, und dabei die Auseinandersetzung, ob Deutschland oder Aliyah umgangen?«

Vielleicht habe ich sie – unbewußt – umgangen. Bewußt ist mir freilich nur, daß ich bisher keine Entscheidung getroffen, sondern mich daran gewöhnt habe, hier wie selbstverständlich zu leben und mich auch beruflich auf weiteres Bleiben einzurichten. Daß ich mich nie als Deutsche verstand, tut dem keinen Abbruch. Was bedeutet eine Staatsangehörigkeit anderes, als in einem bestimmten Staat bestimmte Rechte und Pflichten als Bürger zu haben. Diese nehme ich wahr und erfülle ich gegenüber der Bundesrepublik Deutschland: ich entrichte Steuern, wähle, bin Mitglied einer Partei, fahre ein »D« an meinem Auto spazieren und habe als Beamtin einen Eid auf das Grundgesetz geschworen. Deutsche, eine Angehörige des deutschen Volkes, bin ich deswegen nicht. Und die ehemalige Selbstverständlichkeit, das Vertrauen, in der Bundesrepublik im sicheren Hort zu leben, wurde im Verlauf der vergangenen zwei bis drei Jahre immer häufiger erschüttert. Zuerst wurde ich in der Schule, wo ich unterrichte, von Schülern wegen meines Davidsterns am Kettchen beschimpft. Anderen jungen Leuten unserer Gemeinde widerfuhr Ähnliches in Discotheken, ja schlimmer: sie wurden verprügelt, die Eltern noch Wochen später bedroht. Etliche Vorfälle allein in Hannover wurden bekannt und an die Öffentlichkeit getragen – »Einzelfälle«, wie Politiker sie einmütig nennen –, leider aber auch einige verschwiegen, weil Eltern betroffener Kinder und Jugendlicher Angst hatten oder (auch das gibt es noch) sich nicht vor aller Welt als Juden bekennen wollten.

Für den einzelnen, den es trifft, ist es ein traumatisches Erlebnis, es trifft ihn wie ein Unfall, dem längere Krankheit folgt. Nur: Unfälle, unglückliches Zusammentreffen widriger Umstände werden sich nie ganz vermeiden lassen. Wenn sich jedoch junge Menschen, fast noch Kinder, an menschenverachtenden Parolen berauschen, muß die Umwelt, die sie formt, Eltern, Schule, Entscheidendes versäumt haben.

An Einzelheiten des Vorfalls in meiner Schule erinnere ich mich, ohne Aufzeichnungen aus jenen Tagen zu Hilfe zu nehmen, nicht mehr. Ich habe sie verdrängt, begraben unter den banalen Eindrücken des Schulalltags, um meinen Arbeitsplatz überhaupt weiterhin ertragen zu können. Wochenlang waren mir die Flure und Treppen unseres Schulgebäudes Orte der Unsicherheit, eingebildeter Schrecknisse und panischer Ängste. Bis heute lebendig geblieben ist mir aber nur eine Szene, nein, weniger, ein Bild, ein Eindruck, der vielleicht nur Sekunden währte:

Wie betäubt stehe ich auf der Treppe, zum Weggehen, zum Fliehen gewandt; über mir der Lärm der Jugendlichen, in einem tosenden Strudel aus Lärm stehe ich; etwas wie Nebel trennt mich von dem Geschehen, oder ist es eine dicke Glasscheibe? Ich weiß es nicht, es stürzt auch ständig etwas über mich herein, das ich in meiner Erstarrung nicht begreife, nur aus der Ferne und doch mit fiebriger Klarheit höre ich das unablässige: »Bei uns werden die Juden verbrannt!« Wie im Traum glaube ich, unendlich zu fallen – das alles habe ich schon oft erlebt, nur wann und wo? Im Fallen kommt es wieder und wieder, jahrhundertelang, und da erkenne ich es genau, erinnere mich ganz deutlich – und finde mich unendliche Augenblicke später noch immer auf der Treppe stehend. Erst jetzt habe ich die Kraft, zu tun, was dem aufsichtführenden Lehrer bei Ordnungswidrigkeiten obliegt: Ich frage nach Namen und Klasse.

Es war das furchtbarste Déjà vu meines Lebens.

Seither bin ich hellhöriger geworden, besonders gegenüber jenen braven Leuten, die die Demokratie für ein Perpetuum mobile halten, an dessen Funktionieren wir uns alle in Muße erfreuen können.

Und dann beschäftigt mich noch eine Rechenaufgabe, die sich mir trotz brauchbarer Kenntnisse in Mengenlehre und Arithmetik nicht lösen will: wie viele Einzelfälle braucht man, ehe sich daraus eine Menge bildet, oder, weniger mathematisch, ehe sie als Symptome ernster Gefahr für diese Demokratie erkannt werden? Oder: wie viele von 30 000 Juden müssen hierzulande wieder Ungemach erleiden, bis nicht mehr von Einzelfällen die Rede ist?

Da ist ein Mißklang aufgetreten, ein bitterer Geschmack: es lebt sich in Deutschland nicht mehr ganz so selbstverständlich. Dennoch kann ich hier kein Fazit ziehen: was mich, was uns beunruhigt, war all die Jahre schon vorhanden. Bloß: wir Juden lullten uns nur allzu gerne ein, indem wir mitglaubten, was sich die Umwelt selber vormachte: daß es keinen Antisemitismus mehr gäbe, wenn man ihn nur recht beharrlich verschwiege. Für heute allerdings das große Erwachen zu beschwören hieße nicht weniger, sich zu belügen. Ein paar junge Juden um die dreißig sind nachdenklich und wachsam geworden. Ob das ausreicht, »Unheil abzuwenden«? Ich weiß es nicht.

Und ein persönliches Resümee zu ziehen fällt mir schwer. Ich lebe weiterhin in Deutschland, bewußt und selbstbewußt jüdisch, und das heißt: ablehnend gegen Assimilation, aber auch frei von äußeren wie inneren Ghettoschranken. Gewiß, jüdische Tradition zu verwirklichen erweist sich zuweilen als schwierig. Doch damit umzugehen habe ich gelernt. – Der Antisemitismus, die neuen Nazis? Das beunruhigt, macht Sorge. Aber noch lasse ich mich nicht vergraulen. Bin ich nicht Bürgerin dieses Staates? Jedoch nicht so verwurzelt, daß ich bereit wäre, in einem Klima wachsender Vorbehalte gegen Juden zu bleiben. Es muß nicht erst zu Pogromen kommen, um eine Umwelt unerträglich zu machen. Um sich greifende Stammtischideologien genügen schon, Verniedlichung des Massenmords und eine »Es-hat-alles-zwei-Seiten«-Haltung, die aus Opfern Schuldige, aus lebenslang Gezeichneten Querulanten machen möchte und die Auseinandersetzung mit der eigenen Geschichte für eine unzumutbare Forderung notorischer Deutschenhasser hält. Eine sehr bequeme, mit wachsendem zeitlichen Abstand scheinbar immer plausiblere Haltung. Bei der älteren Generation überrascht sie nicht. Daß jedoch junge, normalerweise kritischem Urteil aufgeschlossene Menschen dieses Denken oder vielmehr Nicht-Denken übernehmen und ihm eine neue, breitere Basis geben – das ängstigt.

Ob ich mich bedroht fühle? Nein. Das Leben in Deutschland ist trotz allem – Gott sei Dank! – auch für eine Jüdin nicht nur von der

Auseinandersetzung mit altem und neuem Antisemitismus geprägt. Nein, bedroht nicht. Nur manchmal etwas unbehaglich. Auf
dem legendären gepackten Koffer sitze ich deswegen zwar nicht.
Doch er steht, für alle Fälle, im Keller in Reserve.
Manchmal gehe ich hinunter und staube ihn ab.

Georg Kreisler

Mißtrauen

Georg Kreisler, geboren 1922 in Wien, jetzige Tätigkeit freiberuf-licher Schriftsteller und Kabarettist.

Es ist möglich, daß es vor Hitler Assimilation und Integration der Juden in Deutschland gegeben hat. Nach Hitler gibt es sie be-stimmt nicht mehr. Zwischen deutschen Christen und deutschen Juden herrscht heute Mißtrauen. Ich kann mir nicht vorstellen, daß sich in absehbarer Zeit daran etwas ändern wird.

In seinem Buch »Eine Liebe in Deutschland« zitiert Rolf Hochhuth den Dichter Johann Peter Hebel: »Merke, es gibt Untaten, über welche kein Gras wächst.« Zu schwer wiegen die Verbrechen, die das deutsche Volk im Dritten Reich an den Juden begangen hat. Jeder Jude, der heute einen deutschen Nichtjuden zum ersten Mal trifft, muß sich fragen: Was hast du in der Hitlerzeit getan? Wenn du zu jung bist, um etwas getan zu haben, was hättest du getan? Was tätest du heute, wenn es Hitler gäbe? Mißtrauen. Jeder deutsche Christ, der einen seiner jüdischen Mitbürger zum ersten Mal kennenlernt, steht bewußt oder unbewußt unter Beweis-zwang. Entweder er ist Antisemit, dann muß er das verbergen, oder er ist kein Antisemit, dann hat er das Gefühl, dies zeigen und gegebenenfalls beweisen zu müssen. Wieder Mißtrauen. Christen verkehren mit Juden nicht im gleichen Stil, in dem sie mit Christen verkehren, und Juden verkehren mit Christen nicht so, wie sie mit Juden verkehren. Hakenkreuzschmierereien, Friedhofsschändun-gen und dergleichen haben damit nichts zu tun. Der Jude in Deutschland wird heute kaum verfolgt, selten benachteiligt. Er ist einfach ein Fremdkörper und kann mit den Leuten nicht normal verkehren und die Leute nicht normal mit ihm. Daß es dabei Ausnahmen gibt, die die Regel bestätigen, versteht sich von selbst.

Dieses Mißtrauen zwischen Christen und Juden gibt es meines Wissens nur in Deutschland. Wenn beispielsweise in Amerika ein Jude russischer Abstammung zum ersten Mal einen Katholiken irischer Abstammung kennenlernt, dann sind beide zuerst einmal

Amerikaner. Da muß der amerikanische Christ erst irgendwie zeigen, daß er Antisemit ist, bevor der amerikanische Jude mißtrauisch wird. Der deutsche Christ hingegen muß dem deutschen Juden vor allem zeigen, daß er *kein* Antisemit ist.

Ich habe vor mehreren Jahren ein kurzes Lied geschrieben, das dieses rein emotionelle und sicher oft unberechtigte Mißtrauen auf einer ähnlichen Ebene beschreibt:

DER FLIEGERGENERAL

Ich war verliebt in eine Maid vor vielen Jahren
mit blauen Augen und blonden Haaren.
Sie war vielleicht die größte Liebe meines Lebens,
jedoch ihr Vater war ein Fliegergeneral.

Sie hatte Grübchen und ihr Name war Sieglinde.
Sie sprach von Ehe und einem Kinde.
Sie war auch treu wie eine Blume auf dem Felde.
Jedoch ihr Vater war ein Fliegergeneral.

Und wenn sich über mir ihr Busen hob und senkte,
dann schien es mir ganz messerscharf,
daß sie zwei Bomben auf mich warf.
Wenn wir im Kino saßen, fühlt' ich mich im Bunker.
Und wenn sie flüsterte, dann klang's mir wie ein Funker.

Ich machte Schluß. Es kam zu fürchterlichen Sachen.
Sie mußte weinen, ich mußte lachen.
Ihr Vater sagte nur: »Sieglinde, weitermachen!«
Denn ach, ihr Vater war ein Fliegergeneral.

Natürlich gibt es in Deutschland auch andere Fremdkörper: Intellektuelle, zum Beispiel. Aber vermutlich kann man aufhören, Intellektueller zu sein, wenn man sich sehr anstrengt. Bei Juden ist das anders. Und natürlich kann man auch als Fremdkörper ganz gut leben, man kann prominent sein, viel Geld verdienen, notfalls sogar Bundeskanzler werden. Trotzdem bleibt man ein Fremdkörper bei den Kollegen, bei der Konkurrenz und in der Partei. Manche gewöhnen sich daran, so wie deutsche Christen sich daran gewöhnen, gelegentlich mit Juden zu tun zu haben. Meistens weiß der deutsche Christ schnell und instinktiv, wer ein Jude ist, auch wenn der Betreffende nicht »jüdisch aussieht«. Dann sagt der deutsche Christ: »Aha!« Wenn er ein anständiger und halbwegs intelligenter Mensch ist, denkt er sich auch weiter nichts als »Aha«. Und damit ist das gegenseitige Mißtrauen besiegelt.

Dazu kommt, daß deutsche Menschen (auch jüdische deutsche Menschen) schon immer häufig und gerne nationale und rassistische Vorurteile hatten. Vor wenigen Tagen sagte mir eine Frau in einer deutschen Kleinstadt, in deren Haus sich ein chinesisches Restaurant etabliert hatte: »In unserem Keller gibt es jetzt Mäuse. Chinesen sind ja bekanntlich alle dreckig.« Natürlich überlegte ich sofort: Was würde diese Frau denken, aber vermutlich in Anbetracht der deutschen Vergangenheit nicht laut sagen, wenn es ein jüdisches Restaurant wäre?

Auch die Existenz des Staates Israel schürt Mißtrauen. Der deutsche Christ fragt sich bewußt oder unbewußt: Ist der deutsche Jude nun Deutscher oder Israeli? Was mich betrifft, muß ich feststellen, daß meine Beziehung zu Israel zwiespältig ist. Ich bin nicht nur kein Zionist, ich halte auch die Gründung dieses Staates für einen Fehler, weil durch sie das Wesentliche des jüdischen Kulturbeitrags, nämlich die Verschmelzung der jüdischen Tradition mit der jeweiligen Nation, beseitigt wurde, und weil ein Staat Israel als Zufluchtstätte aller Juden die These, daß es immer Antisemitismus geben wird, akzeptiert. Ich bin allerdings auch der Meinung, daß der Staat Israel, da er nun einmal existiert, nicht fallengelassen werden darf. Ich fahre gerne als Tourist hin, wäre aber nicht glücklich, wenn ich dort leben müßte. Wenn ich mir andererseits überlege, daß der Gedanke außerhalb Deutschlands leben zu *müssen*, kaum je einem deutschen Christen in den Sinn kommt, dann bin ich wieder ganz froh, daß es Israel gibt.

Es wird bisweilen die Frage gestellt, ob ein Jude es überhaupt auf sich nehmen sollte, heute in Deutschland zu leben. Ich frage zurück: Wo sollte er leben, wenn er, wie ich beispielsweise, bis zu seinem 16. Lebensjahr im deutschen Sprachbereich aufgewachsen ist und seine kulturellen Wurzeln nicht verleugnen kann und will? Wo sollten meine Kinder leben, die in Deutschland geboren sind? Warum sollte ein deutscher Jude weniger Recht und weniger Trotz haben als ein deutscher Antisemit?

Mißtrauen tötet nicht, es macht vielleicht sogar manchmal lebendig. Auch ein Fremdkörper kann einen Nichtfremdkörper heiraten, kann gute Freunde haben, die keine Fremdkörper sind, kann versuchen, an eine Zukunft ohne Mißtrauen zu glauben. Ein bißchen Trauer macht noch lange nicht unglücklich.

Micha Labbé

Geschichte einer Paranoia

Micha Labbé, geboren 1947 in Haifa, seit 1957 in Köln, selbstän-
diger Kaufmann und Mitbegründer des Lamuv-Verlages.

Wir verließen Israel bei Nacht und Nebel. Unser Ziel war Deutschland, Köln, 1957. Dort »Jordim«, die Aussteiger, die nicht mehr
mitmachen wollten, des Aufbauens müde waren – hier die jüdischen Remigranten, die in verkohlter Erde Wurzeln zu schlagen
hofften. Niemand lud uns ein, keiner erwartete uns, hier im neuen
Deutschland. Die Eltern meines Vaters überlebten Nazi-Deutschland versteckt bei Bauern, und Tante Eva kam mit einem tätowier-
ten Arm aus einem Konzentrationslager zurück. Der größte Teil
der Familie hatte bereits ziemlich früh seine Koffer gepackt und
war vor Hitler in alle Himmelsrichtungen geflohen: wohlhabende
Kaufleute, die dann in der Emigration riesige Geschäfte, riesige
Pleiten machten. Schrottmillionäre in den Vereinigten Staaten,
Exilliteraten in Holland, kaputte Textilhändler in Argentinien.
Wer zu spät erkannte, wohin Hitlers Züge fuhren, oder kein Geld
für ein Visum hatte, blieb im KZ.
Meine Eltern lernten sich auf der Flucht kennen, irgendwo auf
dem Mittelmeer, auf einem Seelenverkäufer, der mit letzter Kraft
nach Palästina dampfte, um dort von der jüdischen Widerstands-
bewegung versenkt zu werden. Ich kam 1947 in Palästina zur
Welt, meine Schwester Ruth 1950 im neuen Staat Israel. Meinen
Eltern muß das Leben in Israel schwergefallen sein. Für uns Kinder
war es jedoch die verrückteste und phantastischste Zeit. Wir be-
wohnten mit einer anderen Familie ein einsames, burgähnliches
Haus, nicht weit vom Libanongebirge, direkt am Meer. Dieses
Haus gehörte früher einem reichen Araber, der nach der Staatsgründung wie viele andere auch in den Libanon floh, in der Hoffnung, irgendwann mal zurückkehren zu dürfen. Wir hatten Hüh-
ner, Gänse, Katzen, einen Hund. Jeden Tag gab es Ziegenmilch zu
trinken. Mein Vater baute primitive Sonnenkollektoren für die
Warmwasserversorgung und einen Windgenerator zur Stromer-
zeugung. Möbel wurden aus Treibholz gebaut. Den ganzen Tag

tobten wir draußen rum, liefen barfuß, fingen Schlangen, waren flink und wild.

Aus dieser Wildnis kamen wir nach Deutschland, wo es Kaugummiautomaten, Wasserpistolen, Schnee, Schweinefleisch, Lederhosen, Rolltreppen, Kirchen, Vorhaut, Straßenbahn gab. Alles war neu, alles war aufregend. Hier wohnten die »Germanim«, die Deutschen. Jedes Kind kannte in Israel die »Germanim«. Die Alten aus der Diaspora warnten die Kinder vor den »Germanim«. Für uns Kinder waren sie – obwohl meine Eltern miteinander deutsch sprachen – gleichbedeutend mit böse, grausam, dumm, arrogant, ekelhaft. In seinen dicken Bauch konnte der »Germani« riesige Mengen von Schweinefleisch, Blut, Bier hineinrutschen lassen. Er stank unbeschreiblich und konnte sogar unter Wasser rülpsen, was jedoch von uns Kindern bewundert wurde. Noch heute begegne ich hin und wieder solchen Fratzen, die unserer kindlichen Phantasie entsprangen, auf der Straße, im Bus. Sie existieren wirklich! Ähneln einer Grosz-Karikatur oder einer Heartfield-Collage. Schwitzende, angetrunkene, dicke Büttenredner erfüllen mich mit Angst und Ekel. Bestimmte Politiker unserer Republik lösen bei mir einen ähnlichen Mechanismus des Ekels aus. Deutsche Kneipen meide ich aus Angst. Ich habe Angst vor dem Kölner Karneval mit seinen Knallblättchenpistolen, Marschmusik und Schunkelliedern.

Ruth und ich gingen immer zusammen, man nannte uns Brüderchen und Schwesterchen. Bald schlossen wir Freundschaft mit den Kindern aus der Nachbarschaft und lernten die ersten Brocken Deutsch. Meinen ersten Schultag werde ich nie vergessen: Auf dem Schulhof der katholischen Volksschule, Wendelinstraße, tobt eine Meute von schreienden Jungen der dritten Klasse, inmitten mein zukünftiger Lehrer, der wie vom Teufel besessen einen der Schreienden mit einem Stock windelweich schlägt. Ich klammere mich am Kleid meiner Mutter fest, nein auf diese Schule will ich nicht! In Israel schlug einmal ein Lehrer einen Schüler, daraufhin stürzte sich die Klasse auf ihn und verprügelte ihn gemeinsam. – Die Schule hatte einen katholischen und einen evangelischen Pausenhof. Wehe es betrat mal ein Protestant unseren katholischen Hof. Nur die Mädchen durften in den evangelischen Sektor, nämlich um zu pinkeln.

Das allmorgendliche Beten vor Unterrichtsbeginn war für mich jedesmal eine Qual. Wenn meine Mitschüler eintönig das Vaterunser vor sich hinbrummten, stand ich mit gesenktem, anfangs rotem Kopf da. Es war schwer, die Christen zu begreifen. Warum ist die Muttergottes eine Jungfrau? Was ist der Heilige Geist? Warum bluten Christus und seine Freunde ständig auf den alten Bildern? Was meinen die Mädchen mit unkeusch?

Auf dieser Schule war ich nicht der Jude, so etwas gab es nur im Bibelunterricht. Ich war ganz einfach das ungläubige Heidenkind. Manche Klassenfreunde versuchten mich zu bekehren. Einer erzählte mir, seine Mutter habe mit der Jungfrau Maria gesprochen, und da ich ihm das nicht abnahm, bekam ich eine Tracht Prügel. Ein ganz Gewitzter erklärte dann, ich sei überhaupt gar kein Heidenkind, sondern einfach ein Saujude.

An diese urkölnische, katholische Volksschulzeit denke ich noch mit Wehmut zurück, der Riß kam, als ich meine katholischen Freunde verlassen mußte, Mario, den Messerwerfer aus dem Mau-Mau-Übergangshaus, Josef, den Meßdiener, der keine Unterhosen besaß und immer nur in braunen Trainingshosen herumlaufen durfte, Hansi, den Stotterer, der immer nach Kaninchenstall roch. Ich kam nämlich auf das Gymnasium Kreuzgasse. Professoren, Rechtsanwälte und Industrielle waren jetzt die Väter meiner neuen Klassenkameraden. Meine Eltern besaßen nur einen kleinen Kramladen, trotzdem – auf mich, den Renommierjuden, war die Schule besonders stolz. Der Musiklehrer bestand darauf, mich musikalisch zu fördern, er war felsenfest davon überzeugt, daß alle Juden musikalisch sind. Also mußte ich trotz Stimmbruch im Schulchor mitsingen und Querflöte blasen. Totes Latein, vergilbter Humanismus wurden in uns hineingestopft. Es wurden humanistische Backpfeifen verteilt, der Jude wurde verschont. Trotz Repressalien wurde ich ein überzeugter Humanist, verehrte Beethoven, Schiller und Nietzsche, ja wurde ein kleiner Patriot. Der Volkswagen und die deutsche Autobahn waren das Größte, Köln die schönste Stadt der Welt – Israel der Orient. Die Assimilierung durch Elternhaus und Philologenhumanismus brachte gleichzeitig eine Verneinung des Judeseins mit sich. Es wurde unangenehm, Jude zu sein, ich gab es einfach nicht zu, versteckte es, bekam einen roten Kopf, wenn jemand merkte, daß ich schlechtes Deutsch sprach. Juden ging ich aus dem Weg. Trotzdem, nach ungefähr vier Jahren Gymnasium wurde mir klar, daß, wenn aus mir einmal ein Deutscher werden würde, dann nur ein schlechter Deutscher. Im Erdkundeunterricht hielt ich es auf einmal für vollkommen berechtigt und begrüßte es sogar, daß es zwei Deutschlands gab. Die Klasse war entsetzt. Beim Deutschlehrer beschwerte ich mich, daß wir zuviel von Carossa lasen und dagegen nichts von Brecht. Die Distanz zur Klasse wuchs. Nach sechs

Jahren hatte ich die Schnauze voll von dieser Schule und ging – obwohl der Direktor, der seinen Renommierjuden ohne Abitur verabschieden mußte, jammerte – in die kaufmännische Lehre im elterlichen Betrieb. Aus diesem Familienghetto bin ich trotz einiger Anläufe nie herausgekommen. Außer den Angestellten sind fünf Familienmitglieder, drei Generationen, in dem Betrieb tätig. Ein Kontakt zur Außenwelt besteht kaum. Nur in der Familie, nur im Geschäft, wenn man unter sich ist, ist man sicher. Sicher wovor? Ich hatte kaum Freunde in der Lehrzeit. Ich las also wie besessen, die schreienden Expressionisten, die verrückten Dadaisten und die chaotischen Anarchisten. Die heimatlosen jüdischen Vorkriegsintellektuellen waren die Favoriten.

Ich mußte zur Erfassung. Schon beim Betreten des Raumes wurde mir kotzübel, obwohl es hierfür überhaupt keinen Grund gab. Im Gegenteil, ich erwog damals, zur Bundeswehr oder nach Australien zu gehen, um dem Familienghetto zu entfliehen. Barsch wurde nach meinem Namen gefragt. Als der uniformierte Erfasser meinen Namen hörte, wurde er äußerst nett, bat mich, Platz zu nehmen usw. Er war auf meinen Auftritt vorbereitet: Erfassung eines Kindes Rassischverfolgter. Er ließ mich verstehen, daß es für mich und für die Bundeswehr das beste wäre, wenn ich zu Hause bliebe. Er hatte recht. Solange es keine Juden in der Bundeswehr gibt, müssen sich die Soldaten mit dem Verbrennen von Papierjuden begnügen. Mit den Worten: »Sehen Sie, jetzt haben Sie den Dreck hinter sich!« händigte man mir einen Zettel aus, der besagte, daß man mich nur im Kriegsfall einziehen dürfe.

Dann kam die Zeit, wo die Studenten auf die Straße gingen. Lehrlinge und kaufmännische Angestellte wurden aus den »68iger Unruhen« ausgeschlossen. Die ganze Revolte erlebte ich als eine exklusive Fete elitärer Akademiker. Einmal zog ich jedoch mit. Eine Demo, die mit der Besetzung der Oper endete. Es war ein wahnsinniger Spaß, das aufgeregte Publikum schrie empört nach der Polizei. Mittenmang das verstörte Gesicht meines alten Deutschlehrers. Herrlich! Plötzlich lief ich wie besessen raus. Die Wut, die von dieser Demogruppe ausging, machte mir Angst: Ich hatte das Klirren der Kristallnacht im Ohr. Meine radikalen Bekannten aus dem SDS, meist Söhne begüterter Eltern, haben heute gut bezahlte Jobs, sahnen kräftig ab, unterscheiden sich von einem Generaldirektor nur dadurch, daß sie biodynamische Kost zu sich nehmen und Gruppentherapie auf Malta betreiben.

Auch zu den deutschen Mädchen hatte ich ein ziemlich gestörtes Verhältnis. Unterschwelliges Mißtrauen gegenüber den Eltern der jeweiligen Freundin war nicht zu umgehen. Hat ihr Alter mit Lübke Lagerschuppen für KZs gebaut? Kiesingers Bleistift gespitzt? Dazu kam, daß mich ein Sartre-Essay sehr irritierte, es gäbe Frauen, die sich davor ekelten, mit einem Juden zu schlafen. Erst sehr, sehr spät wagte ich es, in das Bett einer deutschen Frau zu kriechen. In Südfrankreich verliebte ich mich zuletzt in eine Schwedin, Kerstin, meine Frau. Sie, die Skandinavierin, und ich, der Jude, leben seit anderthalb Jahren in einem Dorf, nicht weit von Köln: Ein Dorfbewohner schwört auf den Arbeitsdienst, ein anderer Zeitgenosse, 60 Jahre alt, verwechselt Arisierung mit Entnazifizierung, ein anderer verflucht seinen verstorbenen Vater, der »Mein Kampf, mit Widmung« 1945 verbrannt hatte. Ein Angetrunkener heißt mich, den Juden, im Dorf willkommen. Ich bin »de Jüd von de Eck«, habe einen Vollbart wie »Abraham«.

Wir, meine Skandinavierin und ich, wir fahren zwei- bis dreimal im Jahr hoch nach Schweden. Schon auf der Fähre zwischen Travemünde und Malmö werde ich ruhiger, trinke meinen Aquavit, während Deutschland immer kleiner wird und dann am Horizont verschwindet. Dann vergesse ich sie, ganz langsam, die alten und die neuen Nazis, den Majdanek-Prozeß, die Freiheit für Hess, den Carstens, den Verfassungsschutz, den ZDF-Löwenthal, die Berufsverbote, den Strauß, die BILD-Zeitung, Siemens und die Deutsche Bank. – Skål Sverige!

Jürgen Landeck

Jude, Deutscher – deutscher Jude?

Jürgen Landeck, Jahrgang 1923. Mitte 1939 nach dem damaligen Palästina geflüchtet. Jugendalijah – Kibbuz. Jahrelang Angehöriger der jüdischen Untergrundbewegung »Haganah«. Leistete von 1941 bis 1946 freiwillig Kriegsdienst in der englischen Armee. Beteiligte sich an den Feldzügen 1948 und 1956. Studierte Wirtschaftskunde. 1964 Rückkehr nach Deutschland. Seit 1964 Leiter der judaistischen Bibliothek der Jüdischen Gemeinde zu Berlin.

Judentum, Wahrheit, Wahn. – In dem Festhalten des Judentums an seinem alten Glauben steckt ein Moment der Versteifung im Ich – der Angst, es zu verlieren – der Eitelkeit.
Sie haben furchtbar dafür bezahlt – und wahrscheinlich mehr noch für die mit diesem Starrsinn verknüpfte Wahrheit als für den Wahn (Max Horkheimer).

Fünfundzwanzig Jahre sind ins Land gezogen zwischen meiner Flucht aus Deutschland als 15jähriger Mitte 1939 und meiner Rückkehr hierher. Heute lebe ich, nun schon seit fünfzehn Jahren, nur 125 Kilometer, knappe zwei Autostunden, von meiner Geburtsstadt entfernt. Ich konnte mich aber noch immer nicht dazu entscheiden, sie einmal zu besuchen. Ich fürchte mich davor, in dieser Stadt nur den Ort vieler schmerzhafter Erinnerungen wiederzuerkennen und nicht, wie ich es mir wünsche, den Ort meiner geborgenen Kindheit. Meine Familie hatte drei Generationen lang in Magdeburg gelebt, wo sich mein Großvater als praktischer Arzt niedergelassen hatte und als Abgeordneter eine der ersten demokratischen Parteien Deutschlands im Magistrat der Stadt vertrat. Meine Eltern und Großeltern bekannten sich zwar zum Judentum, aber in ihrer Weltanschauung spielte das nie eine ausschlaggebende Rolle. Sie betrachteten sich als gleichberechtigte Bürger, und es war selbstverständlich für sie, sich auch politisch zu betätigen.
Wegen meiner Erfahrungen mit den Nazis verbinden mich mit Magdeburg eigentlich nur schmerzliche Erinnerungen.

Ich war neun Jahre alt – es war das Jahr 1933 –, als ich im städtischen humanistischen Dom- und Klostergymnasium aufgenommen wurde. Aber humanistisch an dieser Traditionsschule war eigentlich nur der würdig klingende Name. Als Jude durfte ich diese Schule nur deshalb besuchen, weil mein Vater nachweisen konnte, daß er am Ersten Weltkrieg als Frontkämpfer teilgenommen hatte und verwundet wurde. Ich erinnere mich noch sehr gut an die täglichen seelischen und physischen Schikanen, mit denen mich meine in der Hitlerjugend organisierten Mitschüler und auch manche meiner nationalsozialistisch orientierten Lehrer wegen meiner jüdischen Herkunft bedachten. So kam es eines Tages nach Schulschluß zu einer wüsten Schlägerei zwischen einigen meiner Mitschüler und mir. Damals fragte ich meine Mutter in tiefster Verzweiflung: »Ist es denn so schlimm, Jude zu sein?« Nach und nach wurde es dann üblich, daß man mir auflauerte, um mir beizubringen, wie »tapfer und glorreich« doch die deutsche Einheitsfront gegen mich, den Vertreter des »internationalen Judentums«, kämpfen konnte.

Aber es gab auch Beweise charakterlicher Stärke in dieser Zeit: Selbst angesichts äußerster NS-Euphorie gab es immer wieder Lehrer und Mitschüler mit großer Zivilcourage, die mir ihre Zuneigung bewiesen haben. Ihre – unter den gegebenen Umständen wirklich mutige – Haltung hielt in mir bis heute den Glauben an den Menschen lebendig.

Nach der Pogromnacht des 9. November 1938 und angesichts des Überhandnehmens des nazistischen Terrors faßten meine Eltern den für sie schmerzlichen Entschluß, ihrem einzigen Kind eine Fahrkarte ins Ungewisse zu kaufen. Im Mai 1939, einige Monate vor Ausbruch des Zweiten Weltkrieges, begleiteten sie mich nach Berlin zum Anhalter Bahnhof. Ich hatte das Gefühl, daß ich meine Eltern zum letzten Mal sehen würde, und bat sie inständig, bei Abfahrt des Zuges nicht zu weinen. Meine letzte Erinnerung an meine Eltern sind für immer ihre beiden mir zulächelnden Gesichter geblieben. Dieses Erlebnis mit seinem unendlichen Schmerz ist für mich lebensprägend geworden. Tatsächlich habe ich meine Eltern dann nie wiedergesehen. In der Geburtsurkunde, die ich mir nach dem Zweiten Weltkrieg aus Magdeburg (DDR) unter großen Mühen wieder beschafft habe, stand hinter der Rubrik: »Wohnsitz der Eltern: Beide wohnhaft in Magdeburg« der Vermerk: »Änderung der Eintragung: keine. Ausgestellt im Mai 1956«.

Im Mai 1939 konnte ich über Italien nach dem damaligen Palästina flüchten. Ich verbrachte einige Jahre in einem Kibbuz. Im Alter von knapp achtzehn Jahren meldete ich mich freiwillig in die englische Armee. Mein damaliges Leben war ein einziger Schrei der Verzweiflung. Ich war voll von Haß und felsenfest davon überzeugt, daß ich nur durch meinen persönlichen Einsatz meinen Eltern Genugtuung verschaffen könnte. Ich haßte die deutschen Faschisten, so wie sie uns haßten.

Mein erstes Zusammentreffen, nach vielen Jahren, mit Deutschen verlief für mich sehr ungewöhnlich und überraschend. Gegen Kriegsende fielen meiner Einheit – wir waren an der italienischen Front stationiert – zahlreiche deutsche Kriegsgefangene in die Hände. Meine Einheit war in Palästina zusammengestellt worden und bestand in der Mehrzahl aus ehemaligen deutschen jüdischen Jugendlichen. Beim Anblick der Gefangenen, dieser ausgelaugten Jammergestalten, mußte ich an die vielen Jahre der Demütigungen und der unendlichen Entbehrungen in Deutschland zurückdenken. Ich fühlte in mir eine unerklärliche Erregung aufsteigen. Wie war es denn möglich gewesen, daß diese vor Angst schlotternden Gestalten versucht hatten, sich der ganzen Welt als »Übermenschen« zu präsentieren? Aber gleichzeitig ließ mich der Gedanke nicht los, daß ein jeder von ihnen ein möglicher Mörder meiner Eltern sein konnte!

Mir verschlug es den Atem. Devot und untertänig standen sie vor uns, Todesangst in ihren Augen, bangten sie um ihr Leben. Ich mochte mich nicht an diesen wehrlosen und armseligen Kreaturen vergreifen, sie machten mich befangen. Diese Menschen waren keineswegs bereit, ihren in so vielen Gesängen immer wieder bekundeten »Heldenkampf« bis zum bitteren Ende zu führen und ihr Leben zu opfern – sie überschlugen sich in Servilität und bewiesen genau das Gegenteil.

Einen Gefangenen sprach ich an, was seine Kameraden erstaunte:

»Wo kommst du her?«

Er antwortete unbeholfen:

»Den Ort kennst du bestimmt nicht, Kamerad. Ich komme aus Neuhaldensleben!«

Als ich den Namen des Ortes hörte, lief es mir eiskalt über den Rücken. Unter den vielen Gefangenen, die vor mir standen, sprach ich ausgerechnet einen an, der aus einem Ort kam, den ich unzählige Male zusammen mit meinen Eltern aufgesucht hatte.

Ich erwiderte:

»Was – aus dem kleinen Nest bei Magdeburg?«

Konsterniert fragte er zurück:
»Woher weißt du, wo dieser Ort liegt, und woher kannst du so gut deutsch?«
»Das kann ich dir erklären, meine Vaterstadt ist Magdeburg, meine Muttersprache ist deutsch, und dazu bin ich Jude!«
Meine Antwort schien ihn und seine Kameraden in Verlegenheit zu bringen und aus ihrem stumpfen Gleichmut aufzurütteln. Was mag sie wohl mehr überrascht haben: der deutschsprechende englische Soldat aus Magdeburg oder der Jude? Vielleicht habe ich sie sogar zum Nachdenken gebracht. Mir selbst ist damals zum erstenmal bewußt geworden, daß es mir in Wirklichkeit nie gelungen war, meine inneren Beziehungen zu meiner Geburtsstadt und zu Deutschland zu vergessen.
Heute haben wir deutschen Juden unsere verfassungsmäßig verbriefte Freiheit wiedererlangt und sind gleichberechtigte Bürger des Staates. Wir genießen lediglich die Annehmlichkeit einer »Sonderregelung«: unsere Jugend kann nicht zum Wehrdienst eingezogen werden, hat aber die Möglichkeit, freiwillig in der Armee Dienst zu tun.
Anders als der Vorsitzende des Zentralrats der Juden in Deutschland, der sich einmal offen für die Rekrutierung jüdischer Jugendlicher in die Bundeswehr ausgesprochen hat, halte ich diese Regelung für richtig. Angesichts des aufkeimenden Rechtsradikalismus in der Bundeswehr und im Rückblick auf den politischen Standort des deutschen Heeres in der jüngsten Vergangenheit, wäre die Belastung eines jüdischen Jugendlichen in der Bundeswehr wohl zu groß. Denn die wachsende »Normalisierung« im Verhältnis zwischen jüdischen und nichtjüdischen Mitbürgern drückt sich auch im Wiedererwachen des Antijudaismus aus, der in der Bundeswehr besonders spürbar ist.
Eine Untersuchung zweier Dozenten der Hamburger Bundeswehrhochschule der Studienjahrgänge 1973 bis 1975 verdeutlicht das. Danach neigt jeder zehnte Offiziersanwärter (10,6 Prozent) der Bundeswehrhochschule zu rechtsextremen Ansichten. Diese Analyse wurde 1976 abgeschlossen, noch bevor der »Judenverbrennungs«-Skandal an der Münchener Bundeswehrhochschule bekannt geworden war. Offiziell wird immer wieder die These vertreten, es handele sich bei diesen Erscheinungen um Einzelfälle. Wie vieler Einzelfälle bedarf es noch, um diesem Spuk endlich ein Ende zu bereiten?
Und in der DDR? Sie warnt ihre Bürger immer wieder vor dem »imperialistischen Zionismus«, vor dem »israelischen Rassismus«

etc. Die Terminologie des Faschismus wird übernommen; das Wort »Jude« durch »Israel« oder »Zionismus« ersetzt.

In ihren typischen Denkstrukturen gleichen sich der Antizionismus der DDR und der Antijudaismus in der Bundesrepublik auf eine gefährliche Weise. Der Angegriffene ist im Zweifel immer »der Jude«.

Dennoch fühlen sich – nach meiner Kenntnis – die in der DDR lebenden Juden durch die dort für sie bestehende Einschränkung, sich jeglicher zionistischer oder pro-israelischer Betätigung zu enthalten, nicht sonderlich bedrückt. Die Juden in der DDR haben die gleichen Rechte und Freiheiten, die jeder andere DDR-Bürger auch für sich beanspruchen kann. Am 40. Jahrestag des Pogroms vom 9. November 1938 wurde die auf Staatskosten renovierte Synagoge in der Rykestraße mit 1300 Plätzen wiedereröffnet.

Zur Einweihungsfeier erschienen außer unseren jüdischen Glaubensgenossen auch hohe politische Funktionäre und Diplomaten aus vielen Ostblockländern. Aber die in der DDR noch bestehenden acht jüdischen Gemeinden sind überaltert, und ich frage mich, wem werden die meist unbesetzten 1300 Plätze des Ostberliner Gotteshauses in der Rykestraße in einigen Jahren zugute kommen; welchem Zweck werden sie dann wohl dienen?

Die jüdischen Gemeinden in der DDR steuern unabwendbar ihrem Ende entgegen. Ich selbst pflege ständigen Kontakt zu meinen jüdischen Freunden im Ostteil Berlins. Und ich verstehe ihre loyale Einstellung zu ihrem Staat. Obwohl sie mich nicht immer überzeugen, kann ich ihre Haltung nachvollziehen. Aber im Gegensatz zu den Verhältnissen in der DDR haben wir Juden in der Bundesrepublik vielfältige Möglichkeiten, unsere Standpunkte, Fragen und Forderungen öffentlich darzulegen. Von diesen Möglichkeiten machen wir leider immer noch viel zu wenig Gebrauch.

Wir haben durch die Katastrophe, der ein Drittel der Juden in der Welt zum Opfer fiel, unsere geistige und intellektuelle Führungsschicht verloren. Wir verfügen heute über ein unbedeutendes Potential von »Machern« in jüdischen Belangen, die von nichtjüdischen Instanzen dieses Staates akzeptiert werden. Sie sind die sogenannten Renommier-Gestalten. In das Vakuum fehlender geistiger Substanz drängten Personen in Führungspositionen, die diesen sonst wahrscheinlich nie zugefallen wären. Wir entbehren der Persönlichkeit, die dem Haß eine überzeugende Kraft entgegensetzt!

Meine Reintegration in die Gesellschaft der Bundesrepublik nach meiner Rückkehr verlief nicht immer ohne Schwierigkeiten. Das Wunder der Rettung meiner nackten Existenz lag weit hinter mir und weit weg von hier. Die gesellschaftliche und geistige Umstellung der Nachkriegsentwicklung verlangte mir einiges ab. Über meine anfängliche Hilflosigkeit beim Zurechtfinden im weitverzweigten Bürokratienetz und bei meinen ersten Kontakten zu meiner zunächst noch fremden Umgebung half mir eine überkonfessionelle Verbindung hinweg, der ich schon vor Jahren in Israel beigetreten war. Die Männer dieses Bundes errichteten mir eine Brücke des Verständnisses in Berlin. Mit ihrer Hilfe schaffte ich es, meine in der Emigration angenommene Identität nach so vielen Jahren zu kavernieren und meine Umwelt einigermaßen sachlich zu betrachten.

Ich schloß mich auch einer Gewerkschaft an und begann, mich politisch zu orientieren. Ich war auch schon früher politisch tätig gewesen – allerdings unter anderen Gesichtspunkten. Jedenfalls versuchte ich nun meine Bitterkeit zu überwinden, die ich wegen der den Juden zugefügten Grausamkeiten empfand.

Nach einigen Jahren wurden meine Frau und ich Mitglieder einer humanitären jüdischen Organisation, die mich durch ihren Aufgabenbereich faszinierte, doch durch ihre spießbürgerliche gesellschaftliche Struktur inzwischen eher bedenklich stimmt.

Ich gehörte auch zum internen politischen Kreis einer christlich-jüdischen Organisation. Hier hatte ich u. a. die Gelegenheit, eine Unterredung mit dem Berliner Schulsenator Rasch zu initiieren. An der Unterredung nahmen zwei bekannte Berliner Geistliche teil. Bei dieser Aussprache wurde der Lehrplan sämtlicher Lehrstufen innerhalb der Berliner Schulen für den Geschichtsunterricht erörtert. Der Senator versicherte uns, daß der Unterricht bezogen auf den Nationalsozialismus und besonders auf die Judenverfolgungen im Dritten Reich erheblich erweitert werden solle. Es wurden Vorbereitungen für eine Gedenkstunde zum 40. Jahrestag der Katastrophennacht des 9. November 1938 getroffen. Die bei der Unterredung anwesenden Schulräte erhielten entsprechende Weisungen. Aus eigener Erfahrung als Leiter der Spezialbibliothek im jüdischen Gemeindezentrum zu Berlin kann ich bestätigen, daß die Nachfrage nach Literatur zu diesem Anlaß, auch aus der übrigen Bundesrepublik, meine kühnsten Erwartungen übertraf.

So hoffnungsvoll derartige Ansätze stimmen, so niederschmetternd wirken immer wieder gegenteilige Erfahrungen. Vor ein paar Jahren wurde ich für zwei Jahre zum Schöffen an einer Großen

Strafkammer des Landgerichts gewählt. Während der Verhandlungssitzungen wurden häufig Pausen eingelegt, bei denen sich die Berufs- und Laienrichter in das Richterzimmer zurückzogen. Es kamen häufig Unterhaltungen zustande, bei denen es nicht nur um das laufende Verfahren, sondern auch um allgemeine politische Themen ging. Ich habe oft bemerkt, daß weder der Landgerichtsdirektor noch seine Beisitzer frei von Vorurteilen waren, wenn in den Gesprächen die Kriegs- und Nachkriegszeit oder die Judenverfolgungen berührt wurden. Ein junger Beisitzer, der wußte, daß ich Bibliothekar bin, aber wie auch die anderen meine jüdische Herkunft nicht kannte, bat mich darum, ihm Hitlers »Mein Kampf« zu besorgen. Derselbe junge Richter »mußte« sich seine Blessuren bei Mensuren auf westdeutschen Paukböden holen; denn bis heute sind schlagende studentische Verbindungen in Westberlin offiziell verboten.

Auch meine beiden Söhne blieben von einzelnen neofaschistischen und antijudaistischen Vorfällen nicht verschont. Bei dem Älteren kreuzten einige Jugendliche zum Unterricht in der Oberstufe mit NS-Emblemen auf. Bei dem Jüngeren artete es in persönliche Diffamierungen durch einen einzelnen Mitschüler aus, der sich durch die Glorifizierung des NS-Regimes, durch Wiedergabe von sogenannten Biafra- und Judenwitzen und durch allgemein antijüdische Neigung »hervorzutun« versuchte.

Ich sehe die Wurzeln des Übels dort, wo die unkritischen Anhänger der NS-Vergangenheit glauben, berechtigte Gründe für ihre nostalgische Bewunderung zu haben. Es sollte die Aufgabe der Schulen sein, solche Jugendliche von ihrer fehlgeleiteten Geisteshaltung abzubringen; denn man kann annehmen, daß an der Entstehung der falschen Urteile die Eltern und Großeltern der Kinder erheblichen Anteil haben. Das kann nur durch fortgesetzte, wirklich qualifizierte Aufklärung geschehen, da sonst die Gefahr besteht, daß solche Kinder und Jugendliche in ihrer derzeitigen Haltung nur bekräftigt werden. Läßt man den Aggressionen freien Raum, so könnten sie eines Tages so stark werden, daß sie einer zahlenmäßig kleinen Minorität, wie wir deutsche Juden sie darstellen, kaum zuzumuten sind. Oder die Juden bilden freiwillig soziale Ghettos, was wiederum zu einer überdimensionalen Fixation auf die Eigenproblematik führen könnte, die innerhalb des Deutschjudentums sehr schnell wieder ein Syndrom bilden würde.

Daß eine Diskussion über Verjährung der Verurteilung von Massenmördern in der Bundesrepublik überhaupt aufkommt, spricht meines Erachtens für sich. Es ist für die Rechtsordnung der Bundesrepublik äußerst beschämend, in welcher Form die Prozesse gegen NS-Täter, wenn sie überhaupt zustande kommen, abgewickelt werden. Ich denke dabei daran, wie jüdische Zeugen bedroht werden und zynischen Angriffen der Verteidiger ausgesetzt sind. Was soll ich ausländischen Besuchern, die fast täglich unsere Bibliothek besuchen, antworten, wenn sie mich fragen, wie im Falle der Verjährung die deutsche Rechtsauffassung zu interpretieren sei? Sollen wir Juden vielleicht heute lediglich eine Alibifunktion für deutsche Schuldgefühle erfüllen? Wir müssen uns fragen, ob wir uns mit den Verhältnissen in der Bundesrepublik abfinden wollen, oder die Konsequenzen ziehen und hier nicht bleiben.

Der Schrecken ist vorüber, das Mißtrauen bei uns ist stärker denn je! Für meine Vorfahren war Deutschland die Heimat. Werden die Voraussetzungen der Vernunft in Deutschland erfüllt, oder bleibt der Aufenthalt in diesem Land nur eine weitere Zwischenstation in unserem Leben???

Jeannette Lander

Unsicherheit ist Freiheit

*Jeannette Lander, geboren 1931 in New York City, USA. Lyrik
und Novellen. Lebt seit 1960 in Berlin (West).*

In meinem jüdischen Ich bin ich nicht beheimatet. Ein Teil von mir
hält sich zwar in der alten Stube auf; *oyf dem pripetschek brennt a
feuerel*, dort sitzt er. Aus tiefliegenden Augen schaut er ruhig zu,
wie ich *in der oyßen* friere, und wartet.
Aber der Rest meines Ichs, der Teil, der die Stube verlassen hat, ist
stark geworden, seitdem er auf sich gestellt ist: er kehrt zum
feuerel nicht zurück. Nicht, daß er gerne friert, im Gegenteil, er
sehnt sich nach Wärme. Aber *in der oyßen* in der Fremde ist er
langsam heimisch geworden. Die Stube wäre ihm eng. Ihre be-
schlagenen Fensterscheiben würden ihm den klaren Blick wieder
»vermilchen und verhonigen«.
In der Fremde bin ich zu Hause. Nur als Fremde fühle ich mich
wohl. Ich genieße die Vorteile des nicht ganz Einzuordnenden.
Die Risiken reizen meine Abenteuerlust. Die Unsicherheit ist
Freiheit.
Daß ich schreibe, daß ich kreativ tätig bin, beruht einerseits auf
diesem unsicheren, risikobehafteten Dasein draußen in der kühlen
Fremde und andererseits auf dem Wissen um den warmen, sicheren Platz, wo ich geschützt wäre und begrenzt. Dieses Wissen ist
eine letzte innere Reserve, ohne die das Risiko nicht zu tragen
wäre; das Risiko aber ist es, was die Sinne schärft. Ein Ungeschütz-
ter, ein Abenteurer muß Gefahren wittern, Fallen ahnen, Tarnun-
gen durchschauen. Er lernt dies notgedrungen, schöpft Selbstver-
trauen, sammelt eine Menge Informationen nebenbei, über das,
was wirklich um ihn herum im Gange ist, über Bedrohungen, die
die sich in Sicherheit wähnende und wiegende Bevölkerung nicht
sieht. Vor allem um sie zu warnen, will er die Bedrohung mittei-
len, denn er ist mitbedroht und kann sie alleine nicht abwenden.
Wenn er seine Warnung *schreibt*, will er natürlich nebenbei
durchblicken lassen, wieviel umsichtiger, um nicht zu sagen klüger er ist als die Allgemeinheit, vielleicht etwas Bewunderung

entgegennehmen, dafür, wie treffend und trefflich er die Warnung formuliert hat – aber nur nebenbei, gewissermaßen als Entschädigung dafür, daß er auf einem einsamen Wachtposten am Rande des allgemeinen Treibens ausharrt und eigentlich lieber mittanzen würde und eigentlich lieber nicht.

In gewissem Maße lebt jeder Schriftsteller »draußen«, am Rande seiner Gesellschaft. Durch irgend etwas ist er dorthin gestoßen worden oder fühlt sich dorthin gestoßen. Erst von dieser Warte aus kann er die ganze Gesellschaft sehen und also beschreiben. Das Schreiben ist ein Schrei: So seid Ihr und deshalb gehöre ich Euch nicht an! Manche schreien noch: Ändert Euch, dann werde ich wieder einer von Euch sein. Oder das Schreiben ist eine Untersuchung der eigenen Unfähigkeit, sich zu ändern, sich einzugliedern.

Aber als jüdische Schriftstellerin – als die fühlte ich mich früher – lebte ich gleichzeitig am Rande meiner eigenen Gesellschaft und am Rande der größeren Gesellschaft, in der meine eigene eine Randgruppe ist, eine Minderheit, ein nicht homogener Teil. Doppelt verstoßen, hellhörig und hellsichtig, disharmonisch, unverdaulich, schrie ich lauter, öfter, schriller. Mir selbst taten schon die Ohren weh.

Vor allem ist das so komplex, was ich alles gleichzeitig schreien mußte: der größeren Gesellschaft schrie ich zu, was sie der kleinen antut; der kleinen, was sie der großen; jeder, was sie mir, sich selbst; was ich der kleinen, der großen, mir; natürlich jeweils mit allen Zusammenhängen, Kausalitäten, logischen Folgen, unvermeidlichen aber voraussehbaren . . .

Für derart komplizierte Aussagen suchte ich jeweils eine passende Form. Vielleicht ist es weise, sagte ich mir, in Parabeln zu schreiben; gewitzt, humorvoll zu gestalten; sinnvoll, Parallelen zu nichtjüdischen Problematiken zu ziehen. – Ich könnte auch versuchen, ein bißchen zu entwirren, nacheinander abzuhandeln: z. B. erst das Jüdische zu bewältigen, dann das Jüdische im Nichtjüdischen, dann erst das Nichtjüdische im Jüdischen. – Ich entschied mich für die Entwirrungsmethode. Es war natürlich keine freie Entscheidung.

Diese so spielerisch begonnene stufenweise Bewältigung wurde ein Prozeß des Sich-Lösens, des Verlassens der Stube.

Wenn man aus einer *mischpoche* wie meiner kommt, muß man auf andere Menschen wirken wie ein entlaufenes Zoo-Tier auf Tiere, die schon immer auf freier Wildbahn gelebt haben. Man hat die Erwartung, gesehen zu werden. Man ist zutraulich. Man rennt überall mit und lädt immerfort ein. Macht Männchen und möchte Beifall. Versteht den verbissenen Ernst nicht, nicht das Gegeneinander um einen herum. Allmählich erst merkte ich, daß mein Verhalten bei verschiedenen Leuten, denen ich freundlich gegenüberzutreten meinte und auf deren Freundschaft ich Wert legte, eine merkwürdige Reaktion auslöste, die ich nur als ein angestrengtes Lächeln gekoppelt mit einem abschweifenden Blick beschreiben kann. Sie waren höflich, aber sie gingen, sobald es die Höflichkeit erlaubte. Auf freier Wildbahn haben die Menschen Angst vor Offenheit, berechtigte Angst. Ich glaube, diese Erkenntnis ist für mich die bitterste von allen gewesen.

Wenn man aus einer *mischpoche* wie meiner kommt, und noch dazu einer, die lange Jahre in den Vereinigten Staaten gelebt hat, dann sind die Wertmaßstäbe, nach denen in Deutschland Menschen gemessen werden, schwer zu begreifen und noch schwerer zu akzeptieren. Ich habe vor Gelehrten nicht *a priori* Respekt, nicht vor Titel, nicht vor Amt. Selbst einem verdienten Rang gegenüber habe ich keinen Anflug von Pietät. Wahrscheinlich wirke ich oft geradezu impertinent. Wenn ich aufgefordert werde (was bei einem solchen Verhalten nicht ausbleibt) zu sagen, wovor ich denn Respekt, Pietät, Demut habe, murmele ich »Menschlichkeit« oder etwas ähnlich Peinliches.

Solche anachronistischen Werte schleppe ich noch immer mit mir herum, mitsamt den chassidischen Geschichten, aus denen sie stammen. Bei Gelegenheit huscht mir der letzte Satz einer solchen Geschichte durch den Kopf: die Moral. Ich kann nicht sagen, daß das jetzt seltener passiert, aber es ist nicht mehr mit dem Gefühl von Verlust behaftet wie früher; denn, ich bin längst dabei, dieses Leben in der Fremde wie eine Entdeckungsreise zu empfinden. Je mehr ich entdecke, je vertrauter mir die Werte meiner Mitmenschen werden, desto stärker gelingt es mir, Werte, die mir mitgegeben worden sind, in Frage zu stellen. Vielleicht galt sie nie, jene Moral der chassidischen Geschicht'. Vielleicht galt sie zu Unrecht und hat Unheil gebracht. Vielleicht galt sie, und zu Recht, und sollte noch immer gelten. –

Ich entdecke die Ursachen für das Mißtrauen um mich herum, stelle meine »Offenheit« in Frage, sehe mich selbst klarer, weil ich mich abhebe in einem andersgearteten Umfeld, sehe mich so, wie ich mich nie hätte sehen können, wäre ich ein homogener Teil einer jüdischen Umwelt geblieben, einer jüdischen Familie oder Gemeinde. Bewußt habe ich mich ferngehalten, bewußt bleibe ich draußen.

Natürlich habe ich Angst. Jude sein heißt Angst haben. Nicht nur in Deutschland. Bewußt außerhalb des schützenden eigenen Kreises zu bleiben, heißt mehr Angst zu haben als ohnehin, heißt *ein* Jude sein, allein. Allein; denn ich spreche nicht von Assimilation. Ich assimiliere mich nicht. Daran habe ich nie gedacht. Ich überwinde nicht mein Jüdischsein, sondern nur die Problematik, die damit verbunden ist, die enge und einengende Problematik, die nur *damit* verbunden ist, nur oder hauptsächlich. Langsam haben andere Problematiken diese an Wichtigkeit überlagert: die des Frauseins; die des Staatsbürgerseins in diesem deutschen Staat, die des Partnerseins in einer Liebesbeziehung; die des Mutterseins von Erwachsenen; die des Schriftstellerseins im Atom-Zeitalter, wo jeder geistige Wert ein so grotesker Anachronismus ist wie ein chassidischer Moralsatz.

Die Auseinandersetzung mit solchen Themen ist für mich zum Selbstverständnis geworden. Es sind nach und nach die Themen meiner Arbeit. Das jüdische Thema hat in meiner Arbeit in gleichem Maße an Raum verloren wie in meinem Leben an Wichtigkeit. Von außerhalb stelle ich meine Betrachtungen zu diesen Themen an, vom gefährdeten Standort des Außenseiters her, wo der einzige Schutz der scharfe Blick ist. Meinen Blick zu schärfen, ist die Aufgabe, die ich mir stelle.

Es gilt, den Grad der Gefährlichkeit von Bedrohungen abzuschätzen und auch den Zeitpunkt vorauszusehen, zu dem sie zur realen Gefahr werden könnten. Neonazistische Umtriebe in Deutschland beunruhigen mich z. B. nicht so sehr wie das Fortbestehen, sogar die intensivierte Wirksamkeit von Gesellschaftsstrukturen hier, die, meiner Meinung nach, verständlich machen, warum ein Auschwitz funktionstechnisch möglich war: nämlich das gehorsame Einhalten von Zuständigkeitsgrenzen; das ordnungsgemäße und exakte Ableisten von Dienstaufgaben innerhalb eines vorgegebenen Bereichs, ohne die Frage nach Ursprung, Ziel oder Sinn der Aufgabe; die manipulierte Schaffung einer Existenzangst, die dieses Nichtfragen begünstigt, ja, geradezu erfordert, steht doch der Arbeitsplatz auf dem Spiel, wenn man seine Kompetenzen überschreitet. Solche Verhaltensmuster begegnen einem auf Schritt und Tritt im täglichen Leben: die Kassiererin hat die Preise nicht gemacht; der Beamte hat seine Vorschriften; der Frauenarzt ist nicht für die Psyche da; der Schulrektor ist an den Lehrplan gebunden . . . Ich denke an die Seifenmacher, die Rohmaterial aus Treblinka geliefert bekamen. Sie fragten nicht . . .

So gehorsam, wie wir unsere Zuständigkeitsgrenzen einhalten, so brav beachten wir auch das Tabu, über gewisse Dinge zu sprechen. An das Verbot, seinen Lohn zu benennen, das in den Arbeitsverträgen des ausgehenden 19. Jahrhunderts verankert war, halten wir uns im Geiste noch immer, und das, obwohl wir wissen, wozu das Verbot diente. Über Geld spricht man nicht. Es ist indiskret zu fragen. Selbst in der Gewerkschaft organisierte Schriftsteller geben die Klauseln ihrer Verlagsverträge nicht preis, sprechen mit dem Veranstalter einer Lesung nicht über das Honorar. In der bürgerlichen Gesellschaft fragt man einen Menschen nicht nach seinem Beruf. Unter Kollegen spricht man nicht über seine Privatangelegenheiten. Die Ehefrau weiß wenig über die Geschäfte ihres Mannes; ihre täglichen Belange langweilen wieder ihn. Es herrscht Postgeheimnis. So ist es leichter für alle. Ich denke, die Wächterinnen in Auschwitz werden sich nicht über die mögliche Quelle des Verbrennungsgeruchs unterhalten haben, obwohl die Geruchsbelästigung eine tägliche Arbeitsbedingung war.

Wer die Protokolle der Nürnberger Prozesse gelesen hat, wird diese Vergleiche mit der NS-Zeit nicht für Übersimplifikationen halten. Ein vor kurzem im Fernsehen übertragenes Interview mit einem Offizier der Luftwaffe hat ergeben, daß ein Bundeswehroffizier heute, nicht anders als ein Offizier der Wehrmacht damals, seine Aufgabe darin sieht, die höchste Effektivität eines Einsatzes zu erreichen. Welcher Einsatz? Das zu ermitteln ist die Aufgabe seiner Vorgesetzten. Die Gewissensfrage, die nach den neuen Vorschriften jedem freisteht, stellt sich erst nachträglich, wenn es um Schuld geht. In der Zeitschrift »Werk und Zeit« stand unlängst ein Bericht über einen Computer-Kontrolleur, der seine äußerst ermüdende Arbeit nur deshalb verrichten kann, weil er weiß, daß die Sicherheit des ganzen Werks auf der Richtigkeit der von ihm abgelesenen und aufgezeichneten Daten beruht. Die Arbeit seines Vorgesetzten besteht darin, die Daten vom Kontrolleur am Ende eines jeden Tages abzuholen und sie unmittelbar darauf ungelesen zu vernichten.

Das sind Einzelbeispiele. Das Denkschema dahinter – man könnte es Scheuklappen-Denken nennen – ist so gefährlich wie es unausrottbar ist, deshalb unausrottbar, weil es geradezu die Grundlage ist für die funktionstüchtige Industriegesellschaft, deren Früchte wir nicht aufhören wollen zu genießen, egal welche Opfer uns abverlangt werden, um sie zu produzieren. Eine funktionierende Industriegesellschaft erfordert immer profiliertere Fachleute. Welches Profil paßt aber in ein Fach? Das, was passiert, wenn einzelne im Scheuklappen-System erbrachte Ergebnisse aufeinander treffen, in einen Kausalnexus treten, das passiert autonom. Für diese so fatal wichtigen Zwischenbereiche ist niemand zuständig. Immer öfter hört man, daß etwas »nicht mehr rückgängig zu machen« ist.

Unsere Ohnmacht wird immer lähmender, *gegebenen* Umständen gegenüber, für die niemand verantwortlich zu machen ist, die niemand will, die jeder als falsch, als schädlich erkennt, die man nicht ändern kann, die, einmal anonym in Gang gesetzt, automatisch weiterlaufen, die man nicht mehr aufhalten kann, die die eigene erklärte Zielrichtung verlassen, ihr sogar zuwiderlaufen: Autobahnen, die den Weg in die Urlaubslandschaften zeitlich verkürzen, die durch den Autobahnbau für einen Urlaub untauglich gemacht worden sind; Kernkraftwerke, die die Energie liefern sollen für den höheren Lebensstandard des durch sie womöglich vernichteten Lebens . . .

Für eine, die wie ich aus dem englischen Sprachraum kommt, ist der Gebrauch passiver Satzkonstruktionen im Deutschen auffallend häufig: »Um eins wird gegessen«; »Vom Schlagstock wurde Gebrauch gemacht«; »Es wird vermutet, daß der Rechtsanwalt Newerla . . .« Niemand steht hinter diesen Anordnungen, übt diese Gewalt aus, begeht diesen Rufmord. An niemanden kann man sich wenden. Niemandsland. Vor dieser Anonymität habe ich Angst, vor dieser amorphen Gewalt, die uns amöbenhaft vereinnahmt, autistisch, automatisch, die uns erfaßt. Wäre ich in der Sicherheit der Stube geblieben, hätte ich vermutlich diese Angst nicht. Die Probleme und die Freuden des Zusammenlebens auf so engem Raum würden mich davon abhalten, solche Bedrohungen von außen zu empfinden, zu sehen. So lange vielleicht, bis sie Form annehmen und über die Stube hereinbrechen, ein *holocaust*, aber ganz andersgeartet, die Menschheit bedrohend, nicht nur das Judentum.

Hier draußen, in Unsicherheit, ist es leicht möglich, daß ich Bedrohungen dramatisiere oder sogar konstruiere. Das wäre falsch, aber wenigstens nicht fatal.

Nun sind wir ganz weit weg von dem Zeichen, unter dem diese Anthologie steht: Juden in der Bundesrepublik; so weit weg wie ich. Es geht nicht um Juden, um Deutschland, obwohl es manchmal das Anzeichen hat, als ginge es verstärkt darum: Wallonen in Belgien, Katalonen in Spanien, Franzosen in Kanada, Araber in Israel, Puertoricaner in den Vereinigten Staaten, Chinesen in Vietnam, Basken, Nordiren, Palästinenser . . . inzwischen geht es nicht mehr darum.

Es geht ums Überleben.

Ich fühle mich wohl, ja: frei in einer kalten Fremde, in der allein ich unablässig und unausweichlich damit konfrontiert bin, daß es ums Überleben geht. Es ist nicht mehr die Zeit für sentimentale Bindungen, so warm es einem da auch ums Herz wäre, trügerisch warm.

Michel R. Lang

Fremd in einem fremden Land

Michel R. Lang, Jahrgang 1940, arbeitet als Journalist, Übersetzer, Autor.

»Die Juden sind nicht, wie sie behaupten, ein duldendes Volk. Sie sind ein geduldetes Volk.« (Kurt Tucholsky)

Zunächst muß geklärt werden, was überhaupt Jude-Sein bedeutet. Bin ich Jude, weil klein und schwarzhaarig. Oder bin ich Jude, weil die Nazis herausfanden, daß vor der 1848er Revolution eine jüdische Familie namens Israel aus Andalusien nach Preußen zog und hier Judensteuern entrichtete. Bin ich Jude im Sinne Jean-Paul Sartres, der schrieb, Jude sei derjenige, der von seiner Umwelt als solcher angesehen wird. Oder bin ich Jude im metaphysischen Sinne: durch subjektives emotionales Denken an eine Schicksalsgemeinschaft gebunden.
Körpergröße und Haarfarbe sind gewiß keine Kriterien für die Bestimmung einer »rassischen« Herkunft. Denn in diesem Falle müßten sizilianische Bauern, südfranzösische Ziegenhirten und viele deutsche Durchschnittsbürger Juden sein. Meine spanische Herkunft spielt dabei auch keine Rolle. Ich spreche weder Spanisch, noch den andalusischen jüdischen Dialekt meiner Vorfahren. Und da ich noch nie eine Jeschiwa von innen gesehen habe und meine Eltern mich in eine französische Volksschule steckten, sind das Alte Testament und der Talmud für mich böhmische Dörfer. Bin ich ein Feiertags-Jude? Am Schabbat ginge ich gerne in die Synagoge, kämen mir die Riten der polnischen und russischen Einwanderer nicht so fremdartig und ihre Art, zu Gott zu beten, nicht so mittelalterlich vor. Dennoch bin ich Mitglied der Jüdischen Gemeinde zu Berlin seit 1962, als ich mich – aus Frankreich kommend, wohin meine Eltern 1933 ausgewandert waren – hier niederließ. Und ich habe nicht die Absicht, aus der Gemeinde wieder auszutreten, obwohl das Gehabe ihrer Funktionäre mich abstößt. Nein, dies alles kann es nicht sein, das mich zum Juden macht. Also was dann?

Ich bin ein Schicksals-Jude. Aufgewachsen mit dem Bewußtsein und der Gewißheit, einer Volksgemeinschaft anzugehören, die seit 2000 Jahren unter einem ständigen Fluch zu leiden hat: dem Judenhaß. Und meine Eltern sorgten dafür, daß ich, von Kindesbeinen an, diese Tatsache als unveränderbar betrachtete. Diese »jüdische Angst« ist ein wesentlicher Faktor meiner Persönlichkeitsentwicklung geworden. Ich bin mittlerweile zu einem Paradestück jüdischen Daseins geworden. Mein Ich wird von diesem Jüdisch-Sein beherrscht, geleitet, motiviert. Es äußert sich in einer fast neurotischen Überempfindlichkeit gegenüber jedweder Unterdrückung und Intoleranz, einer beinahe masochistischen Lebensphilosophie, einer überpointierten Ich-Bezogenheit und einer gleichgültigen Nonchalance allem gegenüber, was nichtjüdisch, eben gojisch ist.

Jude-Sein bedeutet für mich aber auch, daß ich nicht nur fremd in einer fremden Umwelt, sondern auch indifferent den anderen Juden gegenüber bin. Erst wenn Gefahren sich abzeichnen und Juden wegen ihrer Herkunft in Bedrängnis geraten, fühle ich solidarische Impulse. Dieser Mechanismus funktioniert auch dann, wenn der »Funktions-Jude« Werner Nachmann dem »furchtbaren Juristen« Filbinger ein Unbedenklichkeitsattest ausstellt und deshalb von »fortschrittlichen« Medien als »reaktionärer Berufsjude« angegriffen wird. Der Mechanismus funktioniert immer wieder, unkontrollierbar, impulsiv, mechanisch.

Jude-Sein bedeutet immer, mit dem Feuer zu spielen, auf der Hut zu sein, es ist ein ewiges Vabanquespiel. Ein jüdisches Dasein in Deutschland heißt, sich immer am Abgrund zu bewegen, instinktiv auf der Lauer zu sein, mit einer undefinierbaren und immer präsenten Furcht zu leben. Dieses schizophrene Roulettspiel bezahlen die Juden fast immer mit einer zerstörten Psyche, die sie oft zu selbstmörderischen Kamikaze-Aktionen treibt. Das beste Beispiel hierfür ist der Schriftsteller Jean Améry, der mit seinen Widersprüchen und Illogismen nicht mehr fertig wurde und sich im Oktober 1978 das Leben nahm. Ein anderes Beispiel für die unbequeme Lage der Juden in diesem Land liefern die – mehr oder weniger demokratisch gewählten – Vertreter der 0,006 Prozent Juden in der Bevölkerung der Bundesrepublik. Sie scheinen beinahe alle unter dem pathologischen Zwang zu stehen, mit allen Mitteln und unter allen Umständen ihre Karriere voranzutreiben. Sie betrachten sich zugleich als commis-voyageurs des israelischen Außenministeriums und als Sprachrohr deutscher Interessen. Vor kurzem übernahm der Vorsitzende der jüdischen Gemeinde in

Berlin sogar die »linguae tertiae imperi« und forderte Repressionsmaßnahmen gegen »linke« Journalisten in deutschen Rundfunk-
anstalten. Daß er und seine Kollegen weiterhin im Namen der
deutschen Juden sprechen können, ist symptomatisch für den
geistigen und politischen Zerfall der Judenheit in der Bundesrepublik. Die »Funktionsjuden« in Berlin, Frankfurt, München oder
Hamburg illustrieren am besten, wie Menschen seelisch zerstört
werden können, wenn sie einer doppelten Loyalität gehorchen
müssen: einerseits Israel, andererseits dem Deutschtum.
Diese Bi-Loyalität kann zu irreparablen psychischen Schäden führen, die sich dann auf die Kinder übertragen, die wiederum ihre
Nachkommenschaft mit diesem Problem belasten, die wiederum . . . Jüdische Jugendliche wachsen in Deutschland in einer
nebulösen Scheinwelt auf, hin- und hergerissen »zwischen flei-
schigem Ja und geistiger Verneinung« (Arno Reinfrank). Sie haben sich mehr oder weniger akklimatisiert, unterscheiden sich
nach außen kaum von ihrer Umwelt und sind dennoch entwurzelt.
Sie empfinden ihre Mitbürger als lästig, wenn nicht gar geistig
minderprivilegiert und verkümmern auf diese Weise selbst emo-
tionell und geistig. Viele von ihnen konzentrieren sich nur noch
darauf, materielle Güter anzuhäufen, mit dem festen Vorsatz, sich
eines Tages nach einem neuen Aufenthaltsort umzusehen. Proteste gegen Atomkraftwerke, Ökologie-Bewegung oder Gewerk-
schaftsarbeit haben für sie keinen Stellenwert, da sie sich – zu
Recht oder zu Unrecht – als »außenstehend« empfinden. Sie gehören zur Gattung der »Koffer-Juden«, die in einem Schubfach ihres
Schreibtisches immer ihre persönlichen Papiere, Ausweisdoku-
mente und Bargeld aufheben, für den Fall, daß . . .
Diese Juden sind aber nur die eine Seite der Medaille. Die andere
wird durch die »in der Arbeiterbewegung fest verankerten Genossen jüdischer Herkunft« verkörpert, die ebenfalls Zeugnis für die
nicht geglückte deutsch-jüdische Symbiose ablegen. Einige von
ihnen sind in radikalen linken Gruppierungen tätig und verdienen
sich ihren »Orden pour le sémite«, indem sie einen radikal-anti-
zionistischen Kurs vertreten. Sie liefern ihren politischen Mit-
streitern damit ein unangreifbares Alibi und betrachten sich als die
wahren Träger des jüdischen Humanismus.
Von Juden zu verlangen, sie sollten sich emanzipieren und unnöti-
gen Ballast über Bord werfen – wie es von »linker« Seite manchmal
gefordert wird –, ist realitätsfremd und unsinnig. Denn Juden
wachsen mit der berechtigten Furcht auf, niemals akzeptiert und
respektiert zu werden. Diese Zwangsoption führt immer wieder zu

Katastrophen, bei denen sie immer den kürzeren ziehen. Das jüdische Volk hätte im Laufe der letzten Jahrhunderte einsehen müssen, daß es für Sonderlinge, wie es die Juden nun einmal sind, keinen Freiraum gibt und der Egoismus der Gastgebervölker eine Anpassung oder Assimilation unmöglich macht. Auch die Rückkehr aller Juden nach Israel, wie die Zionisten sie predigen, ist zur Zeit keine reale Alternative. Außerhalb des jüdischen Staates leben viermal so viel Juden wie in Israel, die eine Auswanderung ins Land »der Väter« als Zumutung empfänden. Der beste Weg wäre, das »jüdische Problem« und die daraus entstehenden gegenseitigen Mißverständnisse zu enttabuisieren, der nichtjüdischen Umwelt und den Juden klarzumachen, daß ein vorurteilsfreies Zusammenleben für beide Seiten fruchtbar sein würde und Furcht und Mißtrauen immer Konfliktsituationen unerahnbaren Ausmaßes verursachen können. Eine solche Hoffnung ist vorläufig utopisch. Es bleibt also die Wahl zwischen Entwurzelung oder Emigration.

Herbert S. Levine

Als amerikanischer Jude in Deutschland

Herbert S. Levine, geboren 1944 in New York, USA. Ph. D. Yale University 1969. Wissenschaftlicher Assistent am Institut für politische Wissenschaften an der Freien Universität Berlin. Verfasser von »Hitler's Free City. A History of the Nazi Party in Danzig« und zahlreichen wissenschaftlichen und publizistischen Artikeln.

Meine erste Begegnung mit Deutschland lag noch vor meinem ersten kurzen Aufenthalt hier im Jahre 1964, und auch noch vor 1960, als ich mit dem Studium der deutschen Sprache begann. Schon als Kleinkind (Jahrgang 1944) war mir das Wort »German« ein Begriff, und zwar ein sehr negativer. Das war nichts Besonderes, da ich als stammesbewußter Angehöriger des jüdischen Volkes – New York-amerikanischer Fassung – aufwuchs. Auch nach fünf Jahren in Deutschland fällt es mir schwer, einem Deutschen zu erklären, was das Judesein in New York für meine Generation bedeutet hat. Die grundlegenden Faktoren, die die Lebensweise dieser Volksgruppe bestimmen, sind den meisten Deutschen, wie auch den meisten Westeuropäern, einfach zu fremd. Und die entstellte, fast pathologische Komiker-Vision meines Landsmannes Woody Allen, wie »wahr« sie in einem gewissen Sinne auch sein mag, hat kaum zu einem deutschen Verständnis meiner amerikanischen Vergangenheit beigetragen. Ich versuche es aber an dieser Stelle noch einmal; denn der deutsche Leser wird meine Betrachtungen über die Beziehungen zwischen Juden und Nichtjuden in Deutschland nicht verstehen können, ohne vorher die ethnischen Gegebenheiten meiner eigenen Persönlichkeit verstanden zu haben. Es mag sogar sein, daß durch einen Vergleich mit den völlig anderen Verhältnissen in New York die Lage der Juden in Deutschland um vieles klarer werden kann.

Zu meiner Jugendzeit wurde der Schmelztiegelmythos zwar immer noch in den Schulen gepredigt, aber wir Schüler, zumeist Angehörige der dritten Generation nach den großen Einwanderungen aus Irland, Italien und den ostjüdischen Siedlungsgebie-

ten, wußten es besser. Amerikanisierung war etwas für Neueinwanderer, Flüchtlinge aus Deutschland und Osteuropa, später
besonders aus Ungarn, die vereinzelt in unsere Klassen hereinka-
men. Auch unsere Zugehörigkeit zur amerikanischen Nation war
zwar eine unbestrittene Tatsache, im täglichen Leben jedoch nur
selten relevant. Viel wichtiger war das Fortbestehen der alten
Einwanderungsvölker in Form der New Yorker Volksgruppen. (In
der Schule wurde von »ethnic groups« gesprochen.) In meinem
kleinbürgerlichen Wohngebiet (East Flushing, Stadtkreis Queens)
wohnten wir Juden ziemlich friedlich mit irischen und italienischen Familien zusammen. Neger sahen wir nur als Putzfrauen
oder Gärtner, und Spanischsprechende gar nicht. Die große Mehrheit der Lehrer wie auch der Schüler in meiner städtischen Oberschule waren Juden; daneben gab es auch eine katholische Oberschule. Die Eigenschaft »jüdisch« war eine Frage der Abstammung
und nicht der Konfession, genauso wie »italienisch« oder »irisch«.
Obwohl mein Vater absolut nichts für die Religion übrig hatte, wie
sein Vater auch, stimmte er zu, daß wir Gemeindemitglieder
wurden, da meine Mutter aus einem orthodoxen Hause kam. Ihres
Vaters wegen wurde ich Bar Mizwa (jüdisches Fest, der Konfirma-
tion vergleichbar). Die Gemeinde war für meine Mutter besonders
wichtig, da wir in der Gegend neu waren, und nur über die
Gemeinde konnte sie die erwünschten Kontakte zu anderen jüdischen Familien in der Nachbarschaft aufnehmen.
Mit vierzehn fing ich an, während der Sommerferien und halbtags
zu arbeiten. Auch als Student an der Columbia Universität habe
ich zeitweise gearbeitet. In jedem neuen Betrieb war die erste Frage
immer: Was bist du? Das bedeutete: Welcher Volksgruppe gehörst du an? Für mich war die einzig mögliche Antwort immer: Ich
bin Jude. Die soziale Bedeutung dieser Antwort war auch selbstverständlich. Im Betrieb stand ich gewöhnlich in freundschaftlichen Beziehungen zu den anderen Juden und zu den Italienern.
Uns gegenüber verhielten sich die Iren gelegentlich feindselig,
aber normalerweise kühl und korrekt. Dies war eine späte Auswirkung von New Yorks Einwanderungsgeschichte, wo Juden und
Italiener gemeinsam gegen die Vorherrschaft der früher angekom-
menen Iren gekämpft hatten. Wir Juden waren aus liberalen politischen Gründen »nett« zu Negern und Puertorikanern, aber die
Lebensweisen dieser unterdrückten Minderheiten waren uns zu
fremd, um eine wahre Freundschaft zu ermöglichen.
Das Judesein war also für mich nie problematisch. Die Zugehörigkeit zum jüdischen Volk war einfach gegeben, wie in Osteuropa

vor Hitler. Zwar gab es gegensätzliche Anschauungen innerhalb der jüdischen Bevölkerung, etwa über die sogenannten Misch-ehen. Aber die Auflösungserscheinungen, die sich unter den Juden allmählich breitmachten, fanden sich auch in den anderen Volks-gruppen. Am Rande der Volksgruppen bildeten sich Zwischen-schichten, bei denen die Identifikationsfrage oft sehr problema-tisch war. Aber im harten Kern des New Yorker Judentums blieb alles vorläufig noch beim alten. Wir, die dritte Einwanderungsge-neration, genossen die Erfolge, die die beiden früheren erkämpft hatten. Die erste Generation hatte sich wirtschaftlich gefestigt, die zweite sich amerikanisiert und gleichzeitig die amerikanisch-jüdi-sche Volksart entwickelt, in der wir aufwuchsen.

Ein Resultat der früheren Erfolge der New Yorker Juden war, daß ich als Kind fast keine Erfahrungen mit dem Antisemitismus europäischer Art machen mußte. Daß Angehörige der verschiede-nen Volksgruppen einander gelegentlich nicht mochten, schien mir völlig normal und hatte nichts Besonderes mit Juden zu tun. Wir waren schließlich die größte Minderheit in einer Stadt ohne Mehrheit, etabliert, als Gruppe verhältnismäßig wohlhabend, sicher. Rassistische Unterdrückung war zu bedauern und politisch zu bekämpfen, sie war aber gegen die Schwarzen gerichtet, nicht gegen mich. Von den Machtkämpfen zwischen Schwarzen und Juden, die sich in New York Mitte der sechziger Jahre entwickelten und in denen Judenhaß eine wichtige Rolle spielte, war noch wenig zu spüren. Die Schwarzen und die Juden waren noch politische Alliierte. Antisemitismus traditioneller Art, der normalerweise fast unabhängig ist von der realen sozialen und politischen Posi-tion der Juden, war zwar zu meiner Jugendzeit in Amerika sehr weit verbreitet, aber in New York war er unbedeutend. Ich be-merkte ihn nur bei den wenigen Kindern der Neueinwanderer, Deutschen und Letten, und nahm ihn nicht ernst, verstand ihn ja kaum, da er nichts mit meinen anderen Erfahrungen gemeinsam hatte.

Aber vom großen Trauma des jüdischen Volkes, von der »Endlö-sung der europäischen Judenfrage«, hörte ich sehr viel. Obwohl meine Eltern geborene New Yorker waren, hatten sie noch so starke Verbindungen zum europäischen Ostjudentum, daß die Amputation dieses Gliedes des Volkskörpers auch von mir als schmerzhaft empfunden wurde. Aber die Katastrophe der europä-ischen Juden war mir, ohne Erfahrungen mit dem normalen Anti-semitismus, völlig unverständlich geblieben. Die Nazis bzw. die Deutschen – feine Unterschiede waren für uns nicht interessant –

erschienen mir als Teufel in Menschengestalt, die aus irgendeinem Grund, vermutlich einem bestialischen, sechs Millionen Juden zu Tode gequält hatten. Die Gestalt des Deutschen war ein Abstraktum, Sinnbild des Bösen, ohne politischen, sozialen oder geschichtlichen Inhalt. Bei vielen Juden ist diese Vorstellung vom Deutschen immer noch lebendig, wie ich jedesmal bemerke, wenn ich hier jüdischen Besuch aus dem Ausland, und besonders aus Amerika, bekomme. In ihrer vulgärsten Form ist sie in dem Bestseller von Erica Jong »Angst vorm Fliegen« zu finden.

Die erste Begegnung mit den Deutschen, 1964 in der Bundesrepublik, war für mich aber nicht so schwierig, wie sie anscheinend für Frau Jong war. Ich hatte schon sehr viel mit den Germanisten an der Columbia Universität zu tun gehabt, die meisten waren Deutsche, intelligent, sensibel, freundlich, entweder ältere Emigranten aus Nazideutschland, oder aber zu jung, um persönlich von der kriminellen Vergangenheit ihres Landes belastet zu sein. Als ich mit dem Studium der deutschen Sprache begann, entdeckte ich zu meiner Freude, daß ich plötzlich Jiddisch verstehen konnte. Als ich mich mit der Geschichte Deutschlands befaßte, befaßte ich mich gleichzeitig und zum erstenmal wissenschaftlich mit der Geschichte meines eigenen Volkes. Die deutsche Sprache und die deutsche Geschichte wurden also die Werkzeuge zur Ausgrabung meiner eigenen kulturellen Vergangenheit, zur Entdeckung meiner »Wurzeln«, wie das Verfahren jetzt modisch bezeichnet wird. Alte Vorurteile wurden abgebaut, und am Ende verstand ich, wissenschaftlich und emotional, die widersprüchlichen Beziehungen, die mein Volk mit den Deutschen so eng verbinden – eine Erkenntnis, die sehr oft unter europäischen Juden zu finden ist, aber nur selten unter Deutschen; eine große Ausnahme war Thomas Mann mit seinem »Doktor Faustus«. Über diese Beziehungen machte ich mir zwar keine Illusionen. Schließlich kannte ich den alten Ernie zu gut, Jude aus München, Pfeifen- und Tabakverkäufer, mit dem ich drei Jahre lang in einem Tabakladen gehobenen Stils in Manhattan zusammengearbeitet hatte, Ernie, der sich mit mir so gern über Goethe und Schiller unterhielt, der den »Faust« fast auswendig kannte und der es so sehr haßte, seine deutschen Stammkunden in seiner so geliebten Muttersprache bedienen zu müssen. Aber Ernies Haß gegen seine ehemaligen Landsleute verstand ich als geschichtlich und persönlich bedingt, er hatte nichts mit mir zu tun. Ich wurde sogar wiederholt Amtsträger im »Deutschen Verein« meiner Universität. Warum denn nicht? Meine Kollegen waren fast alle Juden.

Seit zwölf Jahren beschäftige ich mich wissenschaftlich mit der Geschichte des Nationalsozialismus, seit sieben Jahren speziell mit der Geschichte der Endlösung. Meine Emotionen sind mit der Zeit etwas abgestumpft, wie die eines Arztes, der immer Todkranke behandeln muß. Es war nicht immer so, und heute noch spüre ich gelegentlich aus irgendeinem besonderen Anlaß etwas von den alten Schmerzen. (Als ich z. B. den israelischen Film über die Endlösung, den »81. Schlag«, ansah, mußte ich mich nachher stark unter Kontrolle halten, um überhaupt Deutsch sprechen zu können.) Aber im allgemeinen bin ich bereit und fähig, die Deutschen so kennenzulernen, wie sie sind, Akteure in der historisch bedingten Wirklichkeit unserer Zeit. Es fällt mir aber immer wieder auf, daß die meisten Deutschen, denen ich begegne, nicht bereit bzw. fähig sind, mich, wie ich bin, zu akzeptieren, d. h., als einen Juden. Ich spreche hier ganz persönlich von meinen Bekannten, hauptsächlich Akademikern, Studenten, Journalisten und Künstlern, Apolitischen, Liberalen und Linken.

Teilweise wird das Problem durch einfache Ignoranz verursacht, kaum überraschend in einem Land mit fast 60 Millionen Einwohnern und weniger als 30 000 Juden, in dem für normale Menschen ein »Judenproblem« nicht besteht und in dem die Geschichte des Dritten Reiches, ohnehin jahrelang ignoriert, jetzt für fast alle Deutschen anscheinend irrelevant geworden ist. So erklärte einmal ein junger Münchner Kunstmaler in meiner Gegenwart seiner amerikanischen Frau, daß die Nazis die Juden so gehaßt hätten, weil diese damals die deutsche Wirtschaft beherrscht hätten. Wie viele Juden es damals in Deutschland gab, wußte er nicht und mußte mich fragen. Um 600 000. Nein, das könnte er doch nicht glauben, das dürfte nicht wahr sein. Woher kamen dann die sechs Millionen? Der Maler wußte ja, daß die Nazis sechs Millionen Juden getötet haben sollen. Er wußte übrigens auch, daß sein Vater während des Krieges »im Osten« gedient hatte. Er sah aber die Verbindung zwischen diesen beiden Tatsachen nicht. Das ist ein Raum der Unwissenheit, in dem Überreste alter Vorurteile fortexistieren, auch bei Leuten, die eigentlich kaum als Antisemiten bezeichnet werden können.

Aber auch bei gebildeten Deutschen findet man bisweilen eine Art Ignoranz. Ich habe einmal in Anwesenheit eines deutschen Fernsehreporters (Fachmann u. a. für den Nahen Osten) den Ausdruck »das jüdische Volk« benutzt. Fast empört teilte er mir mit, daß es kein solches Volk gäbe. Ich meinte, es sei wohl unsere Sache, wie wir uns definierten, und für die überwiegende Mehrheit der Juden in der Welt, in den Vereinigten Staaten, in Israel und auch in Europa, sei das Vorhandensein des jüdischen Volkes eine gegebene Tatsache. Das wollte er nicht einsehen, und er fügte hinzu, »dann hätten die Araber recht«. Diese letzte Bemerkung fand ich zuerst unverständlich. Nach einer längeren Unterhaltung wurde aber die Bedeutung klar. Der Fernsehreporter wollte damit sagen, gäbe es ein jüdisches Volk, das trotz seiner weltweiten Verbreitung irgendwie zusammenhält, dann hätten die Araber eine gute Rechtfertigung für politische Versuche, alle Juden als Zionisten und Rassisten zu brandmarken und so die alten Formen des Judenhasses neu zu beleben. Wenn aber die Juden kein Volk bilden dürfen, was sind sie überhaupt? Etwa eine Konfession? Ja, da meinte der Fernsehreporter, die Juden seien eine Religionsgemeinschaft, die sich freiwillig bildet aus Menschen verschiedener Nationalitäten, die jüdischen Glaubens sind. Juden in Israel hätten also außer ihrer Konfession kaum was gemeinsam mit Juden in Amerika, Deutschland oder der UdSSR. Und wer das Gegenteil behauptet, müßte Zionist, d. h. Rassist sein. Sonst hätten die Araber recht.

Warum nicht gleich sagen, sonst hätten die Nazis recht gehabt? Mein Bekannter, der Fernsehreporter, war eindeutig nicht imstande, sich mit der komplizierten Wirklichkeit des heutigen Judentums objektiv zu befassen. Und seine Schwierigkeiten sind in Deutschland so weit verbreitet, daß ich mir die Behauptung erlauben darf, sie sind typisch für Deutsche mit linksliberalen bzw. sozialistischen politischen Ansichten, die die nationalsozialistische Vergangenheit verwerfen und den Neonazismus bekämpfen, die aber durch die Auseinandersetzungen zwischen Israel und dessen Gegnern verwirrt worden sind. Solche Deutschen hegen ein Bild der Juden in Deutschland, das aus der Zeit des »jüdischen Abwehrkampfs gegen Antisemitismus und Nationalsozialismus« vor 1933 stammt. (Siehe dazu das Buch von Arnold Paucker, Hamburg 1968.) Wohl unbewußt folgen sie der Propagandalinie des alten »C.V.« (Central-Verein deutscher Staatsbürger jüdischen Glaubens), wie sie damals als Antwort gegen die Diffamierungen der deutschen Rassisten entwickelt wurde. Nach dieser deutschjüdischen Selbstdarstellung, die innerhalb des jüdischen Lagers nur von den Zionisten öffentlich in Frage gestellt wurde, waren die deutschen Juden nicht nur deutsche Staatsbürger, sondern auch Angehörige des deutschen Volkes. Die Anwesenheit der Juden in Deutschland seit der Römerzeit wurde hervorgehoben. Ein jüdisches Volk habe es vielleicht einmal gegeben, gebe es vielleicht noch irgendwo in Osteuropa, aber nicht in Deutschland, wenig-

stens seit dem achtzehnten oder frühen neunzehnten Jahrhundert
nicht. Gelegentlich bezeichnete man die Juden sogar als »deutscher
Stamm« wie die Bayern oder die Sachsen. Die jüdischen Deutschen vergäßen zwar nicht ihre Verbindungen zu Juden in anderen
Ländern und täten ihr Bestes, um z. B. den armen und unterdrückten ostjüdischen Glaubensgenossen zu helfen, aber diese Verbindungen seien rein karitativer und religiöser Art wie die internationalen Obliegenheiten der katholischen Deutschen oder noch
schwächer und besäßen keinen nationalen Charakter. Als »Juden«
seien nur Mitglieder der jüdischen Glaubensgemeinschaft anzusehen, »getaufte Juden« gäbe es nicht. Für die deutschen Juden, in
ihrer großen Mehrheit in Deutschland geboren, gebe es nur eine
nationale Identität: die deutsche.

Schon vor 1933 wurde die C. V.-Linie aus naheliegenden ideolo-
gisch-politischen Gründen von den Zionisten, einer sehr kleinen
Gruppe, bestritten. (Die Zionistische Vereinigung für Deutschland hatte 1933 ca. 10 000 Mitglieder, der Central-Verein aber ca.
70 000.) Aber auch objektiv entsprach diese Propaganda nicht
völlig der wahren Lage der Juden in Deutschland. Nicht alle waren tatsächlich gebürtige Deutsche. Bis zum Jahre 1925 spielte die
Immigration aus dem Osten eine beträchtliche Rolle. Erst nach
der gesetzlichen Drosselung der Einwanderung nach 1925 gingen
die absoluten Zahlen der deutschen Juden zurück. Schon seit
Jahrzehnten hatte die deutsch-jüdische Gemeinschaft keinen
»natürlichen Zuwachs« mehr gehabt, und hatte sich zahlenmäßig
nur durch Einwanderung aus dem Osten erhalten können. Und
auch sehr viele »in Deutschland geborene Juden« stammten aus
Posen und Westpreußen und gehörten in ihrer Mehrheit dem
jiddischsprachigen ostjüdischen Kulturkreis an. Die Assimilation
der Ostjuden ging zwar sehr schnell vor sich, aber die Juden in
Deutschland bildeten vor 1933 eine klar erkennbare Volksgruppe,
nicht nur konfessionell definierbar, mit eigenen Sitten, eigenem
Selbstbewußtsein und eigener Berufs- und Sozialstruktur. Die
Mehrheit der Juden in Deutschland hatte sich nicht restlos assimiliert, trotz der Propaganda der deutsch-jüdischen Organisationen wie des C. V. und des Reichsbundes jüdischer Frontsoldaten.

Eine große geschichtliche Ironie ist es, daß diese Propagandalinie
jetzt, fünfzig Jahre zu spät, zu einem festen Bestandteil der öffentlichen politischen Bildung in der Bundesrepublik geworden ist. Sie
wird normalerweise auch von Angehörigen der verschiedenen
linken Richtungen akzeptiert, die als gute Antifaschisten um jeden

Preis Antisemitismus vermeiden möchten. Die Sprecher der jüdischen Gemeinden in der Bundesrepublik und West-Berlin finden es darüber hinaus politisch nützlich, die alte Propaganda fortzuführen, obwohl auch sie heute den Zionismus vertreten. Aber die C.V.-Linie, die früher nur bedingt zutraf, ist heute völlig irrelevant und irreführend. In den großen jüdischen Gemeinschaften der Welt, in Israel, den Vereinigten Staaten und Großbritannien z. B., ist das Vorhandensein eines jüdischen Volkes offen akzeptiert. (Die Lage in der UdSSR läßt sich leider kaum feststellen.) In Amerika – wie schon oben gezeigt – bestehen heute keine Widersprüche zwischen dieser Tatsache und der gleichzeitigen Zugehörigkeit zur amerikanischen Nation. Und in der Bundesrepublik?

Die überwiegende Mehrheit der Juden in der Bundesrepublik sind nicht deutschen, sondern ostjüdischen Ursprungs, genauso wie ich und wie der politisch immer noch wichtigste Teil der Juden Israels, Einwanderer also, und zwar der ersten oder zweiten Generation. Man findet zwar noch Juden der alten deutsch-jüdischen Tradition, besonders unter den »Berufsjuden«, Gemeindebeamten und »Sprechern« der Juden in der Bundesrepublik und West-Berlin, aber sie bestimmen nicht das hiesige jüdische Milieu. Als amerikanischer Jude fühle ich mich mit meiner Familie trotz aller Unterschiede unter »deutschen« Juden zu Hause, wie dies unter »anderen« Deutschen nie der Fall sein könnte. Nach fünf Jahren in Deutschland habe ich nicht einen Juden kennengelernt, der sich als Deutscher fühlt, obwohl ich wiederholt gehört habe, daß solche jüdischen Deutschen doch existieren. Die wenigen Juden, die in Deutschland wohnen, bilden einen kleinen Teil des jüdischen Volkes und leben innerhalb einer größeren europäischen jüdischen Gemeinschaft, die sowohl mit Israel als auch mit den Vereinigten Staaten verbunden ist. An sich hat dies nichts mit Zionismus zu tun, aber wer es nicht anerkennt, kann weder den Zionismus noch die Juden verstehen.

Man hängt in Deutschland an einem fiktiven Bild der Juden als bloßer Konfession, obwohl alle Erfahrungen dagegen sprechen. Die Gründe dafür sind sowohl in der oben beschriebenen Ignoranz zu suchen, aber auch in den gutgemeinten Versuchen, mit der nationalsozialistischen Vergangenheit zu brechen. Weiter spielen die außenpolitischen Vorstellungen der Bundesregierung sowie auch die der Linken eine große Rolle. Für mich besonders auffallend ist die Verlegenheit der deutschen Linken, die heute Zionismus als imperialistisch, kolonialistisch und rassistisch verwerfen, die aber Antisemitismus als faschistisch ablehnen, die die geistigen

Verbindungen zwischen Israel und den Juden in Deutschland ebensowenig sehen wollen wie die Tatsache, daß fast alle ihre »jüdischen Mitbürger« Israel aktiv unterstützen. Diese Verlegenheit der Linken ist verständlich, aber auch gefährlich. Wenn man objektiv vorhandene Tatsachen nicht zur Kenntnis nimmt, wird der politischen Irrationalität ein zu großer Spielraum überlassen, in dem alte Vorurteile wieder Fuß fassen können. Man kann insbesondere das Neuaufleben des Antisemitismus unter deutschen Jugendlichen nicht mit einem altmodischen und fiktiven Judenbild bekämpfen. Die Juden werden eine sehr wichtige symbolische Rolle in der, schon begonnenen, Auseinandersetzung mit dem deutschen Neufaschismus spielen, und allein aus diesem Grund wäre es ratsam, die Vergangenheit endlich und so schnell wie möglich zu »bewältigen« und die Juden in Deutschland als das zu akzeptieren, was sie sind: Angehörige eines oft unterdrückten Volkes, die mit Israel durch viele Faktoren und nicht nur durch den politischen Zionismus verbunden sind und die hier in Deutschland als Fremde wohnen, obwohl die Möglichkeit einer »Eindeutschung« für die neueren Generationen nicht ausgeschlossen ist. Es wäre auch gut und vernünftig, die Propaganda der Palästinenser etwas realistischer zu bewerten. »Zionismus« heutzutage, in Deutschland wie in Amerika, ist für die Mehrheit der Juden keine politische Ideologie, geschweige denn eine rassistische oder imperialistische, sondern nur der Ausdruck eines nationalen Identitätsgefühls, das angesichts der Angriffe, denen das jüdische Volk ausgesetzt war, durchaus gerechtfertigt und verständlich ist. Der organisierte politische Zionismus im engeren Sinne ist etwas anderes und viel komplizierter, als seine deutschen Gegner meinen.

Und eine kurze Bemerkung zum Schluß: Pragmatisch gibt es kaum ein »Judenproblem« in Deutschland, wir Juden sind eine sehr kleine, kaum einflußreiche Gruppe, eigentlich nur noch symbolisch wichtig. Viel wichtiger, und nicht nur symbolisch, ist die Unfähigkeit der deutschen Gesellschaft, sich mit dem Vorhandensein größerer Ausländergruppen abzufinden. Sie werden von den Deutschen verachtet und fühlen sich völlig entfremdet. Eigentlich hat meine Eigenschaft als Jude eine viel kleinere Rolle in meinen Erfahrungen in Deutschland gespielt als meine Eigenschaft als Amerikaner und Ausländer. Obwohl ich als Wissenschaftler die Ursachen des deutschen Fremdenhasses begreife, finde ich es als Amerikaner und Angehöriger einer jetzt bewußt pluralistischen Gesellschaft immer noch merkwürdig, daß Deutsche (wie auch andere Europäer) die Existenz von anderen Volksgruppen in ihrem Land als problematisch ansehen. An dem Tag, an dem die meisten Deutschen ihre ausländischen Nachbarn als Mitbürger voll akzeptieren und an dem »Gastarbeiter« sich in Deutschland wohl und zu Hause fühlen, werden die Überreste des deutschen Judenproblems auch gelöst sein. Vorher nicht.

Emmi Löwenthal

»Verurteile nicht deinen Nächsten, bis du dich in seiner Lage gesehen hast.« (Mischna Avoth 25)

Emmi Löwenthal, Jahrgang 1923, seit 1945 philosophisch-theologische Studien verbunden mit Verwirklichungsversuchen. 1962 bis 1977 Physiotherapeut in Berlin; zeitgeschichtlich-kosmopolitische Studien.

Ich bin 1923 geboren und wuchs in einem kleinen Ort in Pommern auf. Ich blieb bis 1939 dort, wo die Familien meiner Eltern schon lange ansässig waren. Es gab für uns Juden damals keine Identitätsprobleme. Die Synthese aus liberalem Judentum und Deutschtum schien gelungen. Im Ort und in der Umgebung wußte jeder, daß wir Juden waren, und ich glaube, es wurde als eine Religionszugehörigkeit aufgefaßt, die keine Anfeindung provozierte. Die Anpassung an das Milieu war so normal, daß, während einerseits jüdische Bräuche und Traditionen gepflegt wurden, meine Eltern auch keine »Gefahr« darin sahen, mich am Religionsunterricht teilnehmen zu lassen. So erfuhr ich recht bald, daß »der liebe Heiland von den Juden getötet« wurde, und verwirrt, wie ich war, und aufmerksam die Mitschüler, mußte die Lehrerin einiges klarstellen . . . Etwas später dann, als meine Freundinnen es bedauerten, daß ich nicht mehr mit ihnen im »Bund deutscher Mädchen« sein durfte, war der Grund dafür schon damals derselbe, den später die Nürnberger Gesetze von 1935 formulierten. »Jude ist derjenige, der von vier volljüdischen Großeltern abstammt . . .«
Erst der Nationalsozialismus verstand es, die in Jahrhunderten gewachsenen, traditionellen christlichen Gefühlsinhalte in sein Programm zu amalgamieren und mit ihnen Politik zu machen. Dennoch bleibt es für mich ein bedenkenswertes Phänomen, daß nicht wenige Fischer, Tagelöhner u. a. »kleine Leute« am pommerschen Küstenstreifen sich nicht vorschnell begeisterten, skeptisch blieben und den »Führer«, auch nach der Machtübernahme, für einen »Besessenen« hielten. In diesem Milieu sah mein Vater seine Ansicht bestätigt, das alles könne nicht von Dauer sein. Als ausgezeichneter Kriegsteilnehmer und Mitglied des »Jüdischen Frontkämpferbundes« fühlte er sich außerdem privilegiert und

erwachte aus seinen falschen Hoffnungen erst im November 1938. Die eingeleitete Auswanderung scheiterte am Ausbruch des Krieges. Wir mußten aus Italien zurück in die »Kaserne«, blieben in Berlin, von wo meine Eltern später in einem Todeszug, der nie ein Ziel erreichte, in den Osten »verschickt« wurden.

Im Jahre 1941 wurde ich Mitglied der Gruppe jüdischer Jugendlicher, die als »Baum-Gruppe« in die Geschichte des deutschen Widerstandes einging. Die Gruppe bestand aus zweiunddreißig Jugendlichen, von denen die meisten sich aus gemeinsamer Schulzeit oder von jüdischen Jugendorganisationen her kannten. Verschiedenste Anschauungen und Ideologien provozierten oft harte Debatten, doch der gemeinsame antifaschistische Kampf vereinigte uns, die wir uns unseres Sonderstatus bewußt waren. Wir erlebten die sich eskalierenden Deportationen als besonders deprimierend, weil die Jüdische Gemeinde sich zu organisatorischen Vorbereitungen vom Regime einschalten ließ; denn wir wußten, was für uns die Stunde geschlagen hatte . . . Wir alle bereiteten uns auf ein illegales Leben vor, hatten Kontakte zu ausländischen Arbeitskollegen, die uns Hilfe zusagten.

Der freiwillige Einsatz einiger Freunde bei der Brandlegung auf der Ausstellung »Das Sowjetparadies«, jener vom Propagandaministerium veranstalteten beispiellosen Hetzkampagne, die nicht nur das russische Volk diffamieren, sondern weit mehr noch den Berlinern Angst machen sollte, führte, vermutlich durch einen Spitzel, zu Verhaftungen, und fast alle Freunde wurden im Laufe der folgenden Monate als Hochverräter hingerichtet. Das geschah 1941/42 in Berlin. Gleich anschließend ließen die Nazis 500 völlig unbeteiligte Juden als Geiseln abholen, von denen 250 in Lichterfelde erschossen wurden und der Rest nach Sachsenhausen gebracht wurde.

Dann, als die Deportationen weiter zunahmen, der erste überstürzte Siegesrausch abebbte, die Luftangriffe erste Brandfackeln setzten und die Ostfront neue Perspektiven zeichnete, wurden bei manchen, die auf gepackten Rucksäcken saßen, neue Hoffnungen geweckt. Man glaubte, daß der Krieg zu Ende sein könnte, bevor die Mordabsichten endgültig verwirklicht sein würden. Meine Eltern bemühten sich um Verstecke, doch nur für mich erhielten sie eine Zusage. Und dennoch kam alles ganz anders.

Nachdem Mutter mich an der Straßenbahn hatte abfangen lassen und die Abholer in der Wohnung auf mich warteten, schickten meine Quartiergeber, vor die Tatsache meiner vogelfreien Existenz gestellt, mich fort. Ich kam zu einer Familie in Neukölln, die ich nicht gekannt hatte. Eine Frau mittleren Alters hörte mich an und entschied spontan, daß ich bei ihnen bleiben könnte. Ich war in einen Freundeskreis gläubiger Christen gekommen, die sich wegen ihres Glaubens mit den verfolgten Juden identifizierten. Für sie bedeutete der Nationalsozialismus nicht nur tages- und machtpolitische Gefahren. Sie sahen in seiner Menschenverachtung und dem übersteigerten Judenhaß eine Zerstörung aller menschlichen Werte und Ordnungen, die geistige Verlorenheit eines Zeitalters, das durch das Grauen geprägt wurde. Diese Freunde gaben mir neuen Halt und bestätigten mir durch ihre Mitmenschlichkeit, wie wichtig es für mich war, im Hinblick auf eine künftige humane Welt zu überleben. Lange bevor der Krieg zu Ende war, wußte ich, daß die Nazis sich wohl des deutschen Volkes bedient und es eingefangen hatten, nicht aber das deutsche Volk waren. Der Wert des mir neugeschenkten Lebens und der Mut aller Freunde, die mir trotz eigener politischer Gefährdungen bis ans Ende treu blieben, wurden mir erst voll bewußt, nachdem ich zum erstenmal KZ-Überlebenden begegnete. Ich wollte meine lebensbestimmenden Entscheidungen nicht von bestimmten politischen Entwicklungen in Deutschland – post Auschwitz – abhängig machen . . .

Im Jahre 1948 wurde ich als eine der ersten Deutschen, und mit einem Sonderpaß versehen, nach Kanada eingeladen. In den nachfolgenden Jahren bis zu meiner Rückkehr bin ich viel gereist. Ich bedaure es bis heute, daß es mir nicht gelungen ist, meinen kanadischen Freunden verständlich zu machen, warum ich nicht dort bleiben wollte, ebenso wie ich damals für ihre Verwunderung darüber keine ausreichende Erklärung fand, daß die Emigranten aus Deutschland sich von denen anderer Nationalitäten darin unterschieden, daß sie, beinahe übergangslos, versuchten, ihre Identität aufzugeben . . . Bevor ich 1955 zurückkam, traf ich in der Schweiz noch einen alten Freund der Familie, der als Demokrat 1933 Deutschland verlassen mußte. Er hatte sich damals geschworen, nie wieder deutschen Boden zu betreten. Die eingeleitete Wiedergutmachung und die übereilte Versöhnung der Juden und ihre Rückkehr empörten ihn, und sie überschatteten seine Sorge über die allgemeine politische Entwicklung. Der väterliche Freund warnte mich, und auch die Beispiele meiner mutigen Freunde vermochten ihn nicht zu beeindrucken; denn er wußte nicht nur von den vielen einzelnen Widerstandsaktionen und dem Aufstand der letzten Stunde, sondern erinnerte sich an manche »Handlungsreisende« des frühen inneren Widerstandes, von denen nur wenige überlebt hatten. Seine Prognose blieb pessimistisch; er hielt die Deutschen, seine Landsleute, für Unverbesserliche und kam nie mehr zurück . . .

Meinen Rückblick auf die fünfziger Jahre möchte ich nicht beenden, ohne an Erich Lüth und Rudolf Küstermeier erinnert zu haben, die mit ihrem tiefen moralischen Engagement die Initiatoren der Wiedergutmachung wurden und sie als notwendige Voraussetzung für eine Versöhnung ansahen. So wurde Martin Buber schon 1951, noch vor der Unterzeichnung des Wiedergutmachungsvertrages, mit dem hanseatischen Goethepreis ausgezeichnet und nahm 1953 die höchste deutsche literarische Ehrung, den Friedenspreis des Deutschen Buchhandels, in Frankfurt entgegen. In seiner Rede in der Paulskirche erklärte er: ». . . Vor ungefähr einer Dekade hat eine beträchtliche Zahl von Deutschen – es müssen viele Tausende gewesen sein – unter indirektem Kommando der deutschen Regierung und dem direkten Kommando seiner Repräsentanten Millionen meines Volkes in systematischer Aktion getötet: eine organisierte Grausamkeit, für die es keinen Vergleich mit irgendeinem vorhergehenden Ereignis gibt.«

Auch wenn diese und andere Vorgänge, zu denen auch die von Präses Kreyssig initiierte »Aktion Sühnezeichen« und die Woche der Brüderlichkeit zu zählen sind, »in der in dem Aufbau eines recht seltsamen Rituals der Verdeckung die ganzjährige Unbrüderlichkeit dem andersdenkenden Nächsten gegenüber in einer Woche abgeschirmt wird«, auch wenn diese Aktionen von allen unterstützt und verstanden werden, denen es um eine aufrichtige Aussöhnung ging und geht – sehr bald schon geisterte in bestimmten Kreisen das Wort von den »nützlichen Idioten« umher; denn im Dunstkreis des kalten Krieges regte sich die alte Saat . . .

Daß nach 1945 Kirchen, Gewerkschaften, Professoren, Theologen, Literaten und Politiker ein gemeinsames Interesse daran hatten, ihre aktive oder passive Unterstützung des NS-Regimes zu tarnen oder zu verharmlosen, ebenso wie Fabrikanten und Industrielle, die in den Mordapparat eingeschaltet waren und nicht den Mut fanden, das zuzugeben, daß sich der erste deutsche Bundeskanzler, Dr. Adenauer, nicht von seiner »rechten Hand«, dem Staatssekretär Dr. Globke trennen konnte – das alles sind Tatsachen. Dr. Globke, wer erinnert sich nicht, war schon ein unersetzlicher Mann, als er bei der Kommentierung der Nürnberger Rassegesetze 1935 mitwirkte und mit seinem großen Wissen auf diesem Gebiet dazu beitrug, daß die Juden einen Sondervermerk in ihre Pässe und die Zusatznamen »Sara« und »Israel« bekamen. Und während all das und manches andere in der bundesdeutschen

Politik sich mauserte, verhandelte der Vertreter Israels und der Juden, Dr. Nahum Goldmann, mit den Repräsentanten der BRD, und es kam 1952 zur Unterzeichnung des Wiedergutmachungsvertrages. Auch die israelischen Gegendemonstrationen hatten es nicht vermocht, eine längere Besinnungspause durchzusetzen, die möglicherweise für alle Betroffenen psychologisch hilfreich gewesen wäre. In Deutschland verbreitete sich sehr bald die Mär, damit könne nun endlich ein Schlußstrich gezogen werden. Nie wurde der Öffentlichkeit ausreichend klargemacht, daß es sich bei den Zahlungen zu einem Teil um Rückerstattungen geraubten Vermögens u. a. m. handelte. Der Grundstein für die Aufrechnung der Millionen Gemordeten mit den Millionen Ost-Flüchtlingen war gelegt. Aber nicht nur das zeigt, wie wenig der Nationalsozialismus und seine Ideologie verstanden und seine demoralisierende, völkerverachtende Grausamkeit der Bevölkerung bewußt wurden und sie zu Einsicht und Umkehr brachten. Ebenso typisch ist die Ambivalenz jüdischer Repräsentanten, wie sie zum Beispiel Karl Marx, Herausgeber der Allgemeinen Jüdischen Wochenzeitung, gezeigt hat, als er auf einer Reise durch Südamerika äußerte: »Die Juden sind in der BRD gewissermaßen auf einem Beobachterposten. Sie sind ein wichtiger Faktor für die Wiedereingliederung Deutschlands in die demokratische Welt.« Etwas später, 1956, verteidigte er Dr. Globke, dieser sei »milder als die anderen . . . hilfreich für viele Juden etc . . .«

Das Erschrecken war allgemein groß, als im Jahre 1959 die Kölner Synagoge mit Hakenkreuzen verschmiert wurde. Als wären die aufgegriffenen jungen Leute vom Himmel gefallen, so reagierte die deutsche Öffentlichkeit und überschlug sich in widersprüchlichen Erklärungen. Sie blieben nichtssagend und wenig aufklärend für die meisten von den Menschen, die sich damals noch redlich um eine Klärung der »nicht bewältigten Vergangenheit« bemühten. Denn die mit den Schmierereien geweckten Erinnerungen trieben Bürger und Studenten auf die Straßen zu Protesten und Kundgebungen, bei denen sie auf mitgetragenen Transparenten gegen »Antisemitismus und Nazismus« ihre Empörung ausdrückten.

Unter der Überschrift »Die Jugend und die deutsche Vergangenheit« veröffentlichte der »Tagesspiegel« am 10. Januar 1960 einen Leserbrief, der den Konflikt einer Berliner Oberschule betraf und zu den Schmierereien Stellung nahm. Durch Kontaktnahme mit der Schreiberin lernte ich durch sie ein zu Ende gehendes Schuldrama kennen. Katharina hatte sich schon lange bei vielen ihrer

Lehrer unbeliebt gemacht, weil sie u. a. versuchte, in den Deutsch-
unterricht, neben dem klassischen Stoff, Heinrich Böll einzufüh-
ren, dessen »Billard um halbzehn« gerade veröffentlicht worden
war. Jetzt aber, sie stand wenige Wochen vor dem Abitur, wurde
durch die Briefveröffentlichung ein lange schwelender, politischer
Zündstoff hochgespielt, so daß sie wenig Hoffnung hatte, ihr
Abitur zu bestehen. Ich sprach mit der Mutter, nahm Kontakt mit
dem Tagesspiegel auf, konnte der Schülerin helfen. Nach bestan-
dener Prüfung war die Freude groß, Hintergründe blieben speku-
lativ . . .
Zwei Ereignisse, die Höhepunkte in der deutschen Nachkriegszeit
wurden, beleuchten sehr klar den Stand der derzeitigen Entwicklung: Adolf Eichmanns Festnahme in Argentinien und die durch
den Eichmann-Prozeß erzwungenen politischen Verhandlungen
hatten politische Enthüllungen zur Folge. Erst jetzt wurde mit
Prozessen gegen Mörder und Mitmörder Ernst gemacht. Und als
im Jahre 1963 das Drama von Rolf Hochhuth, »Der Stellvertreter«, aufgeführt wurde, war die Reaktion in vieler Hinsicht auf-
schlußreich. Germanisten und Theaterfachleute meinten dann
auch sehr bald, sie stände in keinem Verhältnis zu der literarischen
Qualität des Stückes . . .
Rolf Hochhuth war es gelungen, die braune Vergangenheit von
Kirche und Industrie, ihre Verflechtung mit dem Nationalsozialismus, dramatisch zu gestalten und darüber hinaus die Judenverfolgung als wesentliches Element des Nationalsozialismus darzustellen. Er machte deutlich, was ihn grundlegend von anderen Formen
des Faschismus und Totalitarismus unterscheidet: »Ehe die Nazis
die Juden verfolgten, (haben) Kirche und Christenheit fast zwei
Jahrtausende hindurch Antijudaismus gezüchtet und geschürt, so
daß ohne diese Vorarbeit der christlichen Pogromisten die Bestialitäten der Nazis nicht möglich gewesen wären.« Die Aufführung
konzentrierte sich auf das Wesentliche: Hätte der Papst, das Ober-
haupt eines großen Teiles der Christenheit, sich während der NS-
Herrschaft entschiedener und eindeutiger verhalten sollen, Partei
nehmen für Verfolgte, Geschmähte und in den Tod Gejagte, oder
war diese seine vorsichtige Verhaltenheit eine weise Taktik, mit
der er versuchte, Schlimmeres zu verhüten?
Für Kenner und Miterlebende der »braunen Jahre« ist es keine
Frage, daß das Potential menschlicher Grausamkeit damals voll
ausgeschöpft und, losgelöst von allen ethischen Bindungen, optimal im Einsatz war und dies geschehen konnte, ohne daß sich eine
Weltmacht oder die Kirche dagegen stemmte, als es noch möglich

war. Es stimmt nachdenklich, wenn 1963 der »Mannheimer Morgen« von einer Diskussion um den »Stellvertreter« berichtete: »Stimme aus dem Publikum: Meinen Sie nicht, es sei an der Zeit, daß die katholische Kirche und die deutschen Bischöfe ein öffentliches Schuldbekenntnis ablegen, wie es die evangelische Kirche tat?« Monsignore Leiber: »Ich hoffe, daß die Kirche nicht daran denkt, auch noch ein Schuldbekenntnis abzulegen.« Ruf aus dem Publikum: »Warum nicht?« Monsignore Leiber: »Weil die Dinge geklärt sind.«

Es stellt sich die Frage: Müßten nicht heute, im Jahre 1979, die Gespräche, nach beinahe zwanzigjähriger Pause, fortgesetzt werden . . .?

Basisarbeit in einem Bezirk des Berliner Nordens brachte mir, in fünfzehnjähriger freier Berufstätigkeit, Einblick in demokratiemüde Seelen, die, zwischen Kirchen und Parteien hin- und hergeworfen, intellektuell überfordert, zu satten Konsumenten wurden, ihre Leerräume mit dem Standpunkt des »Ohne mich« und des Bild-Lesers ausfüllten und von vergangenen angeblichen guten Zeiten träumten . . . Es werfe keiner, der diese Leute nicht kennt, mit Steinen auf sie; denn sie wurden beim unaufhaltsamen Aufbau des Wirtschaftswunders übersehen und nicht so informiert, wie sie es verdient hätten. So leben sie in Klischees des Kalten Krieges, haben zu der ihnen geschenkten Demokratie kein rechtes Verhältnis. Sie können nur materielle Vorteile beurteilen und bleiben so ewig unzufrieden, weil sie meinen, zu kurz gekommen zu sein in der Wohlstandsgesellschaft. Sie belauern ihre Nachbarn, sind mit ihren Ängsten unbarmherzig und neidisch geworden und von Vorurteilen beherrscht: Da gibt es die Umkehrung der Realitäten, als hätten die Russen einen Raubzug nach Mitteleuropa unternommen und die demokratischen Mächte sie dabei unterstützt, gibt es einen Horror gegen die Ostverträge bei gleichzeitiger freudiger Wahrnehmung der »menschlichen Öffnung«. Weil er die Versöhnung mit den lange verteufelten, überfallenen und gemordeten Ostvölkern förderte, ist Willy Brandt eine negative Symbolfigur für das »schlechte Gewissen« geworden; die schmutzigen Taktiken der Wahlkampagnen der sechziger Jahre haben dazu nicht wenig beigetragen. Sie allerdings wurden Lehrbeispiele für undemokratisches Verhalten für die ganze Bundesrepublik; denn in keiner gewachsenen Demokratie westlichen Zuschnitts wären diese Methoden vom Wählervolk toleriert worden . . . So ist es auch heute noch schwer, etwa den Unterschied zwischen einem ehemaligen marxistischen Kämpfer wie Herbert Wehner, der inzwischen bewährter Bundesdemokrat geworden ist und eine Umkehr vollzogen hat, und einem vom Faschismus infizierten, uneinsichtigen alten Parteigenossen zu verdeutlichen; ebenso abgründig blieben die Verdächtigungen gegen Bischof Scharf, der Ulrike Meinhof im Gefängnis besuchte und in den Ruf eines Sympathisanten geriet, während Besuche des teuersten Gefangenen der BRD Rudolf Heß für die gleichen Kreise selbstverständlich sind. Der Presse gelang es bisher nicht, ihren Lesern verständlich zu machen, daß sich human Gesinnte in der ganzen Welt mit der Bundesrepublik schwer tun; denn immer noch bekennt sich Rudolf Heß zum Nationalsozialismus und betrachtet sich als der 1933 vom »Führer« eingesetzte Stellvertreter.

Zuerst verhalten und vereinzelt, dann immer häufiger, wurde ich gefragt: Ja, sagen Sie mal, sind Sie eigentlich jüdisch? Ich wunderte mich immer über diese Frage, mußte aber eingestehen, daß es mir bei der Aufklärung über den Nationalsozialismus immer darum gegangen ist, ihn nicht nur in seinen extremsten Auswüchsen darzulegen, wie Verunmenschlichung von Juden und Zigeunern, Versklavung aller Ostvölker, Ausschaltung der deutschen Opposition. Ich habe vielmehr immer wieder auf den Schaden hingewiesen, den die gesamte Bevölkerung erlitten hat. Das fing mit der Parole »Kanonen statt Butter« an und endete mit den Millionen von Söhnen und Vätern, die ihr Leben im Krieg lassen mußten.

Die Legenden scheinen hartnäckiger zu sein, und es ist erstaunlich, was auch »im Jahre 34 danach« noch immer in den Köpfen vieler Deutscher herumspukt . . . Eines aber, und das bleibt trotz mancher Einwände eine Tatsache, hat die Springer-Presse bewirkt, nämlich die Judenverfolgung einem Großteil seiner Leser als das einzuprägen, was sie wirklich war: unmenschlich.

In einer Situation immer noch bestehender Vorurteile, die lange schon den Judenstaat miteinbeziehen, wirkte es wenig aufklärend, daß 1974 im Kirchenbereich ein Pamphlet mit dem Titel: »Palästina und die höheren Interessen« publiziert wurde. Im selben Verlag war noch 1962 die »Arbeitshilfe zur Behandlung der Judenfrage in evangelischer Sicht« erschienen, die dem Leser das Wesen christlich-jüdischer Beziehungen zeigte und keine Feindschaft zuließ. Es genügte ein Zeitraum von zwölf Jahren, um in Schwarzweißmalerei den politischen Zionismus aus einseitiger marxistischer Sicht und nur in seinen Realbezügen zu interpretieren. So wird u. a. der 1. Teil der Proklamationsurkunde des Staates Israel vom 14. Mai 1948 abgedruckt, während der 2. Teil fehlt, in dem die

Verwobenheit der jüdischen Diasporageschichte mit der Geschichte der Christen dargestellt wird, deren letzter Höhepunkt »Auschwitz«, wie Ben Gurion gesagt hat, die Staatsgründung beschleunigte: denn die Leiden der überlebenden Opfer überstiegen alle Vorstellungen . . . Wer seit Samuels Zeiten um die Gefahren weiß, die Staatlichkeit dem jüdischen Geist zu bringen vermag, ist schlecht beraten, bei seiner eindimensionalen Kritik am Staat Israel ausgerechnet Martin Buber als Kronzeugen anzurufen; denn er bezeichnete sich nicht nur als einen Erzjuden, sondern er war auch bis an sein Lebensende überzeugter Zionist.

Wen verwundert es da noch, daß man sich dafür entschied, die Oberammergauer Passionsspiele in alter Fassung weiter aufzuführen? Das ist nicht nur bedenklich, weil die Spiele im Dritten Reich die Heilstheologie der Nazis untermalten, sondern auch, nach Aussage eines päpstlichen Prälaten, »das Denken und Fühlen ganzer Nationen beeinflußt haben.« Über die Rolle der Juden in diesem Spiel schrieb er: »Ihr rücksichtsloser Haß wird das unmittelbare Motiv für die Leidensgeschichte des Herrn.« Hier sollten sich katholische Christen engagieren, ebenso wie bei den notwendigen Korrekturen ihrer Gebetbücher, in denen die »Kreuzigung Christi als das von Juden begangene größte Verbrechen, mit dem jemals die Welt besudelt wurde«, dargestellt ist.

Wohltuend bleibt die Erinnerung an Papst Johannes den XXIII., der als 79jähriger »die Fenster seiner Kirche weit aufstieß« und mit seinem Bußgebet für die »Brüder in Christo« eine Bresche schlug: ». . . Vergib uns die Verfluchung, die wir zu Unrecht aussprachen über den Namen der Juden. Vergib uns, daß wir Dich in ihrem Fluche zum zweiten Male kreuzigten. Denn wir wußten nicht, was wir taten . . .« Unvergessen bleibt der Einsatz Kardinal Beas, der »früh den Zorn des Heiligen Offiziums erregte durch seine Vorbereitung eines Schemas über die Juden, das den kirchlichen und theologischen Antisemitismus in seinem Herzkern brechen sollte«, das war Anno 1962. Im Mai 1979 veröffentlichte das Zentralkomitee der deutschen Katholiken ein vom Gesprächskreis »Juden und Christen« erarbeitetes Papier, das ein wesentlicher Meilenstein für den jüdisch-christlichen Dialog ist. Weil es um Berührungen der Mitte geht, das, was den Juden zum Juden und den Christen zum Christen macht, gibt es keine Verwischungen und Umgehungen der Unterschiede und manifestiert den Geist Johannes XXIII.

1971 begegnete ich Herrn Hesse, Jahrgang 1902, gebürtiger Ostpreuße, Maurer. Er verlor seinen ältesten Sohn bei Stalingrad, kehrte selbst mit einer schweren Wirbelsäulenverletzung aus dem Krieg zurück und wurde überzeugter Pazifist. Sozialdemokrat seit frühester Jugend, haderte er seit 1945 mit seiner Partei. Zu Beginn der Großen Koalition 1966 schickte er sein Parteibuch zurück. Er wollte es nicht noch einmal erleben, den Anfängen nicht gewehrt zu haben . . .

»Wer um Frieden bittet und darüber hinaus um Versöhnung, der muß wahrhaftig sein, der muß zur Wahrheit sich fähig machen.« Das sagte Bundeskanzler Schmidt am 9. November 1978 in der Synagoge in Köln.

Der Hoffnung, daß seine Worte die Seelen vieler mündiger Bürger erreichen mögen, füge ich den von Hillel überlieferten Ausspruch hinzu: »Verurteile nicht deinen Nächsten, bis du dich in seiner Lage gesehen hast.« (Mischna Avoth 25)

Konrad Merz

Die toten Juden
werden zum zweiten Mal umgebracht

Konrad Merz, geboren 1908 in Berlin. 1934 Flucht nach Holland. Werke: »Ein Mensch fällt aus Deutschland«, »Der Mann, der Hitler nicht erschossen hat«, »Tristan & I, Traumspiel vom Letzten Levi in Deutschland nach 1945«. Arbeitet als Medizinischer Masseur in Purmerend bei Amsterdam.

»Fühlen Sie sich als Deutscher oder als Jude?« Und das soll eine Frage sein im Jahre 1979 nach Christus! Herr Löwe, fühlen Sie sich als Raubtier oder als Löwe? Weil ich, ehrlich gesagt, weder das eine bin noch der andere, möchte ich bei Ihrer Frage lieber gleich im Anfang kleben bleiben: fühlen Sie sich? Auch eine Frage, sogar eine koschere; und wär's schon deshalb, weil sie nur noch an wenige von uns gestellt werden kann.

1945 bin ich, versuchsweise, von den Toten auferstanden. Dies waren nicht nur die ermordeten Juden, das waren *alle* Ermordeten. Seitdem klopft mir die Frage an die Stirn: fühlst du dich? (Ich spreche mich nämlich meistens mit Du an, seitdem ich gemerkt habe: es ist vorteilhafter, zu den Lebenden zu gehören als zu den Toten – wenn auch gefährlicher.)

Was soll ich dazu sagen: Ich habe den Lessing im Mund, den Goethe, den Heine, den Brecht – kann ich etwa sprechen, wenn sie nicht mitsprechen? Ich habe auch den Hitler in mir, und zwar wie eine Giftgeschwulst. Meschugge geworden bin ich an ihr, totgegangen bin ich an ihr als Jude, geboren worden bin ich an ihr als Ich, also auch als Jude.

An dieser Stelle muß ich gestehen: an den Juden liebe ich am meisten die jüdischen Witze, aber nicht weil sie jüdisch sind, sondern weil sie witzig sind – so ein schlechter Jude bin ich.

Was weiß man schon von sich: Zum Beispiel hab ich keine Ahnung, ob ich eigentlich beten kann. Auf jeden Fall kann ich keine vorgeschriebenen Worte beten; nicht mal singen kann ich die. Aber meine eigenen Worte sprechen kann ich.

Von Beruf bin ich medizinischer Masseur; ich muß Menschen behandeln. Womit? Mit Freundlichkeit. Damit sie lernen, wie das ist, wenn man freundlich ist zu sich und zu andern (wenn es mehr Freundlichkeit gäbe auf der Welt, gäbe es weniger Antisemiten). Und das alles, obwohl ich links vielleicht Jude bin und rechts vielleicht Deutscher – und auch, obwohl ich das nicht bin, sondern links und rechts nur Masseur.

Ich lebe in Holland. Mein Mund spricht Deutsch (genauer Berlinisch), auch wenn er Holländisch spricht. Die Holländer, die in meine Praxis kommen, sagen: meinetwegen – ein Deutscher, oder: meinetwegen – ein Jude. Die meisten sagen: auf jeden Fall – mein Masseur. Meine Aufgabe ist es – tragikomischerweise –, die Menschen glücklicher zu machen. Ein jüdischer Komiker hat mal gesagt: es gibt im Leben keine größere Macht als einen glücklichen Menschen.

Schrecklich muß es sein, wenn man ein Antisemit sein muß. Weil ich bei Begegnungen mit solchen immer Jude bin, erstaunt es mich vorsorglicherweise nie, wenn jemand von jemandem sagt: der ist Antisemit. Dann bin ich schon lieber erstaunter, falls jemand von jemandem versichert: der ist kein Antisemit. Die Bekämpfung des Antisemitismus besteht nicht darin, daß man kein Schweinefleisch ißt, aber auch nicht darin, daß man sich von Schweinen fressen läßt.

Auch wenn kein einziger lebendiger Jude mehr vorhanden wäre, würden die Antisemiten Antisemiten bleiben. Das besagt alles über die Antisemiten und nichts über die Juden.

Ein Hunger nach Deutschland – tja, der bleibt bei uns, in uns, die wir viel gehungert haben. Na und? Ich weiß nicht, was Goethe zu Hitler gesagt hat. Niemand weiß das. Auch bei Schiller nicht. Bei Lessing weiß man's. Aber die Deutschen haben den Lessing verraten, sie sind zu Schiller übergelaufen, und zwar zu einem Schiller, den die Unterlehrer ihnen eingetrichtert haben, einem, der nur noch in den vorgeschriebenen Farben schillern darf.

Ich fahre gern nach Berlin. Aber ob ich dort wohnen könnte, weiß ich nicht. Wenn ich an Deutschland denke, wohn' ich am liebsten in Holland. Dort gibt es mehr Wasser, in Berlin mehr Bier. Aber im Wasser wohnen für mich keine Erinnerungen an Hitler.

»Denk ich an Deutschland in der Nacht,
Dann bin ich um den Heine gebracht . . .«

Falls ich jedoch Deutscher sein soll, bin ich hauptsächlich Berliner (das hängt mit meinem Haupt zusammen). Wenn ich spreche, brauch' ich nicht noch dabei zu sagen: ich bin Berliner. Das mußte Kennedy, weil's bei ihm nicht wahr war.

Berlin wußte nicht, warum es an Hitler sterben sollte. Diese Stadt hat es nicht verdient; sie unterschied sich von den meisten andern Orten Deutschlands durch Fremdheit oder Feindschaft gegenüber Hitler. Noch zu Anfang seiner Herrschaft hat es mit Mehrheit gegen ihn gewählt (wie auch Hamburg). Viele Tausende von Juden hat man dann während der Trümmerjahre in Berlin verstecken können; 5000 sind dort so gerettet worden, sagt man. Vergessen wir das nicht.

Als Kortner nach Kriegsende in Berlin war, entdeckte er an einer vergessenen Litfaß-Säule ein Plakat, auf dem die Visage von Hitler der Masse entgegenschrie: Was tust du Deutscher für dein Vaterland! Darunter hatte ein Berliner gekritzelt: Ick zittere!

Und ausgerechnet in dieser Stadt mußte Hitler das größte Grab graben.

Da ich nicht in Deutschland wohne, weiß ich nicht, ob die braunen Blätter an den Bäumen dort wieder grün sein dürfen – auch wenn keiner hinsieht. Ich weiß nicht mal, ob die Hunde in Deutschland noch bellen dürfen – falls sie auf Deutsch bellen.

Ein guter Jude? Ein schlechter Deutscher? Ich kann mir nicht vorstellen, daß es einem Juden noch beschieden sein sollte, ein guter Deutscher zu werden; auch ein schlechter Jude bringt das wohl nicht fertig. Es leben zu viele tote Juden in Deutschland – auch wenn es dort jetzt weniger lebende Antisemiten geben sollte.

Ich habe den Eindruck, daß die toten Juden, die in Deutschland leben, täglich weniger werden. Am Schluß wird es keine mehr geben. Und die lebenden Deutschen werden gar nicht merken, daß sie die toten Juden zum zweitenmal umgebracht haben.

Ach, könnte ich's noch erleben, daß Deutsche aufwachsen, die meinen Eindruck umbringen – und nicht die toten Juden!

Alfred Moos

Eine ambivalente Existenz

Alfred Moos, geboren 1913 in Ulm (Donau). Nach Abitur 1931
vier Semester Jurastudium in Heidelberg und Berlin. 1933 nach
England ausgewandert, 1935 von dort nach Tel-Aviv. 1953 Rück-
kehr nach Ulm. 1954 Eintritt in die SPD, später auch aktiv in der
Ostermarschbewegung und der Internationale der Kriegsdienst-
gegner. Seit 1976 Rentner.

Als ich die Aufforderung erhielt, einen Beitrag zum Buchprojekt
»Juden in der Bundesrepublik« zu liefern, mußte ich zunächst
feststellen, daß ich offenbar ein deutscher Jude besonderer Art bin,
der in keine der genannten Schubladen paßt. Weder zog ich mich
freiwillig in ein »Ghetto« zurück, um nur mit Juden zu verkehren,
was in einer Mittelstadt, in der es kaum Juden gibt, auch nicht gut
möglich gewesen wäre, noch hatte ich je die Absicht, »deutscher
als die Deutschen« aufzutreten. Ein derartiger Nationalismus
hätte, ganz abgesehen von dem leicht komischen Aspekt einer
solchen Haltung, auch schlecht zu meinen politischen Überzeugungen gepaßt, worüber noch zu sprechen sein wird.
Ich bin 1913 in Ulm an der Donau geboren. Die Familie meines
Vaters lebte, soweit sich dies zurückverfolgen läßt, in dem süd-
westdeutschen Gebiet zwischen Bodensee und Donau. Ein Moysis
Baruch Ainstein übersiedelte 1665 von Wangen am Untersee nach
Buchau am Federsee. Er war der Begründer der Familie, der Albert
Einstein entstammt. Sein Vater und meine Großmutter waren
Geschwister. Die Familie meiner Mutter stammt aus den verschie-
denen Teilen Bayerns. Es gab Rabbiner unter den Vorfahren und
radikale Journalisten in der Zeit vor der Revolution von 1848.
Meine Großmutter mütterlicherseits stammte aus einer Münchener Goldschmiedsfamilie, der ersten, die vom bayerischen König
für dieses Handwerk ein Privileg erhalten hatte. Mein Großvater J.
Herzfelder war zwar von Beruf Rechtsanwalt – jüdische Akademiker konnten damals nur Ärzte oder Anwälte werden –, seiner
Neigung nach aber Dichter und Goetheforscher. Wenn also der
familiäre Hintergrund auch süddeutsch-jüdisch ist, so weicht er

doch von einem ausschließlich durch kaufmännische Berufe bestimmten Typus ab.

Gerade im Zusammenhang mit dem Thema dieses Beitrags ist
vielleicht erwähnenswert, daß sich auch mein Großvater Herzfelder vor 100 Jahren mit der Problematik eines Lebens als Jude in
Deutschland auseinandersetzen mußte. Der 1883 bei Cotta erschienene Gedichtband enthält ein Gedicht, aus dem ich einige
Verse zitieren möchte, um all denen, die nicht wissen können, wie
deutsche Juden als Folge immer wiederkehrender antisemitischer
Angriffe damals dachten, zu zeigen, daß das Thema »Juden in
Deutschland« selbst in den Hochzeiten der Emanzipation immer
aktuell war.

EIN DEUTSCHER JUDE

Er sprach: Warum ich nicht zerreiße
Zu meinem Volk das schwache Band?
Warum ich nicht die Gnadenspeise
Empfang' aus Eures Priesters Hand?
So fragt Ihr. – Soll ich, frei vom alten,
Die Seel entweihn mit neuem Lug?
Wie Ihr zu kleinem Holze spalten
Das Kreuz, daran man Christum schlug?

Ein Bürger sonnenhellrer Zeiten,
Die freilich noch die Wolke deckt,
Will ich durchs Leben rüstig schreiten,
Von Kreuz und Talmud ungeneckt.
Und wenn ich doch zu Juda stehe –
Nicht jenes Glaubens morscher Kitt,
Uns bindet tausendjähr'ges Wehe,
Das blutig ihm ins Leben schnitt.

Ihr lächelt. – Sei es drum! Ich schlage
Doch Eure Geistesschlachten mit,
Und wer das deutsche Banner trage,
Ihm folg' ich freudig Schritt um Schritt.
Dein Boden gab mir Raum zur Wiege,
Gib mir zum Grab ein Fleckchen Sand,
Wenn ich dem letzten Kampf erliege,
Geliebtes deutsches Vaterland!

Mein Vater wurde nach seinen Erfahrungen als Frontsoldat im
Ersten Weltkrieg radikaler Demokrat und Pazifist, wenn er auch

als selbständiger Kaufmann nie die Schranken seiner Klassenzuge-
hörigkeit auf Dauer überspringen konnte. Immerhin wurden die
Grundlagen für meine politische Entwicklung zuerst im Elternhaus geprägt, wo immer eine Reihe demokratischer, pazifistischer
und sich mit dem Antisemitismus auseinandersetzender Zeitungen und Zeitschriften gehalten wurden. Bei nachträglicher Betrachtung der gesellschaftlichen Einordnung meiner Eltern und
ihrer Freunde (fast ausschließlich Kaufleute) fällt auf, daß sie in
ihrer Freizeit beinahe nur mit anderen Juden verkehrten und dies
offenbar ganz natürlich fanden, d.h., sie betrachteten sich unre-
flektiert als Deutsche und hatten außerhalb ihrer beruflichen Tätigkeit doch fast keinen Kontakt zu Nichtjuden. Bei der Minderheit
von Akademikern und Intellektuellen, vor allem in Großstädten,
war die Situation bestimmt ganz anders, aber in meinem Elternhaus waren die Verhältnisse jedenfalls so zwiespältig, und
sie waren ganz sicher auch eine der Ursachen für immer wie-
derkehrende Spannungen in meinem Leben als Deutscher und
Jude.
Als Siebzehnjähriger wurde ich Mitglied des Reichsbanners
Schwarz-Rot-Gold, nach dem Abitur 1931 der SPD und der Sozialistischen Studentenschaft. Aus diesen Organisationen trat ich
aber schon 1932 wieder aus, da ich mit der damaligen Politik der
SPD gar nicht einverstanden war und weil ich anfing zu erkennen,
welche Schuld die Führer dieser Partei an der Entwicklung von
1918 bis zur Zerschlagung der Republik 1932/33 hatten. Nach
zweijährigem Jurastudium mußte ich mich 1933 nach einer anderen Tätigkeit umsehen. Es gelang mir, in London als Volontär in
einem Import-Export-Geschäft unterzukommen. Im Gegensatz
zur großen Mehrheit meiner Leidensgenossen habe ich mich von
dem Schlag, den ich 1933 erlitten habe, nie ganz erholt. Dazu war
meine Verwurzelung in Deutschland zu tief, meine emotionale
Bindung an die deutsche Arbeiterbewegung zu eng gewesen. Auch
beruflich hatte ich als Student schon ziemlich bestimmte Vorstellungen und all dies war nun mit einem Schlag zerstört. Kein
Wunder, daß ich als Reaktion eine Art von »Tragt-ihn-mit-Stolz,-
den-gelben-Fleck«-Trotzhaltung entwickelte, ohne deshalb meine
Bindungen zu einem »anderen«, besseren, demokratischen und
sozialistischen Deutschland lösen zu können. Im Gegenteil: in
London schloß ich mich der Auslandsorganisation der Sozialistischen Arbeiterpartei (SAP) an und war so aktiv, wie es meine
berufliche Tätigkeit und die in England zu beachtende Vorsicht
erlaubten. Die Hinwendung zum Judentum war aber gleichzeitig

so stark, daß ich mich 1935 – der immer wiederkehrenden Bittge-
suche um Verlängerung meiner Arbeitserlaubnis in England müde
geworden – entschloß, nach Palästina zu gehen. 1936 habe ich dort
meine ebenfalls aus Ulm stammende Frau geheiratet, 1947 wurde
unser älterer Sohn in Tel-Aviv geboren.

Wenn wir in diesem Band über »Juden in Deutschland« sprechen,
dann möchte ich die Zwiespältigkeit unseres Lebens in Palästina/
Israel als das Problem eines »Juden aus Deutschland« bezeichnen.
Dabei denke ich weniger an die leicht verächtliche, aber teilweise
auch von gewissem Neid geprägte Haltung der meist aus Osteuropa stammenden Juden uns deutschen Juden gegenüber, sondern
daran, daß ich – und ich war keineswegs der einzige, man denke
nur z.B. an einen Mann wie Arnold Zweig – sozusagen ein Doppel-
leben führte. Zum einen war es ein Leben als Jude unter Juden, der,
so gut es ging, hebräisch sprach und mit ihnen trotz entscheidender politischer Gegensätze alle Sorgen unserer ständig von Arabern und während des Kriegs von Rommels Armee bedrohten
jüdischen Existenz teilte, zum anderen aber als deutscher Emigrant, der über Jahre die dortige SAP-Gruppe leitete und der nie
die Hoffnung aufgegeben hatte, eines Tages in ein vom Nationalsozialismus befreites demokratisches und möglichst sozialistisches
Deutschland zurückzukehren. Meine Freunde und ich betonten
immer, daß wir keine Zionisten seien, einmal weil wir nicht glaubten, daß die »Judenfrage« ausschließlich durch Einwanderung
sämtlicher in der Welt lebenden Juden nach Israel zu lösen wäre,
vor allem aber, weil wir als Sozialisten die Haltung der Mehrheit
der in Israel lebenden Juden gegenüber den Arabern für falsch
hielten. Ich möchte hier nicht darüber diskutieren, inwieweit ich
heute unsere damaligen Ansichten für utopisch halte und ob ich
nicht, wenn ich als junger Mensch über die Erfahrungen verfügt
hätte, die ich in den weiteren Jahrzehnten meines Lebens und vor
allem seit meiner Rückkehr nach Westdeutschland gemacht habe,
wenigstens den Versuch gemacht hätte, in Israel feste Wurzeln zu
schlagen und meine deutschen Emigrantenträume begraben hätte.
Wahrscheinlich aber hätte ich dann wiederum unter dem Eindruck
der provinziellen und von einem mir unerträglichen Nationalismus geprägten Verhältnisse in Israel von einem neuen, weltoffe-
nen und von mir freiwillig aufgegebenen Deutschland geträumt,
zumindest in der ersten Zeit nach dem Krieg, bevor die derzeitige
Restauration eingesetzt hatte bzw. bevor sie von mir im fernen
Israel als solche erkannt worden wäre.

Nach vielen Schwierigkeiten privater und anderer Art kehrten wir

Anfang 1953 nach Ulm zurück. Dies war ganz sicher ein falscher Neubeginn. Wir kamen in eine Stadt, mit der wir durch unsere Kindheit, durch die Erinnerung an alte Freunde und Verwandte verbunden waren, und fanden eine Leere vor. Von unseren jüdischen Freunden, von unserer Familie war niemand mehr da und von den nichtjüdischen Freunden und Schulkameraden nur noch ganz wenige. Die heil aus dem Krieg zurückgekehrt waren, lebten meist in anderen Städten. Auffallend war auch, daß der Kitzel, den einige Schulkameraden empfunden haben, als sie mich 1949 und 1951 auf Besuchsreisen zum ersten Mal getroffen hatten, schnell verflogen war, nachdem ich mich in Deutschland wieder fest niedergelassen hatte. Ich hörte nichts mehr von ihnen. Erschien es ihnen inopportun, mit einem Juden (und Sozialisten!) eine alte Schulfreundschaft aufleben zu lassen, oder plagte sie ein schlechtes Gewissen? Ich werde es wohl nie erfahren. Gerechterweise muß man aber auch festhalten, daß sich mein Weg schon 1931 nach dem Abitur von dem aller Schulkameraden getrennt hatte: Sie wurden Mitglieder farbentragender Verbindungen oder des NSDStB, während ich mein bescheidenes Mittagsmahl am »Roten Tisch« der Heidelberger Mensa einnahm.

Es war für mich auch viel schwieriger, eine neue Existenz in dieser Mittelstadt zu gründen, als ich es mir vorgestellt hatte, dies um so mehr, als ich mir, wie ich heute meine, irrtümlich eingebildet hatte, mangels einer anderen Ausbildung nur als Kaufmann mein Brot verdienen zu können, und ich mir wiederum nicht zutraute, dies durch Gründung einer eigenen Firma zu versuchen. Dem stand meine Unkenntnis der Verhältnisse und wohl auch mangelnde kaufmännische Begabung im Wege. Die ersten schlechten Erfahrungen ließen nicht lange auf sich warten. Offensichtlich hatten hiesige mittelständische Kaufleute keinerlei Absicht, sich in meine Lage als jüdischer Rückkehrer zu versetzen, und legten es ausschließlich darauf an, meine Kenntnisse und meine bescheidenen aus dem Ausland mitgebrachten Mittel zu ihrem Nutzen einzusetzen, und zwar genau so lange, wie dies ihren Interessen dienlich war. Eine Bewerbung beim Auswärtigen Amt unter Berufung auf meine im Ausland erworbenen Kenntnisse des internationalen Handels usw. führte nach mehrjähriger Korrespondenz auch zu nichts. Das Auslandsreferat der SPD, der ich 1954 wieder beigetreten war, wies mich 1960 u.a. darauf hin, daß man »das richtige Partei- und Gesangbuch« in der Tasche haben müsse, wenn man bei Nichteinhaltung aller beamtenrechtlichen Vorschriften eine Anstellung beim AA haben wolle. In der damaligen

Sowjetischen Besatzungszone hätte ich 1949, ohne daß ich mich darum beworben hatte, eine leitende Stellung in der staatlichen Außenhandelsstelle haben können, aber damals wollte ich nicht. – Ein privater Unternehmer lehnte es 1958 einem Bekannten gegenüber, der sich für mich verwenden wollte, ab, einen Juden zu beschäftigen, »aus Rücksicht auf die anderen Angestellten«, wie er meinte.

Durch aktive Mitarbeit in der SPD, der Ostermarschbewegung und der Internationale der Kriegsdienstgegner (jetzt Deutsche Friedensgesellschaft/Verband der Kriegsdienstgegner) gewann ich einige Freunde, die meist wesentlich jünger waren als ich. Leider sind fast alle wieder von Ulm weggezogen, so daß wir heute ziemlich isoliert leben. Ich möchte aber keineswegs den Eindruck erwecken, als wären nur die anderen an dieser Vereinsamung schuld. Aus familiären Gründen war es mir oft nicht möglich, dauerhafte Beziehungen mit den Kreisen anzuknüpfen, die mir offenstanden und mit denen mich gleichliegende Interessen verbunden hätten. Von manchen Möglichkeiten, die mir geboten waren, konnte ich keinen Gebrauch machen. Aus all dem mag man entnehmen, daß meine persönlichen Erfahrungen nicht unbedingt andere Juden dazu motivieren können, ausgerechnet in Deutschland zu leben, wenn sie aus irgendwelchen Gründen ihre Zelte, die sie in Israel oder irgendeinem Emigrationsland aufgeschlagen hatten, abbrechen wollen. Dies gilt besonders, wenn keine religiösen Bindungen vorhanden sind und man deshalb von dem, was die kleineren jüdischen Gemeinden in Deutschland anzubieten haben, keinen Gebrauch machen kann. (In einer Großstadt wie z.B. Berlin mit einer jüdischen Volkshochschule usw. mag dies anders sein.)

Ich konnte mich auch mit der betont bürgerlichen und gelegentlich ausgesprochen rechtslastigen politischen Einstellung mancher offiziellen Repräsentanten des deutschen Judentums nicht anfreunden, weshalb ich auch nicht Mitglied einer Gemeinde wurde. Erst in jüngster Zeit scheinen einige bemerkt zu haben, wohin der Weg der von ihnen unterstützten Politiker und Pressegewaltigen geführt hat. Für mich war das Verhalten dieser Repräsentanten des deutschen Judentums eine Wiederholung der Entwicklung vor 1933 im Miniformat. Die wohlhabenden Juden waren auch damals in einer zwiespältigen Situation. Als Besitzbürger glaubten sie, in einem Boot mit ihren meist antisemitischen Klassengenossen zu sitzen, als Juden wäre es ihre Pflicht gewesen, mit der Arbeiterbewegung gegen den von eben dieser Bourgeoisie, großgezogenen

Faschismus zu kämpfen. Zum Unterschied von damals gibt es für die heute in Deutschland lebenden Juden nach all den Erfahrungen, die wir machen mußten, keine Entschuldigung. Es hätte für Juden geradezu eine Selbstverständlichkeit sein müssen, zu gewissen »Persönlichkeiten des öffentlichen Lebens« Distanz zu halten, gleichgültig, ob es sich um ehemalige Nazis handelt oder um Pressezaren, die sich selbst zwar als Freunde der in Deutschland lebenden Juden und des Staates Israel verstehen, die aber mit ihren Boulevardblättern und Illustrierten wieder eine Massenverdummung betreiben, die in ihren Konsequenzen für das deutsche Volk im ganzen und besonders für die wenigen hier lebenden Juden unter ungünstigen Umständen so verderblich werden kann, wie es damals der Einfluß der Hugenberg- und Generalanzeigerpresse war. Dies gilt auch, wenn einer dieser Herren gelegentlich eine Spende für Israel übrig hat oder sich sonstwie lobend über den jüdischen Staat äußert. Manchen Deutschen wiederum bereitet es auch keine Schwierigkeit, den Staat Israel als »westliches Bollwerk« zu schätzen und gleichzeitig ihre antisemitischen und faschistischen Vorurteile weiter zu pflegen.

Manchmal frage ich mich, ob das Unbehagen, das mich in den letzten Jahren immer häufiger überkommt, mehr eine Folge meines isolierten Daseins als jüdischer Rückkehrer ist, oder ob ich dieses Gefühl nicht mit einer großen Zahl nichtjüdischer Demokraten und Sozialisten in der Bundesrepublik teile. Ich meine, daß ich zunächst als Deutscher unter der für dieses Land so typischen restaurativen Entwicklung und unter dem Zwang, mit so vielen Lügen leben zu müssen, leide. Das Wiederaufleben eines antisemitischen Neonazismus kommt für mich als Jude nur noch erschwerend hinzu. Dabei kann ich aber nicht glauben, daß eine jüngere Generation, von einer von den Alten aufgehetzten Minderheit abgesehen, von der Ideologie des »Antisemitismus ohne Juden« erfaßt worden wäre. Dazu fehlen alle Voraussetzungen. Eine antijüdische Ideologie gibt es in Europa, seitdem es das Christentum gibt. Aber gefährlich wurde diese Ideologie für die Juden immer erst dann, wenn ein ökonomischer Anlaß vorhanden war, d.h. wenn wirtschaftliche Interessengegensätze zwischen den Juden und bestimmten Klassen oder Ständen der christlichen Mehrheit vorhanden waren oder aber wenn man andere politische oder wirtschaftliche Schwierigkeiten, Seuchen und dergl. auf die Juden als Sündenböcke abladen wollte. Heute gibt es keine ernsten Interessengegensätze zwischen den Juden und ihrer Umgebung, weil es kaum im Wirtschaftsleben tätige Juden gibt. Gesellschaftliche

Schwierigkeiten gibt es zwar mehr als genug, aber es dürfte rechts-
extremistischen Meinungsmachern schwerfallen, die kaum vorhandenen Juden hierfür verantwortlich zu machen, immer abgesehen von einer aufgehetzten Minderheit. Im Gegenteil: ich meine,
daß der Antisemitismus nach dem Krieg, als die aktiven Nazis
noch in den besten Jahren waren, größer war als heute. Schon 1955
mußte ich einen hiesigen Handwerker wegen übler antisemitischer Äußerungen verklagen, die dieser anläßlich des Todes von
Albert Einstein in einer Gastwirtschaft gemacht hatte. Der junge
Mann, der alles mitangehört und mich darüber unterrichtet hatte,
mußte in zwei Instanzen als Zeuge aussagen. Als Folge davon
wurde er in seinem Betrieb – einem weltbekannten Unternehmen
– von seinen Kollegen als »Verräter« und »Judenknecht« derart
angefeindet und bedroht, daß er seine Stelle aufgab und in die
Schweiz emigrierte.

Natürlich wäre es gelogen, wenn ich behaupten wollte, daß ich
nicht gelegentlich Angst vor den Gewalttätigkeiten der Neonazis
habe, die jeden hier in Deutschland lebenden Juden treffen können, besonders wenn man sein Leben lang ein Linker war und als
solcher bekannt ist. Aber damit muß man leben, wenn man freiwillig in seine deutsche Heimat zurückgekehrt ist, und alles Grü-
beln darüber, ob die Entwicklung in Deutschland nicht vorherseh-
bar war und ob es nicht besser gewesen wäre, nicht hierher zu
kommen, nützt nichts mehr, wenn man einmal hier alt geworden
ist. Ich bin wieder so tief in Deutschland, insbesondere seiner
demokratischen und sozialistischen Vergangenheit, verwurzelt,
daß ich heute diese Bindungen nicht mehr durchschneiden könnte,
ohne sehr darunter zu leiden. Zur gleichen Zeit ist mein Interesse
am Judentum und seiner Geistesgeschichte ständig gewachsen,
und ich bin ziemlich sicher, daß meine weltanschauliche und
politische Entwicklung ohne die zunächst nur im Alltagsleben der
Familie tradierte Sozialethik des Judentums und des jüdischen
Rationalismus nicht denkbar gewesen wäre. Vielleicht bin ich
eines der letzten anachronistischen Überbleibsel aus der Zeit der
vielzitierten deutschjüdischen Symbiose, die es freilich so voll-
ständig und unproblematisch, wie ihre Vertreter damals meinten,
nie gegeben hat.

Franz Rosenzweig, der zusammen mit Martin Buber das Alte
Testament ins Deutsche übersetzte, konnte 1918 in einem Brief
noch feststellen: »Seien wir also Deutsche und Juden. Beides, ohne
uns um das ›und‹ zu sorgen, ja ohne viel davon zu reden – aber
wirklich beides.« Nach Auschwitz wird dieses »und« Menschen,

die in Deutschland leben und sich als Deutsche und Juden verstehen, immer wieder neu zu bewältigende Schwierigkeiten
bereiten.

Ich glaube aber nicht, daß die jüdische Gemeinschaft in Deutschland eine Zukunft hat. Die Nachkommen der heute hier lebenden
Juden gehen entweder durch Mischehen in ihrer nichtjüdischen
Umwelt auf oder sie wandern nach Israel und in andere Länder mit
großen jüdischen Gemeinden aus. Dies gilt sicher in gleicher
Weise für die BRD und die DDR. Mein noch in Tel-Aviv geborener
älterer Sohn hat sich schon für die erste Alternative entschieden,
der jüngere, 1956 in Ulm geborene, wird vermutlich dieselbe Wahl
treffen. Dabei frage ich mich manchmal, ob ich dies bedauern oder
ob ich darüber froh sein soll. Ist es traurig, wenn damit eine sich
über Jahrtausende erstreckende Generationenkette von Menschen
abbricht, die ihr Judentum auch in Zeiten schlimmster Verfolgung
und unter unvorstellbaren Schwierigkeiten erhalten haben, obwohl doch diese jüdische Gemeinschaft der Welt so viel gegeben
hat? Oder soll ich mir sagen, daß im Aufgehen in der Umwelt
hoffentlich das Problem des »und« endlich ausgestanden ist, mit
all den Nöten, die dabei eingeschlossen sind? Ich weiß keine end-
gültige Antwort auf diese Frage.

Postscriptum: Der obige Beitrag wurde vor Ausstrahlung des amerikanischen Fernsehfilms »Holocaust« geschrieben. Ich meine, daß die Reaktionen auf diesen Film gerade bei jüngeren Menschen in Deutschland, die
bisher nichts oder nur wenig über den Massenmord an Juden wußten,
meine eher positive Einschätzung der jungen Generation bestätigt haben,
auch wenn gleichzeitig die Aktivität antisemitischer Rechtsextremisten
zunahm. Was in 26 Jahren nicht geschah: Ich wurde plötzlich von verschiedenen Organisationen und auch einer Lehrerin meines alten Gymnasiums
gebeten, über Antisemitismus und Judenverfolgungen im NS-Staat zu
sprechen.

Peggy Parnass

Schon das Wort Jude
löst Entsetzen und Schuldgefühle aus

Peggy Parnass, Kolumnistin, Autorin, Schauspielerin. Trägerin des Joseph-Drexel-Preises 1979 für hervorragende Leistungen auf dem Gebiet des Journalismus.

Seit über drei Monaten nagelt mich das Thema »Juden in Deutschland«. Blockiert alle anderen Gedanken. Inzwischen bin ich dreieinhalb Wochen überfällig. Ohne daß ich freier im Kopf wäre. Ich weiß selbst nicht, was mich ausgerechnet an diesem Thema ersticken läßt. Hab 1965 schon mal drüber geschrieben, da war es genauso. Ein Grund ist sicher, daß ich jetzt wie damals Angst haben muß, auch guten Freunden auf die Füße zu treten, wenn ich so ehrlich schreibe wie zu jedem anderen Thema auch. Angst, daß sich dann plötzlich Abgründe auftun werden, in die ich reinstürze. Angst, daß sich dann auch das, was ich zum Überleben brauche, die Liebe zu Freunden, als zu schwach erweist, um die Kluft vom Erlebten zu überbrücken. Daß die Brücke, die Freunde und ich zueinander geschlagen haben, sich als nicht tragfähig genug erweist.
Es ist sicher kein Zufall, daß ich, die ich mich sonst mit jedem über Gott und die Welt unterhalten kann und die keine Intimitätsbarrieren gelten läßt, ausgerechnet über das, was mein Leben bestimmt hat und bestimmt, nicht sprechen kann. Genaugenommen immer weniger.
Ich habe die ganze Zeit politisch gearbeitet. Als Linke. Ja, vielleicht ist das die Schwierigkeit für mich – mich als linke Jüdin zu äußern. Jemand sagte mal zu mir: Du sitzt immer zwischen den Stühlen. Das heißt, daß ich nicht in die jüdische Gemeinde reinpasse und dort als Fremde betrachtet werde. Ja, eigentlich, obwohl ich Volljüdin bin, kaum als Jüdin akzeptiert werde. Und zu meinen linken Freunden nur so lange paß, bis die Sprache auf Israel kommt. Ich nehm an, daß, wenn Juden nicht verfolgt würden, Judentum für mich überhaupt kein Thema wäre. Wenn ich in Israel leben würde, hätte ich natürlich auch Schwierigkeiten.
Die Tatsache, daß das Als-Jude-geboren-Sein mein ganzes Leben

anders hat verlaufen lassen, als es sonst verlaufen wäre, läßt mich nicht drumrumkommen, daß ich Jüdin bin.

Wohl deshalb kann ich mich auch nicht damit abfinden, zu sehen, daß es genausolche Idioten unter den Juden gibt wie unter allen anderen. Daß es jüdische Beamte gibt – Schwachköpfe. Ja, daß Juden auch ganz normale Leute sind. Vielleicht weil mein Vater mir eingeprägt hat, daß ich, weil ich Jüdin bin, besser zu sein hab, ehrlicher, moralischer als andere.

Ich merke, wie unendlich schön ich es finde und wie gut es mir tut, auch gegen alle Vernunft, zu hören, daß jemand, den ich besonders achte, der besonders begabt ist, besonders beliebt, auch Jude ist. Auch, daß es mich wärmt, daß Tucholsky und Egon Erwin Kisch, Heinrich Heine, Woody Allen, Rosa Luxemburg, Karl Marx, Einstein, Elisabeth Bergner, Max Reinhard und eine Reihe toller Leute, herrliche Musiker und Schauspieler und Regisseure – daß das auch alles Juden sind.

Wann immer Juden verfolgt werden, egal wo, setzt mein Kopf aus und Gefühl ein. Das trifft mit den Jahren nicht immer weniger, sondern immer heftiger bei mir ins Schwarze. Das heißt, ich reg mich so auf, daß mich fast der Schlag trifft, wenn Juden ungerecht behandelt werden. Und wenn Juden, mit denen ich, solange es ihnen gut geht, überhaupt nichts gemeinsam hab, in der Klemme sind, fühle ich mich auch mit ihnen verwandter als mit anderen. Vorübergehend, bis es ihnen wieder gut geht.

Zwerenz schrieb das Buch »Die Erde ist unbewohnbar wie der Mond«. Schilderte jüdische Spekulanten in Frankfurt. Obwohl in ganz Deutschland die Städte versaut werden von Profitgeiern, die keine Juden sind, sind ihm eben nur die jüdischen eingefallen, die nur genau solche Kotzbrocken sind wie die anderen Raffhaie. Ja, *das* sind so die Dinge, die passieren.

Ich hab den Eindruck, daß besonders junge Leute, die nicht mehr hören können, daß die Deutschen sich schuldig gemacht haben an Juden, daß Juden immer die Verfolgten sind – daß die es genießen, wenn deutlich wird, daß es jüdische Verbrecher gibt, jüdische Schwindler, Hurenböcke, Nachtclub-Besitzer, Bordell-Inhaber – was weiß ich. Daß die sich daran festsaugen. Oder an Katz. Ja, die Geschichte ist ja auch wichtig. Daß ich in den über acht Jahren Schreiben nur aufgrund einer einzigen Geschichte von *allen* Seiten angefeindet worden bin. Und das ist die Geschichte des jüdischen Gastronomen Katz, der Steuern hinterzogen hat in Millionenhöhe oder auch nicht. Was dabei beinah egal ist, weil deutlich wird, daß diese Steuerhinterziehung, die stattgefunden hat oder nicht, und sein Ausbeuten illegaler ausländischer Mitarbeiter, Arbeitshilfen oder wie sich das nennt – daß das alles nur der Aufhänger ist, um einen Juden fertigzumachen. Denn die Angriffe kommen ja von Leuten, die sich normalerweise nicht darüber aufregen, daß Gastronomen ihre Abwäscher ausnehmen wie die Weihnachtsgänse, und die nicht verrückt werden bei dem Gedanken, daß jemand Steuern hinterzieht, sondern das eigentlich selbstverständlich finden. Die vielleicht sauer sind, daß sie selbst nicht so viel verdienen, daß sie so viel hinterziehen können. Aber ansonsten ist Steuerhinterziehung für die meisten eine Selbstverständlichkeit. Wenn's nicht klappt, sind sie sauer. Und wenn es sie also wahnsinnig aufregt, was Katz tut, und wenn sie meinen, daß er dafür Jahre und Jahre in den Knast muß, dann bin ich ganz sicher, daß das nichts mit Steuerpflicht im allgemeinen zu tun hat. Sondern nur mit der Tatsache, daß ein Jude zu Geld gekommen ist. Dazu noch einer, der nicht von Haus aus Geld gehabt hat. Ich glaube, man akzeptiert schon, daß es wieder ein paar jüdische Bankiers gibt. Das schluckt man eher, als daß da so einer hochgekrabbelt ist. Der alle Stufen der Bildung übersprungen hat. Der gar nicht zur hanseatischen Kaufmannsgilde gehört. Der es trotzdem durch irgendwelche Purzelbäume geschafft hat, gleichzuziehen. Nicht, was das soziale Umfeld anbelangt, aber immerhin was den finanziellen Standard betrifft.

Die einen Angriffe kamen von links, sowieso. Mit echter Empörung. Die sich mit Sicherheit nicht nur gegen Katz richtet, sondern überhaupt eben gegen Ausbeutung. Dann von so 'ner Zwischenschicht arrivierter Liberaler, die sich sonst nicht so aufregen. Die haben auch geschrien wie am Spieß. Und dann zusätzlich von jüdischer Seite. Die nicht fand, daß ich den Katz zu glimpflich davonkommen ließ, sondern daß ich den armen Getretenen nochmal trat. In Wirklichkeit ist es so, daß ich seinen Fall behandelt hab wie alle anderen 76 Fälle in meinem Buch »Prozesse« auch.

Daß ich ganz einfach, so gut es ging, hinguckte. Und den Fall überhaupt nur beschrieben hab, weil Katz benachteiligt wurde. Das heißt, innerhalb der Branche der Steuerhinterzieher war er plötzlich eine Klasse für sich. Er saß zwei Jahre, während andere, die erheblich höhere Summen hinterzogen haben, nach zwei, drei Wochen freigelassen wurden. Daß man das damit begründete, daß er als Ausländer ja fliehen könnte, war für mich auch Unsinn. Denn man ließ andere Leute frei, einen Finnen zum Beispiel, der das x-fache hinterzogen hatte. Der als Ausländer in Finnland auch nicht ausslieferbar ist. Und der Ton, dieser unglaubliche Ton gegen

Katz während dieses Prozesses! – Es war klar, man fand, daß dieser kleine Jude zu frech geworden war.

Mir wird klar, daß der Antisemitismus überhaupt nicht weg ist. Der ist nur nicht mehr Volks-*Pflicht*. Aber Volks-*Genuß* sicher weiter. Oh, ist das alles scheußlich! Ich hab überhaupt keine Lust mehr!

Es gab eine Zeit, die Glück bedeutete. Als ich neu hier und Gasthörer an der Uni war. Da waren Leute, die mit erheblicher Verspätung erst studieren konnten. Leute, die Arme, Beine oder verschiedene Eingeweide verloren hatten. Aber die waren weniger verkrüppelt als die blasierten Hirnlosen danach. Ich lebte in einer Wohngemeinschaft mit Rühmkorf, Röhl und Busse. Wir machten politisches Kabarett zusammen. Geld war uns allen egal. Alle um uns herum waren aktive Pazifisten. Kunststück – in einer Zeit, in der auch Adenauer und Strauß dessen Hände abfallen lassen wollten, der zur Waffe griff. Die Deutschen – vorübergehend ein Volk von Außenseitern, bescheiden, nachdenklich, hungrig nach neuen Idealen. Da ließ es sich leben.

Die Eltern meiner vielen Freunde lernte ich fast nie kennen. Es waren auch viele nur aus Protest gegen ihre Eltern mit mir zusammen. Das erinnert mich an meine Jahre in Schweden. Da spielten die Kinder auch nur heimlich mit mir, und ich durfte nie zu denen nach Hause. Dadurch fühl ich mich auch jetzt noch oft alleine. Hab Angst, nicht dazuzugehören, nicht dabeisein zu dürfen. Ausgeschlossen zu sein. Im übertragenen Sinn vor der Tür zu erfrieren, während drinnen alles kuschelig, warm und geborgen ist.

Da ich, wie alle in meiner Familie, nur nackt baden und sonnen mag, trat ich in einen FKK-Verein ein. Damals war nackt baden noch nicht üblich. Als ich erfuhr, daß Rauchen, Trinken und Schminken dort verboten war, trat ich schnell wieder aus. Obwohl ich Nichtraucher und Antialkoholiker bin. Mir stinken Verbote.

Damals wußte ich immerhin noch nicht, daß der FKK-Tugendladen eine Erholungsstätte für Nazis war. Stramme Männer und Frauen, die kraftvoll Volleyball spielten, schrien dauernd: »Nur keine Müdigkeit vorschützen!« und tauschten Kruska-Rezepte aus. Per Anschlag suchte ich eine Mitfahrgelegenheit nach Süd-Frankreich zur Ile du Levant. Für meine Tante Flora, die Auschwitz knapp überlebte, und mich. Wir gerieten dadurch in eine wirklich makabre Situation. Ein dicker Mann und ein Lehrer-Ehepaar aus Plön nahmen uns im VW-Bus mit. Der dicke entpuppte sich als ehemaliger Gauleiter. Die Lehrerin, eine große, blonde, nette Frau, als Gebietsführerin a. D.

Plötzlich entdeckte sie die Auschwitznummer 74559, als Flo ihre Ärmel hochkrempelte. Stellte ein paar Fragen. Flo erzählte, ein bißchen nur und ganz behutsam. Die Frau brach weinend zusammen. Nie was gewußt! Sonst nie mitgemacht, schluchzte sie mit den Händen vorm Gesicht. Tante Flo rutschte rüber auf den Sitz neben der Gebietsführerin, legte ihre kleinen Arme um sie und trocknete ihre Tränen, indem sie sagte: »Nun hören Sie doch auf zu weinen! So schlimm war es nun auch wieder nicht.« Das Opfer tröstet den Henker.

Dieses Nicht-reden-Können. Die Angst, als Ankläger dazustehen. Wissend, daß grade bei den anständigen Leuten schon das Wort Jude Entsetzen und Schuldgefühle auslöst. Immer stellvertretend für die tatsächlichen Nazis in ihrer Familie, bei denen von Schuldbewußtsein wirklich nichts zu merken ist.

Mit Juden kann ich auch nicht reden. Wir wollen alle nicht in den Wunden des anderen rumpulen. Lieber Freude bereiten, wenn's geht. Jeder lenkt sich ab auf seine Art.

Ich erst durch Studentenkabarett, politische Arbeit. Dann, indem ich ein Jahr nach Frankreich abgehauen bin, um mal eine andere Sprache zu hören. Ja, eine andere Sprache hilft immer.

Bei mir in der Wohnung waren jahrelang die deutschen Freunde so sehr in der Minderzahl, daß sie sich wie Ausländer vorkamen. Kim und ich sprechen schwedisch miteinander, mein Bruder Gert und ich englisch. Mein Freundeskreis bestand überwiegend aus Schwarzen von überall her.

Wenn ich deutsche Liebhaber hatte, war ein normaler Krach unter Liebesleuten sofort nicht mehr normal. Wenn ein Kerl auf deutsch brüllt, sehe ich ihn als Nazi. Wissend wie dumm das ist, kann ich trotzdem an meinen dann aufwallenden Haßgefühlen nichts ändern. Wahrscheinlich hat sich so mancher Mann im Krach auch daran erinnert, daß ich Jüdin bin.

Ich frage mich oft hinterher, was Jungs zu mir hinzieht. Ein gewisser Rassenschande-Kitzel? Oder daß ich als Schwedin freier bin? Ich duzte z.B. jeden, als Duzen noch ein Indiz für Beischlaf war. Das führte oft zu blöden Mißverständnissen. Die meisten näherten sich mir sicher nicht aus Protest gegen die *Politik* ihrer Eltern, sondern aus der normalen Wut heraus, die sonst in Fremdenlegion, Sekten, Drogen etc. führt. So ne Art Ausflippen, nicht Liebe.

Ich hab immer, unverbesserlich, an die Liebe auf den ersten Blick geglaubt. Mußte ich. Denn nur wenn die klare Sicht beim zweiten Blick schon getrübt war, hatte die Illusion eine Chance. Meine

Partner waren immer entweder schon verrückt, wenn ich sie kennenlernte. Oder ich kitzelte ihr bißchen Wahnsinn durch meine eigene Unzurechnungsfähigkeit hervor. Irgendwann fielen sie immer in ihre eigentliche Welt zurück. Und verleugneten mich dann mit viel Energie.

All dies gilt nur für meine Liebhaber, nicht für die Leute, die mich liebhaben. Bei denen weiß ich nie, ob sie *sich* nicht antun wollen, mich mit zu ihren Eltern zu nehmen, oder ob sie *mir* die Öde ihres Zuhauses ersparen wollen. Wie auch immer, ich würde wahnsinnig gerne bei all denen mit am Tisch sitzen. Bin ja immer neidisch auf Familienleben, egal wie trostlos es mir geschildert wird.

So lange ich nicht nur unterbezahlt, sondern so gut wie überhaupt nicht bezahlt all die Jahre geackert hab wie ein Tier, war mein Jude-Sein kein Thema. Zumindest kein Negativ-Thema. Es wurde höchstens mal eingesetzt aus politischen Gründen. Wenn antifaschistische Gruppen jemanden zum Vorzeigen auf dem Podium brauchten. Dann war ich vielleicht wichtig, weil ich was bezeugen konnte. Aber – nein, ansonsten war das kein Thema.

Und jetzt, da ich also nach acht Jahren Plackerei durchdringe mit dem, was ich zu erzählen hab, so sieht's jedenfalls aus, passiert was Widerliches. Ekelhaft! Daß Leute, anstatt sich mit mir zu freuen, griesgrämig meinen, daß ich diesen Erfolg nicht meiner jahrelangen Arbeit, sondern meinem Jude-Sein zu verdanken hab. Und daß in weitreichenden Besprechungen, nicht in allen, Gott sei Dank, aber immerhin doch, Reporter, vielleicht auch um für sich selber ein Alibi zu haben, darauf hinweisen, daß ich meine Arbeit, so gewagt wie sie ist, ja nur machen kann, weil sie für mich nicht das Risiko bedeutet, die sie für deutsche Reporter bedeuten würde. D.h. daß ich als Jüdin glimpflicher davonkomme, schonender behandelt werde, einen Freiraum hab. Den ich in Wirklichkeit überhaupt nicht hab. Das haben die Jahre der Arbeit sehr wohl gezeigt.

Mit Sprache war ich sowieso fein raus, da ich immer Sprachunterricht gab, ohne zu übersetzen. Außerdem dolmetschte ich jahrelang auch nachts und feiertags nebenher für Kripo und Gericht. Auf der Liste für Dolmetscher stand neben meinem Namen: »Spezialist für Kanacker«. Weil ich mich auch mit wortarmen Chinesen, Negern, Indern und Orientalen gut unterhalten kann. Einige Polizisten, nicht viel intelligenter oder geschulter als die festgenommenen Seeleute, denken deshalb, daß ich chinesische, afrikanische, finnische und andere Dialekte beherrsche. Ich sage dann bescheiden, irgendwas muß ich ja auch können. Richtig wichtig für mich, außer daß ich pro Stunde fast so viel wie ein Handwerker verdiente, war, daß ich den Ausländern helfen konnte, nicht aus Angst vor einer Vernehmung total zusammenzubrechen. Auch die Beamten wurden nicht ruppig, wenn ich ihnen Anerkennendes übersetzte. Hab ich immer erfunden, Komplimente hin und her, bis sie sich anstrahlten. Ja, damals, in dem Job, konnte ich die jeweilige Atmosphäre tatsächlich noch beeinflussen. Das kommt mir so lange her vor.

Ich wurde Fernsehschauspielerin. Da machte sich mein Jude-Sein, wie eigentlich immer, nur als Fremd-Sein bemerkbar. Man besetzte mich automatisch als Italienerin, Spanierin, Russin, Jüdin, Tschechin, Französin und was es sonst noch so an Wuscheligem gibt. Nicht gerade sehr fantasiereich, die Damen der Besetzungsbüros. Ich galt als schwierig, weil ich nicht bereit war, mich mit jedem Quatsch in Text und Spiel abzufinden. Hoffte immer, die deutschen Grenzen zu sprengen und im Ausland arbeiten zu können. Das war wohl nichts. Denn bevor ich ernsthaft vorpirschen konnte, hatten wir 1968.

Ein Ostern anders als die Jahre davor. Nicht mehr der drei Tage dauernde, über die Kuhdörfer umgeleitete Ostermarsch, der uns einmal sogar zu Verbündeten in Dänemark führte. Das waren zwar ernstgemeinte, aber so gut wie totgeschwiegene Warnmärsche. Still und friedlich. Die vielen, vielen Polizisten, die uns nicht zu unserem Schutz begleiteten, waren lieb. Fotografierten uns zwar auch damals schon, waren aber umgänglich. Wir waren ja gehorsam. Fanden uns damit ab, nur da zu protestieren, wo außer uns nur ein paar Kühe das mitkriegten. Der zweifache Nobelpreisträger Linus Pauling sagte damals: »In Amerika wissen wir: Entweder wir gehorchen der Polizei oder wir demonstrieren. Beides geht nicht.« Das geht hier natürlich auch nicht, wenn der, gegen den man protestiert, entscheiden darf, wie und wo.

Nun, Ostern 1968 wurde auch hier der Polizei nicht mehr gehorcht, sondern vorm Springerhaus gegen die Infamie der Springerpresse demonstriert. Ich war mit einem Kamerateam da. Wurde Zeugin einer Art Sado-Maso-Orgie. Es war nicht nur grauenhaft zu sehen, mit welcher Lust und Energie geprügelt wurde. Es war fast so schlimm, die Geilheit auf der anderen Seite zu sehen. Partner. Stellte mir vor, daß man nur die Polizistenmützen von den einen Köpfen runter und auf die anderen draufzusetzen brauchte, ohne daß sich das Ganze dadurch sehr ändern würde. Extase auf beiden Seiten.

Als ich ausgerechnet Polizisten um Hilfe rief, weil sechs Polizisten einen Jungen zusammenschlugen, lachten die Polizisten von Herzen. Der sich als erster fing, sagte: »Geh lieber nach Hause und wasch dich, du Sau.«

Von da an wußte ich, daß sich hier nichts geändert hat. Daß die Mentalität, die es möglich macht, andere umzubringen, ohne viel zu fragen, noch die gleiche ist. Was nützt es da, daß die Jungen damals nicht dabeiwaren, wenn es nichts anderes heißt, als daß sie dafür zu spät geboren wurden?

In diesem Land sexuell Kränkelnder ist Leidenschaft doch möglich. In Form von Gewalt.

Nirgends hab ich so viel unausgesprochene und unerfüllte Sehnsucht gesehen wie hier.

Menschen, die krank vor Sehnsucht sind, selbst wenn sie den Geliebten neben sich haben. So einsam wie die fühl ich mich hier auch. Jeder wie eine wandelnde Kontaktanzeige, die nicht das hält, was sie als Köder auswirft.

Ich unterliege Stimmungsschwankungen. Zwischen Freundlichkeit und Amok. Kranke Ruhe. Zittere innen. Wenn ich »dreckige, faule Juden« höre, zerreißt's mich. Denke an Mutti. So sauber, so duftend. Nur *unser* Fenstersims in der Methfesselstraße war fast weiß geschrubbt. Ihr Zwang, unsere Reinlichkeit zu beweisen. Auf kalten Fliesen in der Küche, vor dem einzigen Handstein der Wohnung, unter eiskaltem Wasser, nackt gewaschen. Jeden Tag, natürlich.

Dann hab ich Angst vor meiner eigenen Ungerechtigkeit. Angst, den Falschen zu schlagen. Immer wissend, daß es in anderen Ländern das gleiche in grün ist. Von wegen abhauen. Vielleicht mit Leuten sonnigen Gemüts in der Sonne sitzen. Seitdem ich weiß, daß die sonnigen Latinos nicht nur hinreißend tanzen, sondern auch einfallsreich foltern, brauch ich einen neuen Globus.

Die Killer-Visagen der Schläger 1968 verfolgten mich Tag und Nacht. Meine Depressionen wurden so schlimm, daß ich ständig am Rande des Selbstmords war. Nahm Tag und Nacht Opium und Schlaftabletten, weil ich das Denken und die Bilder nicht aushielt. Ein Jahr lang. Dann Entziehung. Ganz lange in Rinteln an der Weser.

Schreiben erleichtert. Lenkt ab. Vertreibt Depressionen. Sorgt, da ich ja fast immer über Menschen vor Gericht schreibe, allerdings dann für andere Depressionen. Gottseidank auch für Wut. Sprich: Kraft. Macht Opium und ähnlichen Kram nicht nur überflüssig, sondern unmöglich. Will man meine gelegentlichen »Lieben auf den ersten Blick« nicht auch als Opium betrachten.

Als ich 1970 meine erste Gerichtsreportage schrieb, war ich kein Anfänger. Die deutsche Justiz, ihre kranke Sicht und die dementsprechenden Urteile regten mich schon die ganzen Jahre vorher auf. Am meisten, natürlich, die Komplizenschaft mit NS-Tätern. Nicht nur daß, wenn überhaupt, nur Morde als Tat zählen und dann fast nie bestraft werden. Sondern daß Gemeinheiten, Sadismen, Mißachtung gar keine Delikte sind in diesem Land.

Als ich anfing zu schreiben, war ich nicht drauf gefaßt, daß ich mich für deutsche Straftäter einsetzen würde. Rache wollt ich. Und zum verlängerten Arm kleiner Gestrauchelter wurde ich. Zu deren Sprachrohr.

Da ich nur für linke Zeitschriften arbeite, lebe ich immer am Rande des Existenzminimums. Das, was ich mache, ist mir wichtiger als das, was ich dafür kriege. Natürlich hab ich die ganzen Jahre politisch gearbeitet. Das hätt ich getan, egal, wo ich gelebt hätte. Schwierigkeiten hätte ich deswegen auch sonst überall gehabt. Hier hat man immer wieder versucht, meine Arbeit durch Strafverfolgung zu stoppen. Bis jetzt vergeblich, da ich immer sehr genau recherchiere, bevor ich was behaupte. Nach den zahllosen Verfahren, die ich am Hals gehabt hab, mußte ich bis jetzt nur eine Buße wegen Richterbeleidigung zahlen. Auch da wurde nicht der Inhalt beanstandet, sondern die Form. So wie es üblich ist. Man beschäftigt sich hier allzu selten mit dem Wesentlichen. Wenn die Verpackung stimmt, wird nicht lange hinterfragt.

Was nicht ausbleiben konnte ist, daß in dem Maß, in dem politische Prozesse an Häufigkeit zunahmen, mir Gedächtnisstützen frei Haus geliefert wurden. Nicht in den Alten erkenne ich die Nazis von damals, sondern in den Jungen.

Gespräche über Tagesereignisse mit Kleinhändlern, Taxifahrern, Hausfrauen und Kollegen lassen bei mir keinen Zweifel an der Wiederholbarkeit von Gehorsam, egal wie gemein und feige. Ich weiß, daß meine Nachbarin, die Polizistenmutter und Polizistenwitwe, mich jederzeit ihrem Schwiegersohn, dem Hausmeister-Blockwart, ausliefern würde. Keinen Apfel würde der Gemüsemann mir mehr verkaufen, sondern seine Verbotsschilder sichtbar anbringen. Die Höflichkeiten sind nur dünnes Eis. Auf Anordnung jederzeit zum Einbrechen bestimmt.

Auf dem Weg zu meinem Arbeitsplatz im Gericht muß ich an schwerbewaffneten Polizisten vorbei. Werde gefilzt. Nicht nur ich. Wir alle. Und wir halten still. Man ist ja dankbar, wenn die Jungs grüßen statt loszuballern. Weiß nicht, wer von uns perverser ist. Die mit den Waffen oder wir, die nicht Nein schreien.

Wieder ist alles, was ich für falsch und gefährlich halte, legal. Alles, was wie Nachdenken und Aufbruch leuchtet, verboten. Die Angst geht um und macht die Leute klein. Ihre Angst ist ja leider begründet. Huxley's »Schöne, neue Welt« und Orwell's »1984« sind keine Utopien mehr. Das große Auge des großen Bruders ruht auf uns. Nicht grade wohlwollend.

Mit Juden hab ich wenig zu tun. Bißchen mehr mit meinen Verwandten als früher. Die fangen jetzt endlich an, mich zu lesen, das heißt, sie erfahren jetzt erst, was in mir vorgeht.

Meine Traumata lassen mich nicht los. Da ich meine Verzweiflung so selten rauslaß, bahnt sie sich völlig unkontrolliert und für mich selbst überraschend dann und wann ihren Weg. Wenn ich im Fernsehen überzeugende Wiedersehens- oder Versöhnungsszenen sehe, kommen laute Schreie aus mir raus, und Tränen springen in den Raum. Schreie, wie gegen einen Würgegriff. Bin froh, daß bis jetzt niemand dabei war, wenn das passierte.

Seitdem ich in Deutschland lebe, sind einige Israel-Kriege gewesen, die mich sehr aufgeregt haben, das heißt: Angriffe auf Israel haben mich in große Angst gestürzt. Die Vorstellung, daß ihr Lebtag verfolgte und kaputtgemachte Leute wieder bedroht sind und wieder angefeindet werden, d.h., daß ihnen ihre Dauerflucht, bis sie nach Israel kamen, auch nichts genützt hat. Daß sie zum ersten Mal eine Heimat haben, aber ihres Lebens nicht sicher sein können, bringt mich fast um den Verstand. Wenn ich dann mitkrieg, daß die Israelis – von meiner Warte aus gesehen – Beifall von der falschen Seite bekommen, wenn sie mit Waffen umgehen können und gewinnen, d.h., daß die Leute, die ich tagein tagaus als meine politischen Feinde erlebe, sich auch Sorgen um Israel machen, ohne daß wir deswegen mehr gemeinsam hätten, gerate ich völlig durcheinander.

Und wenn dann meine Freunde wiederum, die sonst auf die Straße gehen, um die Welt zu verbessern, blindwütig gegen Israel-Zionisten wettern, ohne zu differenzieren, weiß ich gar nicht mehr aus noch ein. Dann fühle ich mich in Deutschland total isoliert. Genauso isoliert wie in der Gesellschaft von Juden, die nur in der Lage sind, jüdisches Schicksal zu sehen, und auch nicht differenzieren. Auch nicht aufschreien vor Entsetzen, wenn sie von sogenannten Vergeltungsschlägen hören, die auch wieder Verfolgte treffen. Verfolgte eines anderen Landes dann, natürlich.

Bei linken Freunden ist es so, daß sie die Nazi-Zeit häufig zum Thema machen, sich vehement als Antifaschisten ins Licht setzen. Und gleichzeitig, wie sie es nennen, Zionisten bekämpfen. In Wort und Schrift und am liebsten auch mit der Tat. Das gibt mir dann das Gefühl, daß nur ein toter Jude, genau wie ein toter Indianer, ein guter Jude ist. Und ein Überlebender nur da, wo es gilt, ihn vorzuzeigen. Ihn einzuspannen. Es kann sein, daß sich das bald ändern wird, weil wir angefangen haben, dieses Dilemma zu diskutieren. Das heißt: eigentlich nur vereinzelt mal zu diskutieren. Aber ich hab gehört, daß man das jetzt auch öffentlich unter Linken zum Thema machen will. Dieses Mißverhältnis zwischen uns Linken und uns Juden.

Diese ganzen Wochen stand ich unter dem Druck, mein Manuskript abliefern zu müssen. Die Geschichte ging mir Tag und Nacht nicht aus dem Kopf. Ablenken konnte ich mich nicht. Obwohl ich alles tat, um mich abzulenken. Fernsehen, Wäsche waschen, dringende Post erledigen, was weiß ich. Konzerte, Theaterbesuche, Kino, flippern, Skat spielen – um auch nur einen Moment diese Geschichte, an der ich arbeite, vergessen zu können. Ich hab nachts nicht mehr geschlafen, tagsüber saß mir das schlechte Gewissen im Genick. Ich fand ganz einfach nicht den Einstieg. Ich wußte nicht, womit ich anfangen sollte.

Ging, um mich abzulenken, auch in ein israelisches Ballett. Ins CCH. Das regte mich sehr auf. Man war schon aus dem großen Saal, der sonst immer voll ist, wenn es was Gutes gibt, in den kleinen Saal umgezogen. Und auch der kleine Saal war so dünn besetzt, daß ich das Gefühl kriegte, daß die Ballettleute, die Musiker und die Sänger auf der Bühne nicht viel weniger waren als die Zuschauer. Ich war mit einer deutschen Freundin da und saß zwischen den Stühlen. D. h. ich saß zwischen ihr und einem jüdischen Freund, den ich seit vielen Jahren als Antifaschisten kenne. Der jetzt immer wieder laut auffluchte: »Wo bleiben die jetzt, wo bleiben jetzt die verdammten Deutschen? Wo sind sie? Wo sind die Linken heute Abend, die sonst jedes Konzert überfüllen? Die zu unseren Podiumsgesprächen kommen? Warum boykottieren sie ein Programm, das besser ist als das meiste, was man sonst in Hamburg zu sehen bekommt?«

Ich dachte wie er und hatte gleichzeitig Angst, daß meine Freundin Inge sich mit angegriffen fühlen könnte. Sehr allein zwischen den beiden. Eine auseinandergerissene Brücke.

Allein war ich auch, richtig allein, als ich Holocaust sah. Aufgewühlt. Merkte, wie es sich im Mund zusammenzog. Und daß die Lippen wie von außen zusammengequetscht waren. Krampf im Untergesicht. Sah mich zufällig im Spiegel. Erkannte mich kaum wieder. Verzerrt, um hundert Jahre gealtert.

Diesen Krampf im Gesicht fühle ich auch sonst, wenn das Thema Jude angeschnitten wird. Locker mitreden kann ich da nicht. Genaugenommen kann ich überhaupt nicht den Mund aufmachen, aus Angst, schreiend Amok zu laufen. Wünsch mir dann ne kleine Axt, um alles kleinzuhacken. Und das als Pazifist. Lieb sein strengt an.

Apropos, da ich nicht nur links bin, sondern auch Frau, ziehen mich neuerdings auch Frauen für unsere Belange heran. Neulich in der Hoffnung, daß ich ihnen helfen würde, z.B. in die Bundeswehr reinzukommen. Nicht um sie von innen zu sprengen, sondern um an den Segnungen von Geld, Waffen und Macht teilzuhaben. Mit der verwaschenen Vorstellung von Einfluß und Humanisierung.

Als ob Frauen von Haus aus humaner wären als Männer. In Holocaust hat mich die Szene am meisten beeindruckt, in der der jüdische Arzt Dr. Weiss denkt, daß die junge Frau des Nazis ihn eher verstehen und ihm helfen würde. Eine Frau, die wie viele Frauen ihrem Schwächling von Mann so lange im Nacken saß, bis er reif war für seine Mords-Karriere. So wie auch sonst fast jeder Soldat, Polizist, Staatsanwalt, Politiker, Waffenhändler eine Mitarbeiterin zu Hause hat, die ihn fit hält für die üblen Aufgaben. Trotzdem sind zur Zeit Frauen meine Hoffnung, wenn ich an Veränderung denke, weil sie sich selber Veränderung wünschen.

Mein Pazifismus hat Löcher. Ich hätte nichts dagegen, Waffen an ihren Herstellern auszuprobieren.

Eigentlich ist es gehupft wie gesprungen, wo ich lebe. Nur einzelne Leute zählen. Überall. Einzelne Leute, die gut sind, finde ich auch überall. Freunde hab ich auch überall.

Ilse Rewald

Mein Leben vor und nach 1945

*Ilse Rewald, geboren 1918 in Berlin. Jetzige Tätigkeit: Vorträge an
Schulen über die NS-Zeit. Publikation verschiedener Aufsätze in
Zeitungen und Zeitschriften, u.a. in den »Neuen Deutschen Hef-
ten« und in dem Buch »Berlin im Widerstand«.*

I

Freiwillig meldete sich mein Vater, der Tierarzt Dr. Georg Basch,
mit 41 Jahren am dritten Mobilmachungstag des Ersten Weltkrieges im Jahre 1914. Er fühlte sich als deutscher Staatsbürger jüdischen Glaubens und nahm seine Pflichten und Rechte dem Staat
gegenüber sehr ernst. »Ihr wißt nicht, was es für uns bedeutet, in
Deutschland und nicht in Polen oder Rußland zu leben«, sagte er
später oft zu uns. Er hielt Pogrome und Judenverfolgung hier für
unmöglich.
Meine Eltern waren nicht nur während der vier Kriegsjahre getrennt, sondern verloren auch ihren einzigen Sohn, der durch
falsche Behandlung eines Pfuschers an den Folgen einer Blutver-
giftung gestorben war. Ihre Verzweiflung war grenzenlos.
Als Nachkömmling wurde ich 1918 geboren und zwei Jahre später
mein Bruder. Wir wohnten in der Nähe des Alexanderplatzes in
Berlin Ost, und hier hatte mein Vater auch seine Praxis. Morgens
zwischen 8 und 9 Uhr hielt er Sprechstunde für kranke Hunde und
Katzen. Anschließend machte er Besuche bei kranken Pferden, die
für Fuhrbetriebe, Geschäftslieferungen etc. damals sehr wichtig
waren. In der Nacht klingelte oft das Telefon oder die Nacht-
glocke, und man bat um die ärztliche Hilfe meines Vaters. Wenn
sein Beruf, den er sehr liebte, ihm Zeit ließ, spielte er Klavier, Cello
und Flöte.
Wir hatten eigentlich immer Besuch, der sich bei uns ganz zu
Hause fühlte. Jahrelang besuchte uns meine erste Lehrerin an
jedem Freitag; unsere Freunde aus der Schule und der Nachbarschaft tobten mit uns in der Wohnung. Wir kannten keinen Unterschied zwischen jüdischen oder christlichen Freunden.

Meine Mutter hatte für jeden Zeit, der mit einem Problem zu ihr kam. Sie konnte zuhören und wußte immer einen Rat. Die Heiterkeit ihres Wesens löste Spannungen und Schwierigkeiten auf. Wer etwas auf dem Herzen hatte, rief zuerst meine Mutter an. Im Winter war sie mit warmen Essen für alte, kranke Leute unterwegs, und sie schenkte gern.

Sonntags machten wir Ausflüge und lernten die Umgebung von Berlin und die Schönheit der märkischen Landschaft kennen. Am Abend durften wir beim Entwickeln der Photos in der Dunkelkammer zusehen. Mein Vater ging mit mir in die Bibliothek und lehrte mich, nicht über Worte oder Begriffe hinwegzulesen, die ich nicht verstand. Sein Humor, seine optimistische Lebenseinstellung wußten jeder Situation etwas Gutes abzugewinnen. Er war nicht nur unser Vater, sondern unser Freund, der uns durch seinen Gerechtigkeitssinn, seine Liebe zur Familie und seine vielseitigen Interessen Vorbild wurde.

Im Jahre 1928 machten wir eine Ferienreise nach Brunshaupten an der Ostsee. Meine Eltern waren sehr verstimmt, weil überall auf den Burgen am Strand Hakenkreuzfahnen wehten.

Die Praxis meines Vaters ging zurück, Lastautos und Traktoren ersetzten die Pferde-Fuhrwerke, die unrationell wurden. Er entschloß sich schweren Herzens, am Berliner Schlachthof zu arbeiten und die toten Tiere auf Tuberkulose und Trichinen zu untersuchen. Die Arbeit strengte ihn sehr an und befriedigte ihn auch nicht. Die Kollegen waren Beamte, oft fielen antisemitische Bemerkungen, die ihn kränkten und verletzten. Nach der langen Arbeitszeit dort versorgte er seine eigene Praxis und kam todmüde nach Hause. Sein Nierenleiden, das er sich im Weltkrieg zugezogen hatte, verursachte eine Herzerkrankung, aber er schonte sich nicht und war Tag und Nacht tätig.

Bedrückt las er im »Berliner Tageblatt« von Arbeitslosigkeit, vom Zuwachs der Nationalsozialistischen Partei, von antisemitischen Ausschreitungen. Bei Familienbesuchen wurde über politische Themen diskutiert. Die Generation meiner Eltern glaubte nicht an bedrohliche Zeichen in der Entwicklung der Parteien. Für sie war Deutschland das Land der Gerechtigkeit und des sozialen Fortschritts, der Gleichberechtigung und der unterschiedslosen Anerkennung aller Deutschen, gleich welcher Religionszugehörigkeit. Die echten Demokraten würden ihrer Meinung nach an der Regierung bleiben. Seit Generationen in Deutschland ansässig, als Kriegsteilnehmer ausgezeichnet, im wirtschaftlichen und kulturellen Leben integriert, beriefen sie sich auf ihre Erfahrungen und

zerstreuten die Bedenken und Argumente der jüngeren Generation. Wir Kinder verstanden von diesen Diskussionen nichts,
staunten nur über die Lebendigkeit der Gespräche und fragten uns,
warum sich alle so erregten.

An den jüdischen Feiertagen besuchten wir die Gottesdienste der
Reformgemeinde, die außer den Hauptgebeten, die in Hebräisch
gesprochen wurden, die deutsche Sprache benutzte. Wir freuten
uns auf die uns vertrauten Gesänge des Kantors und des Chores
und folgten voller Interesse den klar aufgebauten Predigten der
Rabbiner.

Wir feierten Weihnachten nicht als Geburt des Herrn, aber als Fest
der gegenseitigen Liebe mit Tannenbaum und Geschenken. In der
Schule wirkten wir bei den Aufführungen mit, und nicht selten
hatte ich eine Hauptrolle im Weihnachtsmärchen zu spielen.

Die sorglose Kindheit endete mit meinem 12. Lebensjahr. Mein
Vater starb mit 56 Jahren an den Folgen eines Gehirnschlages
innerhalb von zwei Tagen. Unsere familiäre und wirtschaftliche
Situation veränderte sich wesentlich, und meine Mutter besprach
mit mir, der Ältesten, jedes Problem, das an sie herantrat. Sie
arbeitete aushilfsweise im Geschäft eines Onkels, die Praxis wurde
verpachtet, und meine auswärtigen Verwandten, die aus beruflichen Gründen nach Berlin kamen, wohnten bei uns, um meiner
Mutter finanziell zu helfen. Ich hatte das Gefühl der Geborgenheit
verloren, überall fehlten mir der Schutz und die Willensstärke
meines Vaters.

1931 wechselte ich die Schule und besuchte die Sophien-Studien-
anstalt, die zum Abitur führte. Es war ja mein Ziel, später auf die
Universität zu gehen.

Der Kontakt zu einem Mädchen, das im Jüdischen Auerbachschen
Waisenhaus lebte, wurde für mich sehr wichtig. Sie empfahl mir
Bücher und besuchte mit mir Filme wie »Im Westen nichts Neues«
und »Die Mutter« von Gorki; sie stand der Sozialistischen Arbei-
terjugend nahe. Mit ihr hörte ich zum ersten Mal die Songs aus der
Dreigroschen-Oper. Wir waren bald unzertrennlich, und unsere
Lehrer verstanden nicht recht, was diese beiden sehr verschiede-
nen Charaktere miteinander verband.

Wir hatten ausgezeichnete Lehrer, denen ich viel verdanke. Im
Geschichtsunterricht lasen wir Zeitungen, um zu erkennen, wie
unterschiedlich die Berichterstattung und die Interpretation in
Blättern von rechts und links waren. Auch in anderen Fächern
wurden uns Denkanstöße gegeben, um Zusammenhänge zu erkennen.

Das änderte sich alles nach der Machtübernahme von Hitler am 30. Januar 1933. Wir wurden mitten im Unterricht von einem SA-Mann, der in die Klasse kam, aufgefordert, am Fenster Aufstellung zu nehmen und der Bücher-Verbrennung zuzusehen. Werke von Thomas und Heinrich Mann, Lion Feuchtwanger, Stefan und Arnold Zweig, Bert Brecht und vielen anderen wurden ein Opfer der Flammen! Dem Boykott-Tag am 1. April 1933, an dem zum Boykott gegen jüdische Ärzte, jüdische Rechtsanwälte und jüdische Geschäfte aufgerufen wurde, folgte der »Arierparagraph«:

»Als nichtarisch gilt, wer von nichtarischen, insbesondere jüdischen Eltern und Großeltern abstammt. Es genügt, wenn ein Eltern- oder Großelternteil nichtarisch ist . . .«

Die Schule wurde unerträglich für mich, weil in beinahe jeder Stunde »die völkische Weltanschauung und das rassische Prinzip der Arier im Gegensatz zum Untermenschen Juden« behandelt wurde.

Die Nationalsozialisten hatten im Jahre 1933 bestimmt, daß nur eineinhalb Prozent aller deutschen Schüler Juden sein durften. Mein Traum, das Abitur zu machen und zu studieren, war beendet.

Ich besuchte die Jüdische Handelsschule und arbeitete später als Sekretärin bei einem jüdischen Rechtsanwalt. Mein Bruder begann eine Lehre als Setzerlehrling, nach kurzer Zeit wollte man einen Juden nicht mehr ausbilden, und er flog hinaus. Das jüdische Engros-Geschäft, in dem er zwei Jahre gearbeitet hatte, wurde arisiert. Wir suchten auf dem Atlas ein Land, das uns aufnehmen könnte, lernten Englisch und Französisch und bemühten uns um Auswanderungsmöglichkeiten. Das eine Land wollte eine hohe Kaution, das andere verweigerte jede Arbeit. Dutzende Briefe blieben unbeantwortet. Der jüdische Hilfsverein mußte zuerst die im Konzentrationslager Inhaftierten in Sicherheit bringen.

In der Pogrom-Nacht des 9. November 1938 wurde mein Onkel in seinem eigenen Hause im Keller von SS-Leuten erschossen. Die Leiche wurde beschlagnahmt, Wohnung und Haus wurden demoliert und die Fensterscheiben zertrümmert.

Sechs Wochen nach dem 9. November öffnete meine Mutter die Wohnungstür und fragte: »Sie wünschen bitte?« Es war ihr eigener Bruder, den sie für einen Fremden hielt. Im Konzentrationslager Oranienburg hatte man ihm die Haare geschoren, von Entkräftung und Schlägen war er gebückt und elend geworden. Seine Kleider hatte man in eine Entlausungsmaschine gegeben, so daß sie wie zerknüllte Fetzen an ihm hingen. Er sprach kaum von seinen Erlebnissen, fürchtete jedes Klingelzeichen und wachte nachts, von Angstträumen geplagt, auf.

Er war sein ganzes Leben in einem kleinen Ort ansässig gewesen, in dem schon Generationen der Familie vor ihm gelebt und gearbeitet hatten. Als er nach Hause kam, begegneten ihm manche betont freundlich, die meisten aber wagten ihn nicht mehr zu grüßen.

Nach dem Brand der Synagogen, der Plünderung jüdischer Geschäfte, den Schändungen der Friedhöfe heiratete ich im Dezember 1938, in der Hoffnung, gemeinsam mit meinem Mann, den ich seit drei Jahren kannte, irgendwo in einem Land der Freiheit neu beginnen zu können.

Er war Innenarchitekt, arbeitete notgedrungen selbständig als Handwerker, bis ihm auch diese Tätigkeit durch eine neue Verordnung »Zur Ausschaltung der Juden aus dem Wirtschaftsleben« ab 1.1.1939 verboten wurde.

Mein Bruder bekam ein Permit nach England, wo er zunächst in einem Camp interniert wurde. Er durfte 10 Reichsmark mitnehmen und versuchte alles, um auch uns eine Auswanderung zu ermöglichen. Nach Kriegsausbruch mußten wir diese Hoffnung begraben.

Mein Mann wurde zum Kartoffel-Einsatz in die Umgebung Berlins geschickt. Er arbeitete dort nur mit Juden zusammen. Nach vier Wochen schwerer Arbeit war der Einsatz beendet, aber die Kartoffel-Buddler hatten eine Gemeinschaft geschlossen und trafen sich alle vierzehn Tage in der Wohnung eines Kameraden. Die politischen Gespräche und Sorgen sollten nicht zu erdrückend werden; so wurden Vorträge aus den verschiedensten Gebieten verabredet. Wir hörten einen Briefmarkensammler, einen Apotheker, einen Kurbelsticker und – am schönsten – den Vortrag eines Pianisten. Wir durften schon lange kein Theater, kein Kino oder Konzert mehr besuchen.

Im Jahre 1940 wurde mein Mann zur Zwangsarbeit bei der Deutschen Reichsbahn beim Gleisoberbau in Tag- und Nachtschicht verpflichtet, zu dem üblichen Stundenlohn für Juden von 0,72 RM. Die schwere Arbeit des Schotter-Stoppens und Schienen-Verlegens bei mangelhafter Verpflegung führte zu häufigen Unfällen, sogar zu tödlichen.

Juden erhielten eine besondere, mit »J« bezeichnete Lebensmittelkarte, die nur mit vielen Kürzungen beliefert wurde. Eier, Milch, Weißbrot, Kuchen, Obst, Fisch, Geflügel, Konserven fielen fort. Unsere Einkaufszeit war nur nachmittags von 4 bis 5 Uhr. Unterwegs in Verkehrsmitteln oder am Bahndamm wurde uns oft von Passanten ein Apfel oder eine Zigarette zugesteckt.

Eine Verordnung gegen Juden jagte die andere: Die Verkehrsmittel durften nur zur Arbeitsstelle und zurück benutzt werden. Wir mußten das Radio entschädigungslos abgeben, ebenso das Telefon. Ich hatte mir ausgedacht, daß man von einer Zelle zur anderen zu einer vorher verabredeten Zeit telefonieren könnte. Voller Spannung wartete ich auf das Klingeln des Apparates, um wenigstens auf diese Weise in Kontakt zu bleiben. Die Stimme meines Freundes, des Pianisten, klang anders als sonst.

»Ilschen, die Gestapo ist in unserer Wohnung, und meine Familie und ich werden abgeholt. Laß Dich nicht unterkriegen!«

Die Glaswände der Zelle schienen mir ein Gefängnis zu sein; aus dem ich nicht mehr entrinnen konnte.

Inzwischen war ich auch zur Zwangsarbeit in einer Rüstungsfabrik der Luftwaffe eingesetzt.

Seit dem 19. September 1941 mußte jeder Jude an der linken Brustseite sichtbar einen gelben Judenstern tragen. Er mußte fest angenäht sein und durfte nicht durch Aktentaschen oder Pakete verdeckt werden. Jeder Arbeitsanzug oder Kittel mußte dieses Zeichen haben. An unserer Wohnungstür klebte ein großer Judenstern, und unsere christlichen Freunde wagten es nur noch bei Dunkelheit, uns zu besuchen.

Ein Transport nach dem anderen wurde zusammengestellt und in der früheren Synagoge Levetzowstraße gesammelt, und die Menschen wurden in Viehwagen nach Auschwitz, Minsk oder Riga befördert. Die Angst und der Schrecken ließen uns Tag und Nacht nicht zur Ruhe kommen.

Meine Mutter wurde am 11. Januar 1942 von der Gestapo abgeholt. In meiner Verzweiflung hatte ich bei der Geheimen Staatspolizei, Burgstraße, versucht, sie von der Deportation freistellen zu lassen. Meine Begründung, daß mein Vater an den Folgen seines im Kriege zugezogenen Leidens gestorben war, wurde nicht anerkannt, mein Antrag schroff abgelehnt.

Bis dahin waren die bei der Reichsbahn oder in Rüstungsbetrieben zwangsverpflichteten Juden von der Evakuierung zurückgestellt worden. Jetzt wurden die Juden straßenweise oder vom Arbeitsplatz abgeholt. Der Bruder meines Mannes wurde als letzter unserer Familie 1943 abgeholt. Es gab nun keine Gefahr mehr, die wir unseren Angehörigen durch unsere Flucht hätten bereiten können. Wenn sich nämlich jemand verborgen hielt, nahm die Gestapo üblicherweise ein Familienmitglied als Geisel.

Gute Freunde, die in privilegierter Ehe, d.h. in einer Mischehe mit Kind lebten, ermutigten uns in dem Gedanken, ein illegales Leben in Berlin zu versuchen.

Inzwischen waren Nachrichten aus den Konzentrationslagern durchgesickert. Wir hörten von Massenhinrichtungen, von Erschießungen. Es wurde uns klar, daß jeder »Evakuierte« seinem Tod entgegenging!

Wir wollten leben und alles versuchen, um den Schergen der Nazis zu entkommen! Für meinen Mann war ein Obdach gefunden, aber wo immer ich anfragte, wurde mir eine ablehnende Antwort zuteil. Der eine fürchtete den Nachbarn, der andere den Luftschutzwart. Ich ging zu einer Familie, die ich persönlich nicht kannte, von deren Hilfsbereitschaft ich aber gehört hatte. Sie hatten schon einer Illegalen Unterschlupf gewährt, sie wollten es jedoch nicht verantworten, mich meinem Schicksal zu überlassen.

Unsere Wohnung hatten wir mit allem Inventar im Stich gelassen. Jetzt konnten wir nur getrennt leben und uns an neutralen Orten treffen. Ohne Judenstern, ohne Lebensmittelkarten und ohne polizeiliche Meldung versuchten wir zu existieren. Mein Mann und ich gingen auch nicht mehr zur Zwangsarbeit, andererseits mußten wir dringend Geld verdienen. Die Lebensmittelkarten waren für jeden Verbraucher so bemessen, daß sie gerade mit Mühe und Not von einer Kartenperiode zur anderen reichten. Wir mußten uns entweder auf dem schwarzen Markt etwas besorgen oder gegen freie Verpflegung arbeiten.

Mein Mann fand Gelegenheitsarbeit in einer Reinigung, wo er die Maschinen ölte und säuberte. Die Besitzer waren fromme Katholiken, sie kannten unsere Not und gaben ihm Verpflegung für den Tag. Ich half in der Wäscherei einer weitläufigen christlichen Verwandten, aber die Angestellten durften keineswegs erfahren, wer ich war. Bei einer Kontrolle vom Arbeitsamt gelang es mir im letzten Augenblick, mich vor den Fragen nach dem Arbeitsbuch, nach den Beiträgen zur Krankenkasse in Sicherheit zu bringen!

Auf Schritt und Tritt waren wir in Gefahr, denn auch in den Verkehrsmitteln konnten wir erkannt und wegen des fehlenden Judensterns deportiert werden.

Die Unterkunft mußte mein Mann dauernd wechseln. Die berechtigte Sorge seiner Gastgeber und die Nachricht, daß andere »Untergetauchte« gefaßt worden waren, ließen uns nur von einem Tag zum anderen planen. Nachts im Luftschutzkeller, am Tage erschöpft von der Arbeit, ungenügend ernährt, wußte ich nicht, ob ich zuerst an meine Angehörigen im Konzentrationslager oder an unsere verzweifelte Situation denken sollte.

Wir mußten vor allem falsche Papiere bekommen, da die Ausweiskontrollen in den Bahnen und Luftschutzbunkern immer häufiger wurden.

Der Reichsbahninspektor, der der Vorgesetzte meines Mannes war, als er noch Zwangsarbeit leistete, hatte sich immer als Gegner der Nazis gezeigt. Er besorgte uns auf unsere dringende Bitte hin Blanko-Reichsbahnpapiere mit Stempel, die wir mit unseren Photos versahen und auf den Namen: »Erich Treptow, Hilfsrottenführer im Dienst der Deutschen Reichsbahn« ausfüllten. Dieser Erich Treptow existierte wirklich, so daß sich bei einer Kontrolle und Rückfrage bei der Polizei die Angaben des Ausweises bestätigen würden. Mein Mann war sozusagen ein Double.

Meine erste Lehrerin, die der Bekennenden Kirche angehörte, unterstützte uns mit Lebensmitteln. Andere christliche Freunde steckten uns ein Stück Ersatzseife oder Seifenpulver zu. Niemand wußte aber, wo wir uns gerade aufhielten; denn es gab auch jüdische Spitzel, die sich so lange frei bewegen durften, wie sie andere jüdische »Untergetauchte« der Gestapo auslieferten. Den Beherbergern von Juden drohte ebenfalls die Überführung in ein Konzentrationslager wegen »Judenbegünstigung«.

Am 30. Januar 1944 wurden wir nach einem schweren Angriff ausgebombt! Vorübergehend schliefen wir in einem Korridor, es gab weder Licht, Gas noch Wasser dort. Die Katastrophe war für alle groß, aber für uns am größten! Wo sollten wir hin?

Durch eine ehemalige Kollegin aus der Rüstungsfabrik hatte ich Kontakt zu politisch zuverlässigen Menschen, die meinem Mann und mir schon vor der Ausbombung bekannt waren. Sie wohnten in einem Einfamilienhaus am Stadtrand und wurden unsere Freunde und verständnisvollen Helfer. Für handwerkliche Arbeiten, die mein Mann ausführte, und für die Hilfe im Haushalt unterstützten sie uns mit Lebensmitteln, vor allem aber durch Gespräche und Ermutigung. Vorübergehend wollten sie uns aufnehmen, obwohl ein Zimmer vom Wohnungsamt erfaßt und an einen Hauptmann des Heeresversorgungsamtes vermietet war. Selbstverständlich durfte er keinen Verdacht schöpfen, und wir sagten ihm, daß unsere Wohnung in der Stadt durch Bombeneinwirkung sehr stark beschädigt sei und wir vorläufig nicht darin wohnen könnten.

Durch die Niederlagen im Osten und die Invasion der Engländer und Amerikaner hatten wir Hoffnung, das Ende des Hitler-Regimes doch noch zu erleben.

Mein Mann konnte sich auf der Straße gar nicht mehr sehen lassen, weil die Wehrmacht verstärkte Kontrollen nach Deserteuren, geflüchteten Fremdarbeitern und nicht an die Front zurückgekehrten Urlaubern machte. Seine Papiere von der Reichsbahn reichten nicht mehr aus. Einer Straßenkontrolle entkam er um Haaresbreite.

Unsere Ernährungslage wurde immer schwieriger. Unsere Hauptnahrungsmittel waren Mohrrüben und Kartoffeln, Hefeflocken und Knäckebrot. Schwere gesundheitliche Störungen waren die Folgen. Eine ärztliche Behandlung war unmöglich; denn auch der Arzt hätte uns ausliefern können.

Nach pausenlosen Luftangriffen, bei denen wir nicht wußten, ob wir den Keller jemals lebend verlassen würden, wurde Berlin erobert. Nach zwölf Jahren brauchten wir nicht mehr vor unseren Verfolgern zu zittern!

Unsere Existenz verdankten wir den mutigen Menschen, die uns unter Gefährdung ihres eigenen Lebens geholfen hatten!

II

Am 8. Mai 1945, dem Tage der Kapitulation der nationalsozialistischen Gewaltherrschaft, bin ich zum zweiten Mal geboren worden. Als Jüdin hatte ich zweieinhalb Jahre illegal in Berlin gelebt. Unser früheres Polizeirevier war zerstört, beim Finanzamt wurde ich als »verstorben« geführt. Viele wußten nicht, daß ich nicht »Frau Treptow«, sondern Frau Rewald war. Ich versuchte, meine eigene Identität zu finden und wieder gehen zu lernen.

An dieser Stelle möchte ich all denen danken, die mir bei den ersten Schritten geholfen haben. Nach dem Dunkel der Verfolgungszeit brachten sie Licht durch Gespräche, durch Verständnis, durch Einfühlungsvermögen. Ich schwankte zwischen dem Glück des Überlebens und tiefer Verzweiflung nach der Erkenntnis, daß niemand aus meiner Familie, von meinen Freunden das Konzentrationslager überstanden hatte.

Die Kontakte zu Widerstandskämpfern, die aus politischen oder religiösen Gründen von Hitler verfolgt worden waren, bestärkten mich darin, meinen Anteil am Aufbau eines demokratischen Deutschland zu leisten.

Warum bin ich 1945 oder später nicht ausgewandert? Vielleicht war ich physisch und psychisch zu sehr am Nullpunkt. Während der Nazi-Diktatur war mir die Auswanderung trotz vieler Bemühungen nicht möglich gewesen. Kein Ausländer hatte mir mein Überleben ermöglicht. Warum sollte ich jetzt wieder als »Fremde« irgendwo beginnen? Trotz der schlimmen Erfahrungen konnte mir niemand das Recht auf meine Heimat absprechen, und meine Heimat war und ist Berlin!

1958 habe ich einen Erlebnisbericht geschrieben: »Berliner, die mir halfen, die Hitler-Diktatur zu überleben«. Er entstand aus zwei Gründen:

1. Vor meiner ersten Amerika-Reise zur Information für Verwandte und Freunde.

2. Als Befreiungsversuch von Angstträumen für mich selbst.

Später wurde mir klar, daß mein Überleben die Verpflichtung in sich trägt, von der Vergangenheit zu sprechen. Ich glaube, die Gegenwart ist nur zu verstehen, wenn man die Vergangenheit kennt, um dann die Zukunft zu gestalten. Die Schulbücher informieren die Schüler nur auf wenigen Seiten über die Zeit des »Tausendjährigen Reiches«. Was kann sich ein junger Mensch vorstellen, wenn er hört, daß sechs Millionen Juden umgekommen sind? Die Lehrer sind zum großen Teil selbst zu jung, um das Geschehen nicht auch nur als »Geschichte« zu kennen. Ihre Eltern und Erzieher gehörten noch der Generation an, die gern davon sprachen, endlich Schluß mit der Vergangenheit zu machen. Sie wollten der Jugend weismachen, nichts gesehen und nichts gewußt zu haben! Keiner war Mitglied der nationalsozialistischen Partei gewesen, alle waren nur Opfer des Faschismus!

Ich versuchte, mit Lehrern und Schuldirektoren ins Gespräch zu kommen, um über sie die Erlaubnis zu Lesungen an Schulen zu erhalten. An einem Einzelschicksal, das die verschiedenen Phasen der Verfolgung zeigt, wollte ich das Interesse der Schüler für die Vergangenheit wecken. Nach den Lesungen waren mir die Fragen wichtig, die spontan jedes Mal an mich gerichtet wurden. Einige davon lauteten:

Warum hat Hitler die Juden verfolgt?

Wie fühlen Sie sich heute älteren Menschen gegenüber?

Wieso gibt es Neo-Nazis?

Hat sich das Verhältnis Christen-Juden nach dem Krieg verändert?

Wie sah die Jüdische Gemeinde 1945 aus?

Wie sind die religiösen Unterschiede zwischen Juden und Christen?

Was haben die Juden gegen Hitler getan?

Haben Sie während der Hitler-Zeit an Selbstmord gedacht?

Glaubten nicht auch viele Juden, daß Hitler sein Programm nicht durchführen könne?
Was halten Sie von der Verjährung?
Wie hat sich die Bevölkerung am 9. November 1938 verhalten?
Ist es nicht sehr anstrengend für Sie, immer wieder von dieser Zeit zu sprechen?
Nach mancher Diskussion bekam ich Briefe, in denen sich die Schüler für mein Kommen bedankten oder um weiteres Material baten, um sich intensiver zu informieren.
Diese Vorträge hielt ich auch in der Landeszentrale für politische Bildung und vor jüdischen Jugendlichen in Berlin und Seminar-Besuchern aus der Bundesrepublik.
Ihre Eltern hatten das Konzentrationslager überlebt und wollten ihre Kinder nicht mit ihrer eigenen schweren Vergangenheit belasten oder verunsichern. Andere waren aus dem Ausland zurückgekehrt und lebten isoliert. Sie suchten Anschluß an eine Vergangenheit vor ihrer Emigration, den sie nicht wiederfinden konnten. Manche waren durch das Erlebte so erschüttert, daß sie bei Gesprächen oder Filmen über die Nazi-Zeit in Tränen ausbrachen. Sie wollten einerseits jetzt ihre Ruhe haben, zitterten andererseits aber vor neuem Antisemitismus.
Bei meinen ersten Auslandsreisen wurde ich immer wieder gefragt: »Wie leben Sie denn in Berlin? Haben Sie Freunde? Können Sie als Jüdin außerhalb der Jüdischen Gemeinde und deren Aktivitäten auf Verständnis hoffen? Würde der Nationalsozialismus in Deutschland wieder Fuß fassen können? Warum wählten Sie Berlin zu Ihrem ständigen Wohnsitz?«
Inzwischen sind meine im Ausland lebenden Angehörigen und viele Freunde in Berlin zu Besuch gewesen. Ich habe mich bemüht, ihnen in meinem Hause durch Gespräche und Begegnungen mit meinem Freundeskreis Einblick in mein Leben zu geben. Nach dem Nullpunkt habe ich die Fähigkeit entwickelt, mich über kleine Dinge zu freuen und nichts für selbstverständlich zu halten.
Durch die Erlebnisse bin ich aufgerufen, mich politisch zu informieren und Ursachen und Wirkungen zu erkennen. Sehr wach verfolge ich die sich hinschleppenden Prozesse gegen Verbrecher der Nazi-Zeit, die Berichterstattung der Deutschen National-Zeitung, die es heute noch wagt, ihrer nicht geringen Leserschaft bewiesene Geschehnisse als Lügen und Übertreibungen zu schildern. Ich lese mit Besorgnis von Friedhofsschändungen und neonazistischen Organisationen, die die Jugendlichen mit den alten Parolen in die Irre führen. Fundiertes Wissen und psychologisches

Einfühlungsvermögen sind nötig, um den Anfängen zu wehren, und eine verstärkte Aktivität der Kräfte, die wissen, wohin Vorurteile und Haß führen können.

Ich werde mich bemühen, meinen Anteil in Wort und Schrift dabei zu leisten.

III

Auch Philosemitismus birgt Gefahren in sich. Er produziert wieder eine Sonderstellung der Juden und versucht oft, über Vorurteile hinwegzutäuschen.

So frage ich mich, warum veranstaltet man eine »Woche der Brüderlichkeit«? Ist diese Woche die Ausnahme zur Haltung der vielen Wochen des ganzen Jahres?

In den Buchhandlungen finden sich ständig neue Ausgaben von Kriegs-Memoiren. Wo bleiben die Bücher über den deutschen Widerstand, der schon frühzeitig aus allen Schichten der Bevölkerung kam?

Ich lebe nicht in der Illusion wie meine Eltern damals, der Rechtsradikalismus in der Bundesrepublik habe keine Chancen.

Als überlebende Jüdin setze ich mich dafür ein, daß es keine Verjährung für Mord geben darf, so wie es keine Verjährung für das Leid gibt, das man Menschen angetan hat!

In meinen vielen Gesprächen mit Jugendlichen spüre ich ihren Wunsch, aus den Geschehnissen der Vergangenheit für ihre eigene Zukunft zu lernen. Sie stellen bohrende Fragen, versuchen sich ein Bild zu machen, um niemals selbst schuldig zu werden und sich nicht herauszureden mit dem Satz: »Wir haben nichts davon gewußt.«

Oft höre ich die Frage: »Warum assimilieren sich die Juden nicht so weit, daß sie im deutschen Volk aufgehen?« Für mich wäre die Aufgabe meines Jude-Seins die Aufgabe meiner Identität, die, abgesehen von der religiösen, eine historische und soziale Bedeutung hat. Die Geschehnisse der Vergangenheit werden nicht kleiner, nicht unbedeutender, wenn es keine Juden mehr in Deutschland gibt.

Curt Riess

Gedanken eines Außenseiters

Curt Riess, geboren 1902 in Würzburg. Schriftsteller. 1933 nach USA ausgewandert. Schrieb 87 Bücher. Mitglied des Internationalen PEN. Verheiratet mit Heidemarie Hatheyer.

Ich bin ein deutscher Jude.

Ich bin es, weil ich von deutschen Eltern abstamme, in Deutschland geboren bin, obwohl Hitler mich Ende des Jahres 1935 ausgebürgert hat und obwohl ich heute Bürger des Landes meiner damaligen Zuflucht bin, nämlich Amerikaner und in der Schweiz ansässig. Und ich wäre es auch, wenn ich nie wieder nach Deutschland gekommen wäre und dort manchmal Tage, Wochen oder auch Monate verbrächte.

Mein vor einigen Jahren verstorbener Freund, Erich Maria Remarque, war ja nun auch Deutscher und sogar nicht einmal Jude. Auch er wurde ausgebürgert. Er nahm es den Erben der Machthaber des Dritten Reichs, den leitenden Männern innerhalb der Bundesrepublik Deutschland, recht übel, daß sie ihn nicht dazu aufforderten, die deutsche Staatsbürgerschaft wieder zu akzeptieren. Gewiß, er wußte, was wir alle wußten, daß man uns, wenn wir es beantragen, gnädig gestattet, wieder deutsche Staatsbürger zu sein. Aber da nicht wir es waren, die freiwillig austraten, sondern in des Wortes wahrster Bedeutung ausgetreten wurden, müßten es doch eigentlich die deutschen Behörden sein, die uns ersuchen sollten, wieder deutsche Staatsbürger zu werden. Ich bin nicht sicher, ob Remarque ein solches Anerbieten akzeptiert hätte. Ich bin sicher, daß ich es nicht akzeptieren würde, was aber die anderen nicht von der moralischen Pflicht entbindet, mir ein solches Angebot zu machen. Ich würde, wie gesagt, nicht akzeptieren, denn ich verdanke den Vereinigten Staaten mehr als Deutschland: mein Leben, das ich, wäre ich in Deutschland geblieben, vermutlich verloren hätte.

Aber selbst wenn ich als deutscher Jude nach Deutschland zurückkehren würde – einige haben es ja getan –, wäre ich nicht sicher, daß ich mich als deutscher Jude fühlen würde oder gar als Mitglied einer Gemeinschaft dieser deutschen Juden. Denn in dieser Gemeinschaft und durch diese Gemeinschaft geschieht manches, was ich nicht billigen kann.

Das begann schon früh. Ich denke etwa an den Fall Werner Krauss. Man erinnert sich: Werner Krauss, dieser exzeptionelle Schauspieler, hatte gleich fünf Juden in dem Schandfilm »Jud Süss« gespielt. Er war, völlig zu Recht, von den nach dem Kriege einmarschierenden Amerikanern – Krauss lebte in der amerikanischen Zone Österreichs und später Deutschlands – mit Berufsverbot belegt worden. Selbstverständlich auch, daß er fast drei Jahre warten mußte, bis er in zwei schwierigen Verfahren schließlich entnazifiziert wurde. Ohne auf die heute kaum noch interessanten Einzelheiten einzugehen: Die Gerichte, sowohl die deutschen als auch die amerikanischen Entnazifizierungsgerichte, fanden schließlich, daß er mit knapp drei Jahren Berufsverbot seine Schuld abgebüßt habe, und erlaubten ihm wieder zu spielen. Er spielte in Wien, sogar am immerhin staatlichen Burgtheater und kam dann schließlich im Rahmen eines Gastspiels dieses Theaters unter anderem auch nach Berlin.

Hier befand nun der Vorsteher der neugegründeten Jüdischen Gemeinde, Galinski, er dürfe nicht auftreten, bevor er sich bei ihm respektive der jüdischen Gemeinde noch einmal entschuldigt habe. Der Regierende Bürgermeister von Berlin, Ernst Reuter, ganz gewiß kein Nazi-Sympathisant, erklärte, es sei nicht angängig, daß nach der offiziellen Entnazifizierung von Krauss dieser sich noch von Galinski oder wem auch immer neu entnazifizieren lassen solle. Da er nun also keinen Kniefall vor Galinski tat, geschah es, daß bei der Premiere des Burgtheater-Gastspiels in Berlin einige hundert sonst in Lagern in und bei Berlin lebende Polen und Tschechen, sogenannte Displaced Persons, vor dem Theater am Kurfürstendamm erschienen und es zu stürmen versuchten. Sie mimten Volkszorn. Die meisten von ihnen sprachen kein Wort Deutsch, kaum einer von ihnen kannte das Stück, das gegeben wurde. Keinem sagte der Name Werner Krauss irgend etwas. Sie handelten im Auftrag.

Vor dem Theater hatte sich Herr Galinski aufgebaut, eine Statue der Empörung. Neben ihm stand in gleicher Funktion der Kritiker Friedrich Luft, angestellt von dem Blatt der amerikanischen Streitkräfte »Neue Zeitung«, eben jener amerikanischen Streitkräfte, die Krauss entnazifiziert hatten, und erklärte, wenn Werner Krauss auftrete, sei sein Platz nicht im Theater, um über die Vorstellung hernach eine Kritik zu schreiben, sondern vor dem Theater. Was ihn freilich nicht hinderte, später doch über Werner Krauss zu schreiben. Neben ihm der blutjunge Hans Rosenthal, der in der ganzen Nazizeit in oder bei Berlin im Untergrund gelebt hatte, während seine Familie ausgemerzt wurde. Er hatte also ein wahrhaft tragisches Schicksal erlebt.

Jetzt war er Angestellter der Radiostation RIAS, auch sie von den amerikanischen Streitkräften gegründet, die . . . siehe oben. Nach Informationen von Ernst Reuter soll er die DPs angeheuert haben, was er aber später bestritt und wofür es keine Beweise gibt. Akzeptieren wir also sein Wort gegen das Reuters. Neben ihnen stand der Schauspieler Ernst Schröder, der unter Hitler verschiedene Durchhaltebriefe veröffentlich hatte, für die er sich eigentlich auch bei Galinski hätte entschuldigen müssen.

Aber woher nahm nun eigentlich Galinski das Recht zu der ganzen Aktion?

Nein, ich kann mich nicht zugehörig fühlen zu einer Gemeinschaft von Juden, die sich dergestalt betätigt.

Oder nehmen wir aus der neuesten Zeit den Fall von Werner Nachmann. Er ist Präsident des Zentralrates der deutschen Juden. Und trat als solcher für Hans Filbinger ein, nachdem bekannt geworden war, was Filbinger unter den Nazis getan hatte, daß er, wie der Schriftsteller Hochhuth sehr richtig schrieb, ein furchtbarer Richter gewesen sei. Ausgerechnet Nachmann! Ausgerechnet ein Jude! Wie kann ein Jude zuständig sein für das, was Herr Filbinger im besetzten Norwegen kurz vor oder sogar nach der endgültigen Niederlage der Deutschen tat? Die Frage stellt sich fast von selbst: Ist er mit Hans Filbinger bekannt oder gar befreundet? Welchen anderen Grund gäbe es denn für ihn, öffentlich zu erklären, daß er Filbinger für einen anständigen Menschen halte?

Oder formulieren wir es anders: Er kann natürlich, durch persönliche Bekanntschaft etwa, oder durch Bekannte, die wiederum Bekannte haben, die Filbinger kennen, daran glauben, daß Filbinger ein anständiger Mensch sei und sich stets als anständiger Mensch benommen habe. Nur würde es wohl kaum jemanden interessieren, was der Privatmann Nachmann über den Privatmann Filbinger befindet. Eine Erklärung hierüber der Öffentlichkeit gegenüber wäre überflüssig, ja nicht einmal statthaft. Die Erklärung ist aber nicht erfolgt von dem Privatmann Nachmann über den Privatmann Filbinger, sondern von dem Präsidenten des Zentralrates Deutscher Juden. Also wäre doch diese Ehrenerklärung für Filbinger, hätte ich mich in diese Gemeinschaft Deutscher

Juden wieder integrieren lassen, auch in meinem Namen erfolgt.

Die beiden angegebenen Beispiele ließen sich vervielfachen. Aber selbst wenn es nur diese beiden gäbe, wäre das für mich Grund genug, mich nicht per se einer Gruppe zugehörig zu fühlen, die man als die Gemeinschaft Deutscher Juden bezeichnen müßte. Und selbst wenn im Namen dieser Gemeinschaft keine problematischen Dinge geschehen wären, könnte ich das nicht.

Ich habe zwar oben erklärt, daß ich als deutscher Jude geboren bin, aber ich habe mich nie als solcher empfunden, zumindest nicht, bis Ende der zwanziger Jahre Hitler heraufkam. Ich war der Ansicht und bin es noch, daß ich Deutscher war und mehr oder weniger zufällig jüdischer Religion. Daran konnte ich schon als Kind nicht zweifeln. Denn in dem Städtchen Würzburg, in dem ich geboren wurde, war der Antisemitismus, namentlich bei der Schuljugend, großgeschrieben. Den jüdischen Kindern wurden antisemitische Schimpfworte nachgeschrien. Wir wurden, eben wegen unseres Judentums, in allerlei Händel verstrickt. Übrigens, aber dies am Rande: Zu Gewalttätigkeiten kam es immer nur, wenn die sogenannten Christen sich in der Überzahl oder Übermacht befanden. Im gegenteiligen Fall hielten sie den Mund.

Wenn ich oben sagte, mir wäre meine Besonderheit als Jude erst bewußt geworden, als Hitler heraufkam, meine ich nicht das Jahr 1933, sondern das Jahr 1926 – es mag auch 1927 gewesen sein –, als ich das eben erschienene Buch »Mein Kampf« las. Ich weiß heute, daß ich zu den wenigen gehörte oder doch einer der wenigen Nicht-Nazis war, die das so früh taten. Ich kannte Hitler von gewissen Reden, die er, zu einer Zeit, da ich in München studierte, das war 1921, im Zirkus Krone hielt. Zwar war damals laut Plakat Juden der Eintritt verboten, aber ich ging trotzdem hin. Viele von uns Studenten gingen hin, weil der Kerl, der sich da die Kehle wund schrie, nicht unkomisch war. Als sein Buch erschien, dachte ich, es sei doch wohl interessant, einmal nachzulesen, was dieser Querkopf, oder besser, dieser Mann, den ich damals für einen Querkopf hielt, zu vermelden habe.

Nach der Lektüre des Buches dachte ich anders. Natürlich, Hitler war und blieb ein Querkopf, aber er hatte ein bestimmtes Programm. Und wenn er je zur Macht kommen würde, dann dürfte er versuchen, dieses Programm durchzuführen, und ein Kernstück dieses Programms war die Ausschaltung der Juden aus dem öffentlichen und nichtöffentlichen Leben.

Beiseite gesprochen: Dieses hat Hitler zwar geschrieben, aber

David Irving, der englische Historiker, vermag wohl immer noch nicht daran zu glauben, daß Hitler irgend etwas davon gewußt haben sollte, daß die Juden später, im Dritten Reich, ausgerottet wurden. Als ob dies nicht die logische Folge der »Ausschaltung« gewesen wäre.

Aber ich greife vor.

Also ich las, was Hitler sich vorgenommen hatte.

Und ich war der Überzeugung, daß er es durchführen würde, wenn er an die Macht gelangte. Freilich, ich glaubte nicht im Traum daran, daß er je an die Macht kommen würde. Aber wer glaubte das schon, damals, Mitte der zwanziger Jahre.

Weil wir gerade bei Nazi-Lektüre sind: Da ich damals, obwohl meine Freunde darüber staunten und mich belächelten, »Mein Kampf« las und diese frühzeitige Lektüre mir später viel erspart hat, habe ich diese Gewohnheit beibehalten und lese, was Antisemiten so von sich geben. Zum Beispiel habe ich ein Jahr lang sehr genau die »National Zeitung« studiert, dieses schandbare Wochenblatt, herausgegeben von einem gewissen Dr. Gerhard Frey, das sich freiheitlich, unabhängig und überparteilich nennt und das bereits im 28. Jahrgang erscheint. Es ist keine gut gemachte Zeitung, genausowenig, wie »Mein Kampf« ein gut geschriebenes Buch war oder ist. Es ist eine Zeitung, oder wenn man will, eine Zeitschrift, ganz ohne Nachrichten, es sei denn aus dem Kreis der Personen, die entweder früher Nationalsozialisten waren oder es noch sind, auch wenn es die Partei nicht mehr gibt.

Die Zeitung hat immerfort 42 Grad Fieber. Sie ist von Leuten geschrieben, die sich tagein, tagaus über irgend etwas entsetzlich aufregen müssen. Da ist in erster Linie der sogenannte »Verrat« an Deutschland. Wenn nämlich nicht Verrat geübt worden wäre, sei es von wem auch immer, hätte Hitler den Krieg gewonnen. Daran zweifelt Dr. Frey nicht im mindesten, daran zweifeln auch diejenigen nicht, die für ihn schreiben. Jeder, der damals gegen Hitler war und vor allem auch gegen das, was Hitler unternahm, also gegen den Krieg, aber auch dagegen, Juden, Polen und Russen umzubringen, ist in ihren Augen ein »Verräter«. Ein anderes Anliegen der Zeitung ist, zu behaupten, daß niemals sechs Millionen Juden umgebracht worden sind, ja, daß überhaupt keine Juden umgebracht worden sind. Dr. Freys Lieblingsthese: »Schon ein umgebrachter Jude wäre einer zuviel!« Was stimmt, auch wenn Dr. Frey es behauptet.

Da gibt es einen Professor Thomas Butz aus Amerika, an einer kleinen Universität tätig in der Umgegend von Chicago, der hat ein langes Buch geschrieben darüber und bewiesen, daß Juden überhaupt nicht umgebracht worden sind. Dieses Buch hat zwar in Amerika keinen Verlag gefunden, wie überhaupt Butz in Amerika nicht ernst genommen wird, wohl aber hat es die »National Zeitung« zur Gänze abgedruckt. Man sollte glauben, daß sich selbst ein Dr. Frey genieren würde, dergleichen kriminellen Quatsch zu drucken. Denn schließlich gibt es genug Menschen in der Welt, deren Angehörige in den Vernichtungslagern umgekommen sind. Aus meiner Familie – im weitesten Sinne – sind nicht weniger als 42 Personen umgekommen. Butz behauptet, und Frey druckt – natürlich gegen besseres Wissen –, viele dieser Juden wären ja eines ganz natürlichen Todes gestorben. Wirklich, in meinem Falle, gleich 42 innerhalb von zwei oder drei Jahren? Viele von ihnen waren noch gar nicht so alt!

Dann ist die »National Zeitung« natürlich strikt gegen alles, was irgendwie mit Israel zu tun hat. Und natürlich gegen alles, was mit Kommunismus zu tun hat. Und jeder, der im Hitlerkrieg eine Bombe geworfen oder einen Schuß abgegeben hat, ist ein »Held«.

Dem Verlag der »National Zeitung« ist ein Buchversand angegliedert. Und es werden jede Woche die Bücher, die dieser Versand vertreibt, angekündigt. Es sind Bücher über »Musik in der ›Waffen-SS‹«, über die »Schuldfrage des Zweiten Weltkrieges«, »Wahrheit für Deutschland«, oder ein Lobgesang über »Stalingrad« oder »Vorwärts, Voran!«, oder »Das Panzerbuch der Waffen-SS«, oder »Der deutsche Generalstab auf der Anklagebank«, oder »Verschwörung gegen Deutschland (So verloren wir den Krieg)« oder »Hitler und der spanische Bürgerkrieg« oder »Die Frau im Dritten Reich« von der unverwüstlichen Gertrud Scholtz-Klink. Ferner schrieb ein gewisser Günter Deschner ein Buch über »Reinhard Heydrich«, als sei dieser ein Mensch und nicht ein Unmensch gewesen, und seine Witwe schrieb auch ein Buch über ihn, das, wie eine Nachfrage ergibt, »restlos vergriffen ist«.

Wer liest bloß alle diese Bücher? Und wer liest die Zeitung, die, wie sie selbst behauptet, über 170 000 wöchentliche Auflage hat?

Ich sehe da nur zwei Möglichkeiten. Entweder gibt es mehr Nazis im Deutschland von heute, als man glauben möchte, oder es gibt Leute, die, eben weil sie im Grunde immer noch Nazis sind und genügend Geld haben, das Blatt und die Bücher finanzieren.

Als langjähriger Journalist weiß ich, was eine Zeitung kostet. Ich weiß insbesondere, was eine Zeitung kostet, die, wie die »National Zeitung« sich keiner Inserate rühmen darf, außer von Sympathisanten und jenem Buchvertrieb. Man weiß, daß die großen Zeitungen alle, aber wirklich alle von Inseraten leben.

Also, wovon lebt die »National Zeitung«?

Wie ist es möglich, daß sie seit so vielen Jahren erscheinen darf, ohne daß in diese finsteren Hintergründe hineingeleuchtet worden ist? Wie kommt es überhaupt, daß sie noch erscheinen darf?

Es werden von Zeit zu Zeit irgendwelche Schritte gegen diese Zeitung unternommen. Und wenn man Dr. Frey glauben darf, hat er alle Prozesse, die gegen ihn und sein Blatt angestrengt wurden, gewonnen. Wie ist das möglich? Wenn es schon einen Zentralrat Deutscher Juden gibt, wie kommt es, daß er keine Anwälte gefunden hat, die in seinem Namen gegen ein solches Schandblatt vorgehen? Gegen Bücher, wie die oben genannten?

Übrigens: Dazu ist es nicht zu spät, dazu ist es nie zu spät. Aber wenn man heute mit deutschen Juden über den Fall »National Zeitung« spricht, zucken sie lässig die Achseln. Es sei gar nicht richtig, gegen diesen Dr. Frey etwas zu unternehmen, das bedeute allenfalls Propaganda für ihn. So hat man seinerzeit auch gegen Hitler argumentiert. Bis es zu spät war. Bis er gar keine »Propaganda« mehr brauchte.

Aber es ist schon schlimm genug, daß ich hier die Frage stellen muß, warum der Zentralrat Deutscher Juden nichts gegen dieses Schandblatt unternimmt. Ich stelle die Frage, warum nicht jeder anständige Deutsche etwas gegen das Schandblatt unternimmt. Sei es auch nur, die Kioske zu boykottieren, die es ausstellen. Die Buchhandlungen, die eine Biographie von Heydrich – eine sympathisierende Biographie wohlgemerkt – liefern.

Es würde Dr. Frey sicher freuen, und die Juden, die heute in Deutschland leben – wenn sie nicht sehr jung sind –, gar nicht einmal verwundern, wenn ich sage, daß es nie, auch nicht in der Zeit vor Hitler, nein, überhaupt nie, für einen in Deutschland lebenden Menschen von Vorteil war, ein Jude zu sein. Man hat zwar den Juden – schon in den letzten Jahren vor Hitler – oft vorgeworfen – und natürlich unter Hitler noch mehr –, sie hätten alle »Machtpositionen« innerhalb des Landes besetzt. Aber abgesehen davon, daß dies nicht der Fall war, ist es wohl nicht übertrieben zu behaupten, daß diejenigen Juden und Jüdinnen, die »groß« wurden, Karriere machten, nicht weil sie Juden waren, sondern obwohl sie Juden waren. Ob es sich nun um den Schöpfer der Hamburg-Amerika-Linie, Albert Ballin handelt oder um die Diva Fritzi Massary, um Emil Rathenau, den Philosophen und späteren Minister, oder um Albert Einstein, den Schöpfer der Relativitätstheorie. Oder um den großen Anwalt Max Alsberg oder um den Bankier Bismarcks, Bleichröder. Oder den Theatermagier Max Reinhardt. Oder um den Operettenkomponisten Oscar Straus. Sie alle wären ebenso weit oder weiter gekommen, hätten sie christliche Eltern und Großeltern gehabt.

Ich denke da immer noch an eine persönliche Erfahrung. Ich war noch sehr jung, ein Sportjournalist, aber einer, von dem man sich in Berlin erzählte, er habe Zukunft. Ich bekam einen Anruf vom Hause Ullstein. Das war nun auch ein jüdisches Haus. Das größte deutsche Verlagshaus, das größte europäische. Einer der fünf Brüder Ullstein, der für Sport zuständig war, Rudolf war sein Name, lud mich zu einem Gespräch ein. Er wollte mich anstellen, und er wollte mir eine sehr prominente Stellung geben, ich sollte mich um die Sportteile aller Ullstein-Blätter kümmern. Ganz nebenbei fragte er mich, ob ich Jude sei. Ich sagte ja, ich sei Jude. Er antwortete: »Schade!« Er engagierte mich trotzdem, aber es wäre ihm lieber gewesen, er hätte einen Nichtjuden bekommen, eben weil man sein Haus als jüdisches Haus bezeichnete und er sich sozusagen jede christliche Neuerwerbung zugute hätte halten können.

So war es damals, in den Jahren vor Hitler.

Sicher ist es kein Zufall, daß von den großen Verlagshäusern, nicht nur in Deutschland, die meisten sich in jüdischen Händen befanden und noch befinden. Das galt und gilt für die New York Times und den Matin in Paris, 1940, und für Mosse und Ullstein und für die so bedeutende Frankfurter Zeitung in dem Vor-Hitler-Deutschland und für so ziemlich alle großen Zeitungen Wiens, bevor Hitler einmarschierte und von Budapest bis zum Anfang des Zweiten Weltkrieges.

Und es ist sicher kein Zufall, daß viele der führenden Journalisten damals und auch jetzt Juden sind. Und daß in Deutschland, wo es kaum noch Juden gibt, sich auch noch jetzt unter den Journalisten Juden oder Halbjuden befinden oder befanden. Ich denke da etwa an Hans Habe oder Hans Wallenberg oder an Günter Prinz, den Chefredakteur von »Bild« oder an Karl Heinz Hagen, der Chefredakteur von »Bild« war und der Berliner »BZ« und einiger anderer Blätter.

Wenn man bedenkt, es muß noch einmal gesagt werden, wie wenig Juden es in Deutschland gibt, ist diese Liste, die übrigens verlängert werden kann, recht imposant.

Eines der Lieblingsthemen des Dr. Frey in der »National Zeitung« ist die deutsche Wiedergutmachung an den Juden. Er greift das

Thema immer wieder auf, spätestens alle vier Wochen, oft auch schon wöchentlich. Wenn man die Artikel liest, kann man Verschiedenes glauben. Etwa, daß den Juden etwas geschenkt wird, keineswegs, daß man ihnen einmal etwas oder meist sogar alles weggenommen hat. Zum zweiten, daß der Staat Israel überhaupt nur lebt von den Geldern, die Deutschland ihm spendiert. Und schließlich, daß, wenn es so weitergeht, Deutschland, respektive die Deutschen restlos ausgeblutet werden durch die ständig steigenden Ansprüche der Juden und insbesondere des Staates Israel.

Was alles nicht stimmt.

Hingegen stimmt eines, und es ist traurig, daß die Deutschen nicht öfter darüber belehrt werden, will sagen, daß die Presse nicht mehr darüber schreibt, obwohl verständlich, denn es ist nicht populär. Nämlich, daß eine Wiedergutmachung im striktesten Sinne des Wortes überhaupt nicht möglich ist. Gewiß, man kann dies oder jenes zurückzahlen. Vieles kann man nicht bezahlen, weil diejenigen, die Anspruch darauf hätten, gar nicht mehr unter uns weilen. Oder andere, die noch leben, nicht in der Lage sind, zu beweisen, was man ihnen alles gestohlen hat.

Und vor allem, und das scheint mir eine Erkenntnis zu sein, die heute, außer bei ein paar Juden innerhalb und außerhalb von Deutschland kaum noch existent ist: Eine Wiedergutmachung gäbe es nur, wenn jemand die Kunst erfände, Tote wieder lebendig zu machen. Die umgebrachten Juden werden nicht wieder lebendig. Den wenigen, die ihre Wohnungen und ihre Städte verlassen mußten und die sich mit mehr oder weniger Schwierigkeiten in einem anderen Land eingewöhnt haben, kann man auch nicht mehr ihr Vaterland zurückgeben. Und selbst wenn sie in der Lage oder willens wären, zurückzukommen: Das Deutschland, das einmal ihr Vaterland war, existiert ja nicht mehr. Und in dem heutigen würden sie sich kaum zurechtfinden. Was niemandes Schuld ist, zugegeben, aber es ist nun einmal so.

Aber alle Betroffenen, und dazu gehören doch wohl die Juden, werden sich wohl einig sein in einem Punkt, nämlich, daß es eine Art von Wiedergutmachung gibt, die für mich eine Selbstverständlichkeit ist: die Bestrafung der Schuldigen.

Wie begann das eigentlich? Wie war das? Damals, als die alliierten Truppen in Deutschland einmarschierten, kam der Begriff der Entnazifizierung auf. Und als Hilfsmittel dazu wurden Fragebogen verteilt, und die mußten ausgefüllt werden. Über diese Fragebogen wurde schon damals und in steigendem Maße später gelächelt, gelacht, geschimpft. Aber was die wenigsten wußten, begriffen und heute längst vergessen haben, wenn sie es damals überhaupt begriffen, ist, daß der Fragebogen eine Art Defensivwaffe der Behörden war. Denn, und dies ist über jeden Zweifel hinaus hundert- und tausendmal bewiesen worden: freiwillig sagte niemand damals nach Kriegsende: »Jawohl, ich war Nationalsozialist! Jawohl, ich habe gewußt, was mit den Leuten in den Konzentrationslagern geschieht! Jawohl, es ist mir aufgefallen, daß keiner von denen, die in den Osten abtransportiert wurden, wieder zurückkam!«

Niemand meldete sich dergestalt freiwillig, um die Wahrheit zu sagen. Jeder, der die geringste Chance hatte, mit der Lüge durchzukommen, erklärte, niemals Nationalsozialist und immer dagegen gewesen zu sein. Viele, die hätten wissen können, behaupteten, sie hätten gar nichts wissen können. Viele, die wissen mußten, leugneten frech, überhaupt etwas zu wissen. Daher die erste Form der Wiedergutmachung: der Fragebogen, der, zugegeben, kein geglücktes Mittel war, die Wahrheit herauszufinden. Denn abgesehen davon, daß Fragebogen leicht zu fälschen waren: nicht immer waren diejenigen, die der Partei angehört hatten, die Hauptschuldigen. Um nur eines von unzähligen Beispielen zu nennen: Der Bankier Hjalmar Schacht war in meinen Augen ein Hauptschuldiger. Er war es, der Hitler zur Macht verhalf, aber er glaubte niemals an diesen ganzen Nazischwindel, glaubte nur, dies sei eine gute Methode, die damals – Ende der zwanziger, Anfang der dreißiger Jahre – noch immer zu bezahlenden Reparationen – aus dem Ersten Weltkrieg – ein für allemal loszuwerden. Er dachte, Hitler würde man dann immer noch los. Was ein Irrtum war, wie er selbst einsehen mußte. Dieser Hjalmar Schacht hat nicht zuletzt durch zwei jüdische Bankiers und den jüdischen Generaldirektor einer Schallplattenfirma Karriere gemacht. Als einer der drei sich nach der Machtergreifung Hitlers an ihn wandte und sagte: »Was sagen Sie nun, Herr Schacht?« antwortete dieser: »Denken Sie, Sie seien im Krieg umgekommen!«

Dieser Hjalmar Schacht wurde dann in Nürnberg freigesprochen. Auch eine Form von Wiedergutmachung!

Oder denken wir an die Affäre des holländischen Kunsthändlers Pieter Menten. Er war, als die Nazis nach Holland kamen, zum Kollaborateur geworden, und nicht nur zu einem Feld-, Wald- und Wiesenkollaborateur, sondern zu einem, der bei den Nazis leider sehr hoch stieg, er wurde Mitglied der SS. Und während des Krieges hatte er schlimme Verbrechen in Polen verübt – sogenannte Kriegsverbrechen. Es gelang ihm, dies unter den Teppich zu kehren, jedenfalls für lange Zeit, erst in den späten sechziger Jahren mußte er damit rechnen, verhaftet zu werden, und floh schließlich in die Schweiz. Die lieferte ihn aber an Holland zurück, er kam ins Gefängnis und wurde verurteilt. Dann, ganz plötzlich, wurde er freigelassen, angeblich, weil er sich schon viele Jahre zuvor mit der holländischen Regierung und den holländischen Gerichten auf irgendeine, nicht ganz durchsichtige Art arrangiert hatte.

Ganz Holland stand auf. Alle Zeitungen, gleichgültig, welcher politischen Farbe, protestierten. Während diese Zeilen geschrieben werden, ist es noch nicht sicher, ob Menten, der sich, da man seinen Paß konfisziert hat, nicht außer Landes begeben kann, nicht doch wieder verhaftet wird. Aber darauf kommt es in unserem Zusammenhang gar nicht an. Worauf es ankommt, ist, daß ganz Holland aufstand, als Menten auf freien Fuß gesetzt wurde.

In Deutschland haben eine ganze Menge von Naziverbrechern vor Gericht gestanden, und viele von ihnen wurden aus dem einen oder anderen Grund freigelassen. Mir ist kein Fall bekannt, nicht ein einziger, der zu einer allgemeinen Empörung der deutschen Öffentlichkeit geführt hätte.

Mag sein, daß die eine oder andere Zeitung ein paar Zeilen darüber schrieb, die Sache sei unverständlich, es hätte doch angenommen werden dürfen . . . immerhin . . .

Aber von allgemeiner moralischer Entrüstung keine Spur.

Nehmen wir nur den längsten Prozeß gegen Nazimörder, den sogenannten Majdanek-Prozeß, der sich nun schon über Jahre in Düsseldorf hinzieht. Darüber liest man kaum etwas in der Presse, nur gelegentlich erfährt man, daß die Angeklagten – die Klage lautet in jedem Fall auf die Ermordung von vielen KZ-Häftlingen, meist Juden, vielen, oft Hunderten, Tausenden –, daß also diese Angeklagten samt und sonders sich auf freiem Fuß befinden und daß sie, jeder von ihnen, über mehrere Anwälte verfügen, die zumindest vorläufig von der Staatskasse bezahlt werden müssen.

Unter ihnen befindet sich ein gewisser Dr. Hermann Stolting II. Im Krieg war er Staatsanwalt beim Sondergericht Bromberg, Polen, und als solcher beantragte er zahlreiche, man kann fast sagen zahllose, Todesurteile, wenn es darum ging, über die Einhaltung von Nazigesetzen zu wachen. Stolting II heute: »Ich stehe zu jedem Todesurteil, das ich beantragt habe. Wie viele es waren? Also, das weiß ich beim besten Willen nicht mehr. Aber ich stehe zu jedem einzelnen . . .«

Dieser Herr wird nicht nur nicht belangt, sondern er verteidigt auch noch eine Angeklagte in dem oben genannten Prozeß, die KZ-Richterin Hermine Böttcher, reist auf Staatskosten nach Kanada, in die USA und weiß Gott wohin, um sie zu verteidigen, obwohl er bisher noch nicht den Mund aufgetan hat. Er bekommt mehrere hundert Mark pro Tag dafür ausbezahlt. Dieser in der Tat furchtbare Staatsanwalt aus der Nazizeit, der, freilich auf legale Art, eine Menge Menschenleben auf dem Gewissen hat.

Allgemeine moralische Entrüstung darüber? Keine Spur.

Oder da ist ein Professor Hellmut Diwald, Ordinarius für Geschichte an der Universität Erlangen, der eine Geschichte der Deutschen schreibt, in der sich das Wort Judenmord – so Golo Mann – überhaupt nicht befindet, in der die eigentliche Bedeutung von Auschwitz unter den Teppich gekehrt wird, als habe es sich da um ein Arbeitslager von »rüstungstechnischer Bedeutung« gehandelt.

Golo Mann hat sich darüber aufgeregt, ein Redakteur des »Spiegel«, einer des »Stern«.

Aber von allgemeiner moralischer Entrüstung – wiederum keine Spur.

Die gab es, wenn auch im beschränkten Maße, am 2. November 1978. Schauplatz die bereits mehrfach erwähnte »National Zeitung«. Dort wurde eine Generalamnestie für alle bis 1945 geschehenen »direkt oder indirekt politisch bedingten Delikte jeder Art« gefordert.

Wohlgemerkt, Delikte jeder Art! Auch Mord!

Die 250 Unterzeichner dieses Aufrufs appellierten an die Parteien, »ausländischem Druck« zu widerstehen und keine weiteren Manipulationen der Verjährungsfristen angeblicher oder tatsächlicher deutscher Kriegsverbrechen aus dem Zweiten Weltkrieg vorzunehmen. Zu den 250 Unterzeichnern gehörte unter anderen der ehemalige Kampfflieger Hans-Ulrich Rudel. Er war ein sehr erfolgreicher Kampfflieger, das heißt, einer, der sehr viele Flugzeuge der Gegner zu Boden gezwungen, also auch sehr viele »Feinde« vernichtet hatte, daher der Liebling Hitlers war und seit längerer Zeit der Liebling des Dr. Frey, der ihn zum »Helden« erhob und Postkarten mit seinem Bild und seine Bücher vertreibt. Will sagen, den Vertrieb der Bücher propagiert.

Und, man faßt es kaum, auch Winifried Wagner, jahrelang Leiterin der Bayreuther Festspiele, intime Freundin Adolf Hitlers, den sie duzte, den sie bewunderte und noch bewundert. Wenn man sie fragt, was sie von den Vorgängen im Dritten Reich gehalten habe, erklärt sie kühn, sie habe ein Operntheater geleitet und sich darum nicht gekümmert. Sie sei nur gelegentlich bei Hitler zugunsten des einen oder anderen Juden vorstellig geworden, wenn sie ihn direkt oder indirekt für Bayreuth gebraucht hätte. Und solche Leute unterschreiben dann den Appell, in dem noch vermerkt wird, die »Kultur des Abendlandes lehne nicht enden wollende Haß- und Rachegedanken ab«: »aus den NS-Prozessen gewinnen antideutsche Massenmedien ständig Propaganda gegen das deutsche Volk«.

Eine Form der Wiedergutmachung an den Verfolgten des Naziregimes wäre, diese Stimmen zum Schweigen zu bringen. Freilich, dazu müßte man erst Dr. Frey zum Schweigen bringen. Aber das wird ja offenbar gar nicht erst versucht.

Was die Frage der Verjährung betrifft: Würde man sie eintreten lassen, dann wäre das, schlicht gesagt, eine Prämie für diejenigen, die bis jetzt geschickt und gerissen genug waren, sich einer Bestrafung oder auch nur einer vorläufigen Verhaftung zu entziehen. Es würde bedeuten: Da du es bis 1980 geschafft hast, wirst du frei ausgehen, auch wenn du tausend Juden umgebracht hast! Es geht hier gar nicht um die Frage, daß wahrscheinlich sehr wenige Missetäter nicht erwischt worden sind, respektive darum, daß viele der entwischten sich in Südamerika befinden, also gar nicht belangt werden können, wenn sie nicht dumm genug wären, nach Deutschland zurückzukehren. Natürlich, wenn ihre Tat verjährt, können sie alle nach Deutschland zurückkehren, denn sie fühlen sich ja als Deutsche, und letzten Endes sind sie es auch, selbst wenn Deutschland nicht sehr stolz auf sie sein darf. Aber es geht nicht um die Quantität. Es geht um die Moral.

Es geht auch nicht darum, daß eine solche Verjährung einen schlechten Eindruck machen würde. Ganz sicher im Ausland, so steht jedenfalls zu hoffen, aber auch innerhalb Deutschlands.

Selbst der Einwand der sogenannten »Beweisnot« gilt nicht. Es ist sicher richtig, daß, wenn heute oder in fünf Jahren einer gefaßt wird, der einen Juden oder auch einen anderen, bei den Nazis mißliebigen Menschen auf dem Gewissen hat, sich die Gerichte schwertun werden, ihm das nachzuweisen. Nicht nur die Opfer sind ja tot, auch viele der Zeugen, und die Überlebenden sind alt, leiden an Gedächtnisschwäche und befinden sich oft in einer Verfassung, die sie den Gerichten nicht mehr als glaubwürdig erscheinen läßt. Dann würde es ja heißen: »in dubio pro reo«, und ein Freispruch müßte erfolgen.

Der vorzügliche Publizist Matthias Walden schreibt zu diesem

Thema: »Man male sich aus, wie es wäre, wenn ein Jude – in Deutschland, in Israel oder irgendwo auf der Welt – erführe, daß der Mörder seiner Eltern nunmehr ein freier Mann sei, dem er begegnen und den er niemals mehr vor einen Richterstuhl bringen könnte. Daß jener womöglich triumphierend bürgerliche Ehrenrechte in Anspruch nähme, seine Memoiren herausgäbe . . . Wer davor . . . nicht schaudert, verliert seinen ethischen Anspruch auf Mitsprache.«

Den ethischen Anspruch, nicht aber den realen Anspruch. Den kann ihm niemand nehmen.

Den moralischen Anspruch, hier mitzureden, können die deutschen Juden – wie übrigens auch die Juden Hollands, Belgiens, Frankreichs, Polens, kurz aller Länder, in denen die Nazis gehaust haben – nie verlieren. Es ist die einzige Form von Wiedergutmachung, die über alle Bedenken hinaus ewig existent ist, ewig, das heißt in diesem Falle, solange noch Juden leben, die irgendwann in Deutschland haben leiden müssen oder noch leiden.

Hazel Rosenstrauch

Verwurzelt im Nirgendwo

Hazel Rosenstrauch, geboren 1945 in London, aufgewachsen in
Wien, Büro- und Bankangestellte, Studium der Literaturwissen-
schaft und Soziologie in Berlin, Verlagsarbeit, Lehrtätigkeit, jour-
nalistische und wissenschaftliche Arbeit.

Wenn eine, die sich nie als Jüdin verstanden hat, die zumindest nie
ihr Selbstverständnis aus einer jüdischen Tradition beziehen
wollte, über ihr Leben als Jüdin in Deutschland schreibt, dann ist
sie »es« doch? Der Versuch, Nicht-Jude (nicht Jude) zu sein, ist
bekanntlich etwas sehr Jüdisches. Wenn ich hier zu ironisch oder
distanziert schreibe, wird das meine Betroffenheit als Nicht-Assi-
milierte entlarven. Wie überhaupt alles, was ich tue, weil ich
jüdischer Abstammung bin, etwas typisch Jüdisches hat: entweder
ist es eine besonders knifflige Form des jüdischen Selbsthasses
oder die typische Sehnsucht nach Über-Anpassung.
Es sind nicht nur die Klischees der Deutschen, die mir diese
Vorüberlegungen einpflanzen, sondern auch die der Mit-Juden,
der Israel-Werber und Etikettenkleber verschiedenster Prove-
nienz. Mag sein, so tröstete ich mich bisher, daß jeder Versuch,
den gelben Stern loszuwerden, schon von so vielen unternommen
wurde, daß er so oder so etwas typisch Jüdisches bekommt. Die
Identitätsangebote, die mir gemacht werden, reichen von der Assimilation bis zur »Heimat« in Israel, vom Renommierjuden bis
zum Sinnbild des Bösen.
Der Fall: zweite Generation Assimilierte, sozialdemokratisch bis
kommunistisch begründet. Vorgeschichte mehr oder weniger typisch: vergaste Großeltern, geboren in der Emigration, gut oder
besser sein wollen als jene, die mich Judensau schimpften. Nichts
hat mich stolzer gemacht als die Bestätigung eines jüdischen
Freundes, der mir unjüdisches Aussehen, Auftreten und Agieren
bescheinigte. Ich kannte keine jüdische Schule, keinen Jehova,
keine galizischen Reste; ich war nicht innerhalb einer Kultur
aufgewachsen, die ich »unsere jüdische« nennen könnte, und
trotzdem kommt nach 34 Jahren . . . wieder eine Jüdin heraus?

Alles hätte ich mir vor 15 Jahren vorstellen können, als ich auszog, das Deutsche zu lernen, aber Hineinschlüpfen in die Jüdin? Ich wäre selbst interessiert daran zu wissen, wie das zugeht.

Während ich für diesen Artikel die Frage nach den jüdischen Anteilen in meinem Selbstverständnis abtaste, kommt zufällig ein Brief, Einladung und Teilnehmerliste für ein Seminar, und unter dem Namen, wo bei anderen das Herkunftsland steht, steht bei mir Israel. Ein Fehler, der nicht zum ersten Mal unterläuft, er macht mich noch immer sehr wütend. Diese beliebte Schublade stellt mich vor zwei Fragen. Erstens: was wird da, zu welchem Zweck, mit mir gemacht, zweitens: warum macht es mich so wütend?

Ich lauf nicht herum und erzähl, ich bin Jüdin, spreche ein hervorragendes Wienerisch, seh vielleicht ein bißchen jüdisch aus, aber das könnte auch woanders herkommen. Nur der Name, den ich nicht immer hinter einem Pseudonym verstecken kann, ist so wunderschön blumig, eindeutig jüdisch.

Erziehung zur »Jüdin«

In England geboren, in Wien aufgewachsen, mit zwanzig sehr freiwillig, sehr »erst recht« in die Bundesrepublik emigriert, ein bißchen als Protest gegen meine antideutsche Erziehung, mehr noch aus Neugier und angezogen von einer politischen Wachheit, die damit zu tun hatte, daß die Kinder der schuldigen Väter – meine Altersgruppe – zu denken begonnen hatten. Dieses Land meiner Wahl versprach mehr als die Heimat meiner Eltern Österreich, für mich das antisemitischste aller Länder. Dort war (und ist) der »gute alte« Antisemitismus zu Hause, für den die Juden ein eigenes Wort haben, Riches. Man wird ohne Hemmungen direkt beschimpft, ziemlich quer durch alle Schichten und, wenn auch mit besonderen Charakteristika, auf einer Ebene mit Tschuschen, Kameltreibern, Spaghettifressern und Pollacken. »Judensau«, »laß deinen Freund Kohn schön grüßen«, »na, tun wa chandeln«, und wenn es ein Streit um den Sitzplatz in der Straßenbahn war oder ein Kind umgebracht wurde, dann waren das, auch im Volksmund, »sicher die Juden«.

Was ich von Westdeutschland wußte, war vielversprechender als die Enge, aus der meine Verwandtschaft in Golders-Green, jenem jüdischen Bezirk Londons, mich als zu unjüdisch ausgeschlossen hatte, reizvoller als Amerika, aus dem ich 1963 wegen Mitgliedschaft als 14jährige in einer kommunistischen Jugendorganisation rausgeschmissen worden war und wo ich zum ersten Mal »Schickse« geschimpft wurde, weil ich mich mit »Gojims« abgab. Kanada hatte ich danach probiert, dort unter falschem Namen gelebt. Der Freund, der mir ein Zimmer besorgte, hat ihn mir gegeben, aus wissender Vorsicht, damit die 1945 aus Deutschland geflüchteten Wirtsleute mich überhaupt aufnahmen. Wie recht er hatte, erfuhr ich nicht nur durch die hysterischen Flüche des Schwiegersohns dieser Familie, der unbedingt alle Juden umbringen wollte; ich erfuhr es auf aparte Art auch von jenem Herrn Bondy, der, als ich, ermuntert durch seine jiddelnde Aussprache, mich dann doch mit richtigem Namen für einen Job vorstellte, mich nicht nahm, weil »Wissen Sie, ich arbeit nicht gern zusammen mit Juden«. Er empfahl mich (aus jüdischer Solidarität?) weiter, an einen deutschen Geschäftsfreund, für den ich während der ganzen Zeit unseres Arbeitsverhältnisses »Fräulein Harder« blieb.

Mein Versuch, bei dem neuen Start in West-Berlin meinen Namen mit Bindestrich zu teilen, um die auffälligere Hälfte irgendwann verschwinden zu lassen, scheiterte sofort an der preußischen Akkuratesse der ersten Bürodame: »Wie schreiben Sie sich, mit oder ohne Bindestrich, zeigen Sie Ihren Paß her!« So einfach war der Schritt zum Normalsein also nicht zu schaffen. Dabei wollte ich doch nichts weiter, als nicht abgestempelt werden. »Wenn wir für eine gerechte sozialistische Gesellschaft kämpfen, ist es nicht mehr wichtig, ob wir Juden, Christen oder Schwarze sind« – das war der Leitsatz und das war der Versuch, ohne Etikett in dem anderen, »umerzogenen« Deutschland zu leben. Die gerechte Gesellschaft haben wir nicht, und mittlerweile weiß ich, daß die Rechnung so einfach nicht aufgeht.

Westdeutsche Neurosen

Daß die Bundesrepublik für ein jüdisch-kommunistisch-wienerisches Emigrantenkind – und dazu noch ein weibliches – nicht die ideale Heimat ist, liegt auf der Hand. Aber das war, als ich Mitte der sechziger Jahre, zu Beginn der Studentenbewegung, hierher kam, noch kein Problem. Da sucht man erst einmal, will noch nicht gleich angekommen sein. Neu, anders war die Reaktion meiner damaligen Altersgenossen, deren Politisierung sehr viel mit der Haltung ihrer Eltern gegenüber den Juden zu tun hatte. Der auffallend jüdische Name oder der Geburtsort London wurde ge-

nannt, ja, selbst eine etwas unüblich gute Kenntnis des Nahostkonflikts genügte manchmal, und mir begegneten leuchtende Augen. »Du bist Jüdin? Echte? Hundert Prozent? Kannst du Hebräisch, kennst du das Alte Testament?« Und ich traf erstmals in
meinem Leben auch junge Leute, die es hirnrissig fanden, daß ich
meinen Nachnamen nicht nennen wollte, die mich rücksichtslos
schimpften, »wofür hältst du uns eigentlich, für uns bist du du!«.
Wetterleuchten, Integration, normal oder zumindest ungestem-
pelt sein können.
Ich trampte mit jungen Deutschen nach Frankreich, Belgien, Luxemburg und hörte sie englisch sprechen, erlebte ihre Schuldgefühle und Ängste, wenn sie nach ihrer Nationalität gefragt wurden. Von ihnen habe ich die Sensibilität und die Wut gegen
Kadavergehorsam gelernt, die Fähigkeit, begründete, heftige Kritik nicht nur an den »unglücklichen zwölf Jahren« des tausendjährigen Reichs zu üben, sondern auch bohrende Fragen nach der
Vorgeschichte, den Interessen, den Zusammenhängen bis ins
Heute zu stellen. In den Gesprächen mit ihnen begriff ich, daß
mein Gefühl, das sich gegen die Zuordnungen wehrte, vernünftig
war. Ich traf die Deutschen, die, selbst zu jung, an der Geschichte
ihrer Väter litten und sich aus den Nestern, Heimaten, Zugehörigkeiten, die sie warm einhüllten, herausbegeben wollten, nur, um
es besser zu machen.
Klein, dunkel, kraushaarig, wie ich bin, traf ich auch jene alte
Dame mit ihrem »Äh mh, äh mh, Sie sind doch auch nicht, äh hm,
von unserem Volk?« oder erfuhr von einem Freund, daß seine
Wirtin, nur wegen meines Namens, den ich am Telephon immer
nannte, seine Eltern verständigt hat.
Antisemitismus begegnete mir hier, dort, wo er hautnah, nicht
anonym war, als eine Art verspätetes Denunziantentum, als hätten diese Witwen, Hausmeister und verkalkten Altbauern noch
nicht mitgekriegt, daß das Anzeigen und Aufspüren der Juden
nicht mehr gefragt ist. Der Name mit dem gelben Stern daran hat
einen großen Vorteil. Er öffnet die Hirnschalen meiner Gesprächs-
partner, und heraus sprudeln kunterbunt durcheinander ihre Ängste, Schuldgefühle und Projektionen. Schmelz in der Stimme,
Lächeln und ein »was für ein schöner Name« ist die häufigste,
harmloseste Form; ganze Vorträge über dieses wunderbare, so
sehr von Leid geplagte, so besonders begabte Volk; Flutwellen von
Erklärungen über die eigene, differenzierte, fortschrittliche Position zum Judenproblem.
Eine Tagung zum Beispiel: Man kennt die Teilnehmer dem Na-

men nach, ein Herr kommt auf mich zu: »Ach, Frau Rosenstrauch, dieses Israel ist ein prächtiges Land, ich habe sehr viele Freunde dort, wunderbare Menschen . . .« Das geht so zirka zehn Minuten lang, und als er das erste Mal Atem holt, sag ich nichts anderes als »Ich bin Österreicherin« – da dreht er sich um und ist weg.

Man scheint mir übelzunehmen, daß ich mit diesem schönen Namen nicht in das für Juden bestimmte Ghetto im Nahen Osten gehöre.

Als ich anfing, als Journalistin zu schreiben, legte ich mir ein Pseudonym zu, weil ich das Wiedergutmachungsgejammer dieser Branche, »ach, das waren noch Zeiten, als die Juden noch im Geschäft waren«, nicht auch noch in den Köpfen der Leser wissen wollte.

Neo-Jude, made in Germany

Ob ich will oder nicht, ich habe Jüdin zu sein und bin es. Ich bin rastlos, leide darunter, nirgends zu Hause zu sein, bin Intellektuelle, geistig rege. Jüdisch an mir ist meine Schnelligkeit, meine Entwurzelung, der Kosmopolitismus. Wenn ich nicht in Gedanken nach Israel verschickt wurde, so war ich in den Kulleraugen meiner Fans das, was die israelischen Staatsbürger ja nun leider abgestreift hatten: ein letzter wirklich noch wandernder Jude. Die Formen des Philosemitismus unterscheiden sich nach dem Alter der Schwärmer; er begegnet mir als nützlicher, als naiver, als gutgemeinter.

Ich habe allmählich das Gefühl, daß sie mich fast brauchen. Wofür? Es sind nicht nur diese wenigstens noch bewußten Schuldgefühle und das Bedürfnis nach einer Renommierjüdin. Die Schublade, in die sie mich stecken, gehört zu einem Intarsienschrank: sie mögen mich kultiviert, traditionsreich, als idealen Weltbürger, dem dank der schauerlichen Geschichte nun nicht mehr jener bourgeoise Makel des Geldbürgers, Wucherers und Händlers anhaftet. Der Idealjude ist klassenlos, sozial nicht verankert, ein freischwebender Intelligenzler. Jene bösen semitischen Eigenschaften hängt man heute eher den Frankfurter »syrischen« Spekulanten an. Ich habe einen Bonus, bin sozusagen ein Stück Heine, Spinoza, Marx, Newton und Einstein von Natur aus, bin »natürlich« besonders intelligent, weltoffen, liberal, meine Unstetheit liegt schon in der Herkunft, da ist kein Krieg, keine Arbeitslosigkeit und keine politische Konstellation schuld.

Was wäre, wenn ich nicht ihre Sprache spräche und mich nicht nur mit mittelständisch guten Manieren zur Wehr setzte? Aber selbst wenn ich protestiere, stimmt das Bild noch – als Außenseiter darf ich so manches, was andere nicht dürfen. Es bleibt wirkungslos, ein bißchen Exzentrik gehört auch zum Juden. Man bietet mir eine Identität, die mich ohnmächtig macht. Zur Zeit weiß ich nicht, ob ich nun Geld kriege, weil ich eine gute Wissenschaftlerin bin, oder ob ich Wissenschaftlerin sein darf, weil ich so schön jüdisch bin. Das hat auch Vorteile. Beim Verhör vor jenem CDU-Stadtrat, der das Deutschland-Lied in den Schulunterricht wiedereinführte, sagte ich an einem bestimmten heiklen Punkt meiner Gesinnungsüberprüfung, ich sei, aufgrund der Erlebnisse meiner Eltern, strikt demokratisch erzogen worden. Ich kam durch. Ob aufgrund seiner Schuldgefühle, oder weil man mir, der Jüdin, unterstellt, ich sei liberal, kann ich nicht beurteilen. Man weiß, daß das nicht immer so glimpflich verläuft: Als Kommunisten mögen sie die Juden weniger. Welche Schwierigkeiten haben sie mit Silvia Gingold! Und ob Filbinger mit ihr genausogut auskommt wie mit seinem jüdischen Freund Nachmann?

Warum kriege ich dieses Wohlwollen, nein, diese Achtung, und nicht die Griechen, Spanier, Türken, Chilenen, schließlich auch Völker mit einer reichen Kultur. Wir haben ja in Westdeutschland mittlerweile genug Minderheiten. Weil die Juden so wenige sind? So ausgerottet und an Zahl arm, daß man sich Sentimentalitäten leisten kann? Weil wir, zum überwiegenden Teil, ob im Handel, der Literatur oder Wissenschaft, guter bürgerlicher Mittelstand sind? Die Bundesrepublik hat im Vergleich zu anderen Ländern wenig eigene Exoten, und auch wenn es durch die Gastarbeiter und die immer zahlreicheren Emigranten aus faschistischen Ländern schon mehr geworden sind, so haben die Juden einen großen Vorteil. Sie weichen zwar von der Norm ab, aber nicht anstößig viel, sie sind anders, aber das ist im wesentlichen vorbei, sie sind Außenseiter, aber solche, die, wenn sie schon hier leben, viel tun, um dazuzugehören.

Der Philosemitismus verlangt kaum Konsequenzen; und die werden, in angemessenem Rahmen, schon von Axel Springer, Hans Habe, Klaus Schütz gezogen. Der rechtsradikale studentische Führer der Provinzstadt, in der ich zur Zeit wohne, hat seine Tochter Mirjam genannt. Ist es da reizvoll, als Jude zu firmieren?

»Wenn sich die linken Intellektuellen in der Arbeiterbewegung verankern, sind sie nicht heimatlos.« Das klingt schön. Sollte ich nicht meine jüdische und – so, wie die Linke hier aussieht – intellektuelle Erziehung verleugnen und Arbeiterin werden? Oder mich einstweilen als Vorhut der Arbeiterklasse fühlen? Es ist wohl auch ein Ergebnis meiner fortschreitenden Erziehung zur Jüdin, daß ich mißtrauisch bin, daß ich eine wachsende Empfindlichkeit gegen jene allzu schnelle, zu leidenschaftliche Leugnung des jüdischen Problems bei einigen Fortschrittlern verspüre. Für sie müßte ich doppelt so laut und doppelt so deutlich abschwören wie jeder normale Linke, um in ihrer mühsam gezimmerten Heimat dazuzugehören. »Das haben wir abgehakt« und »du bist da (jaja, aus verständlichen Gründen) zurückgeblieben«. Als ich in den späten sechziger Jahren wegen einer Bombe vor dem jüdischen Gemeindehaus Unterschriften unter den Genossen sammeln wollte, wurde abgewinkt, ich sei da »überempfindlich«.

Und überempfindlich bin ich inzwischen, wenn sie in »die« Palästinenser hineinschlüpfen, um Heimat zu borgen und ich frage mich, alles zersetzend, ob der Imperialist, den sie im Symbol Israel so undifferenziert hassen, nicht der ist, der aus der komplizierten eigenen Welt in die Ferne des Nahen Ostens verlegt wird. Die Heroisierung *der* Araber und Verteufelung *der* Israeli sind so total, daß sie mich sehr an die Phase vorher erinnern, als junge Linke sich bis zur Selbstverleugnung mit den Juden identifizierten . . . und dann wurden sie Sozialisten und »können ja deshalb keine Antisemiten mehr sein«. Aber jene Haltung von 1965, als die Jungen mit der ganzen Last deutscher Schuld auf dem Rücken durch die Welt liefen, während der Rest à la Filbinger, Carstens, Gehlen und nicht weniger hoher Beamter, Richter und Industrieller »bewältigt« hat, war sicher nicht durchzuhalten. So nimmt jeder das Seine von den Juden und Israel, und alle zusammen dürfen diesem Land dankbar sein, daß es Haß, Liebe und Zugehörigkeiten so leicht macht.

Heim ins Land der Großväter

Ich fühl mich nicht wohl in diesem westdeutschen Land, und als ich eine gute Ausrede vor mir selbst hatte, »nur Freunde besuchen«, fuhr ich nach Israel. Israelis, plötzlich auftauchende Verwandte, neidvolle Freundinnen, die unter ihrer unbedeutenden, durchschnittlichen Herkunft litten, sie alle streckten mir dieses Angebot entgegen. Alles, worunter ich in meiner Orientierungslosigkeit litte, sei doch eigentlich jüdisch. Und ich kam in ein Land mit fremder Sprache, merkte, daß mein Problem bestenfalls das der vorigen Generation war. Obwohl es ganz schön ist: Wer möchte das nicht, im Ausland, wo die Leute bekanntlich so warm und südlich sind, einmal kein Tourist sein, dazugehören, ach, wie wurde ich umarmt und – definiert bis zur Erstickung. Inklusive militaristischer Erziehungsideale und Pauschalurteile über die russischen und arabischen Juden. Ich gehörte zu den besseren Juden, den mitteleuropäisch Gebildeten. Von den Freunden, die damals noch meinten, selbst ich mit meinen spezifischen Leiden als linke Jüdin, könnte in ihrem Land die richtige Heimat finden, sind einige inzwischen ausgewandert. Aber wer würde ein Israel, das *mir* Heimat bietet, schon lieben – und vor allem unterstützen. Wieder nach München zurückgekehrt, fand ich es besser, ein Jude in Deutschland, als ein Jecke (=deutschsprachiger Jude) in Israel zu sein.

Gut, ich bin Jüdin

Jude, das ist ein Inbegriff, immer noch, und nicht nur der Antisemitismus ist, wie Sartre sagt, vor allem eine Leidenschaft, er ist es auch in seiner philosemitischen Gestalt. Was weder meine Mutter, noch meine Herkunft, noch der Antisemitismus geschafft haben, das hat der Philosemitismus aus mir gemacht. Und ich eigne mich vortrefflich als Objekt für ihn: ich sitze auf Koffern, wechsle die Wohnungen, fühle mich entwurzelt, behalte den zweiten Paß, den mir die Emigration eingebracht hat. Ich sehe dieses Land mit anderen Augen und weiß von meinen griechischen, türkischen, chilenischen, persischen, spanischen, kommunistischen, homosexuellen, rothaarigen, krummbeinigen, arbeitslosen und sonst irgendwie behinderten Freunden, daß mein Blick ihrem ähnelt. Auch sie haben Angst vor der Folgsamkeit, Schneidigkeit, Superkorrektheit, mit der Befehle ausgesprochen und befolgt werden, mit der Anordnungen, ob bei der Ausländerbehörde, bei der Einstellung, auf Polizeirevieren, ausgeführt werden. Doch, ich bin Jude. Ich bin sehr empfindlich gegen das Redeverbot für Luise Rinser, den Rufmord an Böll, die Kündigung Peymanns, den Druck, in einer ganz bestimmten Form um Schleyer zu trauern;

gegen erzwungene Loyalitätserklärungen von Hochschullehrern, Begriffe wie »Sympathisanten«, die Sippenhaftung für Terroristenfamilien, Berührungsverbot, Kommunisten betreffend. Ich habe Angst vor jeder Pogromstimmung, ich befürchte das Schlimmste, wenn Bürokraten Formulare entwerfen und ich selbst dem Verfassungsschutz die Listen ausfüllen muß, mittels derer dann die, diesesmal nicht mehr rassisch, Unreinen aussortiert werden. Mir kommen Erinnerungen an Dinge, die ich nie selbst erlebt habe, wenn normale, nicht besonders gehässige Menschen diese Formulare »nur« weiterreichen, als seien sie nichts als ein Stück Papier, und ich meine langsam zu verstehen, wieso damals niemand in dem Land gewußt hat, was geschah. Offenbar muß man in diesem Land eine jüdische, kommunistische oder sonst unherrenmenschliche Geschichte haben, um zu merken, was los ist.

Wegen meines Namens könnte ich mich vielleicht doch getrauen, die in der Straßenauslage eines Geschäfts ausgestellte Goebbels-Platte zu zerbrechen, aber soll ich mir einen Prozeß wegen Beschädigung von Eigentum aufladen, der sehr wahrscheinlich wegen mildernder Umstände glimpflich verlaufen würde? Ich frage die Verkäuferin, ob der Artikel gut geht, und etwas nervös erklärt sie, was hier maßgeblich ist: »Wir verkaufen nur, was verlangt wird.« Könnte ich auch die Plakate »Mit diesem 235. Hinweis von Herrn K. fand die Polizei die Spur des Terroristen . . . helfen Sie mit . . .« herunterreißen? Soll ich meine Unterschrift für die Bürgerinitiative, bei der Kommunisten mitmachen, geben? Bin ich unrechtsstaatlich, weil ich die Denunziation von Studenten durch Beauftragte des Uni-Präsidenten schlimm finde? Als ich erfuhr, daß meine Briefe nicht und einige sehr verspätet bei den Empfängern ankamen, glaubte ich nicht zuallererst, daß es das Wetter oder die Postverbindung sein könnte. Und beim Knacken im Telephon denke ich nicht zuerst an die Technik. Ich kann es nicht als belanglos hinnehmen, daß mir ein wildfremder Mann auf der Straße »rotes Pack« nachruft, und ich denke oft an jene Nachbarin, die, als ich noch in der schwarzbraunen Kleinstadt im Filbingerland wohnte, einem vertrauenswürdigen Lokalredakteur erzählt hat, bei uns sei nachts häufig Licht und viele Leute kämen auch zu Besuch. Ich habe die Aufrufe von »Bild« und die metergroßen Plakate der Polizei, derartig Terrorismusverdächtiges zu melden, selbst gelesen; ich habe gesehen, mit welcher Wonne die kleinen Ladenbesitzer tote und getötete Terroristen auf ihren hauseigenen Fahndungslisten auskreuzen, und ich habe auch »politische Tole-

ranz« erlebt: bei der Verhandlung gegen die paramilitärische Hoffmann-Gruppe, die sich den Zugang zu ihrer Rhodesienveranstaltung freigeprügelt hatte. Offenbar seh ich die faschistischen Tiefdruckzeitschriften, die als Dokumentation angeboten und von Jugendlichen trotz stolzem Preis gekauft werden, mit anderen Augen als andere Passanten. Der NPD-Stand vor der Münchner Feldherrnhalle ist für die vier Polizisten neben mir kein Anlaß für »Erkenntnisse«, aber mich regt das auf. Man hat mich lange genug gelehrt, diesen Verfolgungswahn in puncto verlorenen Briefen, knackendem Telephon, wartenden Autos und Hobbyphotographen bei Versammlungen als mein innerpsychisches Problem anzusehen. Ich forste meine Worte, Kontakte, Aktivitäten daraufhin durch, was alles dem Bürokratengehirn der Berufsmitleser verdächtig sein könnte, und befürchte, daß alles – meine Wohngemeinschaften, DDR-Reisen, Freundschaften, politischen Organisationen – denen, die inzwischen darüber wachen, zumindest suspekt ist. Bisher waren es nur Kommunisten, Terroristen, Sympathisanten, linke Wohngemeinschaften, Grenzgänger mit verdächtigen Zeitungen, Anwälte, die Linke verteidigt haben, subversive Literaten, ein paar Sozialdemokraten, Verwandte von Terroristen, Ehepartner von Kommunisten – ein paar Irrtümer.
Ich habe nicht mehr Angst, meinen Namen zu nennen, weil er jüdisch ist, sondern weil er so auffällig ist und mir diejenigen, die hier für Ordnung sorgen, keine Gewähr für die freiheitlich demokratische Grundordnung bieten, die ich brauche. Ich bemühe mich, nicht jene Phobie zu bekommen, in der man sich ständig verfolgt fühlt – und konkrete Gefahren aus lauter allgemeiner Furcht nicht wahrnimmt.

Wenn schon, dann Jude in Deutschland

Ich könnte auswandern. Seit Jahren, d. h. ziemlich genau seit der Vertreibung der Linken aus dem Traum von der Heimat, pflege ich diese Sehnsucht nach nirgendwo, laß mich herumtreiben von der Frage, wo bin ich zu Haus, und ahne schon, daß ich damit Freddy Quinn näher stehe als meiner jüdischen Verwandtschaft. Jedes Land, in dem ich mich wohl fühlte, kam schon in Frage. Nach manchen Reisen, vor allem der nach Polen, dachte ich, ich kann hier nicht mehr leben, und tue es immer noch. Aber ich bin froh, daß ich noch den Paß aus der Emigration habe.
Wir Juden sind ja bekanntlich ein pragmatisches Volk. Also: Wel-

che Angebote liegen vor? Typisch jüdisch? Das könnte endlich eine Lösung sein, aus dem Dilemma mit der leidvollen Heimatlosigkeit und dem Anders-Sein herauszukommen. Ich könnte vielleicht noch ein bißchen radikaler auftreten und würde mit dezentem Rekurs auf Vergangenheit dennoch nicht als verfassungslose Gesellin verfolgt. Ich darf mich, sobald nur der kleinste Hauch von Rassismus anklingt, entschieden wehren.

Als Jude in Deutschland brauche ich nicht dazuzugehören. Ich muß nicht, wie meine Freunde, vor Scham in den Erdboden versinken, wenn bei jedem Volksfest ab einem bestimmten Alkoholpegel der »Westerwald« und manchmal auch das Horst-Wessel-Lied angestimmt wird. Es sind nicht meine Landsleute, die in Norwegen und anderswo stolz und laut brüllend erklären, wo sie welche Schlacht mitgeschlagen haben, es ist nicht mein Wesen, an dem die Welt genest, wenn mit deutschen Krediten ein revolutionsgefährdetes Land gekauft wird, wenn die hiesigen Völkerscharen alle Strände besetzen. Ich bin ganz froh, mich als Jüdin zu wissen, seit ich in Filbingers Provinz lebe (es ist noch immer seine) und die von jeder Umerziehung ungetrübte Kneipen-Hitlerei kenne, diesen Hauptgesprächsstoff Krieg, die tollen Taten des General Rudel, das nächtliche besoffene Heil Hitler. Ich bin bei Reisen – nach Polen, England, Holland, Frankreich, Norwegen, Dänemark usw. – froh, mich als Österreicherin bezeichnen zu können, auch wenn es mich traurig macht, daß ich dabei die Unwissenheit über das Hurrageschrei beim »Überfallenwerden« im Jahr 1938 ausnutzen muß.

Ich beginne, antideutsch zu werden, weiß nicht, ob es noch ein Land so voller Denunzianten gibt, ob es in anderen Fernsehnachrichten ebenso meinungsbildend und wahr heißt: »Die Bevölkerung ist eindeutig auf seiten der Ordnungsmacht.«

Auch meine Freunde haben Angst vor den Anti-Terrorgesetzen, spitzelnden Tankwarten, Maschinengewehren in Händen blutjunger Polizisten, Zensur, selbstherrlichen Richtern und Neonazis. Es gibt immer mehr, die nicht in das Bild dieser Ordnung passen und aus ihrem Land, ihrem Arbeitsplatz, ihrem Heimatort vertrieben werden. Mein Kreis wird hier immer größer, die Chance, Entwurzelte, Gebrochene, Heimat- und Arbeitsuchende zu finden, die keine lokale, berufliche, religiöse Identität haben, wird von Nationalisten, Rationalisierern, Normierten, Richtern, Verfassungsschützern, Schnüfflern und Faschisten energisch vergrößert.

Natürlich wurde ich auch, weil ich »Judensau« war, resistent. Es macht mir schon Lust, anders zu sein. Je mehr Unangepaßte aus dem Nest, das es kaum mehr gibt, geworfen werden, desto mehr schätze ich meinen Vorsprung, das Werkzeug zu haben, um ohne Rückzugsenklaven und Definitionen der Zugehörigkeit auskommen zu können. Ich werde von Rausgeworfenen aller Art, Ausländern, Minderheiten, Beladenen und Gedrückten als ihresgleichen aufgenommen und kann, wenigstens in meinen Kreisen, doch feststellen, daß es eine ganze Reihe von Leuten gibt, die froh wären, auf so einfache Art nicht zur hier herrschenden Norm zu gehören.

Ich kenne sehr viele, die in der Identität, die ihnen angeboten wird, nicht zu Hause sind. Sie träumen auch von einer Heimat, die es noch nicht gibt: einer Gesellschaft ohne Antisemitismus, ohne Antikommunismus, ohne Antimitbestimmungskampagnen und Notstandsgesetze; ohne Freiheit auf Arbeitslosigkeit, ohne Freiheit auf Mietwucher, mit der Freiheit, für eine andere Ordnung zu kämpfen.

Mein Traum läßt sich nicht in der inneren und nicht in der makrobiotischen Emigration verwirklichen, nicht in Indien und in keinem der fertigen Gebäude. Ich weiß schon, wie leicht mit *dieser* Sehnsucht nach Heimat nur die Wirklichkeit angstvoll auf Abstand gehalten wird. Ich habe kein annehmbares Nest zum Zurück-Greifen. Hab ich es schwerer, weil ich nicht wählen kann? Ich *muß* suchen. Und ich kann mit der Heimatlosigkeit, die auf viele noch zukommt, schon besser umgehen. Ich habe es geübt, es fällt mir leichter als denen, die erst in dieser Generation anfangen; denn ich weiß von einer langen Tradition, ohne Heimat zu leben und dem Traum doch nicht abzuschwören.

Ich bin – und erschrecke darüber – dem aufgezwungenen Bild nicht entkommen. Ich kann nicht aus vorgegebenen Heimaten schöpfen, ich muß sie aus dem, was ich bin, bewußt bauen. Häufig bin ich neidisch auf andere, aber wenn es mir gelingt, sehr glücklich darüber, daß ich meine Bindungen selbst bauen kann. Aus dieser Not fing ich an, sie mit besonderer Behutsamkeit zu pflegen, und habe, so wird mir glaubwürdig versichert, ein in diesem Land unübliches Talent herausgebildet, mit den Bauklötzchen – und auch ihrem gelegentlichen Umfallen – umzugehen. Manches Mal habe ich meine Heimat schon mit den Fingerspitzen am Rockzipfel berührt.

Thomas Rothschild

Hauptsache, die Antipathien führen nicht ins Gas

Thomas Rothschild, Jahrgang 1942, Assistent am Institut für Literaturwissenschaft der Universität Stuttgart.

Meinen Eltern

»Es ist komisch: das Jüdische bei Frauen gefällt mir sehr gut.«
»Möchtest du, daß deine Tochter so einen schirchen Neger mit einer platten Nase heiratet?«
Aussprüche eines Wiener Freundes.

Woran mag das liegen? Wieso ist es mir peinlich, auf die Frage zu antworten, wie es einem als Jude in Deutschland ergeht? Ist es die Angst, wer nicht betroffen ist, könnte meinen, ich übertreibe? Ist es die Einsicht, daß es tatsächlich wichtigere Probleme gibt? Ist es die Furcht vor einer Identität, die zu finden ich mich weigere?
Religiös bin ich nicht. Von der jüdischen Mythologie weiß ich viel weniger als von der christlichen. Ich stimme mit Sartre überein: es ist nichts als der Antisemitismus, was mich zum Juden macht.
Als ich sechs Jahre alt war, rief mir ein Junge auf dem Heimweg von der Schule nach: »Jud, Jud, spuck in'n Hut, sagt die Mama, das ist gut!« Ich kam nach Hause und fragte meine Eltern, was ein Jud ist. Sie sind, glaube ich, sehr viel mehr erschrocken als ich.
Meine Eltern waren nach dem Krieg aus Schottland, wo ich geboren wurde, in ihre österreichische Heimat zurückgekehrt in der Meinung, nach allem, was passiert sei, wäre kein Antisemitismus mehr möglich. Schon sie waren ohne Religion aufgewachsen, sie hielten die Assimilation für notwendig und richtig. Drei meiner Großeltern waren im Konzentrationslager umgekommen. Was eine Großmutter ist, habe ich nie emotional erfahren. Die Österreicher stilisierten sich zu Opfern des Nationalsozialismus. Die Politiker erleichterten es ihnen: Österreich war von Hitler überfallen worden. Als hätten ihm nicht Tausende zugejubelt, als hätten nicht Österreicher in SA und SS mehr als nur ihre Pflicht

erledigt. Eine »Vergangenheitsbewältigung« wie in Deutschland hielt man in der einstigen Ostmark für überflüssig. Doch meine Eltern waren offenbar bereit, an die Lernfähigkeit und den guten moralischen Willen derer, die einst den Gestapo-Männern die jüdischen Wohnungen gewiesen hatten, zu glauben. Zumindest habe ich nie etwas anderes von ihnen gehört.

Und nun mußten sie ihrem sechsjährigen Sohn erklären, daß er Jude sei. Er war dem Antisemitismus begegnet.

Jahre später. Ein jüdisches Mädchen in unserem Gymnasium wird von einem Klassenkameraden »Saujüdin« genannt. Es kommt zu einer Elternversammlung. Der »Klassenvorstand« – der für unsere Klasse zuständige Mathematik- und Physik-Lehrer – verpflichtet sich, mit uns zu sprechen. Er war im Krieg Offizier, hat wirklich gelernt, ist ehrlicher Gegner von Krieg und Nationalsozialismus. Er sagt: »Es darf nicht mehr vorkommen, daß hier jüdische Mitschüler wegen ihrer Herkunft beschimpft werden. Schließlich kann sich niemand seine Eltern aussuchen.« Er hat es – ich schwör es – gut gemeint.

Ich selbst wurde nur einmal Saujud genannt, in einer politischen Diskussion. Aber mittlerweile litt ich unter solchen Bemerkungen, wie dem Hinweis auf meine Nase, die man angeblich am Rande eines Klassenfotos noch entdecken konnte, oder der Bemerkung einer Studienkollegin, daß Stifter doch wohl kein Autor sei, an den sich einer wie ich wissenschaftlich heranwagen dürfe. Meine Freunde waren mehr und mehr Juden – ohne Religion, weltoffen und ohne Bindung an die jüdische Tradition erzogen wie ich –, mir war es unangenehm, unter meinem Namen Kinokarten reservieren zu lassen.

Wenn jemand antisemitische Witze erzählte (und das war mittlerweile in Wien wieder absolut gesellschaftsfähig), fühlte ich mich ertappt, wurde rot, begann zu schlucken, wollte mich unsichtbar machen.

Vielleicht ist das es, was mich zum Juden macht. Wenn jemand über Gastarbeiter, über Neger, über Behinderte, über Frauen spottet, so kann mich das empören, aber ich habe hinreichend Distanz, um diesen Spott zurückzuweisen. Wenn jemand über Juden witzelt, fühle ich mich betroffen. Ich kann mich nicht zu einer Verteidigung aufschwingen, als ginge es um die Rechte anderer.

Dabei gibt es eine prinzipielle Solidarität unter Juden, die mir zuwider ist. Sie ist das Resultat der Diskriminierung, Waffe der Wehrlosen und somit – historisch – verständlich. Schlimm freilich wird es, wenn sie zur Blindheit gegenüber der Not anderer oder gar zu neuem Unrecht führt. Ich fühle mich Israel nicht verbunden. Ich bin nicht imstande, für eine faschistische Haltung von Juden gegenüber Palästinensern eine Entschuldigung zu finden, die ich auch jenen nicht gewähre, deren Opfer die Juden waren. Daß Opfer, die es besser wissen müßten, ihrerseits Verbrechen gegen die Menschlichkeit begehen, macht mich zornig. Mir ist auch ein jüdischer Spekulant nicht sympathischer als ein nichtjüdischer. Anders aber als Fassbinder in seinem umstrittenen Stück, sehe ich keine ursächliche Verknüpfung zwischen Judentum und Spekulantentum (heute, in Frankfurt). Es ist der Spekulant, nicht der Jude im jüdischen Spekulanten, den es politisch zu bekämpfen gilt.

Es gibt Frauen, die alles, was einer Frau widerfährt, auf das Patriarchat schieben. Es gibt Juden, die alles, was einem Juden widerfährt, auf den Judenhaß schieben. Das macht: es gibt tatsächlich eine Diskriminierung der Frau, es gibt in der Tat Antisemitismus. Und doch wünsche ich mir den Juden, der auch seine Schwächen und Fehler erkennt. Nicht in dem Sinne, als hätten die Juden etwa auch ein wenig Schuld an ihrer Ausrottung. Aber so, daß sie nicht alles auf sich beziehen, sondern sich überall gegen Unrecht einsetzen, wo es geschieht – ob die Opfer nun Frauen oder Homosexuelle oder Kinder oder Tschechen oder Chilenen oder eben Juden sind.

Damit rede ich nicht jenem scheinbar humanistischen Argument das Wort, das da behauptet, alle Menschen seien gleich. Dies ist ja mehr ein Postulat als eine Feststellung. Diskriminierte neigen dazu, sich eben dies zu wünschen: daß alle gleich seien. Sie befürworten die Assimilation.

Aber ist das nicht eine allzu bequeme Lösung? Auf alle Fälle hat uns das Milieu, in dem wir aufwuchsen, haben uns Geschichte und Tradition verschieden gemacht. Und mehr noch: wenn es Menschengruppen gibt, die eine bestimmte Hautfarbe, eine bestimmte Nasenform, einen bestimmten Knochenbau in statistisch signifikanter Weise häufiger haben als andere, wenn zudem angenommen werden kann, daß auch die sogenannten psychischen und Charakter-Merkmale eine materielle Grundlage haben – warum sollten nicht auch diese bei bestimmten Menschengruppen in anderer Verteilung vorkommen als bei anderen? Ist es unmöglich, sich eine humane Gesellschaft auf der Basis der Verschiedenheit vorzustellen? Ist es notwendig, sich eine Menschheit von Gleichartigen zu konstruieren, um Zusammenleben zu ermöglichen? Warum anerkennt man nicht die Verschiedenheit und lernt, den anderen gerade in seiner Andersartigkeit zu schätzen, lieben und genießen?

Als ich 1968 in die Bundesrepublik Deutschland kam, fühlte ich mich erleichtert. Erstmals lebte ich in einer Gesellschaft, in der ich unter jungen, zumal intellektuellen Menschen – anders als in Wien – keinen Antisemitismus verspürte. Das Ergebnis: ich verkehrte kaum mehr unter Juden (ich kannte auch kaum welche), und es gelang mir immer besser, unbefangen darüber zu sprechen, daß ich Jude bin. Eine Studentin, überrascht von dieser Tatsache, fragte mich, ob ich häufig Knoblauch esse. Das war alles, was sie von Juden zu wissen glaubte. Ich konnte darüber unbeschwert lachen.

Hier in der Bundesrepublik umgab mich eine angenehme Mischung von Unkenntnis und Gleichgültigkeit bezüglich der »Judenfrage«. Hier und da hatte ich Schwierigkeiten mit einem ambivalenten Philosemitismus. Bei älteren Leuten kam bisweilen das unverdaute Vorurteils-Gemisch der Hitler-Zeit eher unwillkürlich zum Vorschein. Ein Nachbar beschimpfte mich einmal im Suff als dreckiger Jude. Das läßt sich ertragen. Sympathien kann man nicht erzwingen. Hauptsache, die Antipathien führen nicht ins Gas.

Und nun die zunehmenden neonazistischen Aktivitäten unserer Tage. Ich muß gestehen: es bringt mich nicht aus der Fassung, wenn ein paar fanatische Halbwüchsige Grabmäler beschmieren. Was mir Angst macht, ist ein akut gewordener Leichtsinn der jüngsten Geschichte gegenüber. Bedroht fühle ich mich durch die Art, wie allmählich die Teilnahme an den Verbrechen des Dritten Reichs wieder gesellschaftsfähig wird. Und darin stimme ich mit Jean Améry überein, der nun den Freitod wählte: das Gerechtigkeitsgefühl wird in ungeheurer Weise provoziert, wenn heute die Mörder von einst in angesehener Stellung ihre Opfer höhnen dürfen.

Der aggressive Antisemitismus, wenngleich heute, da über drei Jahrzehnte alte Tabus und Hemmungen fallen, evidenter als noch vor ein paar Jahren, ängstigt mich (noch) nicht mehr als die gewöhnliche Straßenkriminalität. Es wäre vermessen, darüber hinwegzusehen, daß andere Bevölkerungsgruppen – etwa die Gastarbeiter – ungleich stärker schikaniert und diskriminiert werden als die Juden. Was mir das Atmen in diesem Land neuerdings schwerer macht, hat nur sehr bedingt mit meinem Judentum zu tun. Es ist – neben der Verharmlosung der jüngsten Vergangenheit, der »Napoleonisierung Hitlers«, um ein Wort von Robert

Jungk zu gebrauchen – die zunehmende Bürokratisierung, die mehr und mehr totale Kontrolle durch anonyme Behörden und ihre Computer, die Willkür von Polizisten und die Neigung von Gerichten, solche Willkür zu dulden. Ich sehe einen Zusammenhang zwischen den Tatsachen, daß Strauß sich seiner Fronterfahrung rühmt und Brandt wegen seiner Widerstandstätigkeit beschimpft und Kriegsdienstverweigerer verdächtigt werden, nicht auf dem Boden der freiheitlich-demokratischen Grundordnung zu stehen. Ich sehe einen Zusammenhang zwischen der radikalen Zerstörung aller demokratischen Ansätze durch den Nationalsozialismus und der selbstherrlichen Weise, in der Politiker die Freiheit des Wortes – etwa in Rundfunk und Fernsehen – einschränken. Ich sehe einen Zusammenhang zwischen der im Grunde skandalösen Tatsache, daß heute oft dieselben Richter Recht sprechen wie im Dritten Reich, und jener anderen, daß so häufig dem Stärkeren gegen den Schwächeren, dem Konservativen gegen den Progressiven, dem Besitzenden gegen den Besitzlosen Recht gegeben wird.

Ich bin nach wie vor der Meinung, daß die Bundesrepublik Deutschland einer der freiesten Staaten in der Welt ist (was freilich auch damit zu tun hat, daß eben das Maß der Unfreiheit noch ungeheuer ist). Aber ich habe neuerdings meine Zweifel, ob in diesem Land, das niemals das demokratische Selbstverständnis erlangte, das etwa in England, in Frankreich oder den USA – trotz Nordirland, Algerien und Vietnam – fest verankert ist, nicht wiederum Millionen schweigend und auch jubelnd zusehen würden, wenn, wie einst in der Reichskristallnacht, Mitmenschen zuhauf malträtiert und in Lager abgeführt würden.

Gewiß ist es kein Grund, in Panik zu geraten, wenn Stuttgarter Schüler über folgenden »Witz« lachen: »Die Juden spielen gegen den VfB. Wo kleiden sich die Juden um? Im Gaskessel.« Aber was wird tatsächlich getan, um jungen Menschen die Realität begreiflich zu machen, die den Hintergrund für solche »Witze« abgibt? Besteht nicht mittlerweile bei vielen, die es besser wissen müßten, ein zwinkerndes Einverständnis? Es waren gestandene Männer, die ich johlen hörte über die Frage: »Wieviel Juden passen in einen VW? Fünfzehn: fünf auf die Sitze und zehn in den Aschenbecher.«

Ein Antisemitismus ohne Juden. Und wo Wohlmeinende dem Antisemitismus etwas entgegensetzen wollen und erklärend von Juden in Deutschland reden, zeichnen sie das Bild des orthodoxen Manns im Kaftan, mit Peies und Hut. Wie viele davon gibt es noch? Die Juden, die überlebten oder nach Deutschland zurück-kehrten: wie viele davon sind religiös? Wie viele entsprechen dem Klischee des bleichen Asketen mit rotgeränderten Augen, der mit weiten Bewegungen der Hände ständig den Talmud auszulegen scheint? Wenn sie in Wien bei der Weihburggasse, wo sich die Synagoge befindet, in die Straßenbahn zustiegen, schienen sie auch mir wie aus einer anderen Welt. An ihnen machen sich Ängste und Aggressionen in erster Linie fest. Mehr als einmal mußte ich feindselige Bemerkungen mithören, die die Umstehen-den in der überfüllten Tram austauschten. Dies waren die Mo-mente, wo ich mir wie Ljutov in Isaak Babels »Reiterarmee«, wie Aron Blank in Jurek Beckers »Boxer« wünschte: um Gottes willen, nur nicht auffallen. Hoffentlich sieht es mir keiner an. Ich wünschte mir, groß und blond zu sein. Es dauerte lange, bis ich lernte, mit meinem Namen und meiner Nase zu leben.

Und die Assimilierten? Die jüdische Intelligenz? In Israel – das spricht für die Milieutheorie – scheint sie auszusterben. Wenn Kishon wirklich der Höhepunkt der israelischen Literatur ist, so mag ich nur wehmütig an Heine und Kafka, an Kraus und Roth, an Babel und Mandelštam denken. Ein grausamer Gedanke: aber vielleicht bedurfte es des Antisemitismus, um einen Freud, einen Schönberg oder einen Marx hervorzubringen. Daß sich auch bei diesen antisemitische Tendenzen entdecken lassen, wird nur den verwundern, der allzu undialektisch denkt. (Anderseits: gäbe es nicht Hegel, wie leicht ließe sich behaupten, selbst die Dialektik sei Ausfluß des jüdisch-talmudischen Denkens . . .)

Juden in Deutschland: Ich möchte, in gut jüdischer, anekdotischer Weise mit einer Geschichte von meinem Friseur schließen. Von Friseuren und Taxifahrern hört man ja bekanntlich die Wahrheit. Als ich vor einiger Zeit mal wieder einen Haarschnitt brauchte, streifte ich beim Einparken mit meinem Auto die Stoßstange eines Lieferwagens. Der Fahrer, ein Gastarbeiter, war gleich zur Stelle und befand, die Stoßstange sei gelockert. Es gelang ihm, mir eine größere Geldsumme abzuverlangen, als ich ihm eigentlich nach Begutachtung des Schadens geben wollte. Aber was tut man nicht, um nicht bei der Versicherung zurückgestuft zu werden. Mein Friseur war Augenzeuge.

Als ich ein paar Wochen später wieder zum Haarschnitt kam, meinte er, ich hätte wohl etwas viel zahlen müssen, um seine Reflexionen in der Aussage gipfeln zu lassen: »Die Ausländer sind ja alle Juden.«

Da kam denn alles zusammen. Die Juden mag er nicht, mein

Friseur. (Es ist zu erwähnen, daß er im Dritten Reich ein Kind gewesen sein mußte.) Die Juden, das weiß man ja, betrügen einen und handeln einem alles Geld ab. Die Ausländer mag er auch nicht, mein Friseur. Die Gleichung ist schnell hergestellt: die einen mag er nicht, die andern mag er nicht, und alle betrügen sie uns. Also: »Die Ausländer sind ja alle Juden.«

Ein klassischer Satz, der wohl nur jemandem einfallen kann, der es viel mit Köpfen zu tun hat. Präziser kann man es gar nicht sagen. Da ist alles drin, was andere in umständlichen Floskeln an Vorurteilen verbrämen. Mit diesem Satz hat sich mein Friseur als der große realistische Dichter des Volksempfindens qualifiziert.

Und dabei hat er so ungeheuer recht. Denn die Ausländer sind tatsächlich die Juden von heute. Wie jene einst, so werden diese heute diskriminiert, dienen sie als Sündenböcke für alle Mißstände von der Wirtschaftskrise bis zur Zunahme der Sexualverbrechen. Allmählich beginnen sie sich zu organisieren, sich zu wehren. Sie wollen nicht die Juden sein. Nicht etwa, weil sie etwas gegen Juden hätten. Sondern weil sie nicht gewillt sind, schweigend Schläge einzustecken.

Aber mein Friseur wird dabei bleiben: »Die Ausländer sind ja alle Juden.« Und Friseure und Taxifahrer sprechen bekanntlich die Wahrheit.

Und die Juden? Auf den Antisemitismus im Wien, in dem ich aufwuchs, reagierten manche – bei allem, was immer es auch war – mit der ängstlichen Frage: Schadet das den Juden? Diese historisch gewachsene Angst, die in zahlreichen jüdischen Witzen selbstkritisch bespöttelt wird, sitzt tief in den Knochen. Ich will hoffen, daß sie Ursache ist für manche heutige Überempfindlichkeit, daß es keinen ernsten Grund für Juden gibt, sich heute in Deutschland zu fürchten. Wenn diese Überempfindlichkeit umschlägt in ein verstärktes Gerechtigkeitsgefühl, in eine bedingungslose Solidarität mit Ausländern und allen anderen, die man zu Juden macht, dann hätte das Leiden unserer Vorfahren zuletzt doch noch einen Sinn gehabt.

Nach »Holocaust« wird nichts mehr so sein wie früher. Nach »Holocaust« bleibt alles wie es war.

Wenn dieser Aufsatz gedruckt ist, wird »Holocaust« vergessen sein wie der Holocaust. Nazis werden weiterhin Recht sprechen, Schüler, die den Buback-Nachruf abdruckten, werden verurteilt, und Mörder im Majdanek-Prozeß werden freigesprochen oder für haftunfähig erklärt sein. Eine Folge aber werden wir lange spüren: die Trivialität einer sentimentalen Hollywood-Ästhetik wird Triumphe feiern, wo selbst der Vorwand fehlt, es gelte Bedeutendes an angeblich analphabetische Massen zu vermitteln.

Was also hat so viele aufgeregt im Januar 1979, als »Holocaust« über die bundesrepublikanischen Bildschirme flatterte? Zweierlei: Daß Millionen von Juden im Dritten Reich ermordet wurden. Und daß man nichts über das Unrecht gegen die Deutschen gesagt habe, die etwa aus dem Sudetenland oder aus Schlesien vertrieben wurden.

Fürwahr ein Erfolg! Was ist das für ein Geschichtsverständnis, das 33 Jahre lang in diesem (wessen?) Land aufgebaut wurde, wenn da das große Staunen ausbricht (und wohl auch rasch wieder dem zum Opfer fällt, was Festinger treffend als kognitive Dissonanz charakterisierte) angesichts von Tatsachen, die längst kein Geheimnis mehr waren; und wenn die Unfähigkeit, Kausalitäten zu erkennen, den Zusammenhang zwischen Ursache und Wirkung, stillschweigend hingenommen wird.

Jude sein in Deutschland? Ich weiß nicht . . .

Alphons Silbermann

Jüdische Reaktionen auf eine Untersuchung über latenten Antisemitismus in der Bundesrepublik Deutschland

Alphons Silbermann, Jahrgang 1909, Professor an der Universität zu Köln (emeritus), Professor an der Université de Bordeaux III, Lehrbeauftragter an der Staatlichen Hochschule für Musik Rheinland, Direktor des Kölner Instituts für Massenkommunikation e. V., Präsident der Deutschen Gesellschaft für Kommunikationsforschung. Zahlreiche Veröffentlichungen, insbesondere auf den Gebieten der Kunstsoziologie und der Massenkommunikationsforschung.

I. Der Tatbestand

Angeregt durch uns zur Kenntnis gekommene, Juden diffamierende Umtriebe durch rechtsradikale Kreise; durch violente verbale Angriffe auf Existenz und Verhalten von Gastarbeitern; durch die Propagierung und Nutzung des Schlagwortes vom Antizionismus und dessen inhaltliche Gleichstellung mit Antisemitismus; durch die Ergebnisse einer von uns durchgeführten Vorstudie über Rechtsradikalismus in einem Bundeswehrstandort[1]; sowie nicht zuletzt durch die Veröffentlichung einer aus den USA kommenden empirischen Studie über die Hartnäckigkeit des antisemitischen Vorurteils[2], unterbreiteten wir als Direktor des Instituts für Massenkommunikation der Universität zu Köln der Deutschen Forschungsgemeinschaft (Bonn-Bad Godesberg) zwecks Finanzierung ein Forschungsprojekt mit dem Ziel, Ausmaß und Erscheinungsformen des antisemitischen Vorurteils in der heutigen bundesrepublikanischen Gesellschaft zu untersuchen.

Das Projekt wurde als ein Zwei-Phasen-Projekt vorgelegt. Und zwar war beabsichtigt, in einer ersten Phase nur die *Latenz* dieses Vorurteils, genannt Antisemitismus, zu untersuchen, nur die *Tradierung* desselben. Erst in einer zweiten Phase sollten dann fak-

---

[1] Siehe *Alphons Silbermann* und *Udo Michael Krüger*, in: Kölner Zeitschrift für Soziologie und Sozialpsychologie, 23. Jg., 3, 1971, S. 568 ff.
[2] *Gertrude J. Selznick* und *Stephen Steinberg*, The Tenacity of Prejudice. Anti-Semitism in Contemporary America, New York/Evanston/London 1969.

tische Diskriminierungen, also manifester Antisemitismus untersucht werden. Nach längerem, über ein Jahr dauerndem Schriftwechsel mit Gutachtern der Forschungsgemeinschaft erhielten wir 1973 die Zusage der Finanzierung, allerdings nur für die erste Phase. Erst nachdem die Studie über *latenten* Antisemitismus in der BRD beendet war und wir erneut den Antrag für die zweite Phase, nämlich *manifesten* Antisemitismus in der BRD gestellt hatten, wurde auch diese, circa 17 Monate nach Einreichen des Antrags, genehmigt, und wird zur Zeit in unserem Institut durchgeführt.

Auf einen kurzen Nenner gebracht, ging es bei der ersten Phase der Untersuchung vor allem darum, die *Fortexistenz des antisemitischen Vorurteils* in der heutigen Gesellschaft der Bundesrepublik Deutschland zu erkunden und nachzuweisen, seine Erscheinungsformen zu beschreiben und die gesellschaftlichen Gruppen auszumachen, bei denen diese Tendenz besonders ausgeprägt sein könnte.

Um dieses Ziel zu erreichen, wird im Bereich der Attitüdenforschung im allgemeinen und in der Vorurteilsforschung im besonderen häufig mit Kleingruppenexperimenten gearbeitet, d.h. es werden z.B. Schüler, Studenten oder andere einigermaßen homogene kleine Gruppen im Rahmen von Laboratoriumsexperimenten als Befragungspersonen genutzt. Dieses für die Überprüfung einer Kausalbeziehungen behauptenden Hypothese durchaus geeignete Verfahren konnte natürlich bei einer Untersuchung, die eine generalisierende Aussage über Art und Umfang des heute in der BRD vorhandenen latenten antisemitischen Vorurteils machen will, nicht verwendet werden. Da ja von uns gerade erforscht werden sollte, in welchen *Erscheinungsformen* bei den verschiedenen Bevölkerungsgruppen der BRD dieses Vorurteil noch aufzufinden ist, kam nur eine *Repräsentativumfrage* in Betracht. Hierzu wurde nach der Operationalisierung der Projektziele ein Fragebogen entwickelt und getestet, der dann in persönlichen Interviews beantwortet werden sollte. Ohne im Rahmen dieses Beitrags auf alle mit einer solchen breit angelegten Untersuchung verbundenen methodologischen Einzelheiten einzugehen, sei nur noch gesagt, daß die Befragung auf der Basis eines standardisierten Fragebogens im Herbst 1974 durchgeführt wurde.[3] Das Auswahlverfahren war eine Form der Quotasampling mit einem Auswahl-

---

[3] Für eine ins einzelne gehende Diskussion des methodischen Vorgehens bei der vorliegenden Untersuchung siehe *Herbert A. Sallen,* Zum Antisemitismus in der Bundesrepublik Deutschland, Frankfurt/M. 1977.

umfang von n = 2084. Die Feldarbeit wurde vom EMNID-Institut (Bielefeld) geleistet und die Befragungsergebnisse auf Lochkarten als Datenträger dem von mir geleiteten Forschungsinstitut der Universität zu Köln übergeben. Die weitere Aufbereitung der Daten und ihre Analyse wurde auf der elektronischen Datenverarbeitungsanlage (Control Data Cyber 76) des Rechenzentrums der Universität Köln von den Projektmitarbeitern vorgenommen.

Im Juli 1975 überreichten wir vorschriftsgemäß der Deutschen Forschungsgemeinschaft einen alle Einzelheiten enthaltenden Endbericht der Untersuchung, einen Bericht, von dem Kopien bei der Deutschen Forschungsgemeinschaft (Bonn-Bad Godesberg, Kennedyallee 40) erhältlich sind. In diesem Bericht kommentierten wir die *Ergebnisse* zusammenfassend wie folgt:[4]

»Als Resultat dieser repräsentativen Untersuchung kann vorab festgestellt werden, daß es in der Bevölkerung der BRD einen Bodensatz zwischen 15% und 20% mit ausgeprägten antisemitischen Vorurteilen gibt. Bei weiteren 30% ist Antisemitismus mehr oder weniger stark als Latenz vorhanden. Auf diesem Hintergrund kann vom ›Ende eines Vorurteils‹ keine Rede sein. Wenn dieses Ergebnis 30 Jahre nach Ende des Hitlerregimes vor allem unter Berücksichtigung der Tatsache überrascht, daß das Judentum in der BRD mit ca. 26 500 Personen[5] nahezu unsichtbar ist, so kann dem zunächst entgegengehalten werden, daß Vorurteile tradiert werden und daß zu ihrer Tradierung ebensowenig wie zu ihrer Entstehung zutreffende Informationen erforderlich sind. Gerade die Tatsache der faktischen Nichtexistenz einer jüdischen Minorität im Rahmen einer Bevölkerung von 60 Millionen scheint ein geeigneter Nährboden für die Perpetuierung der Vorurteile aus vergangenen Zeiten zu sein. Denn dadurch, daß das überlieferte Stereotyp nicht durch die Konfrontation mit der realen Erscheinungsform des jüdischen Mitbürgers, der lebt wie alle anderen auch, abgebaut wird, bleiben auch bei der jüngeren Generation die im primären Sozialisationsprozeß vermittelten Vorstellungen die alleinige Basis für die Etikettierung dieser Minorität«. Nachdem anschließend an diese Ausführung das Ergebnis einer weiteren Differenzierung und Erläuterung unterworfen wurde, schrieben wir (noch einmal zusammenfassend) am Schluß des Berichtes:
»Antisemitismus tritt im Gefolge von Autoritarismus, Ethnozentrismus und antidemokratischer Tendenzen dort am stärksten auf,

[4] Siehe S. 59 ff. des Berichts.
[5] Quelle: Jüdischer Presse-Dienst, Nr. 1/2, 1975, S. 18.

wo der Anspruch demokratischer Systeme, eine offene Gesellschaft mit gleichen Chancen für alle zu sein, am wenigsten eingelöst wird. Dort, wo materielle und soziale Unterprivilegierung mit Informations- und Bildungsdefizit zusammentrifft, steigt die Gefahr, daß latente Tendenzen manifestes Verhalten auslösen«[6].

II. Veröffentlichung der Untersuchung und ihrer Ergebnisse

Eine Veröffentlichung des Berichts über die hier vorgestellte erste Phase der Untersuchung in Buchform war von vornherein nicht vorgesehen; denn wir hielten es für angebrachter, der Öffentlichkeit Teil 1 und 2 als Gesamtveröffentlichung vorzulegen, was demnächst auch geschehen soll. Andererseits erschienen uns aber die bereits erarbeiteten Ergebnisse in bezug auf den *latenten Antisemitismus* in der Bundesrepublik danach zu verlangen, an die Öffentlichkeit gebracht zu werden. Die Gelegenheit hierzu ergab sich dank der Bereitwilligkeit der renommierten Zeitschrift »Bild der Wissenschaft«, in ihrer Ausgabe vom Juni 1976 auszugsweise und popularisiert einige, d.h. die wesentlichsten Ergebnisse der Studie zu veröffentlichen. Begleitet wurde die Veröffentlichung von einer in Stuttgart abgehaltenen Pressekonferenz, bei der wir selbst und einer unserer Mitarbeiter das Ergebnis der Untersuchung kurz darstellten und Fragen der anwesenden Journalisten beantworteten. Sowohl die Inland- wie die Auslandpresse reagierte auf die Veröffentlichung und die Pressekonferenz mit teilweise kurzen, teilweise langen Artikeln. Es folgten Kurzinterviews bei verschiedenen Landeshörfunksendern; längere Interviews mit einzelnen Journalisten zur ausgiebigeren Diskussion der Studie und ihrer Ergebnisse sowie größere Artikel zur Frage des Antisemitismus in der Bundesrepublik, die allesamt Erstaunen und Bedenken zum Ausdruck brachten. Einige Monate später veröffentlichten wir noch in der Kölner Zeitschrift für Soziologie und Sozialpsychologie, Jg. 28, Heft 4, 1976, S. 706 ff. eine mehr im wissenschaftlichen Tenor gehaltene Darstellung der Studie und ihrer Ergebnisse. Zwischenzeitlich erreichten die Redaktion von »Bild der Wissenschaft« und uns selbst zahllose Briefe. Während die meisten dem Tenor nach ihren Abscheu gegenüber der von uns vorgelegten latenten antisemitischen Tendenz zum Ausdruck brachten, versuchten einige wenige, Argumente gegenüber den

[6] Seite 63 des Berichts.

Ergebnissen vorzutragen, die sich im Tenor dem auf der ersten Seite der »Deutschen National Zeitung« unter der Überschrift »Antwort auf Silbermann-Test« erschienenen Leitartikel anschlossen.[7] In fast jedem der Briefe, auch denen aus dem Ausland, wurden wir um Zusendung des vollständigen Berichts gebeten. Da wir gemäß den Vorschriften der Deutschen Forschungsgemeinschaft selbst nicht über den Bericht verfügen konnten, haben wir alle diese Anfragen an die zuständige Stelle der Forschungsgemeinschaft weiterverwiesen, die nach unserem Wissen den Bericht in vielen Exemplaren hatte abziehen lassen und auf Anfrage versandte.

Soweit der Vorgang, der erst einmal – wenn auch nur skizzenhaft – dargestellt werden mußte, um unsere nun folgenden Ausführungen über die Reaktionen auf die Studie von jüdischer Seite zu verstehen und diskutieren zu können.

III. *Die jüdische Reaktion*

Als einer der ersten meldete sich von jüdischer Seite der Vorsitzende des »Zentralrat der Juden in Deutschland« (Düsseldorf) in einem gegenüber der Presse gemachten Statement zu Wort. Er führte sinngemäß aus, daß er zwar den vollen Text des Berichts noch nicht gesehen habe, jedoch persönlich der Ansicht sei, daß die von uns vorgelegten Prozentsätze mit Bezug auf vorherrschenden latenten Antisemitismus »viel zu hoch« seien. Er warnte davor, die von uns vorgelegten Ziffern allzu ernst zu nehmen: denn, so lautete sein Argument, 98 % der Bundesrepublikaner hätten für demokratische Parteien gestimmt, die Antisemitismus strikt ablehnen. Im übrigen werde der »Zentralrat« den Bericht im einzelnen prüfen und später dazu Stellung nehmen,[8] eine Stellungnahme – um dies vorwegzunehmen –, die nie, zumindest nie öffentlich, stattfand. Wohl erreichte uns ein mit vorwurfsvollem Unterton gehaltenes Schreiben des Generalsekretärs des »Zentralrat« vom 31.5.1976, in dem dieser anfragte, ob es möglich wäre, »daß Sie uns eine Ausfertigung Ihrer Untersuchungsergebnisse zur Einsichtnahme bereitstellen könnten«. Wie bei allen anderen uns zugekommenen Anfragen verwiesen wir auch den Generalsekretär des »Zentralrat« an die Deutsche Forschungsgemeinschaft. (In dem vom »Zentralrat« herausgegebenen »Jüdischen Presse

[7] Siehe Ausgabe vom 11. Juni 1976.
[8] Für eine ausführliche Darstellung des Interviews siehe Jerusalem Post Weekly vom 1. Juni 1976.

Dienst« erschien in der Nr. 3/4, 1976, S. 10 ff. kommentarlos ein Auszug aus dem von uns benutzten Fragenkatalog.)

In ihrer Ausgabe vom 9.7.1976 nahm die »Allgemeine Jüdische Wochenzeitung« (Düsseldorf) zum erstenmal Stellung zu unserer Studie, und zwar durch einen Beitrag des Vorsitzenden der Münchener Jüdischen Gemeinde, Herrn Dr. *Hans Lamm*. Die Überschrift seines Artikels lautete: »Mit untauglichen Methoden. Zu Prof. Silbermanns Studie über den Antisemitismus«. Sich auf Objektivität berufend hielt der Autor die Studie zwar einerseits nicht für ›völlig wertlos‹, beurteilte sie andererseits allerdings als »prätentiös«. Zu diesem die Studie bewußt abwertenden Ergebnis kam er mit Hilfe methodologischer Einwände, sozusagen anhand einer Nachhilfestunde in Sachen sozialwissenschaftlicher Forschungstechniken, was es ihm erlaubte, die Sache selbst, nämlich das Bestehen eines latenten Antisemitismus in der BRD (und sei der diesbezügliche Prozentsatz noch so gering) mittels Methodenfragen aus den Druckzeilen als nichtexistent herauszureden.[9]

An *Lamms* kritischen Ausführungen entspann sich in der »Allgemeinen« einer Diskussion, bei der in einem Hin und Her verschiedene Autoren zu Wort kamen. Abgesehen davon, daß die von *Lamm* aufgerollte »Methoden-Diskussion« dazu führte, daß die »Deutsche National Zeitung« unter der Überschrift »Verfehlte Antisemitismus-Studie« in ihrer Ausgabe vom 16.7.1976 Herrn *Lamms* Ausführungen für ihre Zwecke in Anspruch nehmen konnte, und abgesehen davon, daß unsere Studie zum Diskussionsthema in jüdischen Repräsentantenversammlungen, einigen jüdischen Jugendgruppen und einer jüdischen Gemeindesendung wurde, verschwand sie, was die jüdische Seite betrifft, ins Dunkle der Schubladen – irgendwelche wie immer gearteten Konsequenzen wurden, wir betonen noch einmal: von jüdischer Seite her aus der Studie nicht gezogen.

Genau diese Haltung bzw., spezifischer gesagt, die Frage, woher sie rührt, stellt die *Zentralfrage* unseres Beitrages dar. Ist es doch augenfällig, daß die Repräsentanz der in der Bundesrepublik lebenden Juden zwar hier und da durch einen ihrer Vertreter bei diesem oder jenem Anlaß einen Warnungs- oder Protestruf ausstößt, daß wohlmeinende Organisationen für Verständnis plädieren – aber Gelegenheiten bzw. Anstöße wie unsere Studie mit

---

[9] In einer Veröffentlichung des Internationalen Arbeitskreises Sonnenberg: Politik und Bildung, 2. Aufl., Braunschweig 1964, S. 147, hat *Lamm* in seinem Beitrag »Antisemitismus in Westdeutschland 1945 - 1963« seine eigenen methodologischen Ansätze dargelegt.

ihren Hinweisen auf ein soziales Übel, auf eine schwelende Gefahr mit der linken Hand abtut.

Versucht man diesen Zustand *mangelnder Militanz* zu analysieren, stößt man als erstes auf das Argument, daß ein Genozid wie der von den Nazis leider allzu perfekt organisierte sich nicht noch einmal wiederholen könne; denn die Menschen hätten zum einen aus der grausamen Vernichtungsgeschichte dank »Aufklärung« gelernt, und zum anderen stehe man unter dem Schutz einer rechtsstaatlichen Republik, die doch Rechtsextremismus – einfach und primitiv mit Antisemitismus gleichgesetzt – aufs genaueste beobachte und in Grenzen halte. Überdies, so lautet in diesem Zusammenhang das Argument, sei doch die numerische Situation eine ganz andere als seinerzeit: Wo einstens an die 600 000 Juden lebten, seien es derzeit doch nur noch ca. 30 000, und die könne man jederzeit mit Blitzesschnelle aus dem Lande schaffen. Wozu also ein großes Getöse machen, wenn da 10, 20 oder gar 30% der Bundesbürger mit einem latenten antisemitischen Vorurteil belastet sind. Schließlich machen eine Friedhofschändung hier, eine Synagogenbeschmierung dort, »Vergasungs«-Witze in Schulen oder Judenverbrennungs-Spielchen weder einen Holocaust noch fordern sie zu mehr auf als an Behörden gerichtete untertänigst formulierte Proteste von seiten derjenigen, die im Blick des Staates und der Öffentlichkeit die Judenschaft in der Bundesrepublik vertreten: die *Judenfunktionäre*.

Deren Haltung, soweit sie laizistisch in Gemeinden, Zentral- oder Landesräten, Rundfunkräten etc. tätig sind, ist offensichtlich in erster Linie von einer *appeasement-Tendenz* geleitet, deren Rechtfertigung sie daraus ableiten, daß sie jederzeit von Vertretern des Staates zuvorkommend empfangen werden, Ministern die Hand schütteln können und mit denjenigen Posten versehen werden, die ihnen aufgrund der Existenz einer ethnischen Minderheit von ca. 30 000 Juden sowie der Vernichtung von Millionen zukommen. Demjenigen, der sich in dieser Position befindet oder aber sie erreicht hat, kann nur appeasement zur Parole werden; und Störfaktoren, wie beispielsweise die in unserer Studie aufgezeigten Ergebnisse, müssen madig gemacht bzw. vom Tisch gewischt werden. Sie passen nicht in die bürokratischen Komponenten, die seit ihrem Wiederaufbau über die Jahre hin die jüdischen Gemeinde-, Kommunal- und Landesverwaltungen versäult haben; denn dort haben die der Bürokratie zugeschriebenen positiven wie negativen Attribute (Leistungsfähigkeit, Wirksamkeit, Beschleunigung, Verlangsamung, Verknöcherung, Tendenz zum

Statischen) das ihre getan. Daß diese militante Aktivitäten jedweder Art in Führungspositionen im Keime ersticken, haben uns nicht nur bedeutende Soziologen (von *Max Weber* bis *Peter M. Blau*) in ihren theoretischen Schriften nachgewiesen, sondern leider in der Praxis unser eigenes vorhitlerianisches Schicksal als deutsche Juden. Muß denn wirklich daran erinnert werden, daß all die jüdischen, von Funktionären geleiteten Vorkriegsorganisationen, wie der »Reichsbund jüdischer Frontsoldaten«, der »Centralverein deutscher Staatsbürger jüdischen Glaubens«, der »Kartell-Convent der Verbindungen deutscher Studenten jüdischen Glaubens« u.a.m., im Prinzip der gleichen appeasement policy gehuldigt haben, wie es derzeit der Fall ist. Muß daran erinnert werden, daß die duldsame Parole lautete: »Nur nicht provozieren!«. Muß daran erinnert werden, daß darum heute bei Diskussionen über das Schicksal der deutschen Juden – ob in der Literatur, auf Akademietagungen oder à propos des Films »Holocaust« – auf die Frage, was haben die Juden gegen Hitlers Vernichtungsantisemitismus getan, warum haben sie sich abschlachten lassen, keine gültige Antwort bereitsteht außer der, die zu geben niemand bereit ist, nämlich: weil unsere laizistischen ebenso wie unsere geistigen und religiösen Führer anstelle von Militanz Zurückhaltung propagierten und predigten. In der Tat auch die derzeitigen religiösen Führer in unseren Gemeinden – ich denke dabei in erster Linie an die Rabbiner – bewegen sich grosso modo gesprochen in ihren Tätigkeiten so gut wie nie in Richtung einer irgendwie gearteten Militanz. Das mag eine Anzahl von Gründen haben, von denen hier nur einige wenige angeführt werden sollen. Zunächst hängt dies zusammen mit den ihnen von ihren Brotgebern, den Gemeinden, zuerteilten Aufgaben, die sich in erster Linie auf kultische Fragen sowie auf religiöse Gemeindebetreuung beziehen: Gottesdienste leiten, predigen, Heirats-, Barmizwa-, Begräbnisriten durchführen, Krankenbesuche machen, lehren u.ä.m. Dies alles impliziert jedoch auch eine geistige, um nicht zu sagen eine ideologisch-religiöse Führerschaft. Hier setzt allerdings eine besonders schwierige Situation für die hierzu Berufenen ein, da die meisten von ihnen einem kulturellen Milieu entspringen, welches in all seiner aufrichtigen Religiosität das sie umgebende deutsche Kulturmilieu mit seinen Vor- und Nachteilen nur am Rande berührt. Sie sind das Opfer einer »kulturellen Verspätung«; sie schweben in einem soziokulturellen Vakuum.

Anders gesagt, es fehlt ihnen an einer ortsgerechten ideologischen Bindung (wohlgemerkt: abgesehen von der Profundität ihres

Glaubens), eine Defizienz, die es ihnen quasi unmöglich macht, bei brennenden Existenzfragen der ihnen Anvertrauten militant hervorzutreten. Und so ziehen sie sich auf die zweifellos schwierige und wertvolle Arbeit der Glaubenserhaltung zurück, predigen Bibelexegesen, erläutern heilige Schriften, rufen auf zur Beachtung der jüdischen Gesetze – vermeiden es aber, wenn es eben geht, die Gläubigen über das Religiöse hinweg auf Ereignisse des Tages anzusprechen. Warnend und leitend erheben sie nur ihre Stimme, wenn es um Probleme geht, die den Staat Israel betreffen. Verständlicherweise so; denn da ist angesichts des oben angedeuteten Fehlens einer ortsgerechten ideologischen Bindung ein ideologischer Halt von höchster Qualität und Dynamik. Hieran sich zu klammern, das Wohlergehen des Staates Israel und seiner Bürger moralisch, ökonomisch, kulturell und sozial zu stützen und zu fördern, gehört zweifellos mit zu den vordringlichen Aufgaben eines jeden Juden gleich welchen Landes.

Aber, so möchten wir fragen, erlaubt es diese Bindung über Wohl und latente Gefahren derer lautlos hinwegzugehen, die aus gleich welchen Gründen Israel nicht zu ihrem Heimatland erkoren haben? Erlaubt es diese Bindung, daß unsere religiösen Führer und im gleichen Maße die zur Führung berufenen Vorstände unserer Gemeinden so stark ihre Augen nach Israel gerichtet haben, daß man sie vielfach, in bösartiger Weise gesagt, fast nur noch als Propaganda- und Inkassoinstanzen des Staates Israel ansprechen muß? Jetzt ist es doch angesichts dieser geradezu lethargischen Haltung der Leiter der jüdischen Gemeinden – die sich womöglich selbst als eine quantité négligeable ansehen – schon so, daß sich nach der Ausstrahlung der Fernsehserie »Holocaust« Anrufer an die Israelische Botschaft in Bonn wandten, was bedeutet, daß diese als die zuständige Vertretung der in der Bundesrepublik lebenden Juden angesehen wird[10]. Womöglich klingelte das Telefon auch in den Sekretariaten unserer Gemeinden – darüber aber erreichte kaum ein Wort die Öffentlichkeit. Im Gegenteil: absolutes Schweigen auf der ganzen Linie; ein Schweigen so dicht wie Ghettomauern, so dicht wie die an Tagen der Gottesdienste nur halb geöffneten Türen der Synagogen; ein Schweigen, so hermetisch wie das, welches von jüdischer Seite her die erschütternden Ergebnisse unserer Studie begleitete.

Agieren hinter verschlossenen Türen, Jammern, Rechtfertigungen, Klagen oder Beschwichtigungen im eigenen Kreise können

[10] Vgl. den Bericht im Kölner Stadt-Anzeiger vom 27./28. Januar 1979.

niemals ein bestehendes Vorurteil auch nur auf ein Minimum reduzieren; noch weniger der Versuch, es totzuschweigen. Denn daß es besteht, daß eine nicht unbedeutende Anzahl jüdischer Bürger es empfinden, nein, davon wissen, kann bereits daraus ersehen werden, daß sich, um nur ein einziges Indiz anzuführen, eine ganze Gruppe von Gemeindemitgliedern die Mitteilungen ihrer Synagogengemeinde nicht über die Post zustellen lassen, sondern sie – aus Gründen, die wohl nicht im einzelnen angeführt werden müssen – im Büro ihrer Gemeinde abholen.

Kurzum, was immer wir à propos der von uns durchgeführten Studie mit Bezug auf deren Rezeption von jüdischer Seite angeführt haben, deutet darauf hin, daß die Leitfiguren der jüdischen Bevölkerung in der BRD der freiwilligen Zurückhaltung den Vorzug vor öffentlicher Militanz geben, ohne dabei auch nur weiter als bis zu ihren Nasenspitzen zu sehen. Sie wiegen sich in der Sicherheit ihrer vom Staate anerkannten Staatsbürgerschaft, in der Sicherheit der ihnen zuerkannten Rechte, im Bestehen ihrer abgesicherten Pfründe, ja, gar in der Qualität ihres durch überzogenen und drum höchst schadhaften Philosemitismus hervorgerufenen, fast möchte man sagen: »Hofjuden-Status« – denn die Gefahren, die ihnen, wie jeder ethnischen Minderheit, wenn nicht heute, dann morgen angesichts eines bestehenden latenten Vorurteils entgegenkommen könnten, wollen sie nur mit einem Augenblinzeln so nebenher zur Kenntnis nehmen.

Keineswegs stehen wir mit unserem Aufruf zu mehr militanter Arbeit gegen diese soziale Krankheit, genannt antisemitisches Vorurteil, allein; und darum auch bedarf es nicht einmal einer detaillierten Umschreibung des von uns in diesem Beitrag öfters verwendeten Begriffes »Militanz«: definiert er sich doch aus der Sache selbst, sobald jene selbsterrichteten Barrikaden aus dem Wege geschafft worden sind, die andeutungsweise zu analysieren wir versucht haben.

»Denn wie kann ich zusehen dem Übel, das mein Volk treffen würde? Und wie kann ich zusehen, daß mein Geschlecht umkomme?« (Esther 7.8.).

Michael Stone

Der Stern

Michael Stone, geboren 1922 in Berlin. Freiberuflicher Schriftstel-
ler und Journalist (Theater-, Fernseh- und Literaturkritiken).
Emigrierte im September 1933 nach Wien, Dezember 1938 nach
England. Seit 1962 wieder in Berlin.

»Ich trage um meinen Hals eine goldene Kette, an der ein sechszackiger Stern hängt. Manchmal vergesse ich, sie vor dem Ein-
schlafen abzunehmen; dann rutscht der Stern unter mein rechtes
Ohr, und die Kette schnürt mir fast die Kehle zu. Trotzdem habe
ich nur selten böse Träume. Einmal hatte sich der Stern tief in
meine Schulter eingegraben, und als ich mich an jenem Morgen
wusch, leuchtete der Abdruck in der Haut wie eine farblose Täto-
wierung.

Früher, in meiner Kindheit und auch in den Jahren der Emigration, habe ich nie so einen Stern getragen. Wozu auch? Ich
wußte genau, wer und was ich war – ein Jude deutscher Herkunft, der in England ein neues Zuhause hat. Ich sehe auch so
aus: dunkle, leicht gekräuselte Haare, braune, etwas müde Augen, eine starke Nase, volle Lippen. Meine Schultern sind rund
abfallend, und meine Füße nicken einander beim Gehen zu, aber
nicht weil ich Jude bin, sondern weil ich der rachitischen Generation meines Geburtslandes nach dem Ersten Weltkrieg ange-
höre.

Meine deutschen Freunde – und ich habe viele Freunde unter den
Deutschen – sagen mir: Fang' doch nicht wieder mit diesem Unsinn an. Für uns bist du ein Deutscher. Schluß!

Dann frage ich: Wo ist euer Stern?

Sie lachen und antworten: Na gut, wenn du so willst, du bist ein
Jude; aber doch ein deutscher Jude, wie wir katholisch oder prote-
stantisch sind.

Das stimmt aber nicht. Ich gehe zwar ab und zu in die Synagoge,
aber nur, um dem kleinen Häuflein dort einen Gefallen zu tun: Sie
sind froh, einmal ein neues Gesicht zu sehen; denn die jüdische
Gemeinde hier stirbt langsam aus. Ich muß dann immer achtge-

ben, daß ich nicht sitzen bleibe, wenn die anderen sich von ihren Plätzen erheben.

Während des Freitagabend-Gottesdienstes kommt der Augenblick, in dem die Sabbatbraut vom Westen her den Tempel betritt und die frommen Juden sich ihr zuwenden, um sie zu begrüßen. Es geschah einmal, daß ich in der letzten Reihe stand und nicht wußte, wie lange die Begrüßung dauern würde. Ein paar deutsche, juden-neugierige Studenten neben mir wußten es auch nicht. So lauschten wir, um am Knarren der Bänke hinter uns zu erkennen, wann wir uns wieder umzudrehen hätten.

An einem dieser Freitagabende kam der Tempeldiener zu mir und fragte, ob ich ein Kohan oder ein Levi sei. Ich sollte aus der Thora vorlesen. Ich bin ein Kohan, soviel weiß ich noch, aber vorlesen kann ich nicht. Könnte ich es, brauchte ich vielleicht meinen Stern nicht zu tragen.

Mein Vater, der natürlich auch ein Kohan war, wußte genausowenig, wie man vorliest. Und auch er hat so einen Stern getragen; allerdings nicht aus Gold an einer Kette, sondern aus gelbem Stoff an seinem Mantel. Es war ein sehr alter Mantel, aber warm, weil er gefüttert war. Der Stern wird meinen Vater nicht gestört haben. Er ging selten aus; auch früher schon, nur manchmal spät abends für einen längeren Spaziergang. Da wird er nicht viele Leute getroffen haben. Später mußte er in ein Ghetto in Polen, aber dort trugen ja alle so einen Stern.

Wenn man mir in Deutschland sagt: Mein Vater ist doch auch gefallen! oder: Vergiß nicht, wie die Russen und Polen uns behandelt haben! – dann brennt der Stern auf meiner Brust, und das Atmen fällt mir schwer. Was soll ich ihnen antworten? Wie kann man ihnen helfen? Hilft es ihnen, wenn ich hierbleibe, oder wäre es besser für sie, ich würde wieder wegfahren? Ich will doch nicht die Last, die die Deutschen mit sich herumschleppen müssen, noch größer machen. Darum trage ich meinen Stern unter dem Hemd und nicht an meinem Mantel. Einen kleinen Stern, an einer goldenen Kette, um meinen Hals.«

Ich trage sie schon lange nicht mehr: die goldene Kette, an der ein sechszackiger Stern hing. Aber bald nach meiner Ankunft in Westberlin, im Sommer 1962, verspürte ich plötzlich und für mich selbst überraschend den Wunsch, mich mit dem kleinen Haufen von Juden, den es in dieser Stadt gab, zu identifizieren. Ich meldete mich bei der jüdischen Gemeinde; ich ging, der ich ohne einen Funken von Religion bin, an den Freitagabenden in die Synagoge in der Pestalozzistraße; ich hängte mir die Kette mit dem Davidstern um den Hals.

Inzwischen sind mehr als sechzehn Jahre vergangen. Mein ehemals dunkles Haar ist leicht angegraut. Mein Bart ist schon fast weiß. Meine Augen wirken heute weniger müde. Sonst hat sich an meinem Aussehen nicht viel geändert. Aus der jüdischen Gemeinde bin ich wieder ausgetreten, weil sie ihren Mitgliedern etwas zu penetrant eine dreifache Loyalität abverlangt: gegenüber der »freiheitlich-demokratischen Grundordnung«, dem Judaismus und dem Staate Israel – und zwar, wie mir scheint, in umgekehrter Reihenfolge. Das kann ich nicht leisten, weil ich mich mein Leben lang immer nur einer Rasse verpflichtet gefühlt habe: der menschlichen; und nur einer Gesinnung: einem radikalen, um nicht zu sagen revolutionären, Humanismus. In die Synagoge gehe ich auch nicht mehr: es war wirklich eine beziehungslose Geste gewesen. Und die Kette mit dem Stern liegt in der Schatulle meiner – deutschen – Lebensgefährtin.

Es gibt unter den deutschstämmigen Juden meiner Generation – ich bin 1922 in Berlin zur Welt gekommen – einen weitverbreiteten Komplex: die Scham, überlebt zu haben. Menschen, die unter diesem Komplex leiden, fragen sich: warum mein Vater, meine Mutter, meine sämtlichen Verwandten und nicht ich? Womit habe ich das verdient? Ich kenne Fälle, wo die Betroffenen aus Qual, der Ausrottung entgangen zu sein, Selbstmord begangen haben. Ich hatte unter diesem Komplex nie zu leiden. Im Gegenteil, es erfüllt mich immer wieder mit einer geradezu euphorischen Genugtuung, den Schergen Hitlers entkommen zu sein. Sie ist gekoppelt mit der unbedingten Pflicht, jedweder Demütigung, Unterdrükkung oder Diskriminierung – aus welcher Ecke sie auch kommen und gegen wen auch immer sie gerichtet sein mag – entgegenzuwirken. Also auch, zum Beispiel, der Diskriminierung von Arabern durch Juden. Ich verdanke diese Einstellung und das philosophische Gebäude, auf welches sie sich stützt, einem deutschen Kommunisten, der etwa um die Zeit, als die Nazis dabei waren, meinen Vater umzubringen, im Jahre 1941, die Rolle meines geistigen Mentors übernahm. Er starb 1960 in England.

Helmut – so hieß er – war der erste Mensch, der mir das Phänomen des Antisemitismus plausibel zu erklären vermochte. Diese Erklärung ist so einfach – und gleichzeitig so einleuchtend –, daß viele Menschen sie nicht wahrhaben wollen. Sie lautet: Es war und ist das Schicksal der Juden, überall dort, wo sie sich nach ihrer Vertreibung aus Palästina durch die Römer niederließen, eine Minderheit zu sein. Und es ist das Los einer jeden Minderheit, in Zeiten der Not und der Bedrängnis von der Mehrheit zur Zielscheibe ihrer Ängste gemacht zu werden. Die einzige Ausnahme von dieser Regel findet man in solchen Gesellschaften, wo die Minderheit die Macht hat, wie zum Beispiel in Südafrika. Aber wehe einer solchen Minderheit, wenn sie einmal die Macht verlieren sollte!

Nun gibt es genügend Beispiele in der Geschichte, wo eine Minderheit im Laufe der Zeit von der Mehrheit absorbiert wurde, in ihr aufging, mit ihr verschmolz. Das Besondere an den Juden, was eine Verschmelzung mit dem Gastvolk verhinderte und gleichzeitig ihren Fortbestand trotz aller Verfolgungen sicherte, war ihre Religion. Weil diese Religion ihnen das Anderssein auferlegte. Darüber hinaus wuchs in ihnen mit jeder neuen Unterdrückung das Bewußtsein, einer auserwählten Schicksalsgemeinschaft anzugehören.

Die Verfolgung einer Minderheit ist also lediglich ihrem Status als Minderheit zuzuschreiben und nicht irgendwelchen spezifischen Eigenschaften, die sie von der Mehrheit unterscheiden. Wie jede gesellschaftlich weitgehend sanktionierte Diskriminierung ist sie ein Mittel des Klassenkampfes, ein Ablenkungsmanöver, welches die bestehende Macht dann einsetzt oder fördert oder doch zumindest toleriert, wenn es gilt, die oppositionellen Kräfte zu zersplittern.

Ein Denkfehler der zionistischen Bewegung ist die Annahme, ein jüdisches Stammland, in dem die Juden alle jene guten Eigenschaften unter Beweis stellen können, die ihnen von ihren Gegnern abgesprochen werden, würde dem Antisemitismus ein Ende machen. Fast alle anderen Minderheiten in der Welt – die Pakistaner, Westinder, Westafrikaner in Großbritannien; die Mexikaner und Puertorikaner in den Vereinigten Staaten; die Algerier in Frankreich; die Türken, Griechen und Jugoslawen in der Bundesrepublik und in Westberlin; die Italiener in der Schweiz – verfügen über ein solches Stammland, ohne daß es der Feindschaft oder dem Argwohn, den man ihnen entgegenbringt, Abbruch getan hätte. Wenn sich heute der Antisemitismus in diesen Ländern nicht so virulent äußert wie in früheren Zeiten, hat das mit dem Staate Israel nichts zu tun, sondern mit der Tatsache, daß andere Minderheiten seine Ventilfunktion übernommen haben – und der mäßigenden Nachwirkung der Ausrottungspolitik Hitlers.

Was bedeutet das für den einzelnen? Was bedeutet das für mich, einem anglisierten, mitteleuropäischen Juden deutscher Herkunft, hier und heute? Einmal, daß ich meine mir von meiner Abstammung und meiner Biographie übertragene Rolle, Teil einer Minderheit zu sein, die in dem oben erwähnten Sinn mißbraucht werden kann, akzeptiere. Ich hadere nicht mit dem Schicksal, das mich als Sohn jüdischer Eltern zur Welt kommen ließ; ich hadere mit jenen, die mir das übelnehmen. Zweitens, daß ich die Erkenntnis, wonach der Antisemitismus wie jede andere Diskriminierung von Minderheiten eine Waffe im Klassenkampf ist, dahingehend nutze, mich mit jenen zu solidarisieren, gegen die sie gerichtet ist. Ich bin mir durchaus bewußt, daß auch eine klassenlose Gesellschaft nicht automatisch jeden Argwohn gegenüber Andersartigen beseitigt; sie bietet nur eine erste Voraussetzung dafür. Drittens, daß ich den spezifisch deutschen oder, genauer, den deutsch-österreichischen Antisemitismus – auch in seiner erschreckendsten Form wie unter Hitler – grundsätzlich nicht anders bewerte als jede Form der rassischen, religiösen, sozialen oder geschlechtlichen Diskriminierung. Seine Maßlosigkeit in den Jahren 1933 bis 45 geht einher mit der Maßlosigkeit des deutschen Faschismus in allen Bereichen – mit der brutalen Unterdrückung der politischen Opposition und mit der Eroberungs- und Versklavungspolitik in Polen und der Sowjetunion.

Als ich 1962 nach Westberlin kam, ging es mir zu meinem eigenen Erstaunen nicht anders als anderen zurückgekehrten Juden auch: ich witterte in jedem gleichaltrigen oder älteren Menschen einen Nazi, den potentiellen Mörder meines Vaters. Damals schrieb ich jene Glosse, die ich an den Anfang dieses Artikels gesetzt habe, und veröffentlichte sie in der »Zeit«. Sie wurde in einem evangelischen Journal nachgedruckt und erschien, von mir selber ins Englische übertragen, im »Jewish Quarterly« in London. Ich stiftete damit unter meinen Freunden in England und auch bei meiner englischen Frau eine ziemliche Verwirrung. Sie hatten mich alle für »vernünftiger«, für »rationaler« gehalten und wunderten sich, nicht ohne Kritik, wieso mein besseres Wissen in der Konfrontation mit den Deutschen nicht diese fast traumatisch zu nennende Reaktion verhindert hatte. Wenig später saß ich in einem Restaurant in Berlin und sah dort, an einem anderen Tisch sitzend, einen Mann, der nach Gestalt und Physiognomie genau dem Typus entsprach, wie man sich in der Welt – wie ich mir – einen eingefleischten Nazi vorzustellen pflegte. Eine abstoßende Körperlichkeit, ein Schwulst im Nacken, ein dumpf-brutaler Gesichtsausdruck, in dem sich Dummheit und Überheblichkeit die Waage zu halten schienen. Diesmal wollte ich es wissen! Unter dem Vorwand, ihn schon irgendwo einmal gesehen zu haben, erkundigte ich mich nach seinen Kriegserlebnissen. »Ich glaube nicht, daß wir uns damals begegnet sind«, antwortete er, »ich habe nämlich sechs Jahre im KZ gesessen, bis mich die Russen am Ende des Krieges befreiten.« Das war der Moment, wo ich begann, wieder zu mir selbst zurückzufinden.

Bitte umblättern:

auf den nächsten Seiten informieren
wir Sie über weitere interessante
Fischer Taschenbücher.

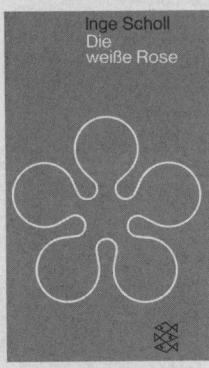

Im Kreuzfeuer:
Der Fernsehfilm
Holocaust
Eine Nation ist betroffen

INFORMATIONEN ZUR ZEIT

Herausgegeben von
Peter Märthesheimer / Ivo Frenzel   Fischer

Band 4213

Fischer
Taschenbücher

Fünf Jahre Auschwitz

Ein erschütterndes Dokument des Überlebens

Der polnische Schriftsteller Wieslaw Kielar hat Jahre nach dem Zweiten Weltkrieg, aus zeitlicher und innerer Distanz, ein Buch über seine Erlebnisse in der Hölle von Auschwitz geschrieben, ein Buch, das alle landläufigen literarischen Kriterien sprengt.

Wieslaw Kielar
Anus Mundi
Fünf Jahre Auschwitz.
420 Seiten,
engl. Broschur

S. Fischer

Das Tagebuch der Anne Frank

Fischer
Taschenbücher

Joel König

DAVID
Aufzeichnungen eines Überlebenden

Verfilmt von Peter Lilienthal · Fischer

Band 2196

Fischer
Taschenbücher

Geschichte/Zeitgeschichte

**Fischer
Taschenbücher**

Wanda Kampmann

DEUTSCHE UND JUDEN

Die Geschichte der Juden
in Deutschland
vom Mittelalter bis zum
Beginn des
Ersten Weltkrieges

Fischer

Band 3429

Fischer
Taschenbücher

FREIE JUEDISCHE STIMME

Herausgeber: Henryk M. Broder/ Peter Finkelgruen

Die FREIE JÜDISCHE STIMME ist eine jüdische, pluralistische und kontroverse Zeitung; ein Forum jener Stimmen, die auf der offiziellen deutsch-jüdischen Szenerie nicht laut werden; eine Möglichkeit, Meinungen zu veröffentlichen, die weder von taktischen Überlegungen noch von opportunistischer Rücksichtnahme bestimmt werden.

FREIE JUEDISCHE STIMME

Zugweg 10, 5 Köln 1

Bestellungen über: Postfach 27 03 38, 5 Köln 1
Jahresabo 20,- DM, Einzelheft 2,- DM